幕末

幕末　日本近代化の夜明け前

BAKUMATSU
THE END OF THE EDO PERIOD

日本近代化的黎明前

洪維揚——著

第2部　幕末歷史發展

2

幕末

目次

幕末

幕末

第十四章　薩長同盟 413

第十五章　四境戰爭 462

幕末

2.

第2部

幕末歷史發展

〈皇国一新見聞誌・浦賀亜船来航〉——The Metropolitan Museum of Art

第一章
上喜饌喚醒泰平夢

一、黑船叩關

嘉永六（一八五三）年六月三日（格列高里曆7月8日）下午四點多，平靜的浦賀水道引起百姓騷動，騷動的原因並不是令幕府束手無策的饑饉欠糧，而是浦賀灣外來了不速之客，江戶民眾紛紛奔相走告：

「黑船來了！」

一共來了四艘日本人從未見過的「黑船」。

「黑船」以蒸氣為動力，不論其外觀、噸位、航速以及續航力都迥異於當時日本人見慣的木製帆船。當然最大的差異在於其外觀，之所以被稱為「黑船」是因為船身由鐵甲構成，鐵甲上塗著為了防鏽的黑色柏油，在日本人眼中，「黑船」顯得異常恐怖而令人畏懼。

這支由美國東印度艦隊司令、海軍准將培理（Matthew Calbraith Perry）率領的四艘「黑船」分別為：薩斯魁哈那號（Susquehanna），噸位二千四百五十噸，可容納三百名船員，一八五〇年才下水服役，是當時美國海軍的主力蒸氣軍艦，也是培理前來日本時的旗艦；其次是密西西比號（Mississippi），噸位一千六百九十二噸，可容納三百名船員，一八三九年下水服役，以上兩艘為蒸氣軍艦，即日本人眼中的「黑船」。而普利茅斯號（Plymouth），噸位九百八十九噸，薩拉托加號（Saratoga）為八百八十二噸，兩船各可容納二百一十名船員，且皆為木製帆船，主要是作為前兩艘蒸氣軍艦的運輸補給船，並兼具測量水深的工作。

江戶城是幕府的所在地，將軍及所有幕閣、幕臣、旗本、御家人均住在此地，此外「參勤交代」制也讓各藩在江戶均有藩邸，重要性不言而喻。幕府原本在伊豆半島末端的下田設置浦賀奉行所，八代將軍吉宗於享保五（一七二〇）年遷徙至浦賀，編制為奉行二名（其中一名住在江戶城內）、組頭[1]二名、與力[2]二十騎以及同心[3]一百名。

身為護衛江戶城的第一道防線，見到黑船穿越浦賀水道，奉行所立即派出與力中島三郎助駕小船追了過去。中島三郎助帶著翻譯停在薩斯魁哈那號旁，翻譯用荷蘭語對著船上大喊，薩斯魁哈那號上的荷蘭翻譯說道：

「培理司令希望你們派遣高官來談！」

按照前文提及的浦賀奉行所編制來看，與力很難和高官沾上邊，事實上很多與力是平民出身，雖因擔任與力的職務而得到騎馬和配刀之權，但終舊不脫平民身分。如果對船上翻譯照實說出，大概沒有登船的可能，情急之下翻譯說道：

「這位即是負責談判的浦賀副總督！」

當然，奉行所裡絕對找不到副總督這一職位，翻譯此話應該是為了便於讓對方了解。果然培理一聽到來者是副總督，立即指示下屬放下繩梯、允許中島等人登船。中島三郎助和翻

1 組頭：江戶時代家臣團單位「組」的首領。
2 與力：江戶町奉行的部屬，負責江戶的行政、司法、警察之責，有騎馬的特權。
3 同心：和與力大致相同，但較與力低下，沒有騎馬的權力。

譯上船後，培理並不現身，只派出副官招待中島等人，並透過荷蘭語翻譯波特曼（Anton L.C. Portman）和漢語翻譯威爾斯．威廉（Samuel Wells Williams，中文名為衛三畏）面有難色地問道為何浦賀總督不來。面對洋人的責難，中島只得透過翻譯胡謅：

「因為總督不能登上外國船艦，所以先派我來了解來意。」

培理此行的目的是要遞交美國大總統美拉德．費爾摩爾（Millard Fillmore）致德川將軍（原文為「Japanese Emperor」，幕末期間幾乎所有與日本往來的歐美外交官起初都把將軍誤認為日本皇帝）的國書，接收國書的對象若只是「副總督」似乎並不匹配（事實上是更不匹配的與力），因此培理只說此行是要傳遞國書而未出示。

二、出示國書

次日，中島帶來一位自稱是總督的香山左衛門，其實他也是浦賀奉行所的與力。培理卻以為來了真的總督而命薩斯魁哈那號艦長布哈南（Franklin Buchanan）中校殷勤招待，並出示美國大總統的國書，說是要與日本親善往來。即便被當成「總督」招待，香山左衛門並未忘記他來船上肩負的使命：

「請你們離開江戶，前往長崎遞交國書，那裡才是幕府對外聯絡的門戶。」

自從寬永年間（一六二四～四四）三代將軍家光完成鎖國後，二百多年來只准許朝鮮、琉球與日本通信（國書、信使的往來），還有清國和荷蘭與日本通商（在長崎出島進行有限的貿易活動）。基於朝鮮和琉球在明清時期屬於中國藩屬，因此鎖國後的日本等於只和清國及荷蘭有所往來。不過培理並非省油的燈，他來日本之前已閱讀過好幾本歐美人士寫的日本相關著作，尤以曾在長崎開設鳴瀧塾、跟隨荷蘭商館甲比丹進行江戶參府，並與不少幕府官員有所往來的普魯士醫師兼博物學者西博德，其著作《日本》以及精心收集的日本地圖對培理的來日影響最深。除了在日本住過的學者之著作外，培理還讀過英語或漢語寫成的報導，也與日本和美國的漂流民接觸過，此外還曾率領東印度艦隊和航經的澳門、香港、上海等清國領地與清國官員打過交道。綜合上述經驗培理得到結論：

「要和東方國家打交道不能只有溫文儒雅，必須隨時隨地用武力恫嚇才行！」

於是培理臉一沉，怒喝道：

「我就是要在江戶遞交國書，如果你們不接下，我必然率艦直入江戶城，親自將國書送到皇帝手上！」

培理之言並不假，培理率領的四艘船艦上共有六十三門大砲，而整個江戶灣的大砲只有二十門左右。船艦方面培理雖只有四艘，但其中的薩斯魁哈那號和密西西比號是一、二千噸以上的黑船，航行在海上無堅不摧。相較之下，幕府受限於鎖國令，禁止建造五百石（三十噸上下）以上的船隻，根本無法在海上阻攔。

香山和中島只得口頭允諾，並向培理要求暫緩幾天前往江戶和高層討論後遂狼狽離去。當晚他們緊急通知「真正的」浦賀奉行戶田伊豆守氏榮，戶田連夜寫信給幕府老中。雖說幾年前長崎的荷蘭商館甲比丹在《荷蘭風說書》上，已經提及美國幾年內將會派遣艦隊前來日本提出通商貿易的請求，培理的到來不過是印證甲比丹所言無誤。但是對習於太平的老中而言，戶田來信的內容仍讓他們大為震驚，當然這與受到培理恫嚇的戶田將其驚慌反映在信件裡不無關係。

在幕閣商討期間培理也沒閒著，兩艘木製帆船在浦賀一帶測量水深，兩艘黑船則在木製帆船旁警戒，不知不覺間船隻通過江戶灣最窄處觀音崎。負責警戒江戶灣西岸三浦半島的彥根、川越二藩向培理抗議，但有黑船為後盾的培理對於抗議聽而不聞。幕閣商討的結果是不得不暫且接下培理的國書。六月九日（格列高里曆7月14日），幕府決定讓培理於久里濱（和觀音崎、浦賀均位於神奈川縣橫須賀市東部）登陸，在此地搭建附有象徵德川將軍的葵紋帳幕作為臨時接待所，並動員近五千人力警戒。浦賀奉行戶田伊豆守氏榮・井戶弘道、與力香山左衛門・中島三郎助以及通譯堀達之助・立岩得十郎等人在久里濱代表幕府接下美國國書，為了壯大井戶弘道的聲勢，臨時任命他為石見守。

培理見到戶田等人收下國書後，不等幕府做出答覆，當下決定返航，同時附上一封信，內容如下：

> 我認為此國書涉及很多層面的問題，貴國政府想必要經過一段時間審議，以做出決定。念及於此，我先行離開待明春返回江戶灣聽取貴國政府的答覆，相信屆時美日雙方應可在友好的情況下得到令人滿意的答覆。……

真正拔錨離去是兩天後（六月十一日，格列高里曆7月16日）的事，培里在離開時不忘恫嚇送行的幕府官員：

「明春將率領更多黑船前來！」

這番恫嚇讓幕府官員打了好大的冷顫，好歹終於暫時送走這位瘟神。培理逗留的九天期間讓二百多年來太平繁華的江戶幕府人仰馬翻，習於安逸的官員在培里面前個個焦頭爛額、狼狽不已。有好事者寫了以下狂歌[4]：

泰平の眠りを覚ます、上喜撰たった四杯で夜も眠れず

（上喜撰喚醒太平夢，只要四杯便夜不成寐）

培理及其率領的黑船離開後，幕府老中首座阿部伊勢守正弘正要和其他老中及幕閣討論如何因應培理留下的國書，然而六月廿二日，臥病多時的十二代將軍家慶病逝，享壽六十一歲。儘管回應國書才是當下之急，但是將軍的喪禮後事及新將軍的即位也不能因此擱置，嘉永六年

下半年對阿部老中首座而言實為多事之秋！

三、公方德川家定

家慶是十一代將軍家齊的次男，由於長男夭折，身為次男的家慶自幼即被視為準繼承人看待。家齊在位將軍期間一共創下兩項無人能破的紀錄：一是將軍在位時間是史上所有征夷大將軍(包含平安時代征討蝦夷臨時性質者)之最，家齊一生不過活了六十九歲，在位時間卻長達五十年(一七八七～一八三七)，還不包含退位後又當了四年大御所，和稍早時期清國的乾隆皇帝幾乎不相上下。此外，家齊一生共有子女五十三人(廿六男廿七女)，這點亦是所有征夷大將軍之最。

家齊雖創下兩項傲人紀錄，卻非日本之福，家齊在位半世紀導致家慶繼位時已經四十五

4　狂歌：諷刺社會或以滑稽為主要內容，五．七．五．七．七的音構成戲謔、詼諧形式的短歌。

歲，再等到家齊去世由家慶掌權時，他已年屆五十，失去對政治的熱情。家慶於天保十四（一八四三）年破格提拔當時年僅廿五歲的寺社奉行阿部正弘，兩年後阿部成為老中首座，之後家慶幾乎將所有政務都交由阿部打點。

家慶一生共有廿七名子女（十四男十三女），生育年齡從廿歲到去世前一年，可見他的健康狀況並非外界傳言的差，在培理離去後去世應單純是身體老衰之故。然而家慶的眾多子女中，活到十五歲以上只有四男家祥，第十三代將軍勢必由他繼承，這年他三十歲。家慶埋骨於芝增上寺，謚號為慎德院殿。前任將軍的後事辦完已是八、九月之交，接著要進行新將軍就職，江戶時代就職將軍要有相關的官位以及宣下才行，於是幕府向朝廷運作於十月廿三日讓家祥成為從一位內大臣兼右近衛大將，同時還取得征夷大將軍及源氏長者宣下——對外是征夷大將軍，對內為德川宗家（將軍家）當主。

十一月廿三日，將軍家祥改名家定，對時人及後人而言，家定才是熟悉的名字。

四、老中首座阿部正弘的應對

家慶剛去世，阿部老中首座在六月廿六日（格列高里曆7月31日）毅然決定命人傳抄日前在久里濱接下的美國國書，除幕閣成員外，廣泛傳閱至各藩大名、幕臣手中。

這可是二百多年來江戶幕府未曾有過的事，說是變天也未嘗不可！

江戶時代號稱三百藩（實際上大概二百七十藩左右），可分成親藩、譜代、外樣三類：

一、親藩

與德川宗家有血緣關係，包括御三家（尾張、紀伊、水戶）、御三卿（田安、一橋、清水）、御家門（三家三卿以外的松平氏後裔，包括越前松平家、會津松平家、越智松平家、奧平松平家、久松松平家）、御連枝（御三家的分家）。其中，三家三卿的六家具有擔任將軍的資格。親藩大致上官位皆屬高位，御三家中的尾張、紀伊兩家為大納言，水戶為中納言；御三卿皆為左近衛權中將。御家門和御連枝的官位大抵在四位和五位之間，一言以蔽之，親藩在「位」方面佔有優勢。

二、譜代

泛指關原之戰以前已臣服於德川家的大名，特別是德川還稱為松平時的歷代家臣，是最受歷任幕府將軍信任的大名。有參與幕政的資格，而石高在二萬五千石以上的大名，具有擔任老中的資格。普遍說來，譜代的官位多在五位或六位，除彥根藩（三十五萬石）外，石高很少超過二十萬石，不過譜代在「權」方面佔有優勢。

三、外樣

泛指關原之戰結束後才臣服於德川家的大名，德川家雖然接受這些大名的臣服，內心還是對他們充滿不信任感，隨時找機會以違反《武家諸法度》的名義將他們改易，這種現象尤其在家康、秀忠、家光前三代將軍特別明顯。外樣大名所處的位置多半在奧羽、北陸、山陰、山陽、四國、九州等偏遠之地，由於鞭長莫及加上石高數多（幕府時期石高數前十大藩中外樣就佔了八個）在在加深幕府對他們的猜忌，總之，外樣在「祿」方面佔有優勢。

親藩、譜代、外樣，一個得其位、一個得其權、一個得其祿，各有所得也各有所失，沒有任何藩能權、位、祿三者兼得，這或許就是江戶幕府能屹立二百多年的主因吧！

而培理遞交的美國大總統親筆國書，譯成現代文語意的內容如下：

一、美日雙方應建立友好關係，締結通商條約。

二、美國不干涉日本政治體制。

三、從美國乘蒸汽船跨越太平洋抵達日本的航行，僅僅費時十八天。

四、美國加州出產價格高昂的黃金，而日本全境擁有富庶豐盈的礦產寶物，還有聰明智慧的人民創造出來的精湛文化藝術。如果美日兩國相互往來，定能相得益彰。

五、美日開始進行貿易後，也許會出現不能互惠的情況，屆時可中止貿易，但應商訂出一個時間期限。

六、美日雙方都要對遇難船員伸出援手。

七、日本應向通過的美國蒸汽船提供煤炭、淡水。

國書的內容看起來不太有脈絡，如第三、第四點將當時的現狀也寫進國書內容，這或許和國書的內容至少透過英語、荷蘭語、漢語、日語四種語言的重重翻譯有關，翻譯的次數愈多內容也就愈失真。

二百多年來始終被摒除在權力決策圈之外的親藩和外樣諸藩，突然遇上老中首座向他們諮詢意見的機會，無不為之雀躍。從現存尚有六十多份的意見書來看，不難想見當初諸藩是多麼踴躍地發言，從內容來看可歸納為拒絕論、避戰論、開國論三類，日本畢竟鎖國超過二百年，大名及其家臣都沒有到過外國的經驗，因此他們提出的意見以今日眼光來看，很多方面不見得可行。有人質疑阿部老中首座向諸藩徵詢意見是因為幕府不敢獨自承擔開國與否的重責，或許阿部內心有這樣的想法，不過阿部更為在意的應是如何度過眼前難關。

七月三日，在阿部老中首座的邀請下，水戶藩老公[5]、已隱居的前藩主德川齊昭決定擔任海岸防禦御用掛參與（簡稱海防掛參與）。深受水戶學薰陶的齊昭是出名的攘夷論者，於七月八日、十日相繼提出自己對於海防的見解，可見即便接受阿部老中首座的邀請也不代表齊昭認同阿部的主張。

「那些蠻夷敢登陸神國，神風必會滅了他們！」

齊昭對此深信不疑。

接著，幕府在九月決定解除建造大型船舶的禁令，但是長時間的鎖國使得日本早已失去建造大型船舶的技術，只能透過荷蘭向歐洲國家購買，即便如此也趕不上明春培理再次到來之時。

培理留下「將率領更多黑船前來」的恐嚇之言會是真實的嗎？幕府面臨這種前所未有的恐嚇又會做出怎樣的回應？是否會上下一心共度難關？或是各自堅持己見、僵持不下呢？下一章將有說明。

5 老公：對年老貴人的敬稱。

第二章
開國

一、諸藩對美國國書的意見

前章提過，培理離去後不久十二代將軍家慶病逝，四個月後家慶之子家祥繼任將軍，這四個月的時間除了處理已故將軍的後事、新將軍就職外，讓阿部老中首座操心煩惱的還有回應培理遞交的美國總統國書一事。鎖國是幕府二百多年來的祖宗家法，即便老中首座也不能輕易變動。但是見識過黑船威力的人都認為日本國內並無可與之匹敵的武力，因此接受國書開國似乎成為幕府唯一的選擇。

「不！一定還有其他的選擇，只要集思廣益就能得到意想不到的答案。」

阿部老中首座抱持這樣的信念，於七月一日做了一個至今為止幕府不曾做過的舉動：

「公開美國大總統的國書向諸藩展示，徵詢諸藩的意見。」

如前章所述，阿部老中首座徵詢的對象不僅限於諸藩，還包含旗本、御家人在內的幕臣，保留至今的回覆文件尚有六十餘份，當時的數量想必更為可觀，不難想像阿部老中首座的開放問答引起多麼熱烈的迴響。

六十餘份的回覆文件（實際上更多）大致可歸類為維持現狀（拒絕）、避戰（折衷）、開國（接受）三類，江戶時代除少部分的「蘭癖大名」外，大部分的藩主均被嚴禁與外國有所往來，對於世界大勢了解有限，因此除少數大名如薩摩藩主島津齊彬外，對於接受國書與否所提出的見解均不如幕臣來得透徹。而幕臣的見解中，以勝海舟和高島秋帆最值一提，堪稱當時最為洞澈的見解。勝海舟提出不只美國前來日本貿易，日本也應主動與世界各國貿易；高島秋帆是幕末日本首屈一指的炮術家，他提出的海防論聚焦在日本海岸沿線的砲台上，他認為日本的砲台根本無法抵擋黑船，在這種情形下日本很難維持鎖國。

「果然只有開國一途了。」

最具見解的幾份文件都將日本應走之路指向開國，雖然違背幕府的祖宗家法，不過比起祖訓，阿部身為老中首座所肩負的使命，更應該是保護日本、避免受到列強砲火的攻擊。

二、俄國船隻跟進

培理離去一個多月後，俄國海軍中將普提雅廷（Yevfimiy Vasilyevich Putyatin）亦從首都聖彼得堡附近一處軍港出航，率領包含旗艦帕拉達號（Pallada，二〇九〇噸）在內共四艘船艦於七月十七日抵達長崎。翌日，普提雅廷遞交俄國外務大臣尼賽爾羅德（Karl Vasilyevich Nesselrode）寫給幕府老中的書信，由長崎奉行大澤豐後守安宅代為收下。普提雅廷的任務簡單來說，即是劃定國界和通商，只不過長崎奉行對這兩點都沒有應允的權限，因此長崎奉行當下遣急使連夜向江戶通報，同月廿七日傳遞到阿部老中首座手上。正在向諸藩及旗本、御家人等幕臣諮詢是否該接受美國國書的阿部老中首座，接到長崎奉行的急報後，次日立即找來三奉行[1]、其他老中及新任海防掛參與德川齊昭召開幕閣會議。

阿部老中首座認為鎖國下的日本同樣無法對抗俄國，應暫且接下國書，但不急於簽訂通商條約。於是發出命令，要長崎奉行接下俄國書信，並以口諭告示大澤：

「先以鎖國的祖法傳達給俄人，若其不聽，再收其書信。對於答信，以國事多端（指前代將軍去世）難以短期內解決為由，他日定由荷蘭商館甲比丹轉達，請速離去。」

大澤按照阿部的口諭與普提雅廷進行冗長而進度有限的交涉，普提雅廷因此在長崎耗去不少時日。普提雅廷為取得長崎奉行的好感，表現出願意在長崎等候幕府派出官員到來的態度，但隨著江戶處理步調的緩慢，普提雅廷漸感不耐，最後甚至放話：

「劃定國界乃迫切之事，再這樣拖延，我將親上江戶找老中談判！」

大澤安宅眼見難再拖延，急報江戶，十月八日幕府決定派出大目付格西丸留守居筒井肥前

1 三奉行：即寺社奉行、勘定奉行及江戶町奉行。寺社奉行是三奉行的筆頭，定額三到四人；勘定奉行負責幕府財政及幕府直轄領的支配，定額四名；江戶町奉行掌管江戶城內行政及司法，分為南北兩町，定額各一名。

守政憲、勘定奉行川路左衛門尉聖謨、目付荒尾土佐守成允、儒者古賀謹一郎為交涉代表，尤以前兩人為交涉核心的全權代表，命他們前往長崎與普提雅廷談判。但是筒井一行人抵達長崎時，普提雅廷已然離去，不過並非為履行他對長崎奉行的恫嚇前往江戶，而是暫時到上海去。

離開一個月的普提雅廷於十一月初再度現身長崎，十四日與筒井政憲就北方國界的劃定展開談判。雙方在國界的認知上有極大的差異，普提雅廷認為千島群島中的擇捉島以北皆屬俄境，以南才屬日本；庫頁島（俄語稱薩哈林島，日語稱樺太島）除南部阿尼瓦灣（Aniva Bay）屬於日本外，其餘皆為俄國所有。日方對俄國的提議當然無法接受，筒井政憲與之談判六次皆未能取得共識。當時克里米亞戰爭已開戰，普提雅廷想盡快結束與日本關於北方國界的談判，好率領艦隊離開長崎赴歐參戰，因此他催促日方簽訂條約，甚至誘之以利：

「如果日方正式締結條約，我方承認擇捉島為日本領土。」

即便如此，筒井等交涉代表團依舊不為所動，普提雅廷眼看劃定國界已無法完成（更不用提通商），好在代表之一的川路聖謨對他說道：

「日後若我邦批准與外國貿易時，必將貴國列為優先對象。今後我邦若與外國通商，貴國在交易以及其他方面與外國享受同等待遇。」

很明顯的，川路給了俄國片面最惠國待遇，在長崎近半年一無所獲的普提雅廷，終於在離去時得到這一彌足珍貴的回覆，在長崎受到的鳥氣頓時煙消雲散，開開心心地率領艦隊離去。儘管川路犯了這麼一個錯誤，但是從幕府官員與培理和普提雅廷的應對看來，幕府官員還是比清國官員好上許多，或許他們也有無能、顢頇的一面，但是任何一個閉關鎖國超過兩世紀的國家，要其官員不無能、顢頇也難。

普提雅廷於嘉永七（一八五四）年一月八日離開長崎，幕府官員總算暫時鬆了一口氣，但是八天後一個熟悉的人影又出現在浦賀外海——培理率領更多的黑船再度造訪日本。

三、培理的再訪與簽訂《日美和親條約》

嘉永六年六月培理離去後，阿部老中首座對江戶灣的警備做了一番更動，解除原先彥根、川越、會津、忍（負責江戶灣東岸和房總半島）四藩的任務，改由長州、熊本、柳河、岡山四個外樣大藩擔任。撤換親藩及譜代改由外樣戍守，雖說是出於外樣大藩人多實力雄厚的考量，但是讓信任度低的外樣駐守江戶城外海，是幕府開府以來未曾有過之事，可見阿部老中首座以自己的政治生涯為賭注，下了一招險棋。

話說培理離去後並未返回美國，而是駐足於清國南部香港、澳門一帶。嘉永六年十二月十六日（格列高里曆1854年1月14日），培理率艦北上，在琉球重整其他支援的船艦，擴編成一支擁有九艘船艦的艦隊。除了去年來訪的薩斯魁哈那號、密西西比號、薩拉托加號（普利茅斯號因故未能前來）外，又增加以下六艘：

（1）**蒸氣軍艦**

波哈坦號（Pawhatan），噸位二千四百十五噸，容納近三百名船員，一八五二年下水服役，是此次培理前來日本的旗艦。

（2）**武裝帆船**

馬其頓號（Macedonian），噸位一千三百四十一噸，一八五二年才改裝成武裝帆船，船上配有六門八英寸砲和十六門三十二磅砲；

萬達利亞號（Vandalia），噸位七百七十噸，一八四八年改裝成武裝帆船，船上配有四門八英寸砲和十六門三十二磅砲。

(3) **運輸補給艦**

萊克斯頓號（Lexington），噸位六百九十一噸，一八二六年下水，可乘載四十五人；

南安普敦號（Southampton），噸位五百六十七噸，一八四二年下水，可乘載四十五人；

薩布萊號（Supply），噸位五百四十七噸，一八四六年下水，可乘載三十七人。

嘉永七年正月十一日（格列高里曆2月8日），有漁民在伊豆半島看見黑船，連忙通報：

「黑船要占領伊豆啦！」

浦賀奉行所獲報後馬上派人四處探尋培理的行蹤，要求他們將船艦開到浦賀，但卻遭到拒絕，培理命手下傳達：「提督欲在下錨之地與日方使者會面，若再刻意刁難，艦隊將直搗江戶！」另一方面奉行所也派人到江戶城通報，阿部老中首座派出大學頭林復齋前往浦賀接洽培理的艦隊。林大學頭帶著包含江戶町奉行井戶對馬守覺弘、浦賀奉行伊澤美作守政義、目付[2]鵜殿民部少輔長鋭及儒者松崎柳浪等人趕到浦賀，卻不見培理艦隊的蹤影。

正月十六日，培理的九艘船艦現身在相模國小柴沖（今神奈川縣橫濱市金澤區），數日後浦賀奉行所與培理手下為談判的地點爭執不休。奉行所認為地點應選在與上次一樣的久里濱，但培理的手下堅持在培理已擇定的艦隊停泊之地——小柴沖談判，此地不僅水深、適合大型船艦停泊，位置上比久里濱更靠近江戶，對幕府更有壓迫感，無形中對美方的談判有利。

最後幕府再度屈服於培理的武力恫嚇，擇定當時還只是小漁村的橫濱作為談判的場所，此時幕府官員大概沒幾人意識到，近代日本歷史的出發點會從這裡開始運轉，恐怕更沒人能料想到，這個東海道起點的小漁村會在幾年後翻身，不僅成為日本西化最深的城市之一，更是後來日本僅次於首都的第二大城！

二月七日（格列高里曆3月5日），日美展開正式交涉的前三天，培理依舊維持一貫恫嚇的口氣：

「如果貴國不能接受美國締結條約的要求，美日雙方或有兵戎相見的可能。美國在近海有五十多艘軍艦集結待命，在加利福尼亞還有五十多艘軍艦整裝待發，只要二十天的時間，就有一百艘軍艦航行到日本外海。」

時值一八五〇年代，美國並無建造一百艘軍艦的財力與生產力，但是這種恫嚇的話語從培理口中說出，在幕府官員聽來煞有其事，達到超出預期的威脅效果。三日後，雙方進行正式的交涉，美方包含培理在內大約有五百人左右；日方代表則由前述的林復齋、井戶覺弘、伊澤政義、鵜殿長銳及松崎柳浪等人組成。三月三日(格列高里曆3月31日)日美雙方簽訂全文共十二條的《日米和親條約》(又稱《神奈川條約》)，全文如下：

美利堅合眾國與帝國日本為兩國人民誠實不朽之和睦、以兩國人民的交親為旨，締結此後遵守的條約。合眾國派出全權培理赴日，日本君主差遣全權林大學頭、井戶對馬守、伊澤美作守、鵜殿民部少輔以敕諭為信，雙方訂定如左的條約：

2 目付：由若年寄統轄，負責監控旗本、御家人言行的官員，定額十名，石高一千石。

一、日本與合眾國人民結為永世不朽的和親，無地域及人品之差別。

二、伊豆下田與松前地箱館二港，日本政府對於美國船隻缺乏薪水食料煤炭時予以調度救助。下田港當本條約簽字時即行開放，箱館於來年三月始行開放。

三、合眾國船隻漂流到日本海濱時給予援助，護送漂民至下田或箱館。日本漂流民及其所有物品，亦受同樣待遇。又漂民諸雜費，兩國同樣支出，故無需償還。

四、漂流或渡來之人民，與他國受同樣的待遇，不得拘禁，但應服從公正的法度。

五、合眾國漂民等在下田或箱館逗留時，與在長崎的唐人、荷蘭人同樣不得拘禁。下田港內小島周圍凡七里內可任意徘徊，箱館港則留待後日決定。

六、必要的物品及其他之事，經雙方談判後決定。

七、合眾國船隻渡來至右述二港，以金銀錢及物品購買所需物品，應依日本政府之規定。由合眾國船隻所出之物品，若日本人不需要，交還時應當收回。

八、要求薪水（薪炭、淡水）、食料、煤炭及欠缺之物品時，由當地官員辦理，不得私自買賣。

九、日本政府給予其他國家更有利的條件時，美國有權要求均霑。

十、合眾國船隻除非遇上暴風，不得停泊在下田、箱館二港之外。

十一、兩國政府簽字後十八個月，**若任何一國認為有必要**，合眾國官吏得派駐下田。

十二、此次締結之條約，兩國應當堅守。合眾國主與長公會大臣評議之後，致書日本大君。此事自今後經過十八個月，由君主批准之。

此約是培理以十年前與清國訂定的《望廈條約》(Treaty of Wangxia、Treaty of peace,amity,and commerce)為範本，希望和日本簽下一個與此類似的條約。《望廈條約》簽訂於一八四四年，由於美國並未和清國交戰，因此在《望廈條約》中不像《南京條約》有割地、賠款的條文。相對地也增加若干《南京條約》未明文記載的規定，如美國人可以在五個貿易港口(上海、寧波、福州、廈門、廣州)購地建醫院、教堂及墓地，另外還允許美國人採購中國書籍、美國人犯法不受清國司法審判的治外法權以及禁止販賣鴉片。比起重創清國的《南京條約》，望廈條約雖也是不平等條約，但明顯和善許多，的確與其英文標題「peace,amity,and commerce」(和平、友好和通商)名實相符(通商部分在本約並未提及)。

培理以《望廈條約》作為《日美和親條約》的範本，也說明美國對日本領土並無野心，不過，魔鬼總是藏在細節裡。《日美和親條約》共有荷蘭文、英文、漢文、日文四個版本，由於雙方並未在同一種語言版本上共同簽名，因此當條約內文出現爭議時就沒有所謂的「定本」，而是由日美各自依憑自己的版本做解釋，條約中的第十一條（粗體部分）在不久的將來成為爭議，這部分留待下一章再談。

最後容筆者提一個小插曲結束本節。正式進入交涉後的第五天，即二月十五日（格列高里曆3月13日），培理餽贈日本禮品，在多達一百六十多件贈品中最吸引日本人目光的是一件按四分之一比例縮小的蒸汽機關車模型。為了讓日本人見識工業革命的成果，培理命人當場組裝、鋪軌並實際操作。當蒸汽機關車在數百雙眼睛注視下緩緩動了起來、眾人瞠目結舌之餘，幕府官員無不對這神奇的東西留下深刻的印象。

而清道光廿四（一八四四）年七月中美簽訂《望廈條約》後，美國全權代表顧盛（Caleb Cushing）向清國全權代表耆英（正藍旗人，時任兩廣總督兼辦通商事務）餽贈數座火砲模型及當時西方的軍事書籍。耆英對這些物品不感興趣，對顧盛說道：

「條約簽完後中國從此確保和平無事，要這些火器兵書何用？」

當時清國上起皇帝大臣、下至地方官百姓，的確有不少人抱持這種一廂情願的看法，認為締結條約便能滿足列強的需求，一旦滿足列強的需求，自然不會再兵戎相見，從此各過各的，相安無事。

另外，科舉不考火砲和兵書，儒家傳統經典《論語》認為這些奇技淫巧不過是「雖小道，必有可觀者焉，致遠恐泥，是以君子不為也。」（出自子張篇，白話為：即便是小小的技藝，也必有可取之處，但若是想做大事就派不上用場了，所以君子不花時間鑽研）因為對科舉考試毫無幫助，所以接受這些模型、書籍對於科舉考試及追求個人功名毫無助益，加上天朝向來看不起蠻貘之邦，接受蠻夷的餽贈等於與蠻夷通敵，會被扣上通敵的大帽子，不判死罪也要發配邊疆。「非我族類，其心必異」的傳統心態一直存在，可想見不會有封疆大吏接受洋人餽贈。

這是日清兩國在近代史一個極大的對比，足以突顯兩國在之後近代化過程的差距。

四、吉田松陰偷渡失敗及培理達成使命

《日美和親條約》簽字後，培理及其艦隊並未立即離去，條約規定下田港在條約簽字時即行開放，另外第五條規定「下田港內小島周圍凡七里內可任意徘徊」，因此培理一行取得幕府的同意於伊豆半島南端下田港登陸，上陸勘查。培理艦隊上的官兵已有數月未上岸，一聽說可以下船上陸，大家無不歡聲雷動。三月廿八日（格列高里曆4月25日）深夜二點多，培理艦隊之一密西西比號上的士官兵被不尋常的聲音所驚動，他們開始尋找聲音的來源，不久發現原來有兩位年輕人划著一艘木筏而來，正在攀爬密西西比號的繩梯。他們很快被夜間輪值的士官發現，一一報上姓名：

「瓜中萬二和市木公太。」

這其實是假名，他們的真實身分是長州藩山鹿流兵學師範吉田寅次郎松陰及其友人金子重輔，他們兩人被帶到培理所在的旗艦波哈坦號。當培理詢問他們為何偷渡上船，兩人透過翻譯說道：

「我們想跟隨你們的船隊到美國去，可以的話更想環遊世界，增長知識。」

培理聽到翻譯的說明後，甚感訝異：

「沒想到這樣封閉的國家也有如此對世界充滿好奇的年輕人，如果這個國家大多數年輕人都有這兩位的精神，這個國家的前途不知會有多輝煌！」

其實美國倒也不是沒有收留過日本人，像是出海捕魚遇到暴風而在海上漂流的漁民，美國船隻便曾搭救過不少，譬如十多年前出海捕魚遇上暴風漂流到伊豆諸島上為美國捕鯨船救起，後被送到美國在當地生活、讀書，最後返回日本受到幕府重用的土佐人中濱萬次郎即是一例。不過美國收留遇到暴風的日本漁民幾乎都是基於人道立場，可說是處於被動的情況，如果接受吉田松陰的請求即是主動幫助日本人偷渡。美國才剛與日本簽下和親條約，此時若協助兩名日本人偷渡出國，一定會對日美友好造成影響，儘管培理十分嘉許吉田松陰、金子重輔的精神，但是卻不能出手幫助他們，培理看著兩人落寞的神情，在他們即將離去時說道：

「我們會在下田待上一段時間，只要這段期間你們能取得政府的許可，我一定會滿足你們的希望。」

吉田和金子兩人備感失望，金子重輔當下就要切腹，但為松陰勸阻，天亮後到下田奉行所自首，後來被送到江戶傳馬町牢屋敷（東京都中央區日本橋小傳馬町，現為十思公園）拘禁，這是江戶時代幕府關押犯人的地方。松陰和金子兩人下獄的理由其實不是偷上黑船，從去年培理到來至今，上過黑船的日本人少說也有上百人，原因兩人在於企圖搭上異國船隻偷渡到海外去。早在十七世紀幕府鎖國令時就規定「在海外居住超過五年者不可歸國、禁止各藩建造五百石以上的船隻」，目的在於限制日本人離開日本，所以松陰和金子兩人若只是登上黑船並不至於下獄，兩人被下獄是因為他們有想偷渡到外國的企圖。

松陰由於是長州藩山鹿流兵學師範，儘管下獄也還被當作武士看待。至於金子下獄時已經脫藩，因此被當成尋常百姓看待，和一般平民關在一起，獄中的衛生條件極差，金子的皮膚化膿且併發出肺炎。最終兩人並未處死，九月改判為遣返藩國長州蟄居的處分。

兩人被關在唐丸籠裡，從江戶一路被抬了將近一千公里回到長州藩城下町萩，身體不適的金子待在唐丸籠狹窄的空間裡，加上一路顛簸，健康更為惡化。一個月後抵達萩，松陰被送往關押武士的野山獄，金子則被送至關押平民的岩倉獄，身體虛弱至極的金子一進岩倉獄就病倒不起，於安政二（一八五五）年一月十一日病逝，得年廿五歲。今日在靜岡縣下田市柿崎弁天島及山口縣萩市各有一座吉田松陰的銅像，松陰的旁邊各有一位蹲在地上的人，那個人即是金子重輔。

松陰在獄中自稱「二十一回猛士」，除了讀書（據說讀破六百冊）外也執筆寫作，寫下交代他和金子偷渡外國之動機和背景的《幽囚錄》，並對獄中被囚的武士講解《孟子》，因而認識日後成為他助手的富永有鄰。安政二年十二月十五日在獄中罹病的松陰准許出獄，但並不表示松陰獲得自由，他被易以在其生家杉家謹慎的處分，不得外出也不可與外人接觸。

與松陰和金子接觸後，嘉永七年四月十七日，培理一行從下田啟程前往蝦夷地，廿一日抵達箱館。培理出發前已經大量閱讀介紹箱館的書籍，抵達後經過實際測量確信箱館是個極佳的良港，與西班牙南端的直布羅陀不

立於靜岡縣下田市弁天島公園的銅像，作品名為〈踏浪之朝〉，生動地刻畫出意圖跟隨培里的船隊前往美國的吉田松陰（左）與金子重輔（右）
—— PIXTA

相上下。五月十二日培理再度返回下田，立即於了仙寺（靜岡縣下田市七軒町）與林大學頭針對《日美和親條約》進入細則談判。值得一提的是，日方主動提出不再使用漢文作為談判的語言，這應該和漢文無法很確切的表現出詞語的意涵有關，在談判《日美和親條約》時已經歷過因漢語語言的解讀而造成的齟齬。

五月廿二日（格列高里曆6月17日）日美雙方簽訂《日美和親條約附則》共十三條，是《日米和親條約》內容的具體規定。六月二日（格列高里曆6月28日），培理離開下田前往琉球，六月十七日（格列高里曆7月11日）在那裡和琉球王室簽訂一個比照《日米和親條約》及《日美和親條約附則》的《琉美修好條約》。六月廿三日培理成功完成讓日本開國的使命，離開亞洲，不到四年病逝於紐約，他對近代日本有著極大的貢獻，被日本人尊稱為「我們開國的恩人」。

今日神奈川縣橫須賀市久里濱有座由明治時代的總理大臣伊藤博文題字的「北米合眾國水師提督伯里上陸紀念碑」，此外在北海道函館市元町公園、東京都港區芝公園（增上寺正門附近）以及靜岡縣下田市下田公園的「培理來行紀念碑」都立有培理的全身或半身銅像。在世界其他被列強武力脅迫簽訂不平等條約的國家中，日本大概是唯一一個會為以武力迫使他們開國的列強軍隊將領建造銅像的國家。然而，或許也正因為日本這種精神，致使他們願意低下頭來向列強學習，因此到二十世紀初成為所有受歐美列強侵略的非白人國家中，唯一一個成功推動近代化的案例。

《日美和親條約》簽字後，歐洲列強紛紛跟進。同年八月廿三日，英國海軍上將史特靈爵士(Sir James Stirling)和長崎奉行水野忠德於長崎簽訂《日英和親條約》；同年十二月廿一日，俄國海軍上將普提雅廷和海防御用掛川路聖謨於下田簽訂《日露和親條約》；二百餘年來與幕府一直維持通商關係的荷蘭也於安政二年十二月廿三日簽訂《日荷和親條約》。上述三條約內容大致上與《日美和親條約》相去不遠，儘管連同《日美和親條約》在內的四約並未涉及割地、賠款、治外法權、關稅協定權等更進一步侵犯國家主權的條款，但是幕府閉鎖的國門再也無法恢復原貌已是不爭的事實。

五、安政改革

幕府曾在八代將軍吉宗、十一代將軍家齊、十二代將軍家慶在位期間進行過享保、寬政、天保三次改革，三次改革的重點都集中在財政方面，然而受限於幕藩體制及制度，難以做到開源，消極的節流對於財政改善並無實質幫助，因此最終都歸於失敗。

與前述幕府三大改革不同的是，安政改革並非基於財政破敗而發起的改革，而是著眼於外國勢力入侵、加以因應的改革，因此財政部分並非安政改革的重心（但也不致於完全沒有）。在培理強行闖入浦賀水道遞交國書的過程中，阿部老中首座發現幕府的武力根本無法攔阻，顯然幕府的制度面存在極大問題，因此在培理遞交國書離去後，阿部針對制度上的缺點進行改革，此即「安政改革」。

阿部老中首座先是任命水戶藩老公德川齊昭為海岸防禦御用掛參與，此舉打破重要職務皆由譜代大名、旗本與御家人擔任的習慣，接著如前章最後所提，解除建造大型船舶的禁令，以上兩點都突破了幕府二百餘年來的慣例。

《日米和親條約》簽約後，阿部老中首座繼續推動安政改革，成立講武所、蕃書調所、海軍傳習所等專門負責軍事、外交的機構。講武所位於江戶築地鐵砲洲（後遷移至神田小川町，今東京都千代田區），教授劍術、進行西洋軍隊的訓練，包含西洋砲術、槍術、弓術、柔術等部門（後來弓術、柔術因不符時代潮流而廢止）。講武所以旗本跡部良弼、土岐賴旨為總裁，各部門設置一名師範役，底下有兩名教授，有名的幕臣如高島秋帆（砲術）、男谷精一郎（劍術，有「幕末的劍聖」之稱）、榊原鍵吉（劍術）、佐佐木只三郎（劍術）、下曾根信敦（西洋兵制）、村田藏六（西洋兵學者）都曾在講武所擔任教授，其招收對象為旗本、御家人及其子嗣。

蕃書調所原名洋學所，《日米和親條約》簽訂後，阿部老中首座有感於對美利堅這一新興國家一無所知，將幕府既有的機構天文方予以擴充，於神田小川町（後遷徙至九段坂下，今東京都千代田區）成立洋學所。新機構以儒學者後裔的古賀謹一郎為頭取（校長），以津山藩士箕作阮甫、蘭學者杉田成卿為教授，而洋學所不問藩籍、出身，只要是公認一流的蘭學者、洋學者都被延攬進來。幕末、明治初年著名的學者，如西周、津田真道、加藤弘之、箕作阮甫、杉亨二（以上是明治時代著名的團體明六社成員）、松木弘安（維新回天後改名寺島宗則，曾任外務卿、文部卿、元老院議長、樞密院副議長）、川本幸民（日本化學之祖）、村田藏六等人都曾在洋學所任教。

此外，由於鎖國期間禁止建造五百石以上的船隻，使幕府及諸藩長期下來欠缺能駕馭船隻的航海員。開國後為培養日後幕府海軍軍官，在荷蘭商館甲比丹的勸諫下，阿部老中首座於安政二年在長崎成立海軍傳習所，作為培育海軍軍官的搖籃。阿部老中首座以親自提拔的旗本永井尚志為海軍傳習所首任總監（第二期以後改由旗本木村芥舟擔任），教官人選皆由荷蘭皇家海軍提供，並捐贈兩艘木造蒸汽船供海軍傳習所使用（分別為六百二十噸的咸臨丸和三百噸的朝陽丸）。海軍傳習所招生對象除幕府幕臣、旗本、御家人外，更推及諸藩。

安政二年十二月一日締結《日荷和親條約》當日，長崎海軍傳習所也隨之開班授課，第一期共有學員一百六十五名，令人意外的是人數佔比最多的並非幕府，而是距離最近的佐賀藩，共有四十七名。其次是幕府和福岡藩，而薩摩藩和長州藩各僅有佐賀藩三分之一的程度。海軍傳習所到安政四年三月遷徙至江戶築地為止，共招生三期，之後主導幕府海軍的勝海舟（海軍奉行）、榎本武揚（軍艦奉行）、赤松則良（海軍副總裁），以及維新回天後擔任海軍卿的川村純義（薩摩）均出自長崎的海軍傳習所。

除增設以上三個機構外，阿部老中首座還提拔諸如勝海舟、岩瀨忠震、大久保忠寬、永井尚志、江川英龍（號坦庵，通稱太郎左衛門）等出身俸祿微薄的旗本，這些人連同前文提及的筒井政憲、川路聖謨等人是日後幕府的骨幹。不過這些人在一般情況下受限於家世，原與權力核心無緣，多虧阿部老中首座不拘門第、只論能力的有無而予以任用，在幕府財政吃緊的情況下依然堅持該行之事。安政改革雖然並未為幕府帶來立竿見影的成果，然而對之後十年、甚至更久之後的明治政府而言，安政改革著實帶來不少實用的人才，以這點看來安政改革的貢獻實已勝過幕府的三大改革。

六、安政大地震

嘉永七年三月三日《日米和親條約》簽訂後，日本突然面臨一連串天災造成的災害，先是四月六日京都發生大火，火勢蔓延到天皇居住的御所（又稱內裏、禁裏、大內）；六月在伊賀、十一月在駿河、遠江及豐後、伊予相繼發生芮氏規模六到八以上的地震，災區遍及東海道、南海道、西海道及山陽道，總共造成約五千人以上的死亡，傷者上萬人，燒毀及震垮的房屋近萬棟，財物損失難以估計。

一連串的天災——特別是十一月接連發生三起地震——朝廷和幕府均認為天象示警，決定為了趨吉避凶更改年號。十一月廿七日幕府上奏朝廷將已使用七年多的年號「嘉永」改為「安政」，「安政」一詞出自《群書治要》[3]三十八卷：

……如是，則庶人安政，然後君子安位矣。

年號雖改成「安政」，天災的肆虐未見緩和，安政二（一八五五）年二月一日，幕府天領飛驒國發生芮氏規模約六．五左右的地震，震度雖大但因為飛驒國地處偏僻，災情不至於嚴重；同年十月二日，幕府所在地江戶也發生芮氏規模約六的地震，江戶地震的規模略小於前幾次，但是發生的地點在人口稠密的江戶，死傷和損失不是前幾次可比擬。江戶地震的死傷人數從四千多到一萬多的說法都有，位在小石川的水戶藩邸因為這次地震而痛失藤田東湖、戶田蓬軒兩位家老。

安政三年七月和安政五年二月在陸奧國八戶沖和越中、飛驒兩國又發生兩次大規模的地震。從嘉永七年六月伊賀地震到安政五年二月越中、飛驒地震間發生的地震，歷史上統稱為「安政大地震」（亦有單指江戶地震的情況）。安政年間的天災還不只這些，安政三年八月廿五日，從伊豆半島登陸的颱風席捲江戶灣，暴雨的侵襲加上海水倒灌據說導致超過十萬人死亡，堪稱日本有史以來造成最多傷亡損失的颱風。

日本在培理以武力為後盾的威嚇下，不得不打破祖宗家法、實施開國，開國後的日本會面臨怎樣的危機？阿部老中首座又要怎樣的面對到來的危機？美國是否就此滿足於《日美和親條約》的內容呢？會不會有更進一步的要求呢？在第三章將有解答。

3 《群書治要》：唐太宗命褚遂良等大臣從晉以前的古籍輯錄而成，至宋時失傳，今所見之文本乃日本鎌倉幕府收藏於金澤文庫。

第三章

將軍繼嗣問題與《日美通商條約》的談判

一、德川將軍家與御三家的恩怨

文政七（一八二四）年出生的十三代將軍德川家定，繼任將軍時已年屆三十，前文提過十二代將軍家慶共有廿七名子女，然而家慶的眾多子女只有四子家祥活到成年，因此家祥和兄弟姊妹相處的時間甚短。不僅如此，家祥在還是將軍世子時迎娶前關白鷹司政熙之女任子（幼名有君），任子以現任關白鷹司政通（任子異母兄）養女身分成為御簾中[1]，不過這段婚姻只維持六年便因任子罹患天花病逝而結束。

不過，未來將繼承將軍之位的家祥豈能沒有妻室、沒有繼承人呢？於是幕府再度為將軍世子擇定婚事，江戶時代將軍或將軍世子的正室只能從皇族、四世襲親王家或攝關家中產生，在鷹司任子死去的當年（嘉永元年，一八四八）談妥娶已故前關白一條忠良之女秀子為繼室，此時家祥的身分依舊是將軍世子，因此秀子依舊只是御簾中。嘉永二年十一月一條秀子進入江戶城，幕府官員及大奧無一不被嚇到，原來這位京都來的御簾中身材相當嬌小，根據記載一條秀子的身高只有一公尺左右，因長短腳之故走起路來明顯一拐一拐的。不久民間流傳一首狂歌形容這位御簾中：

箱入の京人形を連れてきて
一条（一丈）あるとは
無理な姉さま
（裝箱運來的京人形，稱為一丈，姐姐實為勉強）

1 御簾中：將軍世子及御三家正室的尊稱。

明治·大正時代專門研究江戶文化、風俗的專家三田村鳶魚形容秀子為「一寸法師的御簾中」。來到江戶後秀子水土不服，健康狀況似乎出現問題，翌年五月發病，六月初過世，和鷹司任子雖葬在不同處（鷹司任子埋於芝增上寺，院號為天親院；一條秀子埋於上野寬永寺，院號為澄心院），但得年皆只有廿六歲，也都未能為家祥生下子嗣。兩人同樣在家祥還是將軍世子時婚嫁、在家祥成為將軍前死去，因此都僅止於御簾中身分。

家祥在成長過程中不受生父家慶、生母本壽院的關懷，兄弟姊妹的早逝讓他感受不到手足之情，而將軍世子的身分讓他很難與幕臣建立私人的友誼，兩段短暫的婚姻更是有名無實。根據記載，家祥幼年時曾罹病，雖然治癒卻在臉上留下疤痕，因此家祥很不喜歡接見外人，除了老中等身分較高的幕閣外，一般的旗本、御家人很難見到他，而家祥也只對乳母歌橋敞開心扉。這般特質在他之後改名為家定後也未有改變。

一般幕末到明治初年的幕臣回憶錄多半認為家定庸庸碌碌，不具備身為將軍應有的器度，連親藩之一的越前藩主松平春嶽也曾說道：

「即使在凡庸的人中也是最下等。」

春嶽因參勤交代的職務之故，每兩年就有一年在江戶，身為親藩大名的他有較多接觸將軍的機會，因此他留下的記載未必沒有依據。不過曾任長崎奉行、外國奉行、勘定奉行、道中奉行、外國惣奉行並、江戶南町奉行並等職務的幕臣朝比奈昌廣則緩頰道：

「（家定公）雖被說成是凡庸、暗愚，那是和越前（松平春嶽）、薩摩（島津齊彬）做比較之故，在當時三百諸侯當中多數大名應該比家定公還要差勁。」

朝比奈此言固然有為主辯護的意味，但也不是盲目強辯，出身旗本的他在嘉永二年到安政五年於家慶、家定兩位將軍身旁擔任近十年的小姓，對家定性格和資質的了解程度應該超過松平春嶽。

家定的資質如何或許因人而異，但家定虛弱的身體無法負荷繁重的政務是有目共睹的，因此儘管家定繼任將軍，依舊由父親在位時的老中首座阿部正弘繼續主導幕政。也因為家定身體狀況不佳，雖繼任將軍時僅僅三十歲，可是周遭的幕臣和大名們似乎都已認定家定無法生育，屢屢透過老中、大奧或其他管道勸進家定早日決定繼承人。因此出現以家定後繼者為中心的繼承人之爭，此即將軍繼嗣問題。

筆者在第一部第二章已提到過，神君德川家康創建江戶幕府時封九子義直於尾張、十子賴宣於紀伊、十一子賴房於水戶，此為「御三家」，其地位僅次於將軍家。七代將軍家繼夭折後，第八代將軍勢必得從御三家中產生，當時水戶家的人選不是太老（三代藩主綱條）就是太小（綱條養子鶴千代，之後的四代藩主宗堯），早早被排除在外。因此第八代將軍由尾張家第六代藩主德川繼友及紀伊家第五代藩主德川吉宗兩人競爭，兩人年齡不分上下，出身御三家筆頭尾張家的繼友雀屏中選的機會略大一些。然而六代將軍家宣的御台所天英院、七代將軍家繼的生母月光院反對新井白石與間部詮房支持的繼友。

「白石、詮房這兩人在家宣、家繼在位期間呼風喚雨，如果再支持他們兩人推出的繼友那還得了，幕府豈不變成他們兩人的了？聽說吉宗在紀州做得有聲有色，他應該不會被這兩人所左右，我們就支持他吧！他成為公方後應該不會虧待我們。」

在天英院、月光院及大奧的全力支持下，吉宗得以脫穎而出成為八代將軍。也由於吉宗在成為將軍的過程中飽受尾張家的威脅，當上將軍後自會對尾張家「公報私仇」。當時的尾張藩主由德川宗春襲封，宗春對吉宗主導的「享保改革」非常不以為然，認為幕府的改革只為博取美名，而不求改革的實際需要。因此尾張藩不響應「享保改革」，反而積極發展自由經濟政策，宗春公然與幕府對立的行為導致他在四十四歲盛年時被吉宗強迫隱居謹慎。

吉宗在對抗宗春期間賜予次男宗武、四男宗尹（吉宗三男夭折）在江戶城田安門、一橋門附近的宅邸，並由幕府支付十萬石，即是後來的田安家和一橋家。田安、一橋兩家加上九代將軍家重時成立的清水家（宅邸位於江戶城清水門附近）是為「御三卿」，家格僅次於將軍家及御三家。表面上吉宗成立御三卿是作為御三家無法提供將軍繼承人時的後備，實際上吉宗真正的用意是：

「以三卿取代尾張、水戶兩家，讓此後的德川將軍都出自紀伊家或御三卿，也就是都由我的子孫繼承。」

安永八（一七七九）年十代將軍家治的獨子家基去世，年事已高的家治打算藉由收養養子指定下任將軍的繼任人選。當時紀伊家並無適當人選，家治直接跳過尾張、水戶兩家而從三卿中挑選，最後看中堂弟一橋治濟七歲的長男豐千代，即是日後的十一代將軍家齊。

從以上篇幅稍長的敘述中可知，沒有繼承人的家定只能從紀伊家和三卿當中選擇繼承人，而當時的田安家和清水家本身都沒有繼承人(清水家甚至連當主都出缺),第十四代將軍人選必然將從紀伊家或是一橋家中選出。

二、一橋派與南紀派的對立

當時的紀伊家藩主是第十三代德川慶福,他是第十二代藩主德川齊彊的養子,生父則是第十一代藩主德川齊順,不論生父或養父都是十一代將軍家齊之子,換言之為十二代將軍家慶的異母弟,因此在血緣上慶福是家定的堂弟;至於一橋家當主是第九代一橋刑部卿慶喜,其實慶喜只是一橋家養子,其生父為水戶家隱居的老公德川齊昭。

光從血緣來看,慶喜已居下風,儘管他年紀長慶福九歲。另外還有兩個不利於慶喜的因素,雖然慶喜與此並無直接關係。天保八(一八三七)年八月家慶從父親家齊手中接下將軍後,立他僅存的獨子家祥為世子,不過幾年觀察下來,家慶認為家祥並不適合擔任將軍,逐漸萌生廢嫡念頭,欲收養已過繼到一橋家當養子的一橋慶喜為繼承人。當時的老中首座阿部正弘反對，認為無故廢嫡會使幕府的威望下墜，在阿部老中首座的堅持下，家慶最後只好打消廢家祥改立慶喜的念頭，可以說家祥能保住將軍的位置阿部老中首座厥功甚偉，因此家祥當上將軍後對阿部無比信任，幾乎到了不過問的程度（事實上家定想過問也力有未逮），阿部老中首座能推動安政改革正是出於家定對他的信任。

相對於對阿部的信任，家定對慶喜則是憎惡。日後將軍繼嗣問題愈演愈烈時，家定自己也曾說過：

「我討厭慶喜這個人！」

家定這種近乎主觀的情緒表達幾乎決定第十四代將軍的人選，家慶當時廢嫡的想法埋下家定對慶喜的怨恨，也影響到日後幕末歷史的發展。

而另一不利因素出於慶喜的生父德川齊昭。在一般大河劇或時代劇裡，德川齊昭多半給人正義凜然還有擇善固執的形象，齊昭剛烈的性格的確符合「烈公」的諡號。不過這些戲劇——特別是以水戶藩為主角——通常不會描述齊昭性格中的缺陷，齊昭最致命的缺點在於他對女色幾乎到了毫無節制的程度。齊昭一生與正室吉子女王（有栖川宮織仁親王之女）及九位側室共生下廿二男十五女，但是這位精力充沛的藩主依舊不滿足，還染指他守寡的兄嫂——八代水戶藩主德川齊脩的正室峯壽院（名義上為齊昭養母），以及伴隨峯壽院嫁進水戶藩的大奧上臈御年寄[2]唐橋，齊昭染指養母及前大奧上臈御年寄之事傳開後——特別是傳到大奧——使他的風評急轉直下。從吉宗成為將軍的前例可知大奧在決定將軍人選上佔有舉足輕重的地位，齊昭的劣行使大奧對他備感厭惡，連帶也波及到齊昭之子慶喜。

「如果慶喜成為下一任將軍，齊昭那個色胚一定會將大奧視為他的禁臠，為所欲為！」

慶喜和慶福各自有擁護的對象，擁護慶喜的首推其生父齊昭，此外還有長兄水戶藩第十代藩主德川慶篤、第十六代越前藩主松平春嶽、第十四代尾張藩主德川慶恕等親藩大名，譜代方面只有當時的老中首座、第七代福山藩主阿部正弘。此外慶喜的支持者都是外樣大名，計有第十一代薩摩藩主島津齊彬、第十五代土佐藩主山內豐信（號容堂）、第八代宇和島藩主伊達宗城，綜觀上述成員可說一橋派的成員主要為親藩和外樣，阿部老中首座則扮演居中連繫的橋梁。而一橋派的結合反映出親藩和外樣在幕藩體制下被排除於政權之外的不平，欲藉由推舉慶喜成為繼任將軍打破譜代的壟斷，以開闢親藩、譜代、外樣之有能者皆能參與幕政的局面。

支持慶福的南紀派則以彥根藩主井伊直弼為首，包含第九代會津藩主松平容保、第十代讚岐高松藩主松平賴胤、老中松平忠固、紀伊家付家老[3]水野忠央（同時也是第九代紀伊新宮藩藩主）等人，此外還有將軍生母本壽院、將軍乳母歌橋及大奧的支持。南紀派沒有一橋派那樣改革幕府的雄心，充其量只想維持譜代主持幕政並維護幕藩體制而已，南紀派成員也不如一橋派來得有人望和實力。一邊是有著島津齊彬、松平春嶽、伊達宗城、山內容堂人稱「幕末四賢侯」的一橋派，一邊只是想守住由譜代大名參與幕政之現狀、提不出任何政治改革的南紀派，照理而言應該早已分出勝負。但是南紀派成員中的本壽院、歌橋都是足以左右家定的人，一橋派非常欠缺這種可直達天聽的成員，不過話說回來，把大奧拒之於外、推向南紀派的正是一橋派的龍頭德川齊昭！

2　上臈御年寄：大奧裡身分最高的女中，有謁見將軍和御台所的資格。
3　付家老：御三家或其他親藩直接聽命於將軍的家老。

三、御台所藤原敬子

由於無法掌握大奧的動向，一橋派在將軍繼嗣問題之爭幾乎處於下風，為了扳回劣勢，齊彬決定將從家族分支收養來的養女送往時任右大臣近衛忠熙之處，由近衛右大臣收為養女，再以五攝家筆頭近衛家養女之身分嫁入江戶城，成為家定的御台所。意圖倚靠其御台所的身分整合大奧的意見並左右家定，使家定收養一橋慶喜作為繼任將軍人選。

齊彬從家族分支收養的養女名為篤子，即二〇〇八年大河劇《篤姬》的主人公，有關她的生平筆者將於本書第四部做詳盡的介紹，本節僅介紹篤子以近衛右大臣養女的身分嫁入江戶的過程。

篤子住在芝三田邸（也稱為三田上屋敷，安政大地震後遷往澀谷別邸）不知不覺過了兩年多，這段期間經歷開國、《日美和親條約》、安政大地震等近代日本史的重大事件。安政三年（一八五六）正月，幕府核准篤子的婚事，島津家開始大張旗鼓地張羅篤子的嫁妝。薩摩藩是江戶時代僅次於加賀藩的第二大藩，又是和將軍家結為親家，規模當然不可能過於寒酸，以現代的標準來看可視同世紀婚禮，以時價估算定有好幾億日圓規模。照理來說這等規模的婚禮理應由家老等級之人張羅，齊彬卻指定由他從下層武士發掘、時任御庭方役的西鄉吉之助負責。御庭方役負責管理藩主的屋敷或別邸庭園的修繕和維護，從工作內容來看是個很耗體力的職務，因此一般多由年輕的下級武士擔任。此職務因在庭園工作之故可以經常謁見藩主而不需經過通報的程序，換言之，只要藩主不在江戶參勤交代而在領國，御庭方役與藩主見面的時間可能多過其他家臣，因此擔任該職務的武士往往成為奉藩主之命執行特殊任務的最適合人選。

西鄉吉之助即維新後的西鄉隆盛，讀者之後在本書會經常看到這個名字。

四月，薩摩藩家老島津伯耆（久福）代表島津家，在京都近衛宅邸進行篤子過繼為近衛家養女的儀式。右大臣近衛忠熙正式成為篤子的養父，由於他喪妻已久，遂以近衛家的老女[4]村岡為其養母，篤子也改名為近衛敬子。

完成成為近衛家養女的儀式後，家定和篤子的婚禮決定於安政三年十二月十八日舉行，幕府為了讓篤子早日適應大奧的生活，希望篤子能在十一月十一日進江戶城。進江戶城的前一晚，齊彬在位於澀谷的薩摩藩別邸（東京都澀谷區東四丁目）對篤子說道成為御台所後肩負的重

4 老女：服侍公家的侍女之首，在大奧裡上臈御年寄、御年寄亦可稱為老女。

責：

「進到江戶城之後，讓一橋公（慶喜）成為將軍繼承人是當務之急，安定將軍的心思亦是妳的職責。」

篤子直到進江戶城的前一晚才知曉齊彬多方奔走讓自己成為御台所的用意，接著齊彬又說道：

「將軍大人身體不好，連行房都有問題，妳恐怕也無法為他生下子嗣。一想到妳要在全是女性的大奧中過完一生，讓我深覺無比罪過，但我真誠希望妳能為我完成此事。」

以上對話摘錄自一九九〇年的大河劇《宛如飛翔》（翔ぶが如く），若此段對話可信，可見將軍的身體狀況已經不是秘密了，連外樣的齊彬都知曉。

十一月十一日，從大奧來的隊伍在御年寄[5]瀧山的率領下，浩浩蕩蕩地前來澀谷的薩摩藩別邸迎接，而跟隨篤子進江戶城的是從她被齊彬收為養女時一路陪伴的幾島。

篤子進城後一直到大婚之前都未能與家定見面，十二月十八日大婚那天，篤子以藤原敬子之名正式成為第十三代將軍德川家定的御台所。筆者再強調一次，家定一生雖有過三名正室，不過迎娶鷹司任子、一條秀子時家定還稱為家祥，身分尚為將軍世子，因此這兩位正室只能稱為御簾中。篤子則是改名家定成為將軍後迎娶的，因此篤子雖是繼室，但她才是家定唯一的御台所。

四、阿部老中首座病逝

幕末時期主導開國的老中首座阿部伊勢守正弘出身備後福山藩（十萬石），生於文政二（一八一九）年，生父的去世及兄長的體弱使他在機緣下於十九歲成為第七代藩主，天保八（一八三七）年結束在江戶參勤交代的阿部返回領國備後福山，這是他唯一一次踏上領國。之後阿部歷任奏者番[6]及寺社奉行，在寺社奉行任內針對當時部分僧侶私通大奧進行懲治。為保全將軍的

5　御年寄：大奧僅次於上臈御年寄的女中，掌控大奧實權的實力者。
6　奏者番：年節時各藩大名和旗本登城拜謁將軍時在旁指導禮數的人。

顏面，阿部對大奧從輕發落，只做象徵性的懲處，但對犯下淫戒的僧侶則予以嚴懲，阿部這種「有達到懲處的目的，卻沒有因嚴厲的懲處傷及將軍或大奧的自尊」的妥善處理贏得將軍家慶的信任。

天保十四（一八四三）年閏九月，阿部成為老中一員，當時的老中首座為主持天保改革的水野忠邦，阿部因和水野個性不合而受到水野的打壓，雖任老中但幾乎毫無作為。弘化二（一八四五）年九月水野忠邦為天保改革的失敗負起責任下台，廿七歲的阿部老中晉升老中首座，負責整個幕府的運作。老中首座相當於古代的宰相、現代的國家閣揆，廿七歲擔任這一職務不論在古代（世襲制的元首除外）或是現代都幾乎不曾出現，能夠破格固然有家慶對他的賞識這一要素在內，不過更主要的原因應該在於他出眾的能力。

當上老中首座後，接踵而來的事件不斷考驗阿部的智慧及應變能力。鴉片戰爭清國戰敗對日本造成極大的衝擊，水野老中首座緊急廢除《無二念打拂令》[7]，修正為可視實際需要適當供給薪炭、淡水、食物。阿部上任後還設置了海岸防禦御用掛，專責外交、國防等問題，由阿部親自主持，時任老中的牧野忠雅（第十代越後長岡藩主）、若年寄大岡忠固（第六代岩槻藩主）、若年寄本多忠德（第五代陸奧泉藩主）協同輔助。

有別於以往的老中，譜代出身的阿部積極跨越出身的藩籬，和非譜代出身的越前藩主松平春嶽、宇和島藩主伊達宗城、薩摩藩世子島津齊彬接近，借用他們的智慧解決老中任內面臨的難題。不過，阿部並非單方面利用這些藩主的智慧，也會透過自己的職權去解決他們遇到的難題，最有名的事例當數阿部以老中首座之尊在薩摩藩的御家騷動（由羅之亂）中全力支持齊彬，強迫齊彬生父，即薩摩藩現任藩主齊興隱居。此外德川齊昭於弘化元年五月遭水野忠邦構陷，不僅被迫讓位給長男慶篤，還被處以謹慎，阿部晉升老中首座後接受支持齊昭的水戶藩士請願，解除齊昭的謹慎處分，更在培理首次來日離去後，力邀齊昭擔任海防御用掛參與（請參照第一章）。

在培理叩關的過程中阿部展現出與清國官員截然不同的風骨，雖然日本終究走上開國之路，然而阿部是在評估日本國力之後判斷幕府絕無實力拒絕美國的要求，與其戰敗簽訂城下之

7 無二念打拂令：自十八世紀末起歐洲國家船隻屢屢出現在日本外海，要求與日本進行貿易，幕府官員不勝其擾，雖然透過通譯予以拒絕，但是造訪的船隻並未有所減少。進入十九世紀亦加入美國船隻，於是幕府於文政八（一八二五）年頒布《異國船打拂令》，規定諸藩只要見到接近日本沿岸的外國船隻，無須通報便可逕自開砲，上岸的外國人可自行逮捕，此令又稱為《無二念打拂令》。

盟任由美國宰割，不如主動開國在一定程度內滿足美國的要求。開國後阿部在不違背幕府的體制下對腐朽已久的幕藩體制進行改革，以結果論而言，或許會認為阿部的努力最終依然沒能改變幕府垮台的命運。但平心而論，當時日本與歐美的差距並非阿部個人之力可以扭轉，幕府的垮台並不是阿部個人的責任，與他進行的安政改革也沒有絕對的關連。阿部的貢獻在於為之後的幕府——尤其是明治政府——蓄積人才，從前文提到阿部在安政改革時成立的機構來看，在開國後短短幾年的時間內，阿部已為之後的日本積存相當的人才。再對照鴉片戰爭後的清國，更可看出清日兩國迫於外力開國後著眼未來的差異。

培理的到來使得日本國內出現開國和攘夷兩種對立主張，阿部對歐美國力有一定程度的了解，深知開國才是日本應該依循的方向。而深受家傳水戶學薰陶的齊昭盲目主張攘夷，對阿部的所作所為皆不滿意，他的攻訐讓阿部承受相當的壓力。另外還有將軍繼嗣問題以及衍生出的家定與篤子的婚姻都要阿部操勞，儘管阿部還不到中年也已難以負荷。安政二年八月在以齊昭為首的攘夷派壓力下，阿部不得不罷免松平和泉守乘全、松平伊賀守忠優兩位主張開國的老中，為避開齊昭的咄咄逼人以及以彥根藩主井伊直弼為首的南紀派兩面夾攻，十月阿部推薦下總佐倉藩主堀田正睦（原名正篤，避篤子名諱改名正睦）為老中首座，自己退居一般老中。安政四年六月十七日，阿部突然在江戶城內死去，享年三十九歲。

戰前日本著名思想家、評論家並著有百冊《近世日本國民史》的德富猪一郎（號蘇峰，文學家德富蘆花之兄）批評阿部個性優柔寡斷，儘管有幫助齊彬當上藩主與解除齊昭謹慎的功勞，但究其動機不過是為了討好薩、水二藩以爭取他們對自己的支持，阿部其實是個八面玲瓏的人。客觀說來，蘇峰對阿部的評價並不公允，阿部在齊彬還是世子時便與之交往，認定他的才能不僅勝任藩主有餘，甚至還足以入閣領導幕政，卻受限於外樣不得干涉幕政的幕藩體制，因此阿部打算藉由擁立慶喜、進而從制度面進行改革。從由羅騷動到協助篤子成為御台所，前後歷時將近七年，很難想像阿部可以持續七年不求回報只是為了討好齊彬。

阿部解除齊昭謹慎的處分並延攬他成為海防御用掛參與，齊昭因而親筆寫了好幾封信函感謝他，到此為止說阿部有意討好齊昭還算過得去。可是齊昭在對外主張上與阿部嚴重對立，齊昭可說是對阿部的開國論撻伐最力者，但阿部在將軍繼嗣問題上仍堅決擁立齊昭的七男慶喜，這已無關討好，而是兩人儘管處於不同的政治立場，但希望日本能不受外國侵略的最終目標卻是一致的。

相對於蘇峰的批評，齊昭如此評價阿部：

「他（正弘）與水越（水野越前守忠邦）不同，個性不至於憤世偏激，或可稱為具有『瓢簞鯰』那種風格的人……」

「瓢簞鯰」的意思是難以捉摸或不得要領的人，對齊昭而言自己猛烈批評阿部，在將軍繼嗣問題上阿部於公（出身譜代）於私都應該支持慶福才是，但是阿部卻義無反顧地支持慶喜。齊昭用「瓢簞鯰」一詞形容，或許是指在這層意義上阿部是個難以捉摸或是不得要領的人。

島津齊彬聽到阿部死去的消息則是惋惜地說道：

「失去阿部，天下少了一個令人珍惜的人物。阿部之後再也沒有有力的老中，每個都是軟弱的人。」

齊彬的話雖然簡短，卻比前兩位還要切中要點。

五、首任駐日公使哈里斯

《日美和親條約》第十一條提到「兩國政府簽字後十八個月，若任何一國認為有必要，合眾國官吏得派駐下田。」根據該約在格列高里曆一八五五年8、9月間美國理應派遣使節駐日，然而到這年美國總統富蘭克林．皮爾斯（Franklin Pierce）才任命經營陶瓷業輸入商的哈里斯（Townsend Harris）為首任美國駐日公使。

一八五六年七月廿一日（格列高里曆8月21日），哈里斯偕同通譯休斯肯（Henry Conrad Joannes Heusken）搭乘軍艦聖．查辛托號（San Jacinto）抵達下田。當時下田奉行岡田備後守忠養驚訝哈里斯的到來，一開始託病不見，對他非常不友善。確認哈里斯的身分後到七月廿五才准許他登陸，儘管過程如此不順，哈里斯對接觸到的日本人的印象仍是：

「日本人有著最親切的用心，如能脫離令人畏懼的統治者專制體制，他們將由衷發自內心歡迎所有來到這個國家的外國人。」

提到下田時則說道：

「是個貧困的港口……大概只居住四、五千漁夫的小城鎮……看不到可滿足少數居民需要的商業行為。」

儘管對下田的第一印象是貧困，哈里斯依然在日記寫下：

「僅就我親眼見過的部分而言，日本是喜連峰（南非好望角）以東我所見過最優秀的民族……」

下田奉行之所以對哈里斯的到來驚慌失措，在於日本對《日美和親條約》第十一條解讀的錯誤，如本節開頭所引，美國認為「兩國政府簽字後十八個月，若任何一國認為有必要，合眾國官吏得派駐下田。」但日本卻認為「兩國皆認為有必要才派駐官吏」。接著數日幕府商量如何接待哈里斯，德川齊昭堅決反對讓外國人駐紮在日本國內，但老中首座堀田正睦認為哈里斯既然是依據《日美和親條約》而來，幕府沒有理由拒絕。於是劃定位在下田柿崎的曹洞宗寺院玉泉寺為美國駐日領事館，並以井上信濃守清直、中村出羽守時萬為新任下田奉行。

八月五日（格列高里曆9月4日），哈里斯遷入玉泉寺，當晚他的日記記下：

「1856年9月4日星期四，因為興奮和蚊子眾多之故，昨晚我幾乎徹夜未眠——這裡的蚊子實在大隻。……當日下午二點半，我終於在這個帝國升起『最初的領事旗』。」

哈里斯此番來日的目的有二，一是自由貿易，二是外交使節進駐江戶。要滿足前者他必須與幕府簽訂《修好通商條約》；要滿足後者他必須前往江戶城謁見將軍。為達成這兩項目的哈里斯主動致書幕府，要求親自赴江戶面呈國書並與幕閣商談重要之事。

堀田老中首座決定派遣目付岩瀨忠震到達下田，由他與井上、中村兩奉行先與哈里斯洽談。八月廿九日（格列高里曆9月28日）岩瀨抵達下田，九月九日（格列高里曆10月7日）一行三人來到玉泉寺拜會哈里斯，哈里斯滔滔不絕地從十七、八世紀以來的世界大勢講到工業革命對歐洲國家國力發達的影響，繼而再講到亞洲國家鎖國的失策以及對外通商的勢在必行。透過通譯休斯肯傳達給岩瀨等三人，他們三人一輩子從未聽聞這些事，岩瀨被哈里斯的一番話打動，回到江戶後岩瀨向幕府要人力陳允許哈里斯前來江戶的必要性，儘管德川齊昭堅持反對，岩瀨的說詞已經得到堀田老中首座的認同。

人在下田的哈里斯重施培理之故技，不忘恫嚇下田奉行：

「如不答應敝國的要求，我將降下敝國國旗回國，改率軍艦與貴國相見。」

岩瀨九月十四日返回江戶，翌十五日（格列高里曆10月13日）岩瀨登城向堀田老中首座建言

「應廣泛與外國交易，開市場、定數港作為與外國貿易之地。」岩瀨的建言為堀田老中首座採納，安政四年二月起哈里斯與井上、中村兩奉行開始就通商方面進行談判。

安政四年五月廿六日（格列高里曆6月17日）哈里斯與井上清直、中村時萬兩位下田奉行簽訂《日美追加條約》（也稱為《下田協約》，實際簽字日期為閏五月五日，格列高里曆6月26日），內容共九條，全文如下：

一、除下田、箱館之外，再開放長崎港。

二、前來下田、箱館二港的美國船隻，為了在日本購買不易取得的必需品，美國人民可在這兩港居留，並可駐在箱館副領事處。本條從一八五八年7月4日起實施。

三、美國人持有的貨幣和同樣種類相同重量的日本貨幣兌換時，需徵收百分之六的改鑄費。

四、日本人對美利堅人犯法時以日本法度處分。美利堅人對日本人犯法時以美利堅法度處分。

五、在下田、箱館、長崎港內的美國船隻，為獲得必需品或修理船隻的破損，必須支付金銀貨幣，若無金銀貨幣可決定支付等價貨物。

六、美國總領事原則上承認七里四方的區域為徒步外出的權利，除去緊急狀況外，下田奉行得到總領事認可後可行使權力予以延期。

七、承認僅限於總領事及其家屬可直接向商人購買物品的權利。

八、下田奉行不諳美語，美國總領事不諳日語，故以荷文解釋。

九、上述各條除第二條即日實行外，其餘各條於約定日起施行。

《日美追加條約》簽訂後，荷蘭、俄羅斯也以片面最惠國待遇要求均霑，幕府分別於八月廿九日和九月七日與之簽訂幾乎相同條款的《日荷追加條約》、《日露追加條約》。德川齊昭還是堅持攘夷，但在整個幕閣裡曲高和寡，齊昭眼見整個幕閣都已被開國派把持，憤而於七月廿三日辭去海防掛參與一職。

《日美追加條約》充其量只是《日美和親條約》及《日美和親條約附則》的補充，依舊沒有提及美國所迫切的通商貿易，因此對哈里斯而言簽訂《日美追加條約》不算達成使命，他留在江戶繼續與堀田老中首座談判關於《修好通商條約》內容細則。哈里斯在與堀田老中首座談判的同時也不忘他來日的另一目的——謁見將軍，江戶時代外國人謁見將軍雖不乏前例，但幕府對於哈里斯的要求依舊百般刁難，哈里斯遂以當時在清國發生的英法聯軍作為籌碼向幕府施壓：

「目前正在攻擊廣州的香港總督，打算挾勝利姿態計畫以武力壓迫日本與之通商，如果再不讓我謁見將軍，我合眾國打算與英國合作。」

十九世紀歐洲外交官員在亞洲國家只要以武力恫嚇，他們的要求經常就能實現，哈里斯的恫嚇再一次證實了此事。八月十七日，幕府以「萬國普通常例之趣」為由准許哈里斯登城謁見將軍。十月七日(格列高里曆11月23日)哈里斯帶著通譯休斯肯從玉泉寺出發，越過天城峠進入東海道，再手持幕府核准的通行證通行箱根關所進入江戶，前後費時八日。哈里斯在他的日記有如此記載：

「今天是我們進入江戶的日子，這是我們生涯畫上重要的新時代，甚至在日本歷史也是一個重大的新紀元吧！我們是這個都府迎接的最初外交代表人員。」

幕府方面安排哈里斯在江戶期間下榻位於九段坂下的蕃書調所，十八日與堀田老中首座簡單地會晤，哈里斯記下他觀察到的堀田老中首座外貌：

「矮小身軀、情緒良好具有知性的容貌。」

安政四年十月廿一日（格列高里曆12月7日），哈里斯帶著休斯肯在下田奉行井上清直的引導下坐著駕籠登城，在江戶城大廣間謁見將軍。哈里斯的服裝上衣有著金色刺繡，寬大的金線直至腳跟並穿著藍色西裝褲，頭戴金色三角帽，手持禮服用的佩劍，劍柄鑲嵌珍珠，這是出席重大場合的標準服裝。而家定則在大廣間上段坐在曲錄（椅子的一種）上，身著小直衣[8]，頭戴立烏帽子。哈里斯對家定的服裝評論道：

「王者般的華麗絢爛，任何人皆不能及！」

哈里斯上前拜見家定，並以外交使節公式化的說辭寒暄道：

「謹呈合眾國大總統的委託書，我代表大總統殷切的期望祈求陛下的健康與幸福、祈求陛下的國土繁榮昌盛……」

8　小直衣：也稱狩衣直衣，通常為謁見天皇時的穿著，江戶時代將軍在接見琉球使節時也穿小直衣。一般搭配烏帽子。

這種公式化的內容無須當真，值得一提的是哈里斯誤將幕府將軍等同於實際統治日本的國王，這個錯誤將令哈里斯吃足苦頭（詳見下一章）。將軍在這種場合通常也只是做些象徵性的答話，哈里斯記載將軍回話時的表現「聽得很清楚、心情很好、聲音結實」。不過哈里斯同時也觀察到：

「將軍在開口前頭會習慣性地往後轉，腳會用力在地上踏出聲音，這是腦性麻痺患者的典型症狀。」

哈里斯的觀察似乎也呼應了前文提及的，松平春嶽及多數幕臣對家定的印象。

這次歷史性的會面大致上賓主盡歡，但哈里斯不因此而滿足，《修好通商條約》的簽訂與外交使節進駐江戶這兩大目的都未達成，於是哈里斯繼續留在江戶為這兩件事奔走努力。

六、日美修好通商條約草案

與將軍會完面後哈里斯信心大增，翌日寫信由井上清直轉交堀田老中首座，要與包含老中首座在內的幕閣進行「日本重大事件」的會談。十月廿六日，哈里斯來到堀田老中首座的宅邸進行歷時約二小時的演說，內容大致為蒸汽船發明後，海洋之間的距離大幅縮短，隨之而來的是各國間的互動與通商貿易會變得頻繁。在這種情形下日本應該拋棄傳統的鎖國政策、響應世界大勢，而在貿易往來中適當的課稅收入，亦能對日本帶來莫大的收益。

接著哈里斯話鋒一轉，強調日本的危機迫在眉睫，英國自鴉片戰爭得勝後，對日本領土的野心愈益明顯，帝俄亦有意南下奪取蝦夷地（今北海道）和樺太（今庫頁島）。此外，英國在《日英和親條約》裡未有通商貿易的相關條約，未能滿足大英帝國的利益，當下英國正與法國聯手和清國進行第二次鴉片戰爭，英國很有可能挾戰勝餘威侵犯日本。美國強調和平主義，不無故欺凌弱國，英法聯軍前夕英法兩國曾邀美國參戰，但為美國堅拒。

哈里斯強調美國對亞洲的領土並無野心，但如果日本能先行與美國簽訂《修好通商條約》，想必能讓英國改變進攻日本的計畫，若是英國仍堅持，美國也會動用武力保護日本的安全。哈里斯強調，簽訂《修好通商條約》可以阻止第三國——特別是英國——侵略日本，幕府也能從對外貿易中適度的課稅，以達到富國強兵的期望。

哈里斯的演說打動了堀田老中首座，而頑固的攘夷派德川齊昭已在三個月前辭去海防掛參與一職、離開權力核心，少了這一最大阻力之下堀田老中首座於十一月與其他幕閣取得一致共識後，於十二月十一日(格列高里曆1858年1月25日)起進行談判。堀田老中首座指定下田奉行井上清直及目付岩瀨忠震為全權代表，與哈里斯進行為期約一個月的談判。外交使節進駐江戶與橫濱開港尤為雙方爭論最激烈的焦點，其次為應該開放幾個港口、要選擇那些港口開放。經過十五次(一說十三次)的談判攻防，在安政五年正月十二日(格列高里曆2月25日)雙方終於意見一致，《日美修好通商條約》總共十四條，內容如下：

一、

今後日本大君與美利堅合眾國世代親睦。

日本政府任命官員常駐華盛頓處理政務，任命常駐合眾國各港口的官員為總負責人並任命處理貿易事務的官員。負責處理政務的官員及總負責人到達合眾國之日起准許在其國內旅行。

合眾國大總統任命外交代表常駐江戶，任命領事或總領事常駐於本條約中指定為合眾國人民開放貿易的日本各港口。常駐在日本的外交代表及總領事在執行其職務時准許在其國內旅行。

二、

日本國與歐洲某國之間出現齟齬糾紛時，合眾國大總統應日本政府囑託居中斡旋處理。

合眾國軍艦秉持公平友好的態度處理在大洋遇到的日本船隻，若發生日本船隻進入有合眾國領事常駐的港口應據各國的規定友好處理。

三、

下田、箱館二港之外，以下場所開放日期如下。

神奈川　三月起十五個月後，西洋紀元千八百五十九年七月四日

長崎　　同上，同上
新潟　　同上二十個月後，西洋紀元千八百六十年一月一日
兵庫　　同上五十六個月後，西洋紀元千八百六十三年一月一日
若有新潟港難以開港之事，應於原開港時間前後另擇一港作為開放口岸。
神奈川港開港後六個月應鎖閉下田港。列入此條約內的各地應准許美利堅人居留，居留者可以相當價格租借土地，若土地上有建築物則可以購買，允許建造住宅倉庫，但不得以建造為由佔領要害處所。……
美利堅人為建造房屋而租借的土地以及口岸的規定，應由各港官吏和美利堅外交代表一同制定。……
其居留處所周圍可建造圍牆，但應可自由進出。
江戶　三月起四十四個月後，千八百六十二年一月一日
大坂　同上五十六個月後，千八百六十三年一月一日
上述二地只限美利堅人進行商賣期間逗留。美利堅人在這兩地可以適當價格租借場所、建造房屋及活動之規定，可由日本官員及美利堅外交代表談判確定。

雙方國民買賣物品不受限制，日本官員不可干涉付款方式，不可妨礙日本人和美利堅人互相買賣或所持之物品。

軍用物資不得在日本官府之外販售，但外國人之間的交易不在限制範圍內，本條約簽署互換後，應向日本國內發布。

米麥可以對逗留日本的美利堅人、船務人員及船上旅客作為食物而販售，但不得大量積囤輸出。

日本出產的銅若有剩餘，可在日本官府透過公開招標的方式進行交易。

在日的美利堅人可以雇用日本賤民進行諸雜役。

四、

所有在日本進出口物品都應造冊按規定向日本官府繳納稅金。……

合眾國海軍用品從神奈川、長崎、箱館港口卸貨到運送至倉庫內過程由美利堅專人看守，運送上納的訊息及物品賣出買入的各種規定都要通知日本官府。

嚴禁輸入鴉片，美利堅商船持有三斤以上的過量鴉片由日本官員沒收。……

五、

外國貨幣和日本同種類貨幣可以同量流通。

雙方國人為支付物價，可使用日本和外國的貨幣。

日本人還不習慣外國貨幣，因此開港後一年內各港官府可依美利堅人之請求以日本貨幣支付。今後改鑄貨幣可不必另外提出，允許日本各種貨幣輸出(銅錢除外)。外國金銀不管鑄成貨幣或鑄成其他物品均可輸出。

六、

美利堅人對日本人犯法時，由美利堅領事裁判所審查，以美利堅的法度裁罰。日本人對美利堅人犯法時由日本官員盤查，以日本的法度裁罰。日本奉行所和美利堅領事裁判所受理處置雙方商人的債務糾紛。

違犯條約中規定之應造冊記錄的法則時，可向美利堅領事申訴，被沒收品的罰金則向日本官員繳納。……

七、

日本開港場所對於美利堅人活動規定如下所示。

神奈川　六鄉川筋除外其他各方凡十里

箱館　各方凡十里

兵庫　美利堅人不可進入距京都十里之地的方位外，其餘各方十里。前來兵庫的船隻船員須渡過猪名川到海灣的水系。

里數依照各港奉行所或公務所制定的陸路里程，一里等於美利堅四千二百七十五碼，相當於日本的三十三町四十八間一尺二寸五分。

長崎　周圍皆為幕府天領而有所限制

新潟　調整後再做決定

……

八、

日本允許美利堅人基於本國的信仰而在居留地內建造禮拜堂，而不予以破壞建築物，不妨礙美利堅人的宗教信仰。

美利堅人亦不得毀壞日本人的佛寺神社，不得妨礙禮拜日本神佛，也不得毀壞神體佛像。

雙方人民不得爭論攻訐對方的宗教，日本長崎的官府已廢除踏繪的常規。

九、

依美利堅領事之願逮捕偷渡者，或是由領事處置偷渡罪犯，不管是在陸地上或是船上，凡美利堅人違反本國法律皆緝捕下獄。……

十、

日本政府可向合衆國買入或訂做軍艦、蒸汽船、商船、捕鯨船、大砲、軍用器械、兵器及其他需要的各種物品，或是雇用該國學者、海陸軍技術專家、各種職人和船夫。

所有日本政府訂購的各種物品皆由合衆國船隻輸送，受聘僱的美利堅人亦由本國輸送。若合衆國友邦與日本國發生戰爭，在此期間軍需物品禁止從合衆國輸出，也不得輸送軍事相關人員。

十一、

此條約附帶的商法文書與本約有同樣效力，雙方臣民需互相遵守。

十二、

安政元年寅三月三日（即千八百五十四年三月三十一日）於神奈川簽訂的條約與本約有所衝突的部分，以及同四年巳五月廿六日（即千八百五十七年六月十七日）於下田簽訂的條約一律廢除。

十三、

從現今算起一百七十一個月後（相當於千八百七十二年七月四日）雙方政府有意且兩國在一年前傳達就本約連同《神奈川條約》條文修改的意願做成附件文書，然後雙方各自委任官員進行修改談判。

十四、
本約於未年六月五日(即千八百五十九年七月四日)起生效,日本政府應派使節前往美利堅華盛頓府交換批准文件。批准文件使用的語言為日語、英語、荷蘭語,當雙方對於條約內容有疑義時以荷蘭語譯文為準。

井上信濃守
岩瀨肥後守

在《日美修好通商條約》本約十四條條文外,另有七條貿易章程。哈里斯對自己一手促成的《日美修好通商條約》感到滿意,他在日記得意地寫道:

「我未率領一艘軍艦,單身進入江戶,幕府卻肯和我談判,光這件事就能挽回日本的名譽。」

不過,此時的《日美修好通商條約》尚未簽字,只要還未簽字都不算達成使命。那麼會出現怎樣的變化？以德川齊昭為首的攘夷派會這麼輕易地讓修好通商條約過關嗎？歐洲列強看到日美已進入《日美修好通商條約》的談判階段，又會有怎樣的動作呢？日本面臨歐美列強的步步進逼又該如何反應？將於第四章進一步說明。

第四章
井伊大老登場

一、條約敕許

就在哈里斯認為條約簽字只是早晚的問題時，條約的日方起草人井上清直和岩瀨忠震寫信忠告堀田老中首座，希望《日美修好通商條約》能先在幕府內取得全體一致同意的共識，然後奏請天皇得到其敕許後，再向全國發布。

岩瀨等人對哈里斯說道：

「通商條約已在江戶城徵詢過諸大名的意見，再來要前往京都得到天皇的敕許，然後才能簽字。」

哈里斯聽到岩瀨等人跟他談起條約必須得到天皇的敕許後才能簽字時，內心甚為納悶，問道：

「江戶的將軍不就是日本的統治者嗎？怎麼還要京都的天皇敕許才行？難道京都的天皇比江戶的將軍還要有實力嗎？」

哈里斯的納悶點出問題的核心，事實上這也是之後英法等國駐日外交使節對當時日本政治最感混淆之處。將軍在這些駐日使節的認知裡是日本實際上的統治者，照理修好通商條約只要將軍同意便可授權全權代表簽字，但是現在又蹦出一個駐日使節未曾聽聞過的天皇，然後幕府官員說天皇凌駕在將軍之上，須得到天皇的同意（敕許）條約簽訂才能算數。堀田老中首座向哈里斯解釋說有天皇的敕許方能為全國民眾接受，前往京都徵得天皇敕許只是一個形式，哈里斯聽到堀田老中首座信心滿滿地保證後，將簽字的期限延遲到三月五日（格列高里曆4月18日）。

為取得條約敕許，堀田老中首座先行派前人前往京都，他也在安政五年一月廿一日（日期依據川路聖謨的《都日記》）帶著勘定奉行川路聖謨和目付岩瀨忠震、御右筆組頭原彌十郎、御右筆立田祿助冒著大雪紛飛啟程前往京都。

二月五日堀田老中首座一行人抵達京都，休息數日後於二月九日參內（進宮謁見天皇），代表將軍獻上黃金五十枚，參內結束後天皇於小御所[1]宴請堀田老中首座，並回贈「天盃」，此日參內只是形式，並未談及正事。堀田老中首座此行與其說是徵得天皇同意條約敕許，不如說是重金收買朝廷公卿、藉由朝廷公卿去影響天皇的叡慮（天皇的思慮），為此據說堀田老中首座攜帶七千兩黃金，打算「救濟」這些窮困到近乎三餐不繼的公卿。

二月十一日，堀田老中首座邀請東坊城聰長、廣橋光成兩位武家傳奏前來下榻的本能寺，出示《日美修好通商條約》草案以及具體情況，並餽贈黃金千兩希望他們能幫忙說服朝廷公卿以便早日取得敕許。

基於本節多次提到天皇，以下由筆者簡單介紹幕末時期的天皇。

弘化三（一八四六）年二月十三日，年僅十六歲的熙宮統仁親王即位，即第一百廿一代孝明天皇。孝明天皇是前代仁孝天皇的第四皇子，且是唯一成年的皇子，因此在仁孝天皇崩御後繼承皇位。自平安中期後天皇即遠離政治，十三世紀初「承久之亂」平定後朝廷被幕府沒收大量莊園，不僅失去政治的實權，連生活也因而變得窮困，江戶時代天皇的生活雖比戰國時代略有改善，但受到幕府的束縛也勝過之前任何時代。

不少以幕末為背景的大河劇或時代劇幾乎都將孝明天皇塑造為沉默寡言、剛毅堅強的形象。不過剛毅堅強倒是未必，而沉默寡言也並非只有孝明天皇如此，大抵說來進入武家政權後除後醍醐、後水尾等少數天皇外，大多數天皇在文獻的記載中都是沉默寡言的，因此很難從文獻中讀出天皇對時勢的看法。

在幕府的高壓統治下，包括孝明天皇在內的歷代天皇似乎已經習慣大權旁落。雖然孝明天皇並未流露出親政的興趣，不過身處封閉保守環境的他倒是毫不掩飾對歐美國家的厭惡。天皇的日常起居盡為典侍、內侍、命婦、女藏人、御差、御末等女官包圍，朝廷裡接觸的也僅止於與世隔絕的保守公卿，他們對歐美國家不但一無所知，也不願像幕府官員去積極了解外國，他們對歐美國家的觀感也間接左右了天皇。

當天皇聽聞堀田老中首座親自前來京都希望取得天皇的敕許時，內心已抱定主意堅決反

1　小御所：京都御所內的建築物，江戶時代天皇接見幕府使者、京都所司代及諸大名的場所。

對。

「朕絕不會在這種賣國條約上簽字，光是讓蠻夷踏上神國土地，朕已無顏見歷代皇祖。」

二、廷臣八十八人列參事件

二月十三日，東坊城、廣橋兩位武家傳奏在朝廷對公卿進行遊說，然而成效不彰，堀田老中首座改從親幕色彩濃厚的關白九條尚忠著手。不過在堀田老中首座到達京都前，天皇早已在一月廿六日向九條關白傳達他堅定的積極意向：

「開港開市之事，任憑堀田閣老如何逞巧舌之能也必須固辭。……朕身不孝，……異人之輩（指外國人）不聽者，屆時可予以攻之，此乃朕之決心。」

在江戶的一橋派成員紛紛修書向朝中姻親轉達開國的必要，如島津齊彬寫信給左大臣近衛忠熙，山內容堂寫信給內大臣三條實萬。同為一橋派的德川齊昭也寫信給他的姻親前關白．太閣、前太政大臣鷹司政通，強調攘夷的重要，不可屈服於堀田老中首座。鷹司政通曾任關白超過三十年，擔任關白期間曾兼任太政大臣，受到朝幕一致的推崇，於前年（安政三年）卸下關白一職，天皇破例贈予太閤[2]的稱號，雖辭去關白但仍享有內覽權[3]，現任的九條關白反而沒有內覽權，從以上的敘述不難看出天皇對鷹司太閤的看重。

不過，深受天皇看重的鷹司太閤對於條約敕許的看法卻與天皇對立，也與他的姻親——正確說來是正室的弟弟——德川齊昭對立。鷹司太閤倒不是被堀田老中首座收買才主張條約敕許，純粹是站在日本有無反對開港開市的實力來判斷，但也因此招致多數主張攘夷的公卿對他反感。

二月廿三日堀田老中首座收到九條關白的答覆，九條關白提到條約簽字茲事體大，將軍既然心智不夠成熟，經過三家三卿以及其他諸大名的議論後再上奏會比較慎重。公卿講話向來拐彎抹角，聽在堀田老中首座的耳裡解讀成：

2 太閤：關白讓位後的敬稱，通常作為豐臣秀吉的代稱。
3 內覽權：優先觀看朝臣上奏天皇或天皇批示的文書，平安末期後通常只有現任或前任攝政．關白才有的權力。

「只要經過一次有三家三卿諸大名討論的慎重程序，天皇應該會予以批准。」

在堀田老中首座的催促下，三月五日江戶送來三家三卿及其他諸大名聯名請求批准條約敕許的請願書，這一天正是當初哈里斯延遲條約簽字的最後期限。由於九條關白和鷹司太閤站在傾向幕府的立場，因此天皇將開會討論的對象擴大到家格具參與朝議[4]資格的公卿，讓他們參與討論。在朝議上這些反對條約敕許的公卿串聯起來，於三月十二日在年僅廿歲、羽林家出身的姉小路公知率領下，共有八十八位中下級公卿進宮表達反對條約敕許的意見，此即「廷臣八十八人列參事件」。日後因攘夷聞名的公卿幾乎都匯聚於此，如岩倉具視、澤宣嘉、中山忠能（明治天皇外祖父）、堀河康親（岩倉具視生父）都在其中。列參為夥同進宮謁見天皇之意，相當於中世紀南都北嶺的強訴，公卿們歷經長時間的政治鬥爭、長久以來又仰武家的鼻息過活，深諳看人臉色及不強出頭方為亂世生存法則，這一次竟能讓八十八名公卿以實際行動表達對條約簽字的不滿，在公卿的世界中相當罕見。

三月廿日，天皇在小御所接見堀田老中首座，由左大臣近衛忠熙傳達拒絕條約敕許的意見，堀田老中首座近兩個月滯留京都終究徒勞無功。

三、井伊大老誕生

「廷臣八十八人列參事件」後，朝廷內充斥攘夷派公卿，鷹司太閤迫於壓力不得不噤聲，之後更改弦易轍轉向攘夷派。九條關白雖有幕府撐腰，但遠在江戶的幕府鞭長莫及，在朝廷裡孤掌難鳴的九條關白也只能識時務為俊傑地保持沉默。儘管堀田老中首座心有不甘，繼續待在京都也無法改變現狀，只能落寞地於四月三日返回江戶。

堀田老中首座在返回江戶的路上沉思對策，他想推薦一橋派的越前藩主松平春嶽擔任大老，以大老身分一併解決條約敕許和將軍繼嗣這兩個令他頭痛不已的問題。

平時而言，幕府最高權力掌控在定員四到六名的老中手上，換言之，即幕府最高權力由四到六名二萬五千石以上的譜代大名掌控。遇緊急狀況時可在老中之上臨時安置一名大老，大老的權力凌駕老中（也包含老中首座），可以獨斷幕政。在此之前擔任過大老的只有以下十人：

4 朝議：朝廷的會議，也叫廟議。通常由關白、有內覽資格者、左・右・內三大臣、四名議奏、二名武家傳奏組成，人數約十一到十三人之間。

井伊直孝（近江彥根藩）

酒井忠世（上野前橋藩）

土井利勝（下總古河藩）

酒井忠勝（若狹小濱藩）

酒井忠清（上野前橋藩）

井伊直澄（近江彥根藩）

堀田正俊（下總古河藩）

井伊直該（近江彥根藩）兩次

井伊直幸（近江彥根藩）

井伊直亮（近江彥根藩）

以上十人分別來自井伊、酒井（雅樂頭）、土井、堀田四個家族，這四個家族都是十萬石以上的譜代大名，由親藩擔任大老是前所未有之事！堀田老中首座自薦為大老的可能性還高過推薦松平春嶽，只能說他的構想通過的機率非常低，但是堀田老中首座卻未意識到這點。四月廿日回到江戶的堀田老中首座稍作休息後於廿二日登城，向家定報告他在京都的經過，並向將軍薦舉松平春嶽擔任大老，由他來完成天皇敕許的工作。

不過，堀田老中首座晚了一步，南紀派趁他在京都遊說公卿時已和大奧合力將彥根藩主井伊直弼推上大老寶座，只差未正式任命而已。井伊家是譜代最大藩，一共出過五位大老人選，由井伊直弼擔任大老比松平春嶽更具說服力。

堀田老中首座向將軍報告後的翌日，井伊直弼正式被任命為幕府大老，堀田雖位居老中首座，也必須聽命於井伊大老，這不僅是堀田老中首座的挫敗，也是一橋派的挫敗，然而在不久後，一橋派即將迎來更大的挫敗！

四、將軍繼嗣人選確定

堀田老中首座在京都遊說公卿的目的除了條約敕許外，其實還身負擁立一橋慶喜為將軍繼承人的任務。堀田老中首座在京都針對公卿遊說的同時，越前藩主松平春嶽和薩摩藩主島津齊彬也派出心腹在京都遊說、拉攏，松平春嶽派的是橋本左內，島津齊彬派的是西鄉吉之助。

橋本和西鄉先是接近公卿的家臣，然後拿出各自主公的介紹信與公卿見面，比起勸說條約敕許，擁立一橋慶喜比較容易為公卿所接受。公卿也有公卿他們的盤算，對公卿而言擁立慶福等於鞏固南紀派和大奧等保守勢力，幕府的保守勢力若坐大，朝廷就會繼續受其欺凌，這當然不是公卿所樂見的。

在橋本和西鄉的努力下，公卿們說動天皇頒布旨令申明將軍繼嗣必須符合「年長、才器、人望」三要件，其實不過是重申之前一橋派的主張。但同樣的主張若是出自天皇的旨令便有不同的意義，任誰都可看出「年長、才器、人望」根本是為慶喜量身打造的條件，慶福無一具備。當時一橋派無不額手稱慶，認定慶喜成為將軍的繼承人，當上將軍指日可待。

井伊就任大老後於廿五日針對條約敕許徵詢幕府意見，大多數幕閣和大名維持開國的意見，唯獨德川齊昭、尾張藩主德川慶恕、水戶藩主德川慶篤三人明顯反對，井伊大老對這三位大名心生怨恨。

據說井伊大老曾於五月七日和十一日兩次單獨謁見將軍，在兩次謁見中井伊大老曾試探過將軍對繼嗣人選的看法，家定兩次都答道：

「喜歡紀州，不喜歡一橋。」

井伊大老根據這兩次謁見更加確定擁立慶福為將軍繼承人的信念，不過此時還不宜對外公布，畢竟一橋派的反撲力量不容小覷。六月十九日，井上清直、岩瀨忠震作為全權代表未得天皇敕許，登上美軍黑船「波哈坦號」簽訂《日美修好通商條約》（詳見本章第六節）。

朝廷及一橋派大名還未來得及反應，井伊大老便火速於六月廿一日禁止堀田老中首座及另一老中松平忠固登城。接著於六月廿三日罷免兩人，終結兩人的政治生命。同日井伊大老任命第五代掛川藩主太田備後守資始、第七代鯖江藩主間部下總守詮勝、第四代西尾藩主松平和泉守乘全為老中，三人都不是首度擔任老中。三人之外再加上原先第六代關宿藩主久世大和守廣周、第七代村上藩主內藤紀伊守信親、第九代龍野藩主脇坂中務大輔安宅，共六名老中供井伊大老差遣。

未得天皇敕許就擅自與外國簽訂條約，還火速罷免異己、改派心腹擔任老中（六位老中之中的太田、久世、間部三人後來與井伊對立而遭罷免），井伊大老種種無視規矩的舉動惹怒一橋派成員，松平春嶽於六月廿四日清晨隻身前往位在櫻田門附近的彥根藩邸詰問井伊大老，要求他針對未得天皇敕許簽約一事做說明。井伊大老不做正面說明，只說：

「之後我將上京對天皇解釋。」

松平春嶽對這樣的回答當然不滿意，欲進一步逼問，井伊大老則以登城時刻已到甩身離去。心有不甘的春嶽夥同德川齊昭、德川慶恕、德川慶篤強行登城。

「那個混蛋井伊，竟敢藐視天皇擅自簽約。」

在齊昭的帶領下，一行人登城叱責井伊大老未得天皇敕許擅自簽約，要求井伊辭去大老改由松平春嶽接任並擁立一橋慶喜為將軍繼承人。

各藩藩主登城都有固定的日子，非登城日登城即便是親藩如御三家也要受到處分。其次在江戶時代大部分時期幕府的所作所為根本無須天皇敕許，只是與外國簽訂條約茲事體大，前老中首座堀田正睦為求慎重才前往京都徵求天皇敕許。但是此舉反而成為朝廷干涉幕政的開端。再來是大老原本便有人事異動權，罷免異己安插自己心腹到重要位置，是任何時代握有權柄的人都會做的事。德川齊昭拿這三件事攻訐井伊大老從現代角度來看或許說得通，但在當時未必站得住腳。

對於幾位親藩大名臨時登城，井伊大老不急著做出處分，六月廿五日幕府下令各藩藩主登城，井伊大老藉著將軍在場時正式宣布紀伊藩主德川慶福為將軍繼承人，一橋派在開國方面的主張受阻於朝廷後，在擁立將軍繼承人方面又敗給南紀派，陷入全面失敗的局面。

五、德川家定與島津齊彬雙雙辭世

七月五日，井伊大老針對六月廿四日違法登城的大名做出處分：德川齊昭謹慎、德川慶恕與松平春嶽隱居謹慎、德川慶篤與一橋慶喜禁止登城。不過這僅是井伊大老做出的處分而已，還未獲家定裁決，只是家定再也沒有機會裁決，因為翌(六)日家定突然辭世，享年三十五歲。

家定身體虛弱之事連外樣大名都知曉，並不是什麼秘密，但是何以會突然辭世，這點值得探究。幕府方面的聲明說家定死因為腳氣衝心，亦即家定的飲食長期缺乏維生素B1導致心臟機能低下、下肢水腫而去世。不過也有是一橋派的幕府醫生岡櫟仙院毒殺的傳言，但是在將軍繼承人選已經宣布的情形下，毒殺家定也無法改變既定的事實，因此一橋派下手的可能性並不高。

現在的研究成果普遍認為家定應該是死於安政五（一八五八）年五月起從長崎出島流竄的霍亂，這是霍亂首度肆虐日本，蔓延速度飛快並帶來極大的傷害，六月下旬便循東海道蔓延至江戶。霍亂的潛伏期只有二到三天，身體狀況原本就不好（代表抵抗力差）的家定染上霍亂甚至因而喪命並不足為奇。

安政四年四月薩摩藩主島津齊彬結束在江戶的參勤交代返回領地，五月十六日下榻薩摩藩伏見藩邸。十九日微服前往嵐山等京都洛北遊歷，歸途順道前往御所會晤近衛忠熙・忠房父子、內大臣三條實萬、權大納言中山忠能等公卿。廿一日於伏見轉水路西下，廿四日回到鹿兒島。齊彬雖暫時遠離江戶，但憑藉著他的情報網，對江戶政壇瞭若指掌的程度不亞於人在江戶時。

時至安政五年三月，正當齊彬準備參勤交代返回江戶前夕，突有家臣通報領地內的揖宿郡山川港（今鹿兒島縣指宿市）來了不速之客，原來是幕府長崎海軍傳習所教官勝海舟、木村圖書介喜毅（號芥舟）開著荷蘭贈送幕府的練習艦「咸臨丸」進行出航演練。咸臨丸上大約一百廿名船員得知大名鼎鼎的薩摩藩主即將到來無不感到振奮，用了從西方海軍學到的鳴放禮炮來歡迎齊彬，齊彬還獲得登艦參觀的待遇。在船艦上，齊彬指著跟他上來的一人向勝海舟等人介紹：

「這人名為島津周防（忠教，後來的久光），是我的異母弟。周防年輕時就很好學，博聞強記，非我所能及。為人恪守節操，進退有數，也是我不如之處。」

齊彬並於艦長室與勝海舟共進早餐，進餐時勝海舟說道：

「接著我想前去琉球視察……」

齊彬略顯遲疑，然後說道：

「可否取消琉球之行？琉球有些不便讓幕府見到……是否能請您高抬貴手就此折返？」

勝海舟早已聽聞薩摩藩以琉球為基地，暗地進行與清國及東南亞的密貿易，齊彬這幾年能建設以集成館為中心的近代西式工廠，背後的資金來源十之八九來自琉球的密貿易。勝海舟當下未做出明確答覆，不久，咸臨丸從來時的山川港啟航往南朝琉球航行。剛啟航不久勝海舟發現南方天空有點雲層，立即下令：

「南方烏雲密布，繼續前行可能會遇上風暴，我們即刻返回長崎。」

要知道咸臨丸上的幕臣不單只有勝一人，還有木村芥舟及其他幕府下級官員，木村的才能及器量不及勝，如果勝當場答應齊彬的要求，不排除木村或其他官員會向幕府告狀，那麼勝海舟的處分重則切腹，輕則隱居謹慎。若果真如此就沒有後來江戶無血開城時的勝海舟了。因此勝海舟當下裝作沒聽到齊彬的要求，向下屬執行南航的命令，一發現南方有雲層即下令掉頭返航，既讓自己免於刑責，也使齊彬的密貿易免於被揭露，薩摩藩安然度過這次危機。齊彬發現幕府竟然還有勝海舟這樣氣度恢弘、見識遠大的人物，便將這一天和勝的邂逅分享給他親手提拔的西鄉吉之助等人。

基於勝和薩摩藩的這層關係，因此十年後以西鄉為總參謀的薩長土肥官軍兵臨江戶城下時，勝自然是幕府派往與西鄉談判江戶無血開城最適合的人選。以上逸話引自已故的日本學者勝部真長《明治維新逸史》（幕末・維新　知れば知るほど）一書，或許未必能盡信，不過應還是有一定的可信度。

安政五年六月齊彬聽到井伊大老已擁立慶福為將軍繼承人的消息，同時也得知若干一橋派成員在非登城日強行登城之事。齊彬預見到一橋派會徹底失敗，為避免被井伊大老連根剷除，齊彬決定冒幕府的大不韙、孤注一擲。齊彬開始在藩內演習、調集軍用物資，鹿兒島城下盛傳齊彬將於八月初率領三千藩軍上洛供朝廷差遣，只待天皇一聲令下三千薩摩軍甚至東下江戶！

七月八日齊彬在天保山（鹿兒島市天保山公園）訓練場閱完軍後突感身體不適，翌日開始發熱，出現腹痛、下痢的症狀，藩內聘請的蘭醫診斷為罹患霍亂（明治時代的軍醫高木兼寬認為是赤痢）。之後數日齊彬不見好轉，召來異母弟忠教及久光長男忠德（之後的茂久、忠義）交代遺言：

「我死之後由忠德繼嗣，以我女暐姬為婚配對象，並收我子哲丸為養子。忠德還年輕，由其父忠教在旁協助輔佐。」

十六日，齊彬撒手人寰，享年五十歲。

薩摩藩侍醫之一的松木弘安認為齊彬並非罹患霍亂或赤痢，而是被忠教派的人毒殺。忠教派對齊彬襲封藩主一事仍充滿怨恨，在此之前已毒殺齊彬所有的繼承人，齊彬的兄弟只有忠教一人（其實還有池田齊敏，但早已繼承岡山藩主並於數年前病逝），只要齊彬死去，藩主之位就會落在忠教身上，雖然最終由忠教之子忠德繼承，但忠德繼位與忠教繼位並無二致。

齊彬死後，四賢侯之一的越前藩主松平春嶽寫下以下文字懷念他一輩子的摯友：

「齊彬公性質溫良、忠順、賢明，大度有斷，水戶老公和容堂根本無法與他相比，英明實為近世第一。他主張尊王，但是對於幕府亦竭盡恭順，自己和這個人作為數年朋友交往下來，一次也不曾見過他臉有怒色，實在稱得上是英雄。」

另一位四賢侯伊達宗城在去世前數年曾這麼說道：

「我已經活了七十歲，不問貴賤內外接觸過相當多的人物，但是迄今仍未見過有像島津齊彬那樣令人如沐春風、令人不禁愛慕想念的人。我常對人說：『可惜啊！你們從未接近過像公這樣的人，以後也不會有像公那樣的人了。』」

既然都引用了四賢侯中的松平、伊達兩人的評論，筆者在此順勢引用另一位四賢侯山內容堂對齊彬的評價。雖同為四賢侯，容堂和齊彬的交情明顯不如其他兩人，評價也較其他兩人來得簡短：

「天下一旦起事，中原之鹿必將歸其手吧！」

勝海舟也在《冰川清話》如此追憶：

「某個時期我和公在藩邸庭園散步，公教會我以下二事：一是用人不可過於急切，一是事業不歷經十年不會有所成就，凡此二點而已。」

六、簽訂安政五國條約

堀田老中首座從京都返回向家定報告徵求條約敕許之後，四月廿四日啟程前往下田再向哈里斯轉述一次，並要求哈里斯將條約簽字的期限往後延。五月二日井上清直攜帶堀田以下所有老中簽名（不包含井伊大老）的信函，前往下田與哈里斯進行交涉，經過一番折衝後哈里斯同意七月廿七日為簽字的最後期限，不過附帶一個要求：和美國簽字後三十日內不得與其他國家簽訂同樣條約。

六月十三日美國軍艦密西西比號、波哈坦號駛進下田港，艦長帶來新消息：

「一個多月前，英法聯軍戰敗的清國分別與俄（6月13日）美（6月18日）英（6月26日）法（6月27日）四國簽訂天津條約，除割地賠款外又多了允許四國公使進駐北京、外國人可在清國境內旅行等條款。」

哈里斯似乎從艦長帶來的消息中找到著力點，連忙傳喚井上、岩瀨二人前來下田。兩人於十八日抵達下田，哈里斯照舊搬出歐美強大武力恫嚇一番，兩人回到江戶後據實回報井伊大老。其實幕府一直關注著英法聯軍和清國的戰況，判斷獲勝的英軍很有可能趁勢北上日本，他們並非沒有設想過與美國簽訂條約後可借美國之力牽制英國，只是問題仍卡在條約敕許上，天皇不同意條約簽字對幕府是個無形的阻力，一想到責任的承擔幕臣不禁沉默以對。

井伊大老決心打破僵局，他主動授權井上、岩瀨，隔日前往美軍艦上簽字，六月十九日（格列高里曆7月29日）下午，《日美修好通商條約》在軍艦波哈坦號上簽字，條約內容如前章所述。明治四（一八七一）年十一月太政官派出以右大臣岩倉具視為特命全權大使的使節團（岩倉使節團）赴美、歐進行不平等條約修改，要修改的正是此時簽字的《日美修好通商條約》。

朝廷在六月廿七日接到幕府送達附有老中簽字的奉書轉達條約已簽字的消息，天皇甚為震怒，翌日的朝議中天皇表達讓位的意願，考慮從伏見宮的親王們或有栖川宮擇一讓位。天皇唯一的皇子祐宮（後來的明治天皇）年僅七歲，要繼位還太早，讓位的對象又只能選自四世襲親王家，因此當時只有伏見宮和有栖川宮有男性親王可作為讓位的候選人（特別是男丁旺盛的伏見宮）。若以二十到四十歲為適合繼承的年紀來看，符合天皇讓位的對象有：青蓮院宮尊融法親王（日後的中川宮朝彥親王）、伏見宮貞教親王以及有栖川宮熾仁親王。

當然天皇最後並未讓位，主因是朝廷的反應不如井伊大老來得快。

井伊大老意識到美國都能和日本簽訂通商條約，國力在美國之上的英國、法國，還有覬覦日本已久的俄國豈會不跟進？與其讓英、法、俄循英法聯軍模式予取予求，不如以《日美修好通商條約》為樣本主動與英、法、俄等國簽訂通商條約。主動簽約乍看之下似乎備感屈辱，但是與不自量力開戰後簽訂城下之盟的清國相比，何者才是真正的屈辱不言而喻。

有感於今後和歐美各國的外交會成為重心，在家定去世後井伊大老廢除前老中首座阿部正弘成立的海防掛，新成立專門與歐美各國接觸的官職外國奉行，席位在遠國奉行（如下田奉行、長崎奉行、箱館奉行）之上，任命長時間與哈里斯交涉的井上清直及岩瀨忠震、前長崎海軍傳習所總監永井尚志、長崎奉行水野忠德、箱館奉行堀利熙五人為首批外國奉行。

外國奉行並不是為安插親信而設置的閒官，成立後立即與英、法、俄、荷等國交涉通商條約。七月十日(格列高里曆8月18日)簽訂《日荷修好通商條約》。接著七月十一日(格列高里曆8月19日)、七月十八日(格列高里曆8月26日)陸續簽下《日俄修好通商條約》和《日英修好通商條約》。和法國交涉的進展比較緩慢，但也在九月三日(格列高里曆10月9日)簽訂《日法修好通商條約》，負責交涉簽字的正是上述五位外國奉行，以上四條約連同最初的《日美修好通商條約》統稱《安政五國條約》，明治時代進行的條約改正運動要廢除的對象並不是《日美和親條約》，而是《安政五國條約》。

不到三個月的時間內，井伊大老先後與五個歐美國家簽訂內容大致相同的修好通商條約，速度之快讓幕府及朝廷措手不及。井伊大老的當機立斷讓日本免於重蹈清國割地賠款的命運，使日本在明治時代得以推動「殖產興業」、「富國強兵」等政策。

不過井伊大老的蠻幹手段引起朝廷及各藩的不快，朝廷和各藩會採取什麼行動？井伊大老面對朝廷和各藩的行動又會採取怎樣的反擊呢？第五章將會有進一步的介紹。

第五章
安政大獄與櫻田門外之變

一、《戊午密敕》

與美國簽下修好通商條約後，井伊大老暫時放下心頭大石，雖還有其他列強要求簽下比照《日美修好通商條約》的類似條約，但他已交由外國奉行全權負責。

六月廿二日井伊大老臨時召集各藩大名登城，通知《日美修好通商條約》的消息；廿三日免去堀田正睦、松平忠固兩位老中職務；廿四日面對不請而來的松平春嶽、德川齊昭·慶篤父子、德川慶恕等人強行登城；廿五日井伊大老正式宣布紀伊藩主德川慶福為將軍繼承人。

上述事項已在前章提及，井伊大老在此短短數日的作為同時得罪朝廷及一橋派，為防範兩者合作，井伊大老於廿六日任命小濱藩主酒井若狹守忠義為新任京都所司代。京都所司代是江戶幕府在京都最重要的機構，相當於鎌倉幕府的六波羅探題，定員一名，從三萬石以上的譜代大名任命，任職期間額外給予一萬石（相當於職務加給）以及五十騎與力、百名同心以供驅使。其職權除維持京都治安外，還包括對皇室、公家以及西國大名的監視，此外五畿內及近江、播磨、丹波等八國民政也由京都所司代掌管。超過半數以上的京都所司代後來都晉升老中，因此有無擔任京都所司代的經歷可說是能否躋身老中的指標。

然而，酒井忠義偏偏是那不到半數的、未能成為老中的例子，其實酒井早在天保十四年到嘉永三年間（一八四三～五〇）擔任過京都所司代，能力普普、任內幾乎沒有政績的他被摒棄在通往老中的門檻外。八年後被井伊大老相中，再次拔擢為京都所司代，這次酒井說什麼也要好好表現一番。

前章提及天皇接到幕府送達條約已簽字的消息後大為震怒，於六月廿八日的朝議表達讓位的意願，不過最終天皇並沒讓位，因為即便天皇讓位也無法改變條約簽字的事實，再者，天皇以讓位要脅其實動搖不了井伊大老的地位。最後關白九條尚忠向天皇獻策：召御三家或大老任一人上京商議國事。天皇的敕書到達江戶時已是七月六日之後，由於幕府尚未發喪，朝廷並不清楚將軍已經辭世。三家中的紀伊家即將繼承將軍，不可能前往京都，尾張、水戶兩家被處以謹慎不能離開，井伊大老本身政務繁忙，也不克前往。井伊大老思考後指名間部詮勝老中代表他上京，在間部老中到達前先由京都所司代酒井忠義代表幕府。

前文提及罷免堀田、松平（忠固）兩位老中後，在井伊大老之下由太田資始、間部詮勝、松平乘全、久世廣周、內藤信親、脇坂安宅六人擔任老中供其差遣。明治時代進入報業，以從軍記者身分報導西南戰爭中最慘烈的一役田原坂之戰聞名，後為伊藤博文延攬、成立御用政黨立憲帝政黨的舊幕臣福地源一郎（號櫻痴），在其著作《幕末政治家》形容：

……此六名（老中）中，內藤、脇坂、松平三老，是有也好沒有也罷的普通人物，不過是伴食閣老這般的人物。能夠認真執行井伊心意的，只有太田、間部、久世三老。

然而間部老中並未立刻上京，井伊大老顯然不理會朝廷的催促。不過井伊大老私下命令從彥根藩帶到江戶的家臣長野主膳前往京都，針對主張攘夷的公卿、志士明查暗訪。

接著將目光轉移到朝廷，前章提過有「內覽」資格的鷹司太閤突於七月廿七日向天皇辭去這一屬於他的權力，九條關白也因與幕府關係密切而被迫辭去關白。沒有內覽權的鷹司太閤、辭職的九條關白再也不能參加朝議，對充斥攘夷的朝廷公卿而言，鷹司太閤、九條關白的退出可以讓朝議眾口一詞是他們所樂見的。

八月七日，前內大臣三條實萬主持了一場秘密會議，會中做出決定：

「不可讓天皇讓位，斥責幕府拒奉朝命，賜敕書給尾張、水戶、越前三親藩。」

如果朝廷只是捍衛不讓天皇讓位，即便蠻橫如井伊大老多少也會讓步。但是賜敕書給三親藩（不論任何一藩）已經違反《禁中並公家諸法度》對朝廷權限的規定，朝廷此舉等於衝破幕藩體制，是在向幕府宣戰。八月八日，武家傳奏萬里小路正房將一封密敕連夜交給水戶藩京都留守居役[1]鵜飼吉左衛門，鵜飼不敢有所耽擱，連忙命長男幸吉快馬送至江戶的水戶藩邸。

這封密敕是赫赫有名的《戊午密敕》（戊午為安政五年的干支），密敕全文內容稍長，總結要旨為：

一、前敕（指七月初天皇下達幕府的敕書）提及召御三家或大老任一人上京商議國事，至今未有覆文，條約尚未得敕許卻已和外國簽字。

二、前敕召御三家或大老任一人上京商議國事，而水戶、尾張二家卻受謹慎處分，究竟所犯何罪？

三、應再與大老閣老、三家、三卿、家門、諸藩、外樣、譜代一同評定，商議大事。

密敕後面並有近衛左大臣（忠熙）、鷹司右大臣（輔熙）、一條內大臣（忠香）、三條前內大臣（實萬）、二條權大納言（齊敬）、近衛權大納言（忠房）等人的署名。八月十日也向幕府下達同樣內容的敕書，據傳之後還打算將下達的對象延伸至加賀、薩摩、熊本等十四藩。

《戊午密敕》姑且不論內容，光是跳過幕府向水戶藩下達已經違反幕藩體制，朝廷此舉等於對幕府——特別是對井伊大老——宣戰。井伊大老豈能坐視不管？《戊午密敕》為之後一年多內在京都的腥風血雨揭開序幕。

1　京都留守居役：江戶幕府及諸藩的官職，作為公務的聯繫。

二、南紀派的反撲

「朝廷向水戶下達密敕！」

這樣的消息在京都快速傳開，公卿、大名、志士、浪人無不為之振奮，不過此時的公卿、大名、志士、浪人尚未有倒幕的念頭。可是下達密敕的消息透過九條關白傳給長野主膳、再由長野主膳傳回江戶井伊大老處就不是這麼回事了：

「朝廷在京都積極聯絡各藩，有意進行討幕。」

但是井伊大老並未立即進行懲處，因為八月八日是正式對外公布家定死訊的日子，按照幕府慣例只有小姓、小納戶、老中、若年寄、三奉行和幕府醫師會即時知道將軍的死訊。將軍死後要籌備喪禮及會場、營建墓地等事宜，光是準備這些大概要耗去一個月的時間。

家定的喪禮前後舉行十天，他被追諡為溫恭院，葬於上野寬永寺。喪禮結束後已經改名為家茂的慶福正式成為十四代將軍，雖然成為正式將軍，年僅十三歲的家茂還不具備處理政務的能力，除了天天向已落飾（落髮出家）的天璋院（篤子在將軍死訊發布後出家的院號）請安外似乎也無事可做。政權全部委任井伊大老，井伊大老已決定針對朝廷發出的《戊午密敕》進行全面反撲，間部老中九月即將上京，他上京的目的不再是和朝廷商議國事，而是要逮捕這些意圖破壞幕藩體制的志士。

長野主膳和九條關白的家來[2]島田左近成為京都所司代酒井忠義的打手，提供經常出入攘夷派公卿宅邸的志士名單，所司代底下的京都町奉行[3]小笠原長門守長常、伏見奉行[4]內藤豐後守正繩為迎合所司代也加入逮捕行列。

九月七日，小濱藩士梅田雲濱最先被捕，接著鵜飼吉左衛門・幸吉父子、藤井但馬、飯田左馬、森寺美濃守、伊丹藏人、山田勘解由、高橋兵部大輔、賴三樹三郎、山科出雲守、春日讚岐守、入江雅樂頭、若松杢頭、成就院信海、森寺因幡守、丹羽豐後守、富田織部、村岡、浮田蕙齋先後被捕。在江戶亦有安島帶刀、橋本左內、吉田寅次郎(松陰)、藤森恭助、茅根伊

2 家來：原為貴人或武家的從者，後來專指家臣。

3 京都町奉行：屬於遠國奉行，分為東町、西町，定員各一名，配有與力二十騎、同心五十人，負責山城、大和、近江、丹波等國的行政與訴訟，由旗本擔任，聽命京都所司代。

4 伏見奉行：屬於遠國奉行，配有與力十騎、同心五十人，負責監視進入京都的人士及航行於宇治川、伏見川的船隻，由譜代大名擔任。

予介等人遭捕。

九月十七日間部老中上京，京都正處於風聲鶴唳中，間部猶如一個從戰場凱旋歸來的大將，攘夷派公卿個個嚇得魂飛魄散，沒人有心思和間部老中商議國事。以勝利者自居的間部老中坐鎮京都，擴大懲治範圍至朝廷公卿、一橋派大名及協助上述兩者居間穿線的人。安政六（一八五九）年二月廿日搜索、逮捕一事已進行得差不多，間部老中返回江戶。他坐鎮京都的五個多月期間，攘夷派公卿、一橋派大名節節敗退，被逼退的九條關白復職（十月十九日），在《戊午密敕》上署名的公卿不是辭官就是落飾出家。

京都陷入愁雲慘霧的前夕，穿梭在近衛家與薩摩藩之間的清水寺僧侶月照也被京都所司代盯上，無處可退的月照前往近衛邸。當時近衛忠熙還保有左大臣的身分，他對著身邊的兩位薩摩藩士西鄉吉之助、有村俊齋說道：

「和尚已被盯上，在京都難以行動，請護送他前往奈良暫避風頭。」

忠熙和齊彬間的情誼吉之助是最清楚不過的，當年篤子能安然進入大奧成為御台所，忠熙的大力鼎助是最關鍵的因素，對於忠熙的請託西鄉自然不能推辭。他打定主意：

「如果前往奈良途中被幕府的人發現，就衝進奉行所斬了內藤（伏見奉行）。如果能成功達成使命，必當返回薩摩招募義兵上京。」

但是所司代和奉行所的人馬在伏見南端出竹田街道上查緝得很嚴密，西鄉判斷即便僥倖逃出，幕府也會派人追到奈良，當下對月照說道：

「這一路恐怕到不了奈良，不如隨我回到薩摩，薩摩乃邊遠之地，幕府的搜查網再嚴密也料想不到。」

西鄉還在京都時就已獲知齊彬死訊（七月廿七日），當下西鄉便想殉死追隨齊彬，是在月照以「今後當以繼承齊彬遺願為志」的說詞下才打消死意。之後偕月照返回薩摩無非是想實現齊彬死前未能實現的遺願——率軍上京，最後在十一月十日藉由海路回到薩摩。

當時雖距齊彬死去不到四個月，和齊彬在世時已有很大的不同。齊彬死前交代在忠德成年前由其生父忠教在旁協助輔佐，不過實際上齊彬死後真正掌權的並非忠教，而是齊彬、忠教的生父齊興。自從嘉永四（一八五一）年二月被阿部老中首座強行逼退後，島津齊興擁著愛妾由羅在鹿兒島城隱居，齊興在齊彬死後強行復出。齊興極端地厭惡喜愛蘭學到成癡地步的齊彬，復出後將齊彬經營的集成館事業廢止，齊彬所重用、提拔之人一律貶斥，從一介郡方書役被齊彬發掘的西鄉正好是齊興最厭惡的典型，接獲家臣通報後，齊興不僅拒絕接納月照，對於西鄉的歸來也表現出抗拒的態度。

齊彬生前曾對一橋派的大名松平春嶽說道：

「我的家臣雖多，但沒有一個管用，只有西鄉一個人稱得上是薩摩的寶藏。不過因為他秉性獨立，能支使他的大概只有我了……」

筆者反覆玩味齊彬這席話，若沒有深度的認識和足夠的自信是講不出這樣的話。從西鄉被發掘一直到日後戰敗城山切腹為止，西鄉心目中的主君始終只有齊彬一人。此刻的齊興也好，之後的茂久或久光也好，甚至進入明治時代的明治天皇也好，他們在名義上都是西鄉的主君，主君的命令家臣不能不遵從。若從這點來看，西鄉的主君們只要下命令，西鄉都會二話不說的執行、直到完成為止。但若說到即便主君死去，仍能讓西鄉終生追隨不已、在國家大義與主君遺願的抉擇中能讓西鄉選擇後者的主君，除了齊彬外再也不會有第二人。

在京都尋死卻沒死成的西鄉，回到故鄉後也得不到應有的幫助，依齊興的個性很有可能會將自己和月照抓起來交給幕府。與其被交由幕府問斬，不如和月照一同投海自殺，於是兩人於十一月十五日在錦江灣（鹿兒島灣）跳海，溺水的月照當場死去，西鄉在搶救之後意外撿回一命。

西鄉雖免去一死，但齊興不願為他招惹幕府，因而做出將他流放遠島的決定，並對幕府宣稱西鄉已投海自盡。安政五年十二月晦日，西鄉改名菊池源吾，從山川港出發前往流放地奄美大島。

三、安政大獄

安政六年二月廿六日開始審訊被押送到江戶的志士，井伊大老的態度相當堅決，對奔走於將朝廷下達的密敕送交水戶的志士予以嚴懲，部分老中如久世廣周、太田資始因反對井伊大老用嚴刑對待志士而遭免職。

這場被稱為「安政大獄」的審訊過程歷時約半年，最後結果分別於八月廿七日、十月七日、十月廿七日三次宣判，依據福地源一郎的《幕末政治家》，遭到處刑的主要成員如下：

飯田左馬（有栖川宮家來）	下獄
山田勘解由（青蓮院宮家來）	下獄
伊丹藏人（青蓮院宮家來）	中追放
六物空萬（大覺寺門跡家來）	下獄（死於獄中）
小林民部（鷹司殿家來）	遠島（死於獄中）
高橋兵部（鷹司殿家來）	下獄
三國大學（鷹司殿家來）	中追放
村岡（近衛殿老女）	下獄
若林木工（一條殿家來）	幽閉京都
入江雅樂（一條殿家來）	遠島
山科出雲（御藏小舍人）	永下獄
富田織江（三條殿家來）	下獄

森寺因幡（三條殿家來）	中追放
森寺若狹（三條殿家來）	中追放
丹羽豐後（三條殿家來）	中追放
春日讚岐（久我殿家來）	永下獄
安島帶刀（水戶殿家來）	切腹
鵜飼幸吉（水戶殿家來）	梟首
茅根伊予之助（水戶殿家來）	死刑
鮎澤伊太夫（水戶殿家來）	遠島
大竹儀兵衛（水戶殿家來）	下獄
長谷川惣右衛門（松平讚岐守家來）	下獄
長谷川速水（松平讚岐守家來）	永下獄
橋本左內（松平越前家來）	死罪
吉田寅次郎（松平大膳大夫（長州）家來）	死罪
賴三樹三郎（京都町儒者）	死罪

飯泉喜內（旗本曾我權左衛門家來，春堂養父）　死罪

飯泉春堂（旗本曾我權左衛門家來）　下獄

大沼又三郎（下田奉行手付出役）　下獄

日下部裕之丞（松平修理大夫（薩州）家來）　遠島（死於獄中）

日下部伊三次（松平修理大夫（薩州）家來）　死罪（行刑前死去）

大山公阿彌（松平修理大夫（薩州）家來）　領國永下獄

池內大學（京都町儒者）　中追放

梅田源次郎（京都町儒者）　獄中病死

菅野狷介（酒井雅樂頭家來）　永下獄

大久保要人（土屋釆女正家來）　永下獄

奥平小太郎（松平豐前守家來）　永下獄

世子捨次郎（紀州殿用達町人）　幽閉紀州

勝野森之助（旗本阿倍十次郎家來）　遠島

藤森恭助（旗本古賀謹一郎家來）　中追放

筧承三（旗本阿部土佐守家來）	下獄
茂左衛門（信州松本大名主）	中追放
八郎（奧州伊達郡今原田村百姓）	遠島

接著是行政處分，受處分的皇族公卿成員如下：

粟田口青蓮院宮	御慎永蟄居
鷹司太閤殿	
鷹司右大臣殿	
近衛左大臣殿	
三條內大臣殿	辭官落飾御慎

其次是對將軍親族及其他大名的處分：

水戶前中納言殿　在水戶永蟄居
一橋刑部卿殿　御隱居御慎
尾張中納言殿　御隱居御慎
水戶中納言殿　御差控[5]
松平讚岐守（高松）　差控
松平越前守（松平春嶽）　隱居謹慎
松平土佐守（山內容堂）　隱居謹慎
伊達遠江守（宇和島）　隱居謹慎
堀田備中守（前老中）　隱居謹慎
太田備後守（前老中）　隱居謹慎
板倉周防守（寺社奉行）　御役御免差控

最後是對幕臣的處分：

本鄉丹後守（前若年寄）	隱居減地謹慎
土岐丹波守（前大目付）	隱居謹慎
岩瀨肥後守（前外國奉行）	永蟄居
永井玄蕃頭（前外國奉行）	永蟄居
川路左衛門尉（前勘定奉行）	隱居謹慎
鵜殿民部少輔（前目付）	隱居差控
佐佐木信濃守（勘定奉行）	御役御免差控
黑川嘉兵衛（前目付）	御役御免差控
平山謙次郎（前徒目付御書物奉行）	貶謫甲府
木村敬藏（評定所留役組頭）	貶謫甲府

《幕末政治家》列出的只是部分受處分者的名單，實際上的受害者可能較書中所列還多（田

5 差控：江戶時代對公卿．武士科處的刑罰，不能領有俸祿，也不能碰觸原先職務的工作，並且在自家謹慎與外界隔絕，比謹慎的處分還要嚴厲。

中彰《開國與討幕》〔開国と討幕〕一書列出受害者有七十九人〕，不過主要且有名的受害者均已列出。從名單中可看出井伊大老最想對付的是諸藩大名及其家臣，礙於大名不能任意處死，只能強迫隱居謹慎，因此處分最重的是穿梭在公卿和大名之間擔任溝通角色的各藩藩士，以及不屬於任何藩的民間人士。至於公卿並不是井伊大老想積極處置的對象，他們在政治上是永遠的變色龍，哪邊握有實權就往哪邊倒，只要處置好諸藩大名，就不怕這些公卿不乖乖就範。

以藩為單位來看，水戶藩受到的處分最為嚴重，因為該藩未向幕府呈報便私下接受朝廷密敕，儘管水戶藩是幕府御三家、是「天下副將軍」、是江戶三百藩中唯一不用參勤交代的藩，但是井伊大老根本不買帳，齊昭・慶篤・慶喜父子三人皆受到隱居謹慎的處分（慶篤的處分持續到當年九月三十日）。

本節中筆者想提幾位被處以死罪的志士，首先是京都町儒者賴三樹三郎。賴三樹三郎生於文政八（一八二五）年京都三本木，父親是大名鼎鼎的儒者賴山陽，著有《日本外史》、《賴山陽詩抄》等書。三樹三郎自幼父親早逝，年輕時就學於大坂儒學者後藤松陰、篠崎小竹等人。天保十四（一八四三）年在篠崎小竹的推薦下前往江戶，進入幕府的官學昌平黌（又稱昌平坂學問所，位於東京都文京區湯島）。

賴三樹三郎對於蔑視朝廷的幕府非常反感，而破壞了上野寬永寺印有葵紋的石燈籠，因為寬永寺是德川將軍家的兩大菩提寺之一，此舉被認為是對將軍家的不敬，因此賴三樹三郎被昌平黌退學。退學之後賴三樹三郎前往位於蝦夷地的松前藩，在那裡與探險蝦夷地第一人松浦武四郎結為好友，雙方互贈的詩文流傳至今。

嘉永二（一八四九）年回到京都的賴三樹三郎倡導尊王，和父親的舊友梁川星巖、梅田雲濱，以及各方志士如橋本左內、吉田松陰、池內大學往來，他們批評幕政，而幕府開國更是他們抨擊的重心。結果這批人都成為被捕的對象，梁川星巖如果不是在間部老中逮人前夕病逝，一定也在被捕名單當中。安政六年十月七日賴三樹三郎於傳馬町牢屋敷斬首，享年三十五歲。

越前藩士橋本左內生於天保五（一八三四）年，早年就學於大坂適塾，追隨緒方洪庵學習蘭醫，洪庵驚於他的資質，讚道：

「左內是活在池中的蛟龍，現在還能是我的同道，再過數年他就不可能還是我的朋友，也許他已經成為偉大的人物了。」

學成後受藩主松平春嶽延攬為側近及藩醫，同時還委任他為藩校明道館學監（類似教頭）。左內身為松平春嶽的智囊，輔佐春嶽進行藩政改革，雖然擔任藩政改革的藩士還有中根雪江、村田氏壽、三岡八郎（維新回天後改名由利公正）等人，但只有左內是藩政改革實質上的思想主導者，這時左內只有廿三歲。

日本開國以後面臨歐美列強入侵的危機，哈里斯要求與日本簽訂修好通商條約之際，堀田老中首座曾向各大名徵詢意見，左內對此回覆：

一、方今局勢不宜再墨守鎖國體制。

二、強兵之本在於富國，今後應從商政開始展開貿易，相通有無，憑藉皇國先天的地利，不難成為宇內第一的富饒。

三、為防範外國前來進犯，我應製造無數軍艦，兼併鄰近小邦、採取互市交易進而繁盛，進而立下超越歐洲諸國的功業，則我皇國便能輝煌久遠，永存於世。

左內接著被問到要如何實現這一富國強兵的構想，他回答道：

第一、先確立將軍的後繼人選。

第二、以松平春嶽、德川齊昭、島津齊彬管理國內事務，鍋島齊正（又名直正，第十代佐賀藩主）管理國外事務，亦即實現雄藩聯合。另外納川路聖謨、永井尚志、岩瀨忠震在鍋島旗下協助處理事務。

第三、舉用天下名士為幕府所用。

左內的想法以現代來看稀鬆平常，但在當時是第一流的見解，西鄉輾轉聽到後感嘆：

「我，在同輩中只佩服橋本景岳（左內號景岳）。」

從左內的見解來看，雖然提倡雄藩聯合，但是左內的雄藩聯合是站在佐幕的立場，而無倒幕意圖。只是井伊大老並不這麼認為，雄藩聯合初始或許能堅持佐幕，可是若雄藩與幕府間實力的差距大到一定程度，難保雄藩之間不會萌生取代幕府的念頭，為了幕府的安泰，必須除掉左內。

和賴三樹三郎一同關押在傳馬町牢屋敷的左內，也在同一天遭到斬首，得年廿六歲。今日福井縣福井市左內町有座左內公園紀念這位早夭的天才，公園內有左內的銅像以及左內的墓所供人憑弔。

吉田松陰是「安政大獄」被處死的名單中最具名氣、影響後世最深——特別是對之後的長州藩——的一人，筆者在第二章提到他曾與同鄉友人金子重輔趁夜摸黑上黑船，意圖偷渡到美國，事敗後被押回長州，關進野山獄。安政二年十二月松陰獲釋，改以在其生家杉家謹慎的處分，雖然沒有外出的自由，但是他每晚都在自家為家人、族人講解《孟子》，這段期間講解的內容日後由學生編纂成《講孟劄記》。然後為死去的金子重輔立碑，因為這件事而與僧侶月性、廣瀨旭窗、宮部鼎藏有所往來。

僧侶月性與前述和西鄉一起投海的月照並非同一人物，月性是周防國大島郡遠崎村妙圓寺（真宗本願寺派）的住持，提倡攘夷，並與梁川星巖、梅田雲濱、松陰有所交流。月性曾寫下一首漢詩，後來在明治．大正年間為日本青年人傳唱，甚至連清末民初負笈日本留學的華人也琅琅上口，這首漢詩名為〈將東遊題壁〉：

男兒立志出相關，學若無成死不還。
埋骨豈期墳墓地？人間到處有青山。

安政三年七月，長州藩廳允許松陰在自家講學，此即後來培育無數長州俊才的松下村塾（詳細內容請見第三部）。松陰人雖遠在長州藩，卻心繫京都的政情，但他聽到天皇下達的「召御三家或大老任一人上京商議國事」，竟被幕府不當一回事地拒絕後，憤怒的松陰在松下村塾裡痛哭流涕。

「日本乃一君萬民之神國，我村塾雖曰松下陋村，誓為神國之骨幹！」

松陰聽到幕府後來派出間部老中代替井伊大老上京，名為商談國事、實為逮捕志士時，他再也忍不住了：

「不能讓間部上洛，在他入京前須斬殺！」

於是制定暗殺間部老中的計畫，松陰甚至打算向藩廳借用大砲、中砲等武器及所需的彈藥，並將這些武器彈藥運往京都，為的就是阻止間部上京。儘管當時主導長州藩政的是推行藩政改革成功的家老周布政之助這等開明的人物，但也被松陰不切實際的想法嚇到而拒絕。松陰一計不成再生一計，他打算在來年三月藩主參勤交代途經京都時，說服藩主舉起勤皇的旗幟。

雖然長州二百多年來時時刻刻想報關原之恨，但松陰採用的方式和手段太過一廂情願，根本不可能成功，周布家老和藩主毛利慶親商議後認為讓松陰自由對長州藩過於危險，決定再捉拿他下野山獄。罪名是：

「學術不純足以動搖人心。」

任何人都知道說松陰學術不純毫無說服力，但為了長州的安全不得不如此，安政五年十二月廿六日，出獄三年的松陰又回到野山獄。松陰的弟子幾乎都到野山獄探望，但是面對松陰請託執行自己無能力完成的任務時，弟子們面面相覷，盡說些「時機尚早」的場面話安慰松陰。松陰感慨這些學生未能落實他的教育理念，嘆道：

「我為了盡忠義，我的朋友們卻為了名利。」

安政六年五月十四日，幕府具文要求長州藩押送松陰到江戶，預定廿五日啟程。啟程前夕弟子之一的松浦龜太郎(號松洞)為松陰畫了肖像畫，這是後世流傳最廣的松陰畫像，據說共繪製七幅一樣的畫像，其中一幅珍藏於山口縣萩市松陰神社，上有松陰的題字。

五月廿四日夜半，野山獄司獄[6]福川犀之助特別通融將松陰帶到其生家，松陰家人不用說，松下村塾的弟子除了高杉晉作遠在江戶外，其餘幾乎到齊，大家都知道松陰此行幾乎不可能生還。

廿五日啟程往南前往三田尻（山口縣防府市）的路途於涙松停頓，這是二百多年來長州藩士前往江戶或京都，親友送別的最後一站。松陰在此有感而發地寫下：

想到這是有去無回的旅程，
對於濕漉的涙松倍感親切。

松陰六月底到江戶後，先後於七月九日、九月五日、十月十六日接受三次審訊。幕府得知松陰意圖行刺間部老中，因此最後判決時井伊大老親自在松陰的文件上寫下「死」字，松陰的死

6 司獄：管理監獄的人，類似典獄長。

刑由此定讞。

十月廿日，松陰在傳馬町牢屋敷內為生平最後一部著作，命名為《留魂錄》，並在開頭這麼寫下：

縱使身朽武藏野，
大和魂永留天地。

吉田松陰畫像——〈吉田松陰画像附松陰自贊〉，京都大學附屬圖書館所藏

這是松陰留給弟子們的辭世之句。十月廿七日，松陰在傳馬町牢屋敷遭斬首，得年三十歲。廿九日下午，松陰的弟子桂小五郎、尾寺新之丞、飯田正伯、伊藤俊輔四人湊了一點錢前往小塚原回向院（東京都荒川區南千住五丁目）賄賂獄卒，領收松陰的遺體。松陰遺體的衣物已不知去向，裸露身體裝在四斗樽桶內，被砍下的首級頭髮凌亂、滿身污血。桂與其他三人清洗松陰的遺體、梳理頭髮，唯礙於規定不能將首級與遺體縫合，打理完畢後松陰的弟子將他安葬在月初被斬首的橋本左內旁。

幕府對松陰遺體的草率處置激起松陰門下四位弟子的憤怒，四位弟子在小塚原臨時安葬的墳墓不久即被幕府下令拆毀。消息傳回長州，不僅長州人憤怒，松陰的弟子更是個個痛心疾首，也許是這股憤怒悲痛化成力量，成為之後長州敢與幕府對抗的動力，後來戊辰戰爭長州對幕府以及佐幕諸藩幾近趕盡殺絕，與松陰的死及遺體遭不當對待不無關聯。

三年多後，幕府威望持續下墜，長州派出高杉晉作、伊藤俊輔、赤根武人、遠藤貞一等人將松陰的墓遷移至世田谷，即今日東京的松陰神社（東京都世田谷區若林四丁目）。

松陰雖死，他主張的「草莽崛起論」（幕府不可恃、諸侯不可恃，唯有民間草莽方可為皇國的依憑）為之後的久坂玄瑞、高杉晉作等門徒繼承。

四、櫻田門外之變

松陰死後，「安政大獄」的處分差不多告一段落，年底松陰生前未能行刺的間部老中看不慣井伊大老在整起事件中的蠻橫，處處與之對立而遭罷免，井伊大老上台時的六位老中如今只剩內藤信親、脇坂安宅、松平乘全三位有也好沒有也罷的伴食閣老，能力不錯的太田、久世、間部都因看不慣井伊大老的作風而遭撤職。

安政七（一八六〇）年一月十五日，井伊大老從時任若年寄當中提拔第五代磐城平藩主安藤對馬守信睦為老中，以將老中人數補為基本的四名，不過大權依舊操控在井伊大老手上。

繼位的第十四代將軍已在前年十月改名家茂，除得到征夷大將軍宣下外，還取得內大臣宣下並兼任右近衛大將，象徵繼承德川宗家的源氏長者也落在家茂身上，輔佐將軍處理政務的井伊大老在「安政大獄」的鎮壓後，似乎再也聽不到反抗幕府的聲音。

而幕府料想不到的變局正在水戶、薩摩二藩的計畫下悄然成形……

「安政大獄」中水戶藩受到的處分最重，齊昭．慶篤．慶喜父子三人都受到隱居謹慎的處分，藩主受辱藩士也顏面無光，因此水戶藩士暗中策劃行刺井伊大老。「安政大獄」被判死罪之一的水戶藩士日下部伊三次其實出身薩摩，因故脫藩卻在水戶受到重用，由於他的關係使得水、薩二藩藩士有著密切的往來，因此水戶很希望薩摩也能派人為死去的日下部復仇。薩摩藩原本有意派出數人增援水戶的行刺計畫，最後卻只來了薩摩示現流的高手有村雄助．治左衛門兄弟。

行刺日期原本定於二月中旬，後來延至三月三日，因為那天是上巳日[7]，所有大名都要在晝四時之前（請參照第三冊附錄「江戶時代時辰與現代時間對照表」）登城，因此這天動手會比二月更合適，至於地點則選在彥根藩邸登城的必經之路——櫻田門。

櫻田門是江戶城內郭的城門之一，分為內櫻田門和外櫻田門，內櫻田門又稱為桔梗門，在皇居東御苑的南邊。一般說的櫻田門（包括本節論述的事件）指的是外櫻田門，在二重橋正南方。這次行刺的領袖是水戶藩士關鐵之介，他要有村雄助事成之後直奔京都薩摩藩邸，放出擁護天皇、改革幕政的口號，因此有村雄助先行前往京都，如此一來薩摩參與此計畫的人只剩治左衛門。

7　上巳日：五節句之一，傳統上會吃菱餅和白酒，民間擺飾雛人形。

其餘皆為水戶藩士，共有十七人，為了不連累水戶藩，十七名藩士全部脫藩成為浪人。三月三日一早，十八名刺客在櫻田門外的茶棚會合，這天換算格列高里曆是3月24日，雖是三月天卻仍下著大雪。關鐵之介把握最後的時間分配了大家的任務，決定將斬首井伊的工作交由唯一的薩摩藩士有村治左衛門。

朝五時一到，彥根藩邸深鎖的大門打開，最前頭的是手執長矛、頭戴竹笠的武士兩人一列，接著出現抬著駕籠邊吆喝的轎夫，轎夫之後又是長長的一列武士，人數超過六十人，是此次參與暗殺計畫人數的三倍以上。乍看似乎沒有勝算，不過因為天候的關係彥根武士為避免佩刀沾濕，出發前先在配刀上包裹了油布，這個動作替水戶這邊爭取了一些時間。

行列走了一段後，水戶藩士森五六郎做出攔轎的動作，並大喊：

「冤枉啊！冤枉！」

這種類似古裝劇攔轎伸冤的動作果然吸引了彥根藩士的關切，森五六郎趁對方疏於防範，甩開斗笠、快速拔刀朝侍衛身上砍下，侍衛大叫一聲倒下。除關鐵之介（擔任現場總指揮，故不參戰）外的其他十六名浪士也都拔出刀來、對準彥根藩士砍去。因為大雪紛飛，不僅視線不佳，呼嘯的風雪聲也阻隔後段武士的聽覺，很多後面的武士根本不清楚前面到底發生何事。而且彥根藩士的佩刀包著數層油布，只有十人左右能夠迅速扯下油布應戰，其餘猶如待宰的羔羊，這些不利因素使彥根武士的傷亡人數多於水戶。

在混戰中井伊大老的駕籠被遺棄在雪地上，水戶浪士黑澤忠三郎朝駕籠內開槍，井伊大老因而中彈。浴血奮戰斬殺兩名敵人且身上多處負傷的治左衛門，深吸一口氣將刀刺進駕籠中。為了砍下井伊大老的首級，治左衛門掀開駕籠，將中彈後動彈不得的井伊大老拖出來。深諳劍術、槍術及居合術的井伊大老萬萬沒想到居然會在登城過程中遭到襲擊，被視為譜代最大藩、自藩祖井伊直政以來一直有「赤備」的美稱、是幕府有力後盾的彥根武士竟然如此不濟……

治左衛門儘管多處負傷，動作依舊俐落如兔起鶻落，讓井伊大老身首異處，治左衛門提著井伊大老的首級用薩摩腔的口音說道：

「大老已斃命！」

眾人歡聲雷動，準備離開現場，每個人幾乎都在混戰中身負重傷，有的在撤退時氣絕，有的已沒有移動的氣力而在當場切腹。負責事後遞交「斬奸狀」的水戶藩士佐野竹之助與治左衛門道別後，撐著傷重的身軀走到脇坂老中宅邸前向侍衛遞出「斬奸狀」後倒地而死。治左衛門向位於日比谷門的若年寄遠藤但馬守胤統宅邸遞出井伊大老首級後也自行切腹，但是沒有人可以幫他介錯，只能拚著最後的力氣拿出匕首刺進身體……

「我命至此！」

說完壯烈死去。

相較於水戶這邊的歡聲雷動，彥根那邊顯得死氣沉沉，多對方三倍的人數不僅被對方殺得鐵羽而歸，主子更是在眼前被敵人砍死並取下首級，來得及與水戶浪士交手的，即便被砍死也還保有身為武士的榮耀，幾乎沒動手的、或是受傷倒地的則必須忍受主子身首異處，對武士而言再也沒有這樣的奇恥大辱了。

總計在亂鬥中當場死去的水戶浪士只有一人，負傷切腹或自盡的包含治左衛門在內有六人，等於在三月三日這天死去的水戶方有七人，其他的不是自首便是逃走。但是水戶這邊完全沒有勝利的感覺，德川齊昭在此事件後不到半年因心肌梗塞死去，掌政的繼任藩主德川慶篤懼於幕府壓力而大肆追究當日行刺的浪士，這些倖存的浪士多半在往後一年多內死去，行刺事件的總指揮關鐵之介也因此出亡越後，在當地被捕、送回江戶斬首，十八名參與的浪士中最終只有兩人活到維新回天以後。

而被關鐵之介另行指派任務的有村雄助，其下場也沒好到哪裡去，他並未如關鐵之介指派如願前往京都薩摩藩邸，在伊勢就遭幕府捕快逮捕，三月廿三日押解到薩摩。齊彬的生父齊興已在去年死去，此時的藩主改由島津茂久（前文的忠德）繼承，實權操控在茂久之父忠教手上。此時的忠教不想與幕府有所對立，於是當著幕府捕快的面，下令雄助切腹，保全其身為武士的名譽。

有村雄助．治左衛門兄弟上面還有一位名為俊齋的兄長，據說治左衛門在事件前一日曾為日下部伊三次遺孀以女相許，但這只是一樁有名無實的婚姻。雄助．治左衛門兄弟死後，日下部伊三次的遺孀將女兒改嫁有村俊齋，前提是俊齋必須入贅。入贅後的俊齋使用日下部的舊姓海江田，維新回天後改名海江田信義，憑著與西鄉和大久保一藏的交情當上元老院議官及貴族院議員（爵位為子爵）。

江戶的好事者根據「櫻田門外之變」很快地做出兩首狂句：

井伊掃部（大老的官名為掃部頭）被寒雪掐死
井伊掃部撤網捉不到，得用轎子捕捉[8]

實際上彥根藩士被殺者八人，負傷者十餘人，可見彥根武士也是經過一番的激鬥，並非如民間口耳相傳或是劇作家的作品中那般不堪一擊。

昭和四十三（一九六八）年彥根市與水戶市選在明治維新百年紀念時締結為親善都市，雙方自櫻田門外之變以來造成的心結總算解開，值得一提的是當時的彥根市長井伊直愛是井伊大老的曾孫。

二〇一〇年東映改編已故作家吉村昭的同名作品《櫻田門外之變》，電影裡以總指揮關鐵之介的視角檢視這樁幕末最大的暗殺事件，由大澤隆夫飾演關鐵之介、伊武雅刀飾演井伊大老。

五、井伊大老的功過與櫻田門外之變的影響

井伊掃部頭直弼從安政五年四月廿三日到安政七年三月三日為止，擔任將近二年的大老，起初他是承接堀田老中首座留下的爛攤子（條約敕許與簽字間的抉擇），但是在他死後卻留下更大的爛攤子（朝幕關係破裂以及安政大獄的善後）。

一直以來井伊大老的評價大多是極端的負面，不管是當代或現代很少有正面的評價。當然，這樣一面倒的評價對井伊大老並不公平。井伊大老的評價之所以傾向極端的負面，多半來自於他強勢獨斷到近乎專制的個性，這種個性違背日本人不好強出頭、不輕易給出確定答案的曖昧性格。

江戶時代以來井伊家不僅為譜代最大、出過最多位大老的藩，還肩負一個所有藩都沒有過的榮耀——彥根藩主負責擔任將軍世子的烏帽子親，像是家定的烏帽子親由直弼之前的大老井伊直亮擔任，直弼本人也擔任家茂的烏帽子親。擔任烏帽子親在元服式會中與元服者結下猶如

8　以上譯文出自遠足文化出版之半藤一利《幕末史》，第九十二頁。

義父義子的關係，身為義父的烏帽子親有終生庇護元服者的義務，從這裡不難看出歷代將軍是如何看重井伊家。正因為受到將軍家如此的器重，井伊大老才會在安政大獄徹底懲治接受朝廷密敕的水戶藩及其他可能威脅到幕府的人士，不過井伊的「以暴制暴」，最終還是付出了自己的性命為代價。

關於該如何評論井伊大老，筆者認為應分兩方面看，一是條約簽字，一是安政大獄。井伊大老獨排眾議、未得天皇敕許逕自在條約上簽字，這固然是他個性強勢之故，但從另一角度來看，也是因為他能判斷形勢、當機立斷地與哈里斯簽訂條約。井伊大老應該不至於被哈里斯「若再不簽約將率領軍艦攻打日本」這番話唬住，而是著眼於英法聯軍將趁在清國戰勝之餘威北上日本，逼迫日本簽訂與清國類似的條約（《北京條約》）。

英法聯軍是否真的會趁勢北上日本，以當時日本的情報規模來看沒人說得準，不過和哈里斯動輒恫嚇日本官員大不相同的是，英法兩國的確擁有進犯的實力。既然英法有可能進犯日本，而且日本也沒有能力以武力擊退英法，與一外國勢力簽訂通商友好條約、藉由條約的條款約束英法兩國應是當時最可行的方法。井伊大老不待天皇敕許逕自與哈里斯簽約，後來還擴及到荷、俄、英、法五國通商條約，如此固然違背正常程序，但非常時期也應有所變通才是。

其實前文提過在江戶時代大部分時期裡，幕府的所作所為並不需要天皇的敕許，只是堀田老中首座認為與外國簽訂條約茲事體大，希望求得天皇的敕許。說穿了，堀田老中首座只是不想獨自承擔在簽訂條約之後可能引起的責罵，而把朝廷拖下來淌這趟渾水。

堀田老中首座此例一開，猶如被打開的潘朵拉盒子，之後的幾年無論事大事小朝廷都要過問，井伊大老能夠盱衡時勢、選擇不顧天皇敕許與否簽訂條約，未必一如抨擊他的政敵所言：「藐視皇室、獨裁專制」。沒有堅定的信念、堅強的意志是做不到的，一橋刑部卿慶喜曾這樣評論過井伊大老：

「掃部頭雖缺乏才智，卻是個富於決斷的人。」

慶喜的評價可說是非常貼切。

如果說簽定條約可以反映出井伊大老富於決斷力，那麼安政大獄更可以反映出井伊大老的缺乏才智，也是他不得人心之所在。

井伊大老掀起安政大獄的理由是因為朝廷下密敕給水戶藩，在江戶時代朝廷不可以越過幕府下密敕或敕令給任何藩，如果針對這點對朝廷或水戶藩進行懲處應該不至於引起太大反感。

然而井伊大老卻將懲處的範圍擴大至各藩藩主、武士、民間人士，甚至還延伸到幕臣身上，這已經與最初的「因為朝廷下密敕給水戶藩」風馬牛不相及了。大多數被捕成員只是主張攘夷，但不能說主張攘夷一定會叛亂，顯然井伊大老將兩者畫上等號，安政大獄至此已經脫離了緝拿接受《戊午密敕》的成員之初衷，而流於追捕攘夷者了。綜觀之後數年的歷史，攘夷分子何其多，又豈是區區一介井伊大老能緝捕完的？

主要被懲處的大名和幕臣幾乎都是一橋派成員，這點或許才是安政大獄的主因，但是井伊大老對這些真正說得上威脅的大名或幕臣既不敢判處他們死刑，也不敢判處奪去領地的改易處分，只是象徵性地處死幾個為其跑腿的藩士或浪人。井伊大老的懲處只能讓善於見風轉舵的朝廷公卿閉嘴，並沒有真正達到懲處雄藩的目的。井伊大老因此失去民心及聲望，也為自己招來殺機，在之後的野史小說裡井伊大老多半被塑造成一個只知鞏固幕府統治而不惜出賣國家利益的政治人物，但是這種批評通常是把井伊大老在安政大獄的不當處置與對外國簽訂條約混為一談。將層次不同、彼此並不關聯的事件混為一談而抹煞當事人實際的功績，這或許是歷史人物無可避免的宿命吧！

井伊大老遭刺殺證明他的高壓政策終究不可行，井伊大老倒下後該由誰來出任老中？繼任的老中又該如何修正井伊大老過激的政策？朝幕之間緊張的關係該如何改善？又會遇上怎樣的考驗？第六章會有進一步的介紹。

第六章

公武合體與和宮降嫁

一、安藤・久世政權登場

櫻田門外之變結束後的三月十八日，因前一年十月十七日江戶城本丸炎上及櫻田門外之變，朝幕之間皆認為不祥，於是年號從「安政」改為「萬延」。「萬延」一詞出自《後漢書・馬融傳》：

……豐千億之子孫，歷萬載而永延。……

井伊大老死後，四位老中以有見識並善於應對的安藤信睦為老中首座，安藤在四人中不但年紀最輕（四十一歲）、資歷也最淺（擔任老中之前的最高職務為若年寄），為求政通人和，安藤老中首座除厚待三位閣老外，還找來能力不錯、個性同樣溫和，而且也曾在井伊大老底下擔任過老中的久世廣周回鍋，成立安藤·久世聯合政權。

不過尋求老中的支持並非安藤·久世政權的主要使命，他們要一改井伊大老時的強勢作風，向朝廷釋出善意以解決朝幕之間的緊張關係。閏三月十九日，安藤、久世兩位老中公布《五品江戶迴送令》，將開港後在橫濱進行的貿易，包含雜穀、吳服、生絲、水油、蠟，改置於江戶問屋（批發商）的控制支配下。

安藤·久世政權最主要的使命和安政改元萬延象徵的意義一樣：希望將軍能有眾多子孫以延續幕府的政權。家茂十一歲面臨將軍繼嗣問題，十三歲被指定為繼任將軍並於同年成為十四代將軍，在安藤·久世聯合政權建立時已經十五歲，在早熟的古代已到成家立業的年紀。

安藤、久世、內藤、脇坂四位老中在閣議聯合簽署請願書，於四月十二日由所司代酒井忠義向九條關白遞交請求，為了讓朝幕之間關係更為密切，他們希望能斡旋皇女和宮及將軍家茂的婚事。四月廿八日，年邁且影響力日趨薄弱的老中松平乘全去職，六月廿五日第五代岡崎藩主本多美濃守忠民被任命為老中，這是本多首次擔任老中，之前曾任京都所司代的本多資歷比安藤還淺，讓安藤、久世兩人逐漸掌控幕閣的發言權。

接下來以安藤、久世為首，幕府積極向朝廷交涉，希望能促成這樁有利於朝幕關係更為密切的政治婚姻。

二、和宮與帥宮

前文提過江戶幕府歷代將軍的御台所，其出身不是四世襲親王家就是攝家。除前兩代將軍外，七代將軍家繼曾與靈元法皇第十三皇女八十宮吉子內親王訂下婚約，若不是家繼短命夭折，吉子內親王毫無疑問會成為首位皇族出身的御台所，因此和宮降嫁[1]一事家茂並非沒有前例可循。

在安政大獄前，所司代酒井忠義曾與近衛忠熙接洽迎娶皇女之事，雖然並未明指哪位皇女，不過暗指孝明天皇第二皇女富貴宮的可能性高了些。富貴宮雖還在襁褓中，其生母九條夙子（後來的英照皇太后）是與幕府關係密切的關白九條尚忠之女，因此富貴宮的可能性看來較大。

可惜，富貴宮在安政六（一八五九）年八月突然夭折，當時皇族女性成員只剩淑子內親王以及和宮，兩人都是仁孝天皇的皇女，即孝明天皇的異母姊妹。淑子內親王是仁孝天皇第三皇女，不僅過了適婚年齡，更在多年前繼承桂宮，當然不會是家茂的婚配人選。和宮則是仁孝天皇第八皇女，和家茂同齡的她是最合適的婚配對象。不過當時井伊大老因安政大獄處分多位皇族及公卿成員，朝幕之間處於劍拔弩張的關係，無人敢在井伊大老面前提及此事。

井伊大老死去後，在安藤、久世兩位老中的帶領下有了前節提及的請願書。五月四日，天皇透過九條關白向四位老中轉達：

「皇妹和宮數年前已與帥宮訂有婚約，而且和宮極不願離開皇城前往遙遠的關東生活，此事容後商議。」

誠如天皇所言，和宮已於嘉永四（一八五一）年七月在天皇認可下與帥宮訂下婚約，只要和

1　降嫁：指皇女或王女嫁給皇族以外的對象。

宮一滿十六歲即舉行婚禮。帥宮即有栖川宮熾仁親王，他於嘉永元（一八四八）年成為仁孝天皇的猶子，翌年得到親王宣下並任太宰帥。自九世紀初以來只有親王才能被任命為太宰帥（十世紀菅原道真流放太宰府，其官職是太宰權帥，而非太宰帥），因此任太宰帥的親王簡稱「帥宮」，幕末時期的帥宮即是有栖川宮熾仁親王。帥宮比和宮大十一歲，與和宮舉行婚禮時帥宮將是廿七歲，在當時的皇族裡已算晚婚，帥宮之所以甘願如此，與其說他傾心於和宮，倒不說身為仁孝天皇的猶子讓他不得不重視婚約的承諾。

天皇轉述和宮之言說不願嫁到關東，此事應該不假。儘管江戶時代京都的繁榮已不如江戶，但皇族公卿仍抱持傳統文化上的優越，視派駐關東如畏途，關東武士在他們眼裡與古代駐守邊防的防人[2]無異。和宮更是寧願成為門跡[3]住持也不願前往關東，在江戶時代皇女遁入佛門成為門跡住持的實例遠高於覓得良緣。

雖然被朝廷拒絕，但九條關白轉達的話語中有「容後商議」的字眼，可見並未把話說死，因此四位老中於六月二日繼續請願：

將軍和皇女的婚姻意味公（朝廷）、武（幕府）之間結成親密關係，有助於安定人心及構建舉國一致的體制。接著可專心於增強幕府和諸藩的軍事實力，破約攘夷（廢除通商條約）也就指日可待……

這份請願書的後半段突顯出老中對列強的無知，而前半段則是點出這段婚姻只是用來加強公武之間的聯繫。

天皇收到老中聯名的請願書後，找來時任從四位下侍從的岩倉具視商討對策。天皇為何會找岩倉呢？因為岩倉是當時最富謀略的公卿之一，頭腦靈活的他具有從文字分析出隱藏在其中的政治意涵的能力，不過有一點可能許多人並不清楚，岩倉的親妹妹堀河紀子是天皇的典侍，拜這層關係所賜，岩倉有較多的機會為天皇提供意見。

岩倉根據天皇的諮詢，寫了一封雖長但極具見解的意見書，其要點如下：

一、方今天下之大勢，外有五蠻（美、英、法、俄、荷）之大敵，輻輳諸港，動開畔

2 防人：飛鳥到平安時代鎮守邊要的武力。
3 門跡：以皇室、四世襲親王家、攝家成員為住持的特定寺院，通常寺格高於尋常寺院。

端，干犯國政，可見其有併呑垂涎土地之勢，誠皇國危急之秋，可堪可慮。

二、現今關東之霸權早墜於地，已無昔日之強盛，井伊掃部頭居大老之重職，難保自身之首領於路頭授於浪人之手，即是明確之一證。

三、今日關東之霸權，雖云早至衰運，然東照公二百餘年來所致之太平，德澤已深浸人心，譜代恩顧之大小名亦多。萬一干戈以對，問多年失職之罪，使譜代恩顧之大小名，悲嘆主君滅亡之餘，倒執戈矛，敵對朝廷，恐難說無此事。又其他大小名，認為此係朝廷之私戰，持旁觀兩端之態，觀望形勢之強弱以決定進退，亦難說無此事。

四、因此，現今之時機，先棄其名而取其實，此方略實為重要也。近日以來關東熱心且再三請求和宮降嫁，朝廷如以特別出格之聖恩，容許關東之請求，向天下表示公武御一和，漸次取消五蠻之條約。

五、今日和宮之一身，實重若九鼎，請其降嫁之容許與否，將關係皇威之消長，此誠大事也。當今之計，宜先對關東下旨取消五蠻條約，若有遵照敕命之回答，為皇國計，應勸和宮同意降嫁，對關東請求降嫁之願，應下旨許諾。

從以上的要點敘述可看出岩倉絲毫不把幕府看在眼裡，希望天皇能以攘夷為條件同意和宮降嫁。只要幕府接受攘夷的條件，一旦攘夷沒有具體成效，其聲望必然下墜，反之朝廷則聲望日隆。至於以武力倒幕，目前看來實為輕舉妄動之舉，不僅招致內亂，也讓外國有干涉的口實。和宮降嫁一事一定要昭告天下，朝廷不是因為幕府強求才同意婚事，而是為了讓公武之間更為親善才做出的決定，從表面上來看，和宮降嫁並未改變朝廷將大政委任於幕府的事實，但實際上卻是朝廷掌握實權的良機。

有岩倉這位智囊的獻計，天皇於七月四日做出回覆，要幕府承諾「現在雖無法與外國開戰，不過應盡全力製造軍艦、槍砲。從今以後七、八年乃至十年之內，務必與外國交涉，廢除條約，或是開戰驅逐外國，都是可行的方法」。在獲得幕府同意後，天皇改與九條關白、公卿橋本實麗（和宮生母觀行院之兄）規勸和宮，解除與帥宮的婚約。

和宮出生時先帝仁孝天皇已崩御，自幼住在生母家，連兄長也難得見上一面，過著寂寞孤獨的生活。如今自己的兄長、舅父、生母、乳母繪島都加入勸說的行列，但依舊沒能改變和宮的意志。天皇一時之間不知如何是好，議奏久我建通建議改以天皇第三皇女壽萬宮代替和宮。可是幕府已不接受和宮以外的其他皇族女性，九條關白甚至透過議奏、武家傳奏向繪島施壓：如果和宮再不與帥宮解除婚約，舅父橋本實麗會被下令落飾、生母觀行院將被處以蟄居的處分。

為了督促幕府進行攘夷，這些朝臣聯合起來向年僅十五歲的和宮施壓，為了舅父和生母，和宮不得不含淚點頭解除與帥宮婚約。八月十五日觀行院代替和宮參內，提出如下的附帶條件：

一、明後年先帝（仁孝天皇）十七回忌辰後前往關東，之後每遇上先帝忌辰上京祭拜。

二、即便進入大奥，也是採用御所的流儀（行事規則）。

三、御所的女官跟隨前往關東。

四、若有御用之際，指定橋本宰相中將（實麗）為使節前來關東。

五、若有御用之際，將指派上臈御年寄為使節上京。

古代日本重視人死後的年忌法要，即便死去已久也會持續做法要（法事），特別是死後的七回忌、十三回忌、十七回忌、廿三回忌、廿七回忌、三十三回忌、三十七回忌、四十三回忌、四十七回忌直至五十回忌。仁孝天皇於弘化三（一八四六）年一月廿六日崩御，來年春將做十七回忌辰，換言之，和宮最快將在來年二月以後才前往關東，至於每年遇上先帝忌辰便回京祭拜這點，其實在之後從未實現過。第二點是和宮最為堅持的一點，當和宮進入大奧後屢屢因為這點與她名義上的婆婆天璋院起爭執，過得相當不愉快。第三點以後不構成太大的妨礙，和宮不僅帶了大量的女官，連觀行院也跟著前往江戶，最後在大奧過世。第四、五點和忌辰一樣幾乎從未發生過。

三、和宮降嫁的經過

萬延元（一八六〇）年十月十八日，天皇正式敕許和宮降嫁，解除和宮與帥宮的婚約，十一月一日由幕府公告，之後幕府陸續送了不少金銀珠寶及珍奇異物給朝廷、天皇（包含壽萬宮）、女御、典侍、四世襲親王家、關白大臣，包含議奏、武家傳奏，甚至連御所女官也通通有分。十二月廿五日，所司代酒井忠義及高家肝煎[4]橫瀨筑前守貞固分別代表將軍及天璋院來到桂御

4　高家肝煎：精通有職故實或武家禮儀的高家。

所（正式敕許和宮降嫁後和宮的住所，今日的桂離宮）進行採納禮，照例又送上一大堆珠寶禮物。

至於遭解除婚禮的帥宮，其婚事則推遲到進入明治時代才與德川齊昭十一女貞子（慶篤．慶喜異母妹）結為連理。

萬延二年一月廿六日和宮祭拜完先帝十七回忌辰後，降嫁關東的日子迫在眉睫。二月十九日，使用不到一年的年號「萬延」更改為「文久」，「文久」一詞出自《後漢書．儒林列傳下》：

……文武並用，成長久之計。

此次更換年號並非遇上什麼天災人禍，而是萬延二年的干支為辛酉年，自從十世紀以後只要遇上辛酉年、甲子年便有主動更改年號的慣例（亦有少數例外），這一年將舉行和宮降嫁這樣的大事，為求吉利（抑或說是迷信？）而主動更改年號。

四月十九日朝廷下達和宮的內親王宣下，賜名親子，全名為和宮親子內親王，同時也選定宰相典侍庭田嗣子、大納言典侍橋本麗子（橋本實麗之女，和宮堂姊）、上臈御年寄土御門藤子、乳母繪島、命婦鴨腳克子（能登局）及生母觀行院等人陪同和宮降嫁關東。

皇女降嫁關東是江戶幕府有史以來頭一遭，規模不是數年前的天璋院可以相比，儘管掌管財政的勘定奉行不只一次哭窮：

「幕府財庫即將用盡，沒有額外的經費可以挪用。」

幕府仍決定將這場前所未有的婚姻辦得鋪張、奢華。

婚禮準備大半年，終於在十月廿日啟程。這一天和宮的行列從桂御所出發，葉室頭弁長順朝臣、中山大納言忠能卿、菊亭中納言實順卿、八條三位隆聲卿、今城中將定國朝臣、千種少將有文朝臣、岩倉少將具視朝臣（千種和岩倉兩人為敕使）、富小路中務大輔敬直朝臣、橋本侍從實梁朝臣等公卿在前開路。一共動員十二個藩保護和宮的行列，並且為防範攘夷志士的騷擾而避開東海道，改走較為僻靜的中山道，還加派廿九個藩在沿途警衛。這場婚禮行列若將沿途警衛算在內，總計動員超過三萬人，是日本史上空前未有的規模。二十世紀初的小說家島崎藤村在其著作《黎明前》（夜明け前）第一部第六章曾描述這支龐大的行列：

晝九時半姬君乘坐的御轎猶如被前後層層保護的大將般，通行於雨中的街道。肅殺的鐵砲、各家大名的帳幕、馬印的配置，幾乎與戰時無異。行列中的人每個都頭戴陣笠[5]、腰間掛著裝有乾糧的盒子，一個一個緊跟在後。中山大納言、菊亭中納言、千種少將、岩倉少將、其他還有宰相典侍、命婦能登，他們的僕役也在其中。京都町奉行關出雲守在御轎前警備，接著是從江戶上京迎接的若年寄加納遠江守，再來是老女們的僕役。當這一長串的行列移動時，馬籠的宿場也為之昏暗，這一天到入夜為止驛路上移動的人源源不絕。

馬籠宿是中山道六十九個宿場之一，亦是島崎藤村的出生地，其生家代代經營本陣[6]，是馬籠地區屈指可數的大地主和望族。但在藤村懂事後家族沒落，藤村的《黎明前》雖是描述維新回天期間日本的改變，但也藉由部分篇章如和宮降嫁的大陣仗，間接緬懷家族光榮的過去。

十一月十四日，御轎一行於中山道的第二站（自江戶出發之順）板橋站留宿，翌十五日進入江戶清水邸（御三卿清水家宅邸，當時清水家並無當主），和宮降嫁關東的路程總計費時二十四天。

筆者就讀高中期間曾經租借一支名為《和宮樣御留》的影片，原本以為是電影，很久以後上網查詢才知是一九九一年朝日電視台播出的新春特別劇。《和宮樣御留》改編自已故作家有吉佐和子的同名小說，故事大概內容是隨著降嫁關東日期的迫近，和宮內心的壓力愈來愈大，最後終致發狂。由於和宮降嫁肩負無比的政治任務，不容朝廷悔婚，因此找來一個自幼在橋本實麗宅邸長大、名叫阿蕗（ふき）的下女，由她冒充和宮前往關東。

從坐上御轎出桂御所起，歷經二十多天中山道的旅程到進入江戶城為止，都是阿蕗扮演和宮瞞過眾人（當然瞞不過觀行院、宰相典侍等女官），真正的和宮則被留在京都。整個故事重點在中山道上二十四天的行程，至於最後的結局筆者已沒有確切的記憶。

維新回天後家茂的御台所和宮是替身的說法似乎流行過一陣子，但是在現代科學鑑定下，這種傳言不攻自破。雖然如此，和宮是替身的說法依然可以作為歷史小說的題材，滿足普羅大眾的想像。

5 陣笠：足輕、雜兵專用的斗笠。
6 本陣：江戶時代大名、旗本、敕使、宮家、門跡旅行時的指定投訴地，皆是當地望族。

四、坂下門外之變

抵達清水邸的和宮一行人暫時安置該處，一如天璋院當初雖已進江戶城，在大婚之前根本見不到將軍一面一樣，和宮在來年二月十一日大婚之前同樣也見不到家茂。

倒是身為敕使的千種、岩倉二人休息數日後，於十一月廿一日聯袂登城。兩名敕使登城不為別的，是帶著詰問語氣而來，他們攔住安藤、久世兩位老中問道：

「京都方面盛傳，幕府是要挾持和宮為人質逼迫今上讓位，可有此事？」

儘管兩位老中極力否認此事，兩位敕使堅持要將軍親筆寫下誓約書，以證明脅迫讓位一事純屬謠傳。兩位敕使咄咄逼人的態勢，直讓人有立場顛倒的錯覺，別說在幕府全盛期的秀忠、家光時代，就連不過一、兩年前井伊大老在世時也絕無可能有此場景。主掌幕閣的兩位老中首座被區區兩位敕使（而且家格僅只羽林家）當場詰問，還要被迫同意讓統治日本六十餘州的將軍親筆簽下誓約書，兩位老中首座如此的畏縮、不敢嚴詞拒絕，幕府威權要不下墜也難。

十二月十一日，和宮及隨侍的一行女官正式搬進江戶城本丸大奧，由於大奧是男性的禁地，因此其他在和宮降嫁時跟隨的公卿也陸續返回京都，唯獨兩位敕使堅持非得拿到將軍親筆誓約書後才願意離開。在不得已的情況下，兩位老中只好央求年輕的將軍寫下讓朝廷安心釋疑的誓約書，家茂爽快地在十三日寫下誓約書，為之後朝幕之間關係改善打下良好的基礎。

十二月十四日，兩位敕使心滿意足地離去，廿四日回到京都。安藤、久世兩位老中內心想必鬆了一口氣，自井伊大老橫死、臨危授命被推上老中首座以來，他們一改井伊大老的強硬政策，積極改善先前與朝廷的對立關係，希望朝幕之間能更為融洽，為此推出公武合體政策。而實現公武合體最佳的方法即朝廷與幕府透過政治婚姻緊密結合，和宮降嫁在當時應該是最快、最有效促成公武合體的捷徑，儘管方向和目標都已明確，但實際推動起來又是一番折騰，好不容易讓和宮來到關東，對安藤、久世兩人而言已盡到「夙夜憂勤、庶竭駑鈍」的地步。

然而需要兩位老中首座操勞的還有聲勢愈來愈大的攘夷派，在井伊大老掌權時攘夷派還只是嚷嚷叫囂而已，到兩位老中時已化為具體行動。像是萬延元年十二月哈里斯的通譯官休斯肯遇刺及五月發生的東禪寺事件（請見第八章）都是攘夷派的傑作，這些攘夷派的行動很難說背後沒有朝廷攘夷派公卿的介入。

文久二（一八六二）年新春，當所有人都沉浸於過年的喜氣時，傳出奈良春日大社的神鏡離奇破裂的奇聞，這似乎預告將會有不尋常的事情發生。至於究竟是自然破裂或是人為造成，如今已無法查明。

一月十五日朝五時左右，趕在上元日（元宵節）登城的安藤老中首座在坂下門（介於紅葉山與西丸下之間的城門）外遭到攘夷志士砍傷，是為「坂下門外之變」。櫻田門外之變後，幕府為防類似事件再次發生，對登城的幕閣（尤其老中首座）特別加強了隨身護衛的人數。這一天坐在駕籠裡的安藤老中首座身邊有五十餘名護衛，和井伊大老當時差不多，可是襲擊的刺客只有六名（另有一名晚到），當中還有二名是醫生。換言之，五十多名武士護衛著安藤老中首座，結果卻被連同武士在內共六名刺客砍傷，儘管六名刺客當下盡數斃命，安藤老中首座是連忙逃進坂下門裡才免於重蹈井伊大老的下場。

在現代的思維裡，安藤老中首座的做法不會招來太大責難，可是在當時卻受到其他武家的嘲諷：

「堂堂老中遇到刺客襲擊，豈有不戰而逃之理？身為武士不感到可恥嗎？」

幾乎無人關心安藤老中首座的傷勢，只在乎他在受辱後要如何洗雪。在武士的社會裡未拔刀遭砍傷逃走與受辱而不反擊一樣，都是丟盡武士顏面地行為，會一輩子被看不起。然而襲擊的六名刺客已悉數斃命，安藤老中首座注定無法藉由復仇挽回顏面，其他的雪恥方法大概只剩切腹一途，不過要堂堂的老中首座因為無法復仇而切腹將更讓幕府顏面無光，安藤老中首座唯一的方法只剩自行辭職。

安藤、久世兩位老中上任後視推動公武合體為幕府改變井伊大老強硬政策的唯一出路，而和宮降嫁是推動公武合體的前提，但是他們沒有意識到他們視為出路的公武合體並不為攘夷志士接受，從和宮降嫁一提出後便招來層層阻撓。六名襲擊安藤老中首座刺客中的四名武士皆出身水戶藩（脫藩），另二名醫生分別來自下野和越後，遲到的刺客亦是水戶藩脫藩浪士，他直接前往長州藩邸遞交斬奸狀後當場切腹。

安藤老中首座最終於四月十一日遭免職，在此之前位居老中末座的本多忠民已先行在三月十五日辭職，補進首代山形藩主水野和泉守忠精、第七代備中松山藩主板倉伊賀守勝靜兩位老中。五月廿三日脇坂安宅短暫回鍋老中，五月廿六日及六月二日，內藤信親、久世廣周兩位老中因朝廷要求而被拔去老中職位。自此老中已全部換過，新任老中分別為水野、板倉、脇坂以及萬延元年底上任的第七代丹波龜山藩主松平豐前守信義共四人。

安藤・久世政權可說是恢復幕府權威的最後機會，可惜最後的機會隨著坂下門外之變、安藤和久世先後被免職而破滅。兩人退場後的老中首座為板倉勝靜，他雖有挽回幕府的心，態度也不能說不勤奮，但是時局已逐漸對幕府不利，所付出之心力往往得不到相對的回報。

筆者在一到六章多半以幕府為主要敘述對象，在坂下門外之變後幕府處於被動，因此第七章起筆者不再通章以幕府為主，取而代之的是朝廷及其他有力雄藩。接下來的七、八、九等三章年代大致上相同，但筆者從不同立場進行描述。

第七章談的是薩摩藩主的監護人島津忠教，他在取得藩內特殊地位後，以繼承齊彬遺志為名率軍上洛。他是如何成為薩摩藩實際的領導人呢？他要繼承齊彬的什麼遺志呢？他的上洛會激起怎樣的反應呢？對朝廷及幕府又會有怎樣的影響呢？

第七章
文久年間幕政改革

一、薩摩藩「國父」島津久光

筆者在第四章提到島津齊彬去世前指定以異母弟忠教的長男忠德為繼承人，忠德必須以齊彬之女暐姬為婚配對象，並收養齊彬之子哲丸為養子，以忠教為監護人。

齊彬死後，忠德成為薩摩藩第十二代藩主，暐姬年紀尚幼（當時八歲）因此只先訂下婚約，忠德也依齊彬遺命收養堂弟哲丸為養子。到此為止均按照齊彬的遺命進行，不過成為忠德監護人的並不是忠教，而是齊彬和忠教的生父齊興。

齊興在嘉永四（一八五一）年二月被幕府裁定隱居，不得不讓位給他甚為厭惡的嫡男齊彬（請參照第一部第三章），與他鍾愛的側室由羅居住在鹿兒島城的一隅，過著衣食無缺但被架空權力、形同軟禁的生活。齊彬死後，齊興終於有了復出的機會，忠教基於人子的孝道不能與齊興爭位，忠德就更不用談了。

齊彬的遺命交代忠德必須收哲丸為養子（用意為讓忠德將藩主之位傳給哲丸），但哲丸於安政六（一八五九）年正月十日夭折，齊彬一生共有六男五女，只有三女暐姬、四女典姬、五女寧姬活到成人，其餘都在十歲以前夭折。二月，忠教帶著忠德前往江戶謁見家茂，家茂授予忠德名字中的「茂」字，於是忠德改名茂久，同時敘任從四位下左近衛少將兼修理大夫。

九月十二日齊興病逝，齊彬臨終的遺言終於完全實現，忠教以薩摩藩主之父的身分成為監護人，這年他四十三歲。身為側室之子的忠教自幼被送到重臣種子島氏當養子，後來又成為島津四分家之首重富家（另三家為加治木家、垂水家、今和泉家）的婿養子，在齊興的偏愛下忠教成為齊彬襲封的最大對手，最終因幕府介入而強使齊興隱居。齊彬襲封後對於曾經是他的對手忠教並未進行報復，儘管喜好的領域不同，齊彬、忠教這對異母兄弟對於學問都達到偏執的程度（齊彬喜好蘭學，忠教偏好漢學和國學）。

忠教掌權後首先罷免父親中意的首席家老島津豐後（久保），重新任用齊彬生前提拔的島津左衛門（久徵）為首席家老。另外為鞏固並擴張自己的權力，忠教重用中下級藩士組成的「精忠組」（請參見第三部）成員，精忠組實質的領袖大久保正助（日後的名字一藏、利通）在此時受到忠教的提拔而登上歷史舞台。

大久保早有意圖接近忠教，只是苦於沒有接近的媒介。精忠組同志稅所喜三左衛門（維新回天後改名篤）的兄長是鹿兒島城下附近天台宗南泉院裡吉祥院的住持，名為乘願。在此之前乘願曾在重富鄉擔任圓明院住持長達六年之久，這段期間與重富島津家的婿養子忠教因圍棋而熟識。後來忠教父以子貴，搬進鹿兒島城，乘願則在數年前開始已在城下的吉祥院任住持，這對往昔在重富鄉結識的棋友數年後重逢，圍棋當然是他們之間最好的話題。

大久保得知後認為圍棋可以讓他接近忠教，因此他四處拜師學習棋藝。大久保的劍術修為據現傳的資料來看乏善可陳，不過劍術差勁的大久保在棋藝方面倒是進展神速，以精湛的棋藝進入乘願門下。進入乘願門下的大久保很快地以棋藝聞名，吸引忠教慕名而來。萬延元（一八六〇）年三月十一日，忠教在重富的宅邸首度與大久保會面，忠教應該知道大久保以棋藝接近他是醉翁之意不在酒，但沒有親信的忠教身邊很需要有個參謀來為他貢獻心力，大久保的出現正好可以彌補這方面的不足。

「大久保正助看來不僅棋藝高超，也頗有政治頭腦，和其他那些只會喊打喊殺的莽夫完全不同，一定可以成為我的得力助手！」

不久傳來櫻田門外之變的消息，同時幕府捕快也押解倖存的有村雄助回到薩摩，此事已在第五章提過，忠教由於自身的膽怯不得不處死雄助。而有村雄助的切腹倒是激起了精忠組成員的憤慨之心，有寫日記習慣的大久保在日記裡寫下「愁傷憤激，不可言」等悲憤的內容，原本是忠教不敢當面與幕府撕破臉才讓雄助切腹，卻意外收到精忠組對忠教的效忠。忠教決定進一步拉攏精忠組成員，提拔大久保、海江田信義、堀仲左衛門（維新回天後改名伊地知貞馨）、岩下左次右衛門（維新回天後改名方平）、稅所喜三左衛門、吉井仁左衛門（維新回天後改名友實）等精忠組的首領，給予官職參與藩政。

文久元（一八六一）年二月十八日，薩摩藩江戶藩邸的家老島津久徵收到老中久世廣周捎來的信函。去年茂久理應動身參勤交代，但是井伊大老遭難的消息傳來，已到筑前的大名行列只得折回。久世老中的信函旨在提醒茂久一定要出席來年（文久二年）的參勤交代，至於領國，久世老中命忠教「管理國政，事務可由自己決定」，亦即幕府承認忠教在薩摩藩境內有著和藩主茂久同等的權力。既然有等同於藩主的權力，忠教當然不願在重富家當婿養子，經過一番程序後於四月十九日返回島津宗家（維新回天後成立新分家玉里島津家），重富島津家由三男珍彥繼承（娶齊彬四女典子為妻）。

四月廿二日，川上久封、川上久運、喜入久高、島津久包四位家老向全藩藩士公告，此後必須尊稱忠教為薩摩藩的「國父」（藩主之父）。翌日，忠教的通稱從周防改為和泉，名字亦從忠教改為久光。改名後的久光在鹿兒島城內的席次從原本家老席首座變為擁有獨立的座席，藩主茂久及其他家老反而要向久光報告政務，久光成為薩摩藩實質的藩主，而且這位「藩主」還不用前往江戶輪值參勤交代。

二、島津久光率軍東上

身為全國第二大藩的藩主之父，先前又有個被譽為「三百藩主第一明君」的異母兄長，加上本身能力也算傑出的久光，要他沒有政治野心恐怕很難。那麼，久光的政治野心是什麼呢？

齊彬倒下前一直在天保山閱軍，原本打算從中挑選精良部隊上洛供朝廷差遣，如果齊彬真的上洛，之後的歷史會如何演變恐怕難以預測。原本久光對於亡兄上洛的遺願並不感興趣，但是精忠組成員自大久保正助以下，個個都以繼承順聖院殿（齊彬死後的戒名）遺願為志。久光審時度勢，覺得此時應化被動為主動，於是採納眾議，決定繼承亡兄遺志，率軍上洛進行公武一體，轉達朝廷命令進行幕政改革。

不過，率軍上洛是件大事，不只要動員藩內相當多的人力，也要耗費一筆巨資打通上洛過程中的每一個環節，既曠日廢時、付出的心力也不一定能成比例地得到回饋，但是九州的一隅已經無法滿足久光了，他相信亡兄一定也與自己抱持相同的志向。

「龍豈池中物，乘雷欲上天！」

如今，朝廷正是久光這條龍欲上天所必需的雷，久光豈能不把握這難得的機會？

文久元年十月久光罷免首席家老島津左衛門，改擢喜入久高為首席家老，另以小松清廉（通稱帶刀）、中山中左衛門（日後改名尚之介）為側役（相當於幕府的側用人）；拔擢精忠組成員中的大久保正助、堀仲左衛門為御小納戶以及岩下左次右衛門為軍用奉行兼趣法掛、名越左源太

（日後的名字時敏）為大番頭、海江田信義與吉井幸輔為徒目付。以上除小松、中山、名越三人外，皆為精忠組成員，精忠組不僅深受久光的信任，也逐漸進入薩摩藩政核心。

人事異動結束後，久光分別派遣堀仲左衛門和大久保正助前往江戶和京都，堀仲左衛門前往江戶向老中稟告能否延遲來年茂久的參勤交代；派大久保正助前往京都拜訪島津家的姻親攝家筆頭近衛忠熙．忠房父子，請他們與京都的公卿周旋，以取得讓久光上洛的敕命。久光一廂情願地認定大久保和堀二人都能圓滿完成任務，但是他並不知道大久保也好，堀也好，雖有聰明才智，卻無廣泛知名度。堀的工作還能委託在江戶的藩邸家老，請他們代為傳達。但在京都公卿之間穿梭的大久保，若沒有一定的知名度只會四處碰壁，即便對方是島津家的姻親近衛家亦不例外。

因此，大久保和堀出發之前建議久光赦免流放在奄美大島的菊池源吾，他有著薩摩藩士無人能及的高知名度，久光要上洛勢必得仰仗西鄉。十月十一日堀仲左衛門從薩摩出發，十一月初抵達江戶，果然一事無成，只好親自燒掉薩摩藩位在三田的藩邸，藉此意外讓茂久免掉來年的參勤交代。

數年後薩摩為了在即將展開的鳥羽．伏見之戰取得開戰口實，不斷在江戶城內滋事，導致維持江戶城內治安的新徵組不得不放火燒毀薩摩藩在三田的藩邸（詳細內容請見第三部）。照理而言藩邸被燒毀，藩士應該感到憤慨才對，但對薩摩藩士而言終於可以正式舉起倒幕大旗，在他們臉上看到的是充滿朝氣的笑臉。

十二月廿五日大久保一藏（久光稍早對大久保正助的賜名）從鹿兒島城下出發上京，廿八日在肥後遇到久光先前派出上京的中山中左衛門，他負責上京聯絡近衛忠熙結果碰了一鼻子灰。原本也要跟著上京的一藏認為自己此行大概不會有所突破，暫時先和中山聯袂返回鹿兒島。廿八日大久保一藏獨自上京，於文久二年正月五日在下關與當地豪商白石正一郎會晤，然後直指京都而去。在此請讀者務必記住白石正一郎這位下關首屈一指的豪商，筆者在之後幾章提到長州時會數次提到這個名字以及他做出的貢獻。一藏抵達京都後立即前去拜訪近衛忠熙，將有久光・茂久父子署名的信件遞交近衛。

近衛忠熙的焦點集中在信函的數行：

> 敕命一下達，九條關白（尚忠）即日退職，左府公（近衛本人）即關白職，青蓮院宮解除幽囚，萬機事無大小皆須經由關白。

島津父子上洛的用意俱已寫在信函內，主旨在於繼承齊彬遺志。不過近衛忠熙在安政大獄受到的謹慎處分尚未解除，因此他要一藏去拜會他的四男、時任權大納言的近衛忠房。一藏於是接著拜會近衛忠房，轉達同樣內容後得到忠房的首肯，忠房同時透露：

「如果屆時無法得到天皇的敕命，只要取得有力公家的上京邀請亦無妨。」

說到有力的公家還能有哪一家在攝家筆頭近衛家之上？忠房言下之意是：

「就算沒有天皇的敕命也無妨，只要有最有力的公家近衛家的邀請，久光儘管放膽上洛。」

得到近衛家當主忠房的保證後，一藏歡天喜地地於二月一日啟程，二月十日回到薩摩。

一藏在京都期間，薩摩也在正月十四日派出船隻前往奄美大島迎接流放三年多的西鄉。這三年西鄉不僅娶當地女子愛加那，更與愛加那生下長男菊次郎（離別前愛加那又懷孕），今日鹿兒島縣大島郡龍鄉町依舊保存當年西鄉謫居奄美大島時建造的茅房。君命難違，西鄉縱令不捨愛加那、菊次郎也不得不將兩人留在島上，穿著當地特產大島紬[1]跟著船隻返回。因為氣候險

1　大島紬：奄美大島當地所產的絹織物。

惡，西鄉搭乘的船隻走走停停，經過口永良部島（鹿兒島縣熊毛郡屋久島町）、枕崎港（鹿兒島縣枕崎市）於二月十二日返回鹿兒島城下。

當晚西鄉的二弟吉二郎、剛從茶坊主還俗的三弟信吾（日後的西鄉從道）、幼弟西鄉小兵衛（日後參與西鄉發起的西南戰爭）以及不少精忠組成員都來迎接西鄉，為他設宴洗塵。離開薩摩三年的西鄉只能從親友寄來尺素中的片言隻語概略了解當時日本及薩摩發生的事，當晚精忠組成員向他講述目前薩摩的狀況，大致上已分裂成三股勢力：

一、決定上洛的久光派，包含其新任用的家老如小松帶刀及精忠組成員，如大久保一藏、堀仲左衛門等人。

二、反對久光上洛的守舊派，包含被罷免的家老島津左衛門以及桂久武等人。

三、攘夷激進派，贊同久光上洛，但上洛的目的在於擁護朝廷迫使幕府攘夷，成員有有馬新七、森山新五左衛門等精忠組成員。

西鄉聽完久光的上洛計畫後說道：

「真是輕率之舉！」

翌晨西鄉起個大早前去祭拜齊彬、月照的墓，儘管內心不願仍在好友一藏的勸說下同意拜見久光。二月十五日久光恢復西鄉的徒目付、御庭方役等職務，這些是齊彬提拔西鄉的職位，亦即久光並未晉升西鄉。此外，為了上洛時避免不必要的麻煩，久光命西鄉改名大島三右衛門。

西鄉在此之前曾與久光照過面，但此次是首度與成為「國父」的久光會面。關於這次會面筆者比對幾種傳記後覺得專書的敘述過於嚴肅，遠不如歷史小說能手司馬遼太郎在《已醉也》（酔って候）寫得傳神、精彩，因此以下引用其中一段內容：

久光於是接見西鄉。

久光知道眼前這位巨漢內心看不起自己，關於這次的壯舉說出各種暴言主張中止，這些話是久光從側近那裡聽來的。

西鄉從他肉體裡以帶有氣魄的雄厚聲音，一個字一個字地說道此次上洛之舉是如何的無謀。

（十足的惡人。）

久光對於西鄉散發出的排山倒海的壓力，愈發感到嫌惡，心想果然是個惡人，若是善人，身為「國父」的自己必然感受不到絲毫的壓力。

（果然是安祿山在世。）

這是久光早先對西鄉抱持的印象，比擬為唐朝叛臣，愈益加深其實感。安祿山是出仕玄宗皇帝的異族出身的將軍，是個機智且擅於迎合的人，偽裝成外表正直奉承玄宗皇帝及其寵妃楊貴妃。在這個比喻裡，玄宗皇帝好比亡兄齊彬。之後安祿山發動叛亂，佔領洛陽，自即帝位。雖然不久便自取滅亡，安祿山的相貌、肉體上的特徵在久光看來，與西鄉極為酷似。安祿山鼓著圓滾滾的大肚子，西鄉不也是如此嗎？

「夠了。」

休想騙我，久光的嘴唇動了動，說道：

「上洛、東下江戶，是已經決定的事。你只要去做、讓事情往好的方面進展就好，退下吧！」

西鄉只是把臉轉過去，身體絲毫不動。

久光動怒了，「退下！」西鄉似乎開口說了什麼。

西鄉的聲音自然到不了久光的耳裡，但是事後側近傳出好像是聽到：

「地五郎。」

這個詞是薩摩土語「鄉巴佬」的意思，在薩摩土生土長的久光當然了解這個詞的含意。在西鄉看來，不曾踏出鹿兒島一步的久光根本就是夜郎自大……

最後久光做出讓步，將原定的上洛日期從二月廿五日延後至三月十六日，久光的讓步僅止於此。西鄉和精忠組的另一成員村田經滿(日後名為新八)先於三月三日奉久光之命從鹿兒島城下出發，一路觀察九州各地的情勢，然後在長州藩內的下關等待久光一行的到來。

三、寺田屋事件

久光上洛的消息傳出，京都及各地的攘夷志士歡聲雷動，他們認為久光上洛是要接受朝廷的驅使、迫使幕府進行攘夷，為此精忠組成員有馬新七、森山新五左衛門、柴山愛次郎等人與九州其他藩的攘夷志士搶在久光上洛之前先行集結於大坂，打算伺機進入京都。

西鄉和村田經滿到達下關後，九州的攘夷先鋒久留米水天宮[2]祠官[3]真木和泉（名保臣）連同十餘名攘夷志士已離開下關多日，恐已抵達大坂，一時間大坂盡是從九州、長州、土佐、越後、出羽各地趕來的攘夷志士。真木和泉、田中河內介、有馬新七、柴山愛次郎、久坂義助（玄瑞）、佐世八十郎（維新回天後改名前原一誠）、吉村寅太郎、本間精一郎、清河八郎等各地攘夷志士領袖齊聚一堂，好不熱鬧。因此在久光大人率領的薩摩精兵到來前，他們要先肅清幕府安置在京都的眼線，具體的作為是暗殺九條關白及京都所司代酒井忠義。

西鄉知道久光上洛的目的只是要督促幕府進行幕政改革，他無意成為攘夷志士的後盾，更無意如真木和泉所願的去推翻幕府。這些攘夷志士集結大坂，想以暗殺的手段除去攘夷的障礙，西鄉覺得他們的想法太過天真了，不管暗殺掉九條關白或酒井所司代，只會讓公武關係破裂、使剛完成的和宮降嫁變得沒有意義。不過，西鄉也不願見到這群志士白白犧牲，於是和村田決定不待久光一行到來，自行與人在下關的福岡藩脫藩浪人平野國臣、岡藩藩士小河一敏提前離開、前往大坂。

三月十六日，久光率領一千名左右的藩兵上洛，隨行在側的有後來成為家老的小松帶刀，另外還有大久保一藏、海江田信義、奈良原喜左衛門等精忠組成員跟在身旁。三月廿八日，抵達下關的久光一行人看不到西鄉等人（西鄉在前一天抵達大坂），一藏從舊識白石正一郎那裡收到西鄉留下的信件，知道他在數日前已經離開，久光對西鄉一再地無視自己大感不滿：

「真是惡劣。」

四月五日晚，一藏抵達大坂，比久光提早數日。一藏想趕在久光之前先和西鄉碰面，要他平心靜氣地向久光認錯。六日終於在伏見見到西鄉，好不容易穩定西鄉的情緒後，一藏趕緊搭

2 久留米水天宮：位於福岡縣久留米市，是日本全國水天宮的總本宮，祭祀天御中主神、安德天皇、建禮門院平德子、二位尼平時子。
3 祠官：神社裡負責祭祀和社務的人，也稱為神官。

船前往兵庫迎接久光。即便是深受久光信任的一藏也無法讓正在氣頭上的久光消氣，翌日趕來的海江田信義在久光前進讒言：

「西鄉真正的用意是要討幕，我已在大坂從攘夷志士那裡聽說了。」

原本就看西鄉不順眼的久光對西鄉的厭惡更是到了極點：

「果然是安祿山，亡兄一時糊塗信了這廝，我才不會被他欺騙。」

之後下令要人去伏見逮捕西鄉，四月十一日久光下令將西鄉、村田經滿、森山新藏從大坂搭船送回薩摩等候發落。西鄉的罪狀有以下四條：

一、與浪人勾結，密謀暴動。
二、煽動年輕藩士。
三、阻止「國父」前往江戶，企圖將其捲入京都的動亂中。
四、不聽從「國父」命令，擅自離開下關前往大坂。

以上罪狀其實只有最後一條符合實際情形，欲加之罪，何患無辭？久光厭惡西鄉，以「國父」之尊羅織眾多罪狀，哪容得西鄉為自己辯護？

決定西鄉的罪名後，久光前往大坂，然後搭船前往淀川上游的伏見港，再沿著伏見街道前往位在錦小路通和東洞院通之間的薩摩藩邸。一路舟車勞頓無暇休息的久光，立即前往近衛宅邸與權大納言近衛忠房、權大納言兼議奏中山忠能、正親町三條實愛三卿會面。在與談中久光提出九條建言：

一、請朝廷向幕府下令解除青蓮院宮、左府公（近衛忠熙）、鷹司公父子（政通・輔熙）的謹慎處分，另外也解除在關東的一橋（慶喜）、尾張（德川慶恕）、越前（松平慶春嶽）的處分。

二、解除謹慎處分後，以左府公出任關白職，在關東則由越前前中將殿（松平春嶽）出任大老職。在家格上雖無前例，但處於非常時節，應有非常之處置。

三、田安（慶賴）之後見（將軍後見職）有名無實，請令其退職。

四、安藤對馬守（信正，即前章提及的信睦）負傷，就算傷癒復職，但此事關係天下人心所向，故應速將其免職（實際上安藤已在四月十一日罷官）。

五、速令久世大和守上洛，上述諸條敬請嚴令督促。

六、前述所提諸事，朝廷若不示以相當之威嚴，恐幕府將不實施。故先向二、三家大名下達密敕，若幕府有違敕之舉，則命其予以責問。

七、以後天皇叡慮不得向浪人透露，請予以嚴格取締。

八、我和浪人目標一致之說請勿隨意相信。

九、越前就職後儘速命其上洛，將軍年紀尚幼，故此非常之時節，以一橋為後見，尊崇朝廷、在關東竭盡心力奉公。外夷之處置以天下之公論，訂定永世不朽之名制，發揚皇威於海外。

久光的建言無一字提及攘夷，顯然他也透過這份建言表明自己的立場：

「我是為繼承亡兄的遺志而上洛，而不是為你們這些攘夷志士。」

對久光上洛滿懷期待的攘夷志士若是看到這份建言，想必會無比失望。

議奏中山忠能及正親町三條實愛立即攜久光的建言書進入御所上奏，天皇迅速下達如下的敕令：

浪士蜂起，正在密謀危險計畫，命島津和泉（久光）負責鎮壓，以慰聖慮。若京城發生凶險之事，使宸襟（天皇之心）為之煩憂，則命和泉滯留當地，平息動亂。

天皇既已下敕令允許久光滯留京都，無官無位的他再也無須忌憚京都所司代和京都町奉行的找碴。

久光對天皇敕令做出的回應是即刻驅逐滯留大坂薩摩藩邸的攘夷志士，這些攘夷志士終於知道自己不過是被久光利用，久光根本無意攘夷。在攘夷志士中以謀略見長的庄內藩士清河八郎說出久光的用意：

「和泉大人利用我們攘夷志士作為籌碼，以增加自己的力量，藉此同時向朝廷及幕府施壓。」

說罷，憤而拂袖離去，離開京都。

四月廿一日起，九州各地的攘夷志士分批出發，聚集於伏見的船宿寺田屋，這個消息很快地被薩摩藩士掌握並通報久光。只要御所傳來東下的敕命，久光便要率軍與敕使東下江戶強制幕府進行改革，在等待敕命的期間豈容這幫包含薩摩藩士在內的攘夷志士鬧事？

「這事要是傳出去，我的面子要往哪擺？」

廿三日在寺田屋已聚集近五十位攘夷志士，半數以上來自薩摩，他們可能在明後天就會起事。

「沒時間了，今晚一定要他們放棄起事。」

久光找來八位家臣擔任勸說的鎮撫使：奈良原喜八郎（日後的奈良原繁）、道島五郎兵衛、江夏仲左衛門、森岡善助（日後的森岡昌純）、大山格之助（大山綱良，維新後首任鹿兒島縣令）、鈴木勇右衛門．昌之助父子、山口金之進，算上之後另加入的上床源助，共九人。每一人都是薩摩示現流或藥師自顯流的高手，一人抵得過好幾人，他們兵分兩路前往寺田屋，要勸薩摩藩士中止暗殺計畫，久光還特別交代：

「若是苦勸不聽，當場殺無赦！」

當晚宵五時半，奈良原等人來到寺田屋，有馬新七、田中謙助、柴山愛次郎等八人聽到他們的聲音後下樓。

「吾等是奉國父大人之命，請你們放下武器與吾等一起前往錦小路會見國父。如今朝廷已採納國父大人的意見，只要聖上敕命一下，吾等還要護衛敕使及國父大人前往江戶。」

「不成！吾等正準備前往拜見栗田宮（朝彥親王），待吾等完成栗田宮的指示後再去拜見國父大人。」

「爾等不聽從國父大人之命嗎？」

「比起國父大人之命，吾等更願聽從栗田宮之命。」

「國父大人有命，若爾等拒從吾等之命，殺無赦！」

說完，道島五郎兵衛立即拔刀朝最近的田中謙助的眉心砍下，道島是藥丸自顯流的好手，該派強調第一刀就要砍倒對方。道島拔刀速度奇快，砍下的力道極大，田中不僅沒能閃過，還被劈中腦袋，白色腦漿迸流，連眼珠都飛了出來，當場昏厥。站在田中身後的柴山愛次郎也被其後的山口金之進以一記架裟斬從右肩斜砍而下，柴山立即斃命。道島五郎兵衛砍倒田中後還未來得及喘息，有馬新七便提刀砍來，幾回合後有馬的刀斷裂，於是他丟掉刀柄，衝上前去抱住道島扭打成一團。這時橋口壯介之弟吉之丞提刀刺向道島，但吉之丞力道太大，刀刺穿道島後直入有馬胸口，兩人立即死去。

寺田屋二樓這時才察覺樓下情況不對，森山新五左衛門、弟子丸龍助、橋口傳藏、西田直五郎、橋口壯介依序下樓查看。每下來一個立即受到多名鎮撫使亂刀相向，倒在血泊之中。九名鎮撫使雖只折損道島一人，但在刀刃相對的過程中亦有多人受傷。

身受輕傷的山口金之進連忙返回錦小路的藩邸向久光報告事情的經過，這不僅是薩摩的內鬥，更是精忠組的內鬥。大久保一藏、奈良原喜左衛門（喜八郎之兄）、海江田信義、吉井幸輔等精忠組領袖急忙趕赴寺田屋，不希望再有犧牲者出現。

全身浴血的奈良原喜八郎扔掉大小雙刀、脫去上衣走上二樓，二樓有二十名左右的薩摩藩士，年紀多在二十出頭，奈良原不願這些年輕俊秀犧牲，因此隻身上二樓要勸他們投降。不久，大久保等人也趕到寺田屋，他們撇下薩摩藩重臣的身分，以昔日鄉中教育二才頭或二才[4]的身分對這些稚兒[5]進行勸說，使得這些年輕人放下武器向大久保等人投降，多虧此舉才有明治時代揚名的海軍元帥西鄉從道和陸軍元帥大山巖。

這場薩摩內鬥中，當場死去者有柴山愛次郎、道島五郎兵衛、有馬新七、弟子丸龍助、橋口傳藏、西田直五郎、橋口壯介七人，加上翌日傷重的田中謙助、森山新五左衛門切腹，總計九名，至今在伏見寺田屋入口處仍立有「伏見寺田屋殉難九烈士之碑」，九名死者葬在離寺田屋不遠的大黑寺（京都市伏見區鷹匠町）。九名死者中年紀最大的有馬新七不過三十八歲，其次是田中謙助三十五歲，以下依序是橋口傳藏三十二歲、柴山愛次郎廿七歲、西田直五郎及弟子丸龍助皆為廿五歲、橋口壯介廿二歲、森山新五左衛門廿歲，久光派來的鎮撫使道島五郎兵衛年紀不詳。

寺田屋事件肅清薩摩藩內的攘夷派，此後薩摩藩論統一為公武合體。攘夷志士在這次事件

4 二才頭、二才：鄉中教育制度實質上的教育者。
5 稚兒：鄉中教育制度受教者，必須對二才或二才頭恭順。

看清久光的真面目，對薩摩不再抱持期待，真木和泉、平野國臣等九州攘夷志士紛紛向長州靠攏，間接造成薩長對立，在之後兩、三年內薩長對立尤其嚴重。

久光對非薩摩藩的攘夷志士並不趕盡殺絕，任由其離去，唯獨這次事件的始作俑者田中河內介父子及其親友共六人被久光下令帶回薩摩，不過一行六人卻在被帶回薩摩途中永久消失。田中河內介乃議奏兼權大納言中山忠能的家臣，中山忠能即是祐宮睦仁親王（日後的明治天皇）的外祖父，祐宮幼年時被撫養在中山忠能家裡，對曾教他寫字的田中河內介頗有印象，明治二（一八六九）年天皇曾向維新元勳問到田中河內介的下落，但即便薩摩出身的大久保也無法確切回答。

文久二年五月二日瀨戶內海小豆島的沙灘上突然出現兩具屍體，一具約五十歲的男性，一具則為二十出頭。兩具屍體的雙手從頭部反綁至身後，右腳戴著木製腳鐐，這兩具屍體即是田中河內介及其長男，他們很可能在被送上船後立即遇害。毫無疑問，田中父子為薩摩藩士所殺，是誰動手或許難以查出，事實上亦不重要，重要的是誰下令殺害他們？田中父子是久光命令中山忠左衛門以船隻送回薩摩，因此若不是久光下令，就非常可能是中山揣摩上意後自作主張命人殺害的。

六月十日，流放西鄉和村田經滿的船隻在山川港啟航，村田的流放地是喜界島，在奄美大島的正東方，又名鬼界島，平安末期參與「鹿谷之陰謀」（打倒平家的密謀）的參議藤原成經、判官平康賴以及僧侶俊寬曾被平清盛流放到此。一年多後清盛的女兒、高倉天皇中宮德子生下皇子，成經、康賴二人獲赦，只剩俊寬孤獨一人在島上抑鬱而終。

西鄉的流放地在奄美大島西南方的德之島，比喜界島還要遠。七月二日，村田在喜界島下船，數日後西鄉也抵達德之島。由於和奄美大島的距離並不遠，因此八月愛加那帶著菊次郎和剛出生的菊子搭船到島上與西鄉共享天倫，讓西鄉一解相思之愁。

不過將西鄉流放到德之島據說並非久光的決定，而是家老喜入久高的決斷。久光知道後非常不悅：

「流放到德之島？太便宜安祿山了……」

剛好此時發生寺田屋事件，久光以信吾參與其中為由沒收西鄉家的家產，命西鄉的弟弟吉二郎、小兵衛反省，信吾則禁足不得外出。九月改流放西鄉到德之島西南方約四十五公里的沖永良部島上囚禁，西鄉不得不與好不容易團聚的家人分開。沖永良部島是江戶時代薩摩藩流放重刑犯的流放地，基本上流放到此島已沒有返回的希望，該島環境比德之島更為惡劣，西鄉在島上被囚禁後因衛生條件不佳罹患象皮病（又稱為「淋巴絲蟲病」，filariasis）造成陰囊腫大，導致日後無法騎馬（並非俗說的過於肥胖之故）。

儘管環境惡劣，西鄉依舊樂觀以對，在沖永良部島上寫下一首著名的七言律詩（漢詩）：

〈獄中有感〉

朝蒙恩遇夕焚坑，人生浮沉似晦明。
縱不回光葵向日，若無開運意推誠。
洛陽知己皆為鬼，南嶼俘囚獨竊生。
生死何疑天附與，願留魂魄護皇城。

四、敕使東下

寺田屋事件雖說是薩摩藩士間的內鬥，但事件現場寺田屋位於京都，照理而言應由京都所司代酒井忠義處理才是，而實際上卻是久光代勞。在承平時代裡越俎代庖的久光會受到幕府懲處，可是現實中久光反而受到朝廷的讚揚，天皇更贈以短刀以示信任。久光愈是受到讚揚，所司代酒井忠義愈是顏面無光，幕府威嚴也愈是掃地，五月多便罷免酒井的所司代職務。

久光在四月十六日曾對三卿提出九條建言，當時三卿雖立即前往御所上奏，但天皇下達的敕命只是要久光滯留京都鎮壓攘夷志士的騷動，並無提及對九條建言同意與否。不過久光上洛的最終目的並非滯留京都，而是前往江戶，因此他不斷派出家臣勸說公卿，終於在五月九日朝廷決定敕使人選為大原重德（據說是岩倉具視推薦），原本位階為正三位的大原敘官左衛門督。敕使人選的確定代表東下江戶一事有望，久光至此終於放下心來。

四月廿五日，幕府解除一橋刑部卿慶喜、尾張前中納言殿德川慶恕、松平春嶽、山內容堂、伊達宗城等大名的謹慎，朝廷也已赦免鷹司太閤政通、近衛左府公忠熙、鷹司右府公輔熙、青蓮院宮的處分，久光的建言中已有部分落實。因此五月十一日，朝廷眾卿做出結論，要大原敕使向幕府要求以下三事：

一、將軍上洛共議國是。

二、以沿海五大藩（島津、毛利、伊達、前田、山內）為五大老，參與國政。

三、以一橋慶喜為將軍後見，松平春嶽為大老。

原本久光的建言是要久世老中上洛，但久世老中遲遲未表態上洛，因此朝議索性改為要求將軍上洛，然而對幕府而言，將軍上洛是無理的要求。而大原敕使第二點要求中的五大藩都是親藩和外樣，讓親藩和外樣參與幕政對幕府而言亦是無理的要求。

五月廿二日，大原敕使東下江戶，久光率領六百多薩摩藩軍裝備鐵砲，沿途保護大原敕使沿東海道東下，五月十二日久光將通稱從和泉改為三郎。六月七日，大原敕使一行抵達江戶，在敕使到達前幕府本身做了若干人事異動：五月九日以將軍已成年為由，解除田安慶賴（松平春嶽異母弟）將軍後見之職務；五月廿六日免去內藤信親老中職務；六月一日同意將軍上洛（但上洛日期未定）；六月二日免去久世廣周老中職務。因此大原敕使抵達江戶時，幕府老中分別為松平信義、水野忠精、板倉勝靜、脇坂安宅四人。朝廷方面也有變動，立場親幕的九條關白於六月廿三日免職，近衛忠熙則先於六月七日還俗，在九條關白辭職當日無縫接軌成為新關白，同時並被賦予內覽權。

五、文久年間幕政改革

七月六日一橋慶喜先是答應擔任將軍後見職，接著七月九日松平春嶽也同意擔任，不過擔任的並非大老，而是名為政事總裁職的新職務。而慶喜和春嶽分別擔任將軍後見職及政事總裁職並不代表久光推動的幕政改革已經結束，相反的，才剛要開始而已。七月廿三日和八月十九日，大原敕使兩度與新上任的將軍後見職及政事總裁職進行會談，依《玉里島津家史料》的記載，久光透過大原敕使在八月十九日這天對兩人提出一連串的建言（幕末史專家佐佐木克教授歸納為廿四條）：

一、在幕府進行國是評斷前，松平春嶽與一名老中在八月中旬動身上洛拜領朝旨。
二、即便登用慶喜、春嶽，也要和閣老一同討論大政，謀求幕府內部的團結。
三、實行大赦，對安政五年以來受到處分的人進行赦免，包含死者在內。
四、新任京都所司代（本庄宗秀）能力有所疑問，請再重新評估。大坂城代（大河內信古）亦有同樣問題。
五、公武之間公開交際的變革。例如規定每代將軍至少上洛一次、書信往來的格式、接待敕使的規格等等，增進對朝廷的尊崇。
六、增加對和宮的禮遇，不得低於將軍家女兒與大名的婚禮。
七、和宮降嫁已經達成，來年春天請督促將軍上洛。
八、若來年將軍無法上洛，務必於再下一年春上洛，向天下昭告公武一和的實現。
九、增加朝廷十萬石的御料，對忠誠的公卿也增加少許俸祿。
十、糾正役人的正邪，大名、公卿比照辦理。
十一、追贈已故德川齊昭官位。
十二、糾彈已故井伊直弼罪狀，從歷代藩主中除名。鑒於井伊家對德川家有格外的功勞，處分僅限於直弼本人。

十三、酒井忠義（前京都所司代）和間部詮勝（前老中）處以隱居謹慎處分。

十四、安藤信行（前老中）加重處分，其隨從也連帶懲處。

十五、命關白九條尚忠隱居，其公卿隨從依武家標準辦理。

十六、對外方針（外夷處置）按照既定的內政基本方針制定。

十七、參勤交代若不放寬難有充分的海防之備。

十八、停止對大名的課役等多額的費用。若不中止，不只防禦外夷就連平定內亂也無法兼顧，不過，朝廷的修繕費用另外課徵。

十九、參勤交代若是緩和，江戶海的海防將統一交由大名負責。

二十、加重大坂、兵庫、堺三地的警備。

廿一、京師的警備交由四、五家大藩輪流，為了民心和諧起見，彥根藩、高松藩（讚岐）停止擔任京都警備。

廿二、老中宅邸不得接待外國人。十萬石以上至三十萬石的大名，選出譜代四家、外樣四家，輪流負責外交，小事可見機處置，外國奉行接受外交輪值大名指揮。

廿三、確定外交方針之前禁止外國人登城，不得滯留江戶。

廿四、關白近衛忠熙難以長久在職，請推薦鷹司輔熙繼任。

此時久光仍無官職，不能出席正式的場合，只能透過大原敕使傳遞他改革幕政的心願，久光擔心大原敕使不能正確傳達，因此當天又親自到一橋宅邸與慶喜和春嶽坐下來商談。齊彬在世時即有改革幕政志向的春嶽，本身也是安政大獄受處分者的他對於久光提出的幕政改革心有戚戚焉。儘管名稱有所不同，擔任政事總裁職的松平春嶽享有等同大老的權力，這是江戶開府以來首度由譜代以外的大名領導幕政。

久光的改革建言並非都能立即做到，下列為實現的幾點。有關第三條在同年年底發布安政大獄受害者的大赦令，凡被處以謹慎的一律赦免；關於第四條本庄宗秀的罷免，在久光建言後數日立即實施，改由第十一代越後長岡藩主牧野忠恭任京都所司代；關於第十一條，閏八月五日追贈德川齊昭為從二位權大納言，已超越筆者在第一部提及水戶藩主極位極官的從三位權中納言；關於第十二條，於十一月廿日針對彥根藩做出削減十萬石領地的懲處；同樣在第十三、十四條也做出命間部前老中隱居、削減一萬石領地以及安藤前老中永蟄居、削減二萬石領地的處分；至於第十五條在閏八月廿五日下令九條前關白落飾、謹慎的處分。

不過這幾點只能算人事懲處，談不上幕政改革，因此可以立即實現。松平春嶽鑒於京都充斥著到處滋事的激進攘夷志士，所司代和京都町奉行對此毫無辦法，而京都是朝廷的所在地，不管是為了天皇的安全或是來年將軍上洛，都有必要讓攘夷志士的脫軌行為絕跡，以維持京都治安。因此松平春嶽提議增設名為京都守護職的新職務，該職統領所司代、京都町奉行、伏見奉行所及大坂城代，負有維護天皇及將軍上洛期間的人身安全，責任無比重大，因此在選擇人選時必須慎之又慎。

經過多日沉思，春嶽決定由親藩之一的會津藩主松平肥後守容保擔任。松平容保知道後立即上奏推辭：

……我城邑僻處東北，家臣不習慣京都風俗，雖然幕府命令以及藩祖遺訓都應重視，但我才能粗淺，難以擔當大任，萬一有所過失可不比尋常人家犯錯，將會連累宗家。宗家受累亦即連累國家，雖萬死亦難有所償，懇請諒察臣的微意。

勸誘無效。不過春嶽並不放棄，二十三萬石的親藩會津藩是最適合擔任京都守護職的人選，容不得容保推辭，於是春嶽搬出土津公(會津藩祖保科正之)十五條遺訓的第一條：

「我會津藩是為守護將軍家而存在，歷代藩主若對將軍家懷有二心就不是我子孫，家臣可以不用服從這樣的藩主。」

春嶽都已搬出會津藩祖的遺訓，身為前代藩主養子的由保再也沒有推辭的理由，只得接受任命。消息傳到會津藩江戶藩邸，家老田中土佐、西鄉賴母與江戶藩邸的家老横山常德、江戶留守居役堀長守四人質疑容保為何不出言拒絕？容保回道：

「幕府搬出土津公的遺訓，我豈能拒絕？」

四人聞言面面相覷，然後抱頭痛哭：

「主公過於重情義，不為他日之事設想，京都一地就是我們君臣的埋骨之地！」

閏八月一日，松平容保正式接任京都守護職，官位從從四位下晉升正四位下，保留原本的左近衛權中將及肥後守，增賜五萬石及三萬兩金作為上洛費用。同年十二月九日，容保率領約一千名藩兵上洛，同月廿四日進京，京都町奉行永井主水正尚志率眾前來三條大橋迎接，容保以黑谷金戒光明寺（京都市左京區黑谷町）為下榻地。

且先容筆者說個閒話，據《孝明天皇紀》和《玉里島津家史料》記載，當天皇得知京都守護職確定是松平容保後，提出也加入島津久光、讓兩人一起就任京都守護職的希望。久光在寺田屋事件中的表現讓天皇大為讚賞，因此恣意提出這一請求，久光事後得知時表現出躍躍欲試的心情，如果會津、薩摩二藩一起擔任京都守護職，應在京都大力掃蕩攘夷派，就像久光強力鎮壓藩內的攘夷志士一樣。不過會津藩君臣反對，他們認為讓外樣大名擔任守護京

黑谷金戒光明寺的高麗門上掛著「京都守護職本陣舊蹟」的說明牌——胡正光教授攝影

都的要職將會衝擊到幕府的威信，在松平容保的大力反對下，只得打消讓久光擔任京都守護職的想法。

此外，春嶽還進行制度面的改革，首推參勤交代的緩和，將每年一次的參勤交代改為三年一次，在江戶一年的時間縮短成百日，原本應在江戶當人質的大名正室及世子也都修改為可跟隨大名返回領國。大名正室及世子質於江戶的規定始於關原之戰前後，被認為是幕府在諸大名的統制上最為重要的政策，春嶽緩和參勤交代當然會引起極大回響，不過從之後幾年來看，此舉並未為幕府帶來正面影響，反而加速了幕府的滅亡。

再來是軍事方面的改革，其實在安藤、久世兩位老中時已開始著手。仿照西式軍隊建立近代陸軍，設置步兵、騎兵、砲兵三種兵種共一萬三千六百廿五人，各兵種設置奉行管理，奉行以下為頭(砲兵並無奉行，最高只到砲兵頭)，最上面再設置陸軍奉行管轄整個陸軍，之後在奉行之上再增設陸軍總裁。海軍方面的進展比較緩慢，安政改革時設置的長崎海軍傳習所關閉後，海軍軍官的培訓只剩派遣留學生到海外留學這一管道，軍艦的購買和建造亦無太大進展。

將安政改革時成立的蕃書調所改名洋書調所，改名後依舊以古賀謹一郎為頭取，廣設各國語學科，英語取代荷蘭語成為最重要的語學科。洋書調所一改蕃書調所時期一面倒學習自然科學的陋習，增設人文、社會學科，象徵幕府意識到歐美各國之所以強大絕非表面上的船堅砲利而已，歐美國家在社會科學方面的成就才是他們強大的主因。十九世紀中葉亞非受侵略國家普遍迷信只要船堅炮利便能與歐美各國對抗，但日本卻已經認識到船堅炮利並非支撐歐美國家強大的原因，難怪日本能在明治維新後迅速強大，最後從被侵略的國家翻身成為有能力侵略他國的列強。

翌年，洋書調所再度改名開成所，維新回天後與醫學所一同為明治政府接收，其後再經過幾次的演變與擴大，成為之後東京大學的前身。

制度面的改革不易在短時間內看到成果，久光看到慶喜與春嶽分別接下將軍後見職與政事總裁職，而京都守護職也已在徵求松平容保的同意，其他建言內容也或多或少都在進行當中，將軍來年上洛似乎也不是不可能。久光認為已達成督促幕府進行改革的目的，心滿意足之下引兵回京參內。結果在返回途中遇上一件意外之事，這件突如其來的意外為薩摩帶來兵禍，此即「生麥事件」。

六、生麥事件

八月廿一日（格列高里曆9月14日）早上，久光在四百多名藩兵的簇擁下，早大原敕使一步離開江戶高輪屋敷，沿著東海道在晝八時左右來到神奈川宿附近的橘樹郡生麥村（神奈川縣橫濱市鶴見區生麥）。此時有四位英國人在東海道上騎馬行走，分別是往返於橫濱及上海的英國商人理察遜（Charles Lennox Richardson）、在理察遜店裡工作的員工克拉克（Woodthope Charls Clark）、橫濱的生絲商人馬紹爾（William Marshall）以及從香港前來觀光的馬紹爾妻妹波洛迪爾（Margaret Watson Borradail）夫人。

四人結伴原本要騎馬前往位於川崎的平間寺（神奈川縣川崎市川崎區），結果遇上久光的隊伍。非武士階級的日本平民遇上大名隊伍會退到路旁，下跪等候隊伍通過後再起身，不過四名英國人並不懂得入境隨俗，不久有薩摩藩士向他們說明應該下馬讓道、讓隊列先行通過，但不為一行人接受。正當雙方爭執不下時，波洛迪爾夫人的馬匹受到驚嚇，竄往久光乘坐的駕籠，久光的護衛奈良原喜左衛門見狀拔刀砍傷身旁的理察遜，四人發現情勢不對，拉住韁繩掉頭就跑，理察遜因事先挨了一刀而失血過多墜馬，被從後趕上的薩摩武士補上一刀，當場斃命。馬紹爾和克拉克也在逃跑過程中挨刀，只有波洛迪爾夫人毫髮無傷，這應該與她身為女性有關。

生存的三人如驚弓之鳥般逃竄，最後逃進美國領事館所在地的本覺寺（神奈川縣橫濱市神奈川區），受傷的馬紹爾和克拉克接受領事館內長老教會傳教師赫本（James Curtis Hepburn）醫生的治療，最後痊癒。

薩摩藩士砍傷洋人事件迅速在橫濱傳開，當時日本已有數起攘夷派志士砍傷外國人事件，洋人聞之無不色變。但是薩摩藩上起久光，下至一般藩士均不認為自己有錯，大久保一藏的日記甚至僅有「夷人騎馬乘隙闖入御行列，砍死一人」的簡單記載。江戶時代擅自亂入大名行列可當場處斬，因此奈良原喜左衛門的作為不管久光或是其他藩士都不認為有反應過當之虞。原本預定當晚於神奈川宿過夜的薩摩藩，加緊趕路到神奈川宿的下一站保土谷宿過夜，次日繼續沿著東海道上洛，於閏八月七日上洛。

薩摩這邊不認為是件大事，英國方面則無法坐視不理，英國代理駐日公使尼爾（Edward St. John Neale）陸軍上校率人前往調查，他制止橫濱領事凡伊斯（Francis Howard Vyse）及英國商人提出的報復行動，在剛上任的年輕公使館通譯生薩道義（Ernest Mason Satow）的協助下與幕府進行交涉。薩道義在《明治維新親歷記》（*A Diplomat in Japan*，日譯書名：一外交官の見た明治維新）有以下的記載：

尼爾大佐若是將大君（將軍）政府視同這個國家的政府的話，實際上將招致等同於與日本開戰的結果，我無法認同這樣的處置方式，打從內心地徹底反對。法國公使也和我有著同樣的見解，幸得穩和派之力，委以外交手段交涉。艦隊司令官們在當夜巡視居留地，結果，在靠近海岸處配置監視船，……

從薩道義的記載可知尼爾代理公使最終採取外交手段與幕府進行交涉，八月三十日尼爾代理公使前往江戶與板倉、水野兩位老中商談，尼爾代理公使堅持要幕府交出兇手由英國審理以及賠款。板倉、水野兩位老中回答懲兇應找薩摩藩，至於賠款可再商議。

人已在京都的久光堅決薩摩並無做錯，但是薩摩的確有動手，為交出下手的人只好虛構一個不存在的人名並以該人下落不明為由，意圖蒙混過關，想當然耳騙不了尼爾代理大使。不過久光的舉動卻意外受到日本民眾好評：

「真不愧是英勇無敵的薩州大人！」

此類讚揚聲不絕於耳。

閏八月九日久光參內，連孝明天皇都破例接見無官無位的久光，不難想像天皇內心的愉悅。當時濟範入道親王（後來還俗名為山階宮晃親王）也寫下如下所述的漢詩：

薩州老將髮衝冠，天子百官免危難。
英氣凜凜生麥役，海邊十里月光寒。

把對象僅只區區四人的事件渲染成一場戰役，並且將薩摩的表現視為讓天子百官免於危難的英勇表現（實際上是一群薩摩武士對著手無寸鐵的四名英國人痛下殺手），當時公卿的無知令人啼笑皆非。

然而，受天皇破例接見、濟範入道親王恭維及廣大民眾讚揚的久光並不太有高興之情。因為此次隨大原敕使東下、離開京都三個多月後再回到原地，京都的氛圍與離開前大不相同，長州和土佐的攘夷派已在京都扎根，京都充斥各種暗殺行動，而攘夷派將這種等同於現代恐怖行動的暗殺行為美其名為「天誅」。

久光為繼承亡兄遺志，認為推動公武合體可以在不大量流血的情況下讓朝廷與幕府結合，以朝廷的聲望搭配幕府的實力進行改革，為此他不惜強力鎮壓藩內的不同意見，即鎮壓藩內以有馬新七為首之攘夷派的寺田屋事件。寺田屋事件後，攘夷派終於看清久光的真面目，一時間京都的攘夷派銷聲匿跡。不過事隔三個多月，原本以「航海遠略策」為藩論的長州在這段時間遭到推翻，改以由桂小五郎、久坂玄瑞、高杉晉作等松下村塾學生提倡的攘夷為藩論。位居四國之南的土佐藩，在介於上士和鄉士之間的白札武市半平太所領導的土佐勤王黨（請參照第三部）暗殺藩的參政吉田東洋後，與長州互通聲氣，將土佐藩論改為攘夷，進而與長州串聯攘夷志向的公卿，趁久光護衛大原敕使前往江戶無暇他顧時進佔京都。

久光眼看京都已為攘夷派所掌控，不願與之為伍的久光起草十二點對朝廷的建言後，於閏八月廿三日動身離開京都，九月七日回到薩摩。總計從三月十六日起身到返回薩摩歷時約半年，此次的上洛及前往江戶並未如西鄉所言的「輕率之舉」，久光憑藉自己的努力（恐怕有更多是亡兄的庇蔭）的確取得極大的成果，當然也會被拿來做比較：如果齊彬還活著，他的上洛之舉和久光相比會是如何？

生麥事件的追究在久光回到薩摩後繼續進行，在下一年將有重大的進展，薩摩的堅決態度引發和英國之間的戰爭，這部分筆者將於第九章做介紹。下章第八章的年代仍停留在文久二年，論述長州和土佐二藩攘夷從派崛起到掌權的經過。

第八章 長州、土佐二藩的攘夷

一、「航海遠略策」的提出與失敗

櫻田門外之變後，為安定安政大獄以來對幕政不滿的人心，安藤、久世兩位老中向天皇遞交承諾會在今後七、八年至十年內走向攘夷，藉此換取朝廷解除和宮與帥宮的婚約，讓和宮降嫁將軍家茂以實現公武一和（也稱為公武合體）。就在各方（水戶藩除外）普遍對公武一和樂觀看待時，有長州藩士「智辯第一」美稱的直目付長井雅樂於文久元（一八六一）年三月提出「航海遠略策」。

長井雅樂名為時庸，出身長州藩家格三百石的大組，屬於毛利家重臣福原氏的庶流。幼年父親病逝，四歲繼承家督的雅樂俸祿減半，之後進入藩校明倫館就讀，後來成為長州藩第十三代藩主毛利慶親的小姓、奧番頭，俸祿恢復到父親時的三百石。雅樂以其聰明及敦厚忠誠的個性得到慶親的信任，賜名雅樂，並指定他擔任從支藩德山藩收養的養子毛利定廣（長州世子）之監護人，安政五（一八五八）年十一月起任命直目付，可說是長州藩中僅次於家老的重要役職。

幕府為改變井伊大老時的強硬作風，邀請各藩藩主在京都提出國是，亦即實現幕府國政基本方針合議的構想。不過，大多數的藩並無提出國政基本方針的能力，長井雅樂代表長州率先提出，他將構思已久的「航海遠略策」上呈毛利慶親。

大抵說來，「航海遠略策」的要點首先為對鎖國攘夷的批判，不管是從世界大勢來看，或是從日本的政治現實來看日本都不應該繼續鎖國，也不該進行不可能實現的攘夷。和歐美各國維持友好的通商關係是今後不可避免的趨勢，日本方面也要積極朝航行於海上邁進、振皇威於海外，主張與世界諸國進行貿易、互通有無。

「航海遠略策」在長州藩經過家老之間幾次的討論後，得到藩主毛利慶親的認可，採用為長州藩論。慶親派雅樂到京都、江戶等地宣傳「航海遠略策」，於是雅樂於文久元年四月廿九日從長州出發，五月十二日進京會晤當時的議奏兼權大納言正親町三條實愛，向他口述「航海遠略策」。正親町三條是朝廷中罕見不主張攘夷的公卿，聽完後大力贊同長井雅樂的論點，他勸雅樂將「航海遠略策」寫成書面文字好讓他參內讓天皇過目，能夠有幸將自己主張的理論送到天皇眼前，相信任何人都會躍躍欲試。

長井雅樂立即將修改過的「航海遠略策」透過正親町三條實愛送進禁裏，連天皇也折服於雅樂的論述，六月二日天皇贈以御製（天皇親自寫作的和歌），如今朝廷內部已接受「航海遠略策」——其實只有天皇及一部分包含正親町三條、中山忠能、岩倉具視、大原重德在內的公卿。如果幕府也能接受，攘夷有可能在文久元年走入歷史。六月雅樂出發前往江戶，試圖說服幕臣、幕閣，甚至進而說服閣老。雅樂的努力使他分別於七月二日和八月三日得到與久世、安藤兩位老中會面的機會，雅樂發揮他長州「智辯第一」的辯舌說服兩位老中，以一外樣大名的陪臣身分巧妙穿梭在朝廷與幕府之間，這是連西鄉吉之助也不能及的，長井雅樂可說是特例中的特例！

圓滿達成任務的長井雅樂趕緊返回長州，向藩主報告在京都和江戶的成果，在雅樂的勸告下，文久元年才結束參勤交代返回長州的毛利慶親匆匆上路。藩主在未指定的時間參勤交代違反了《武家諸法度》，因此長州藩江戶上屋敷櫻田藩邸為藩主違反幕府規定感到緊張，江戶藩邸的家老周布政之助連忙趕回長州要阻止藩主的行動。畢竟毛利慶親與上一章提到的島津久光身分不同，後者只是藩主之父，不受幕府規定的限制，但前者是堂堂長州藩第十三代藩主，往返江戶和領國之間須受幕府法規的節制。

不過雅樂打從在江戶期間就明顯感受到江戶櫻田藩邸對他的不友善，而在長州也有不少下級家臣排斥、抗拒雅樂。長井雅樂被藩主破格提升倒不是最主要的原因，前文提及雅樂出身於毛利家重臣福原氏庶流，即便能力平平，他的仕途還是會在下級家臣之上，嫉妒他的應該是來自一門和寄組等家格高於長井家的家臣。至於下級家臣排斥雅樂，是因為長州藩士在萬延元（一八六〇）年與水戶藩士在長州藩船丙辰丸上簽訂《丙辰丸盟約》，雅樂提出的「航海遠略策」與該盟約內容格格不入，這才是下級武士反對雅樂及「航海遠略策」的主因。

為何會簽定《丙辰丸盟約》呢？櫻田門外之變後出任老中的安藤信睦為求公武一和，有意推動和宮御降嫁，在攘夷派眼中安藤老中此舉已辱及朝廷，成為不除不可的對象。於是長州藩士桂小五郎率領數名藩士與剛完成暗殺井伊大老的水戶藩商談，萬延元年七月廿二日桂小五郎與長州藩船丙辰丸船長松島剛藏及水戶尊攘激派藩士西丸帶刀等人，在丙辰丸上簽訂盟約，世稱為《丙辰丸盟約》，這是幕末雄藩連攜結盟的開始。

《丙辰丸盟約》為水戶藩負責「破」——以刺客暗殺把持國政之奸賊的手段；長州藩則負責

「成」——藩侯以在野之賢進行國政改革，因此又稱為《成破盟約》。《丙辰丸盟約》雖非同盟性質，卻深得長州藩下級武士——特別是深受吉田松陰影響的松下村塾成員——的認同，他們不認同推動近似公武一和的「航海遠略策」，更將提倡者長井雅樂視同奸賊，就連西鄉與長州藩士久坂玄瑞對談時也曾說道：

「大奸人長井雅樂該殺！」

毛利慶親於九月十五日，自位於日本海沿岸的長州藩城下町萩啟程出發，先藩主而行的雅樂在備後的尾道遇上專程從江戶趕回阻止藩主的周布，兩人為此激辯。人在後方的慶親知道周布擅離職守後將其免職，到此為止長州藩主站在長井雅樂這邊。十一月十三日慶親一行終於抵達江戶，由於先前雅樂已充分說服兩位老中，此次慶親親自到來只是再做若干細節上的確定。

翌年年初發生「坂下門外之變」，安藤老中負傷辭職，接著島津久光率領一千藩兵上洛。久光上洛的過程筆者已在前章提及，儘管久光上洛不是為了攘夷，但是攘夷派對他抱持高度期待，一時之間京都內外充斥著攘夷志士。文久二年三月十三日周布再度被啟用後，長久以來密謀推翻長井雅樂的長州藩士不分階級皆團結一致，以拉下長井、將全藩推向尊王攘夷為職志。

當時滯留京都的毛利慶親及世子定廣感受到濃厚的攘夷氣息，認為時勢已有所改變，目前攘夷風氣當道，應該揚棄過時的公武一和，家臣中以周布政之助、桂小五郎、久坂玄瑞三人為首，力陳攘夷的必要。毛利慶親雖貴為長州藩第十三代藩主，可他並不是一個有主見的人，只要藩士能夠在話術上說動他，往往能得到「就這麼去做吧！」的結果。當初他會採用長井雅樂的「航海遠略策」，恐怕也是這種個性使然，而非打從內心欣賞政策的內容。

毛利慶親明顯有意改藩論為「斷然攘夷」，桂和久坂成為藩主眼前的新紅人。光是這樣還不夠，桂和久坂等人更說服藩主以「在建白書上毀謗朝廷」為由召回長井雅樂問罪。文久二年六月長井雅樂遭到免職並剝奪一切殊榮，到攘夷聲勢鋪天蓋地的文久三年，下令長井雅樂切腹（二月六日），享年四十五歲。

幕末的長州藩在現代人印象中是個極端攘夷的藩，但其實也曾有短暫的時間主張公武一和，推動者便是後來成為藩論轉向下犧牲者的長井雅樂。周布政之助、桂小五郎、久坂玄瑞與長井雅樂之間的爭鬥像極現代不同政黨間或同黨內不同派系的政治鬥爭，只是幕末較現代殘酷的是：失敗者長井雅樂不僅斷送政治生涯，也斷送自己的性命。造成長井的悲劇更大的始作俑者應該是藩主毛利慶親，他的「就這麼去做吧！」的個性後來為長州帶來更大的災難，這點筆者之後還會再提到。

二、暗殺吉田東洋

上節談到長州轉變為攘夷的經過，本節改談土佐。

土佐藩第十五代藩主山內豐信在安政大獄受到隱居謹慎的處分，不得不讓位給前代藩主豐惇的養子豐範，自號容堂。容堂是第十二代藩主山內豐資之弟豐著的嫡男，嘉永二（一八四九）年襲封藩主後提拔曾任船奉行的吉田東洋，之後更當上土佐藩參政[1]，進行藩政改革。

吉田東洋雖在藩政改革上有所建樹，但是在用人上並沒有打破長期以來土佐藩根深蒂固的門第侷限。吉田東洋長於學問和武藝，有「海南第一人才」之稱，藩政改革重點在於增進土佐藩的富強，對於攘夷與否並不特別感興趣。東洋的缺點為脾氣暴躁，安政二年三月他跟隨容堂參勤交代前往江戶，與藤田東湖等儒學者酒後方酣之際一言不合，毆打同席的旗本使其負傷，連容保也保不了東洋，只得遵從幕府的處分將其罷官。

無官的東洋在高知城郊外成立專收上士子弟的私塾少林塾，他的姪子後藤保彌太（後改名為象二郎）以及其他上士子弟乾退助（戊辰戰爭時改名板垣退助）、福岡藤次（維新回天後改名孝弟）都曾受過東洋的教誨，值得一提的是地下浪人[2]出身的岩崎彌太郎也是少林塾生之一，彌太郎以其才能獲東洋賞識，被提拔為下橫目[3]。

安政四年十二月東洋獲赦，容堂對東洋的信任不因為此次的處分而改變。翌年一月提拔東洋為土佐藩參政，等於將整個土佐藩交給東洋管理，東洋提拔少林塾時期的幾位青年才俊，稱呼他們為「新虎魚組」，並將新虎魚組成員安置在重要的位置上，以資歷練。

土佐藩異於薩長因關原之役敗戰遭到削減領地而對幕府埋下仇恨，多虧關原之戰山內家才有機會搖身變為國持大名，因此歷代土佐藩主均對幕府感恩戴德，如此一來攘夷的主張自然不會在這片對幕府感懷的土地上生根。不只容堂主張公武一合，連他提拔的吉田東洋也是如此，應該說容堂正是知道東洋沒有反幕的思想才會重用他。

1 參政：相當於家老，還包括身任藩主的代理人。
2 地下浪人：土佐藩特有的身分制度，意為出讓鄉士身分成為浪人。
3 下橫目：負責監視藩內下士．鄉士的舉動，猶如目付之於幕府。

容堂在安政大獄受到隱居謹慎的處分，不得不讓位給養子豐範——十二代藩主豐資的十一男，豐範繼位時才十四歲，沒有處理政務能力的他留任容堂任用的參政東洋，連帶也留任了東洋提拔的新虎魚組成員。隨著朝廷接受幕府所提之和宮降嫁的請求，各地普遍吹起攘夷風潮，攘夷風潮最終也吹到土佐藩來。櫻田門外之變後，土佐藩白札[4]鄉士武市半平太（號瑞山）前往江戶劍術修行，滯留江戶期間廣泛結交各藩攘夷志士，尤其是水戶藩與日後成為攘夷重鎮的長州藩，半平太在這段期間逐漸深植攘夷思想，萌生將土佐藩論轉變為攘夷的想法。

長州藩久坂玄瑞提出的「草莽崛起論」特別讓半平太感到共鳴，文久元年八月在江戶築地的土佐藩邸成立以勤王攘夷為號召的土佐勤王黨（關於土佐勤王黨將於第三部詳細介紹），半平太在土佐鄉士階級中有著極大號召力，最終有一百九十二人在血盟書上留名加入。半平太以實際行動展現出他在鄉士階層中的實力，有勤王黨作為後盾，半平太嘗試將土佐藩藩論從公武一合扭轉為勤王攘夷，因此半平太屢次上書東洋請求會見。

「如螻蟻般的鄉士也敢要求和我會見？」

東洋內心想必充滿不屑，不過他和武市以及其他鄉士一樣都是出自原本土佐的統治者長宗我部氏的家臣，山內一豐入主土佐後他從遠江掛川帶來的家臣成為上士，是土佐藩的統治者，原先長宗我部氏的家臣則成為下士或一半武士一半平民的鄉士。吉田東洋是曾經出仕長宗我部國親・元親二代的家老吉田重俊之後裔，照理應歸類為下士或鄉士，但山內一豐仰慕重俊之孫俊政的才能，親自到其隱居處請其出山，賜予上士的身分。因此東洋身分上雖是土佐上士，卻不是山內一豐從遠江掛川帶來的家臣，和武市半平太及其他土佐下士或鄉士的出身無異。

東洋對半平太勤王攘夷的理論絲毫不感興趣，也無意讓下士或鄉士問政，在半平太看來東洋是個頑固又保守的分子。

「東洋會誤了土佐的未來，再不改變藩論就沒有容堂公的一席之地。」

另一方面半平太積極與受東洋排斥的上士交好，這些受排擠的上士以容堂親弟山內兵之助（名豐積）、山內民部（名豐譽）為首，包含家老山內下總（全名酒井勝作）、柴田備後（名勝守）、五島內藏助在內，原本對半平太這種出身下士或鄉士視如草芥螻蟻。不過當他們發現和半平太有共同敵人後，態度為之轉變，半平太的能力超群卓越，即便置身上士階級亦無人能及，可先

4　白札：土佐藩特有的身分制度，介於上士和鄉士之間，是鄉士的最高階層。

藉由他來打倒東洋，然後再擁立隱居多時的大殿下（十二代藩主豐資）復出，清除半平太的土佐勤王黨。

半平太和東洋數次會談均無法取得共識，眼見長州的桂小五郎和久坂玄瑞已說服「就這麼去做吧」的藩主改藩論為勤王攘夷，而容堂公仍受東洋蒙蔽，半平太不得不採取極端的手段，亦即以暗殺手段除去東洋這一最後障礙。半平太本人不便進行暗殺工作，於是從土佐勤王黨內物色適當的人選，最適當的人選首推在江戶北辰一刀流桶町千葉道場（東京都中央區八重洲二丁目）取得免許皆傳[5]的坂本龍馬。

龍馬的劍術據說連桶町千葉道場的少主千葉重太郎也比不上，若能由他擔任暗殺工作，除去參政吉田東洋的機率非常高。可是龍馬不願從事暗殺行為，他似乎並不熱衷於勤王攘夷，加入土佐勤王黨是基於與半平太的友誼，而不是出於對半平太舉藩攘夷的認同，龍馬最後甚至脫藩。半平太對龍馬的脫藩雖表示能夠理解，但是兩人的友誼仍因此蒙上陰影，其他勤王黨同志也對龍馬的脫藩行為難以諒解。

文久二年四月八日，吉田東洋在高知城內為年輕的藩主山內豐範講解國史，當天講解的書目是敘述信長生平的《信長公記》（作者為信長家臣太田牛一），正好講到「本能寺之變」。東洋此時四十七歲，與「本能寺之變」時的信長年紀相去不遠，也和信長有著類似的心境與歷練，讓豐範及在場的其他家老聽得出神。講解結束後藩主賜酒宴以慰勞東洋，走出高知城已是夜四時。原本雨勢已停的天氣到東洋離開時雨勢變大，東洋與隨行的後藤象二郎、福岡藤次、大崎健藏、市原八郎左衛門、由比猪內等新虎魚組成員道別，在一名隨從的護衛下撐著油傘返回自家。顯然，東洋對自己的武藝很有信心，然而，過度的自信成為他遇襲主因。

東洋即將抵達自家時，道旁突然竄出一名身材高大的刺客，他是名為那須信吾的勤王黨成員，那須雖力大無窮，劍術造詣卻只是平平而已，要暗殺大石神影流（流派屬於一刀流）的高手吉田東洋甚為困難，因此半平太另外安排大石團藏、安岡嘉助兩位勤王黨成員加入暗殺行列。一般野史小說提到暗殺吉田東洋的並非上述三人，而是半平太私下再派出的岡田以藏。岡田是幕末時期四大人斬之一，確實有殺害吉田東洋的實力，不過據那須信吾在事成後寄給養父兼岳父那須俊平的信件，內容雖交代暗殺事件始末，過程中卻無一句提及岡田的這點來看，整起暗殺事件有可能僅由那須、大石、安岡三人完成。完成使命後三人砍下東洋的首級置於雁切橋（高

5　免許皆傳：代表師父已將流派的所有奧義傳授，授予其稱號。

知市旭町）梟首，並附上斬奸狀，然後逃到事先約定好的地點，那裡已有半平太安置的人員幫助他們離開土佐、經伊予松山逃亡長州，事實上等同脫藩。

東洋被殺後，新虎魚組成員由於過於年輕，還未到能獨當一面的地步，被反撲的上士們解職。和上士合作的半平太因此進入土佐藩政核心，可說是暗殺吉田東洋後最大獲益者之一，他認為此後土佐即能順利與水戶、長州二藩進行勤王攘夷，在英明的容堂公領導下完成攘夷大業、建立不朽的事業。

然而半平太太過於一廂情願。山內容堂位列「幕末四賢侯」其實有點浪得虛名，誠然容堂的武藝非常優秀，軍學方面學習北條流、弓術方面學習吉田流、馬術為大坪流、槍術為以心流、劍術為無外流、居合術為長谷川流，且不僅止於表面功夫，每種武藝都嫻熟到達人的境界，在當時號稱三百藩的藩主中容堂的武藝名列前茅，其他藩主難以企及。

不過容堂真正喜愛的據他自己所說是佳釀、美女和漢詩（也包含文章），特別是酒量。據說土佐人個個都是酒豪，容堂的酒量更是到達難以估量的程度，他為自己取了「鯨海醉侯」的雅號。

鯨海，意指能捕得到鯨魚的海面，亦即整個土佐海域。容堂常戲稱自己一年醉三百六十回，表示每天都喝到醉，也就是大醉之大名。

當一橋派因重要成員島津齊彬病逝而顯得如喪考妣，山內容堂卻神采奕奕地發出豪語：

「有一橋的英明、春嶽的誠實，再加上我的果斷，就能決定天下一切事務。」

據說有次容堂和水戶藩家老藤田東湖、江戶土佐藩邸的家臣一起飲酒。容堂和東湖性格都屬於狂放不羈，酒量方面更是遠近馳名，容堂在酒酣耳熱之際問東湖及在座的家臣：

「如果我生在戰國時代，你們覺得我像誰？」

藤田東湖當下直覺反應是織田信長，不過來者是客，他並不急著說出答案。喝醉的容堂沉不住氣，指著一位名為小南五郎右衛門的上士要他立刻說出答案。小南家臣個性較拘謹，喃喃說道：

「毛利元就。」

容堂有點不悅地說道：

「什麼？是元就？我不滿意這個答案。要是元吉（東洋的本名）在的話，他一定會回答是織田信長。」

東湖聽了笑笑地說道：

「大人太年輕了。」

當時是培理到來後的安政初年，容堂已有二十八、九歲，東湖一句「太年輕了」聽在容堂耳裡猶如指責他是乳臭未乾的小伙子，容堂頓時扳起臉來說道：

「年輕又怎樣？要不要來比個腕力看看。」

說罷從上座走下來，到東湖旁捲起袖子坐下。

東湖一點也不生氣，緩緩說道：

「大人並非織田信長，信長公在馬上取得天下，且親手摧毀足利幕府。」

容堂一聽似乎聽出東湖的弦外之音，嚇得酒都醒了，連忙叫家老把東湖帶進別室，並吩咐酒席的眾人：

「東湖先生喝醉了，剛剛他說的話當做沒聽到，不准對外張揚。」

從這件軼聞可看出容堂和之前十四代土佐藩主一樣抱持佐幕立場，而無推翻幕府的野心。久光上洛後容堂獲得赦免，可他依舊留在江戶，對於繼任藩主豐範的作為不置可否，而對於土佐藩內日益熾盛的攘夷風氣，容堂似乎也是採相同態度。不免讓人懷疑他在攘夷或佐幕當中選擇何者作為土佐藩論，外界因看不出容堂內心屬意的藩論為何，便對他的性格做了如下的揶揄：

「醉時勤皇，醒時佐幕。」

容堂內心不願過早暴露自己的主張而顯得模稜兩可，半平太卻一口認定容堂有著勤王攘夷的心志，反而更起勁地奔走於勤王攘夷，最終遭到容堂的反撲。毛利慶親「就這麼去做吧！」的個性固然不好，但容堂「醉時勤皇，醒時佐幕」的個性恐怕更讓家臣無所適從。

三、天誅行動

久光陪同大原敕使滯留江戶期間，被壓制下來的攘夷派一時之間死灰復燃，而且變本加厲，讓已陷入攘夷狂熱的京都開始出現所謂的天誅行動。

「天誅」，按照字面的解釋為上天代替人間的司法對惡人之惡行進行懲處，通常以奪其性命作為代價。然而上天並不會代替人間的司法對惡人之惡行進行懲處，因此幕末時期的天誅其實是人為加工而成的暗殺事件。

幕末的天誅通常有以下幾項共通點：

一、受害者多半是幕府方面、立場親近幕府或是反對攘夷者。

二、首級或是屍體一部分被置於公開的場合。

三、首級或是屍體一部分被置於公開的場合時，一旁會附上「斬奸趣意書」，說明天誅的理由，亦即加害者身兼審判者的身分，將自己的罪行合法化。

最早的天誅出現在同年（文久二年）七月廿日夜，前關白九條尚忠家臣島田左近（名龍章）的首級被陳列在四條河原，屍首被丟棄在高瀨川。下手的是幕末四大人斬之一的田中新兵衛，他跟蹤了幾個月才終於找到下手的機會，在島田首級旁附上一張斬奸狀，上面寫道：

此島田左兵衛權大尉事，與大逆賊長野主膳同為無惡不作、天地不容的大奸賊，故在此地將其天誅並梟首。

島田在安政大獄期間與井伊大老的家臣長野主膳大肆逮捕尊攘派志士，加上他為人私德不修，妻妾成群、縱慾橫流，不僅勤王攘夷志士痛恨他，尋常百姓對他也是嗤之以鼻。因此當他身首異處、被梟首在四條河原時幾乎沒有人同情他，現任關白四男、權大納言近衛忠房在日記裡記下：

「希代罕見、希代罕見的事啊！值得慶祝、值得慶祝！」

幾乎聽不到反對的聲音，無形中助長了天誅事件的再發生。

閏八月廿一日早上，京都四條河原出現一顆用青竹懸掛的首級，首級的主人是個約三十多歲的男性，旁邊的斬奸狀寫道：

此人名為本間精一郎，裝腔作勢蠱惑眾人，遊走於達官貴人間，以巧言弁舌讒誆薩、長、土三藩，離間志士，以圖己利。

之後又發生數起天誅事件，被天誅的對象不分武士或公卿家臣，尋常百姓也成為天誅的犧牲品，甚至連女性也曾被天誅（有興趣的讀者可以參照《元治夢物語》、《近世日本國民史》二書，有多起天誅事件的介紹），鬧得京都內外人心惶惶。平心而論，幕末的天誅與昭和初年右翼團體血盟團成員發動的「一人一殺」在性質上並無太大差別，表面上都是以政治改革為號召，卻不禁令人質疑：為了政治改革就能容許暗殺這種暴力行為嗎？如果答案是肯定的，那麼這種政治改革和惡名昭彰的伊斯蘭國又有什麼不同？

司馬遼太郎在《幕末》一書的後記提到：

……櫻田門外之變卻是個例外，它的確發揮了讓歷史向前躍進的作用。這可能也是世界史上難得一見的例外吧！

之後，受其影響而盛行於幕末時期對佐幕人、開國主義者的暗殺行為，都只能列為二流，而暗殺者的素質也日趨低下。……

……，暗殺，無形中已經被職業化，成了獲取功名、利祿的一種手段而已。……[6]

司馬氏短短數語道破參與天誅行動之攘夷志士的實像，求取功名、追求富貴才是他們真正的目的，當暴力手段被美化成進行政治改革的必要之惡，這樣的政治改革成果能令人有所期待嗎？觀乎之後的歷史似乎可得到解答。

6　以上譯文出自遠流出版之司馬遼太郎《幕末》。

四、岩倉具視落飾

攘夷派不僅製造「天誅」以除去政敵或反對者，也把「戰場」轉移到朝廷，試圖除去朝廷中不贊成攘夷的公卿。大多數公卿都是風向雞，隨風搖擺，在島津久光滯留京都期間高喊公武一合，久光東下江戶後攘夷派趁勢而起，公卿也瞬間拆下公武一合的招牌，換上勤王攘夷的旗幟。

不僅如此，朝廷內部還掀起追究提倡公武一合之公卿的政治責任，在第六章中向天皇寫下長篇建言書的岩倉具視自然被認為公武一合的倡導者。岩倉才剛因為促成和宮降嫁之功得到幕府增加二百石俸祿，他隨即毫不留戀地予以辭退，不過攘夷派並不因此終止對岩倉的追殺。七月發生島田左近被天誅後，岩倉的危機感加深，七月廿四日夥同千種有文、富小路敬直稱病辭去近習。

八月十六日，以權大納言廣幡忠禮為首，連同三條實美（右近衛權少將）、姉小路公知（侍從）、正親町實德（權大納言）、正親町公董（左近衛權少將）、滋野井實在（左近衛權中將）、河鰭公迹（官職不詳）、阿野公誠（左近衛中將）、壬生基修（修理權大夫）、庭田重胤（權中納言）、柳原光愛（侍從）、豐岡隨資（大藏卿）、長谷信篤（從三位）等十三位公卿，連署向近衛關白提出對岩倉、千種有文、久我建通、富小路敬直四卿的彈劾，罪名是和幕府私通、為討好幕府而推動和宮降嫁，因此必須追究責任。

想當初為了讓幕府點頭攘夷，天皇不惜拆散和宮與帥宮的婚約，岩倉等人的罪名完全可以套在天皇的身上，被攘夷派公卿氣焰所制的天皇不敢為昔日登門請教的岩倉求情，岩倉就這樣被犧牲了。岩倉（左近衛權中將）、富小路敬直（正四位上）、千種有文（左近衛權少將）、久我建通（內大臣）以及少將掌侍今城重子、右衛門掌侍堀河紀子（岩倉之妹）被稱為「四奸二嬪」，八月廿日，朝廷下令六人辭官落飾。

八月廿二日，岩倉辭去左近衛權中將的官職，落飾出家為岩倉入道，以「友山」為法名。但是土佐的攘夷派領袖武市半平太認為朝廷對岩倉等人的處分太過輕微，他向三條實美、豐岡隨資等公卿陳訴，至少應將首謀岩倉流放遠島。九月十二日晚上攘夷派投書到岩倉的宅邸列出他的罪狀，並預告他可能在一、兩天內遇上當時京都盛行的天誅。

以現代的角度來看，攘夷派等於是在做殺人預告，十足的恐怖主義，岩倉收到此信簡直魂飛魄散。飽受驚嚇的岩倉翌日找來攘夷派公卿東久世通禧，出示收到的恐嚇信，東久世將恐嚇信轉呈議奏六條有容，六條再轉呈近衛關白。然而近衛關白對此毫無辦法，東久世憤而在日記寫下：

……朝廷無力制止，只能落淚嘆息。

九條前關白亦於閏八月廿五日受到落飾、謹慎的處分，攘夷派的氣焰之盛直如目無法紀的地步。

事實上不只岩倉，千種、富小路二卿也同樣收到殺人預告。岩倉因不願連累家人，只得寄居與岩倉家有淵源的靈源寺（京都市北區西賀茂北今原町），十五日再遷居到西芳寺湘南亭（京都市西京區松尾神谷町）。四奸的其他三人也都在京都西北方蟄居，晚上來到靈源寺、西芳寺與岩倉密談，密談的事很快地就消息外洩，朝廷於廿六日頒布針對岩倉的洛中追放令，下令岩倉離開洛中。岩倉於十月八日再遷居到京都東北方的岩倉村（京都市左京區岩倉上藏町），直到慶應三（一八六七）年十一月才獲准返回洛中，一共在岩倉村蟄居五個寒暑。這段期間岩倉生下六女寬子（維新回天後先後成為有馬賴萬、森有禮夫人），子女眾多卻沒有固定收入，可說是岩倉一生中最落魄困頓之時。今日從京阪鐵道鴨東線終點站出町柳站轉搭叡山鐵道鞍馬線，在岩倉站下車徒步十餘分即可抵達昔日岩倉具視幽棲舊宅。

五、敕使再度東下

吉田東洋死後，土佐的上士階級並無能取代的人才，武市半平太和山內民部、柴田備後等在東洋生前備受壓抑的上士合作，在攘夷志士間有高知名度的半平太負責與長州、水戶等以攘夷為主的藩進行聯繫。

此時和山內家有姻親關係的攘夷派公卿三條實美寄書信給年輕的土佐藩主山內豐範，催促他率軍上洛。半平太判斷這是土佐推展攘夷主張的良機，力勸藩主接受。六月廿八日，山內豐範率領四百多名藩兵上洛，半平太和土佐勤王黨重要幹部陪同藩主上洛。七月十二日進入土佐藩位於大坂的藩邸，豐範在大坂罹患痲疹，只得駐留大坂養病。病癒後豐範一行在於八月廿五日從大坂出發，翌日抵達伏見。

土佐藩一行以洛西妙心寺塔頭[7]大通院為本陣，派出使者前去晉見近衛關白，近衛關白轉交天皇下賜的內敕，要土佐藩暫時滯京、負責御所的警備。

九月廿一日，朝議決定以三條實美為正使、姉小路公知為副使派往江戶，作為督促幕府執行攘夷的敕使，目的除督促幕府攘夷外，還要幕府設置守護京都的親兵。由於島津久光已經返回薩摩，因此護衛敕使東下的責任交由土佐藩主山內豐範執行。

朝廷在整個江戶時代大概再也沒有像文久二年這樣，一年內派出兩次敕使前往江戶，前一次督促幕府進行幕政改革，這一次則督促幕府執行攘夷。朝廷之所以能如此強勢，與背後有主張攘夷的藩撐腰不無關係，因此朝廷裡穩重派的成員如尊融入道親王（先前的青蓮院宮）和議奏正親町三條實愛等人對於派出僅二十多歲的三條和姉小路為敕使感到憂心（執行護衛工作的土佐藩主不到二十歲），但朝議已決，不容變更。

十月十二日，敕使及護衛的藩兵從京都出發，半平太化名假扮成姉小路公知的諸大夫（公卿的家臣）跟隨前往，同月廿八日敕使一行抵達江戶。敕使離開後，朝廷於十月十四日向薩摩、長州、土佐、仙台、熊本、福岡、安藝、佐賀、岡山、津、德島、久留米、鳥取、岡等十四藩宣布決定攘夷。這十四藩全部都是外樣，除仙台外都位於畿內以西，除岡藩（七萬石）外都是二十萬石以上的大藩，朝廷的意圖很明顯，就是要拉攏外樣以對抗幕府。

家茂亦罹患當時流行的痲疹，因此拖到十一月廿七日才登城與敕使會面，兩位敕使不按往例在白書院玄關前的中雀門下駕籠，而是直到玄關才停下駕籠。家茂和將軍後見職一橋慶喜、松平春嶽、松平容保，還有板倉勝靜、水野忠精、松平信義、小笠原長行、井上正直五位老中及若年寄一字排開，站在白書院玄關前迎接。家茂親自在前頭為兩位敕使引導，從大廣間下段進入的家茂，在中段和上段交界處停下，三條敕使捧著敕書偕同姉小路副使毫不猶豫地走上上段就坐。家茂等兩名敕使坐好後也走上上段坐下，自江戶開府以來，白書院大廣間上段向來只有將軍才能入席就坐，如今兩位敕使打破前例，看在幕府閣員眼裡，應該要感到生氣才是。

「哈哈哈……幕府的慣例還不就這樣被我破除，幕府的威嚴也不過如此。」

三條敕使將天皇下達的敕旨傳達給將軍。原本一起在上段的三人，在傳遞敕旨時家茂不得不退到中段接敕旨，在家茂後面的是一橋慶喜，五位老中則在下段，至於松平春嶽、松平容保這些溜間大名更只能待在下段以外的二之間。家茂與幕閣討論後決定接受敕旨，十二月五日提

7 塔頭：禪寺高僧死後為其建塔，弟子在附近建來守護塔的小院。之後連高僧引退後所住之地亦稱為塔頭。

出奉答書，值得一提的是在奉答書裡出現「臣家茂」的字眼，這在江戶時代二百多年以來不曾出現過，將軍向天皇臣從關係已明確化。

家茂在奉答書裡針對攘夷策略及設置親兵等事項，允諾等來年上洛後會提出詳盡的方案，等於承諾在不久的將來（來年二、三月）將軍一定會上洛。敕使眼見已達成目的，十二月七日啟程返回江戶。

十二月九日朝廷增設議論國事的機構國事御用掛，總共任命廿九名皇族、公卿，親王、關白、三大臣及武家傳奏・議奏為當然人選，其他人選則從權大納言、中納言、參議、侍從中選出。尊融入道親王、關白近衛忠熙、一條忠香左大臣、二條齊敬右大臣、德大寺公純內大臣、議奏中山忠能・飛鳥井雅典・正親町三條實愛・三條實美・阿野公誠・長谷信篤、武家傳奏坊城俊克・野宮定功、權大納言近衛忠房・一條實良・廣幡忠禮、權中納言三條西季知・庭田重胤・德大寺實則、參議橋本實麗・柳原光愛等人都在其中。值得一提的是此次東下江戶的副使姉小路公知雖年僅廿三歲，官職也只是正四位下右近衛權少將，不過他堪稱是攘夷派公卿的後起之秀，條理清晰、辯才無礙，此次東下江戶的表現遠勝正使三條實美。

文久三年二月十三日在國事御用掛外還增設國事參政及國事寄人二職，前者由參議橋本實麗、大藏卿豐岡隨資、左近衛權少將東久世通禧、右近衛權少將姉小路公知四人擔任；後者由權大納言正親町實德、權中納言三條西季知、左近衛權中將滋野井實在、右近衛權中將東園基敬、左近衛權少將正親町公董、修理權大夫壬生基修、侍從中山忠光和四條隆謌、右馬頭錦小路賴德、主水正澤宣嘉十人擔任。極端的攘夷派公卿都聚集在這兩個新職務裡。

六、品川御殿山英國公使館燒毀事件

安政六年六月七日（格列高里曆7月6日）英國以位於江戶高輪的東禪寺（東京都港區高輪）作為臨時總領事館，首任駐日總領事為曾任清國福州、上海、廣州領事的阿禮國（Rutherford Alcock），同年十一月三十日（格列高里曆12月23日）阿禮國從駐日總領事升格為特命全權公使，駐日領事館也改名駐日公使館。

文久年間攘夷風潮熾盛，外國駐日領事館常成為攘夷志士搗毀的目標，在文久元年五月廿八日和文久二年五月廿九日發生兩次襲擊英國駐日公使館的東禪寺事件。

1861年的《倫敦新聞畫報》中報導了當時的事件—— Internet Archive

第一次東禪寺事件由十四名水戸藩脫藩浪士於文久元年五月廿八日（格列高里曆7月5日）晚上十時過後，意圖趁夜摸黑進入東禪寺暗殺阿禮國，亂入後與奉外國奉行之命保護公使館的二百名旗本及譜代藩士發生亂鬥。亂鬥中三名浪士被砍死，一名當場被捕（後被斬首），其餘十名浪士敗走，有的參加來年的坂下門外之變被砍死，有的則參加之後的攘夷事件戰死，其餘的也在逃亡中被捕，只有一人活到維新回天以後。

阿禮國本身未受絲毫損傷，不過有兩位領事人員受傷，之後都返回英國養傷。阿禮國以此事件向幕府抗議，要求幕府承認此後英國海軍有駐紮公使館之權、幕府方面須加強派駐保護公使館的警備兵力，以及支付英國一萬英鎊的賠償。除了賠款並未支付外，阿禮國的要求都得到實現。

阿禮國於文久二年二月為迎接四月三日（格列高里曆5月1日）在倫敦舉辦的萬國博覽會，

他負責的工作為接待幕府派出的遣歐使節團，因此於二月中告假歸國，駐日公使暫由前章提過的陸軍上校尼爾代理，尼爾代理公使到任後仍選定離江戶城較近的東禪寺作為駐日公使館。幕府除旗本外，還加派松本藩、大垣藩、岸和田藩（皆為譜代）警備公使館，加上英國海軍的戍衛，公使館的安全理應固若金湯。

第一次東禪寺事件剛滿周年的五月廿九日（格列高里曆6月26日），負責警備公使館的松本藩士伊藤軍兵衛突然於夜間侵入尼爾代理公使的房間，被英國士兵發現後伊藤斬殺其中兩名，然後逃回吳服橋附近的藩邸切腹。

事後查明伊藤單獨犯案，並無共犯，而伊藤的犯案動機無論如何也追查不出，幕府為平息尼爾代理公使的抗議，只能對松本藩主松平光則做出差控（參照第五章安政大獄一節）處分。至於賠款問題連同去年發生的第一次東禪寺事件還在談判桌上糾結，不久之後又發生薩摩藩大名隊列在生麥村砍死砍傷英國人的生麥事件，英國除了和幕府外，和薩摩間也出現新的紛爭。

第二次東禪寺事件後尼爾代理公使決定將公使館移往橫濱的外國人居住區，不過橫濱和江戶光是直線距離就有將近三十公里，在沒有鐵道、公路等近代交通建設的當時，尼爾代理公使前往江戶要麼搭乘船艦——這是避開狂熱攘夷志士暗殺最好的方法，不過航行不到三十公里的距離付出之成本過於昂貴——要麼率領大批公使館員騎馬在東海道上奔馳，身後跟隨一大批護衛。不管何者都不是明智的做法。

其他還有信仰上的問題，東禪寺是臨濟宗妙心寺派的別格本山[8]，有其自身的法會或活動，並不適合基督徒的英國人進行宗教活動。另外在幕府統治下並未解除禁教，雖然在公使館內宗教行為不受禁止，但基於不過度刺激武士起見，暫時停止禮拜。因此尼爾代理公使向幕府交涉，選擇位於高輪台地南端的御殿山（東京都品川區北品川町）作為新的公使館預定地。

上一章提過的薩道義來到日本正好是御殿山公使館修建之時，薩道義在回憶錄中寫下如此記載：

> 一棟很大的二樓洋館，矗立在高台上迎面著海，從遠方看來似乎會看成兩棟建築。極為上等的木材用於建築工事上，每間房間都猶如宮殿般寬敞，地板塗上漆，牆壁貼上畫有風雅圖案的日本紙。

文久二年長州藩士高杉晉作奉藩命以幕府使節隨行員身分，從長崎搭乘「千歲丸」於五月六日抵達清國上海，在當地目睹淪為歐美各國殖民地的慘況以及太平天國匪徒橫行之狀，七月十四日回到長崎後基於對歐美國家的厭惡，使他堅定成為攘夷派。

閏八月二日，高杉晉作陪同長州藩世子毛利定廣抵達江戶位在櫻田的藩邸，開始籌劃要做一件攘夷的大事。於是高杉派出跟班志道聞多（日後的井上馨）到各地調查，發現不少外國人會選在週末前往金澤八景[9]遊玩，決定埋伏在當地襲殺外國人，然後一路殺到橫濱去，燒掉外國公使館。

高杉的計畫被久坂玄瑞洩漏給土佐藩攘夷志士武市半平太，半平太向隱居的山內容堂透露，因此容堂便通知長州藩世子毛利定廣。毛利定廣聽聞後於十一月十三日勸說高杉、久坂等人打消計畫，並下令他們在江戶藩邸謹慎，埋伏在金澤八景襲殺外國人的計畫也因而胎死。

被處以謹慎的高杉晉作等人為貫徹攘夷志向組成御楯組，在此組成趣意書上簽名的共有以下數人：

8 別格本山：佛教宗派僅次於總本山或大本山的寺院。

9 金澤八景：仿照中國的瀟湘八景，分別是小泉夜雨、稱名晚鐘、乙艫歸帆、洲崎晴嵐、瀨戶秋月、平瀉落雁、野島夕照、內川暮雪。

高杉晉作、久坂玄瑞、大和彌八郎、長嶺內藏太、志道聞多、松島剛藏、寺島忠三郎、有吉熊次郎、赤禰幹之丞（武人）、山尾庸三、品川彌二郎。

後來又有數名加入。十二月七日三條、姉小路兩名敕使離開江戶，廿三日返回京都。九日長州藩世子毛利定廣也踏上返回京都的歸途。毛利定廣一離開，高杉立刻變得不安分，當晚召集御楯組成員，提議前往品川御殿山放火燒毀即將完成的英國公使館。由於製造火藥需要一點時間，因此高杉將起事的時間預定在十四日晚上，這一天是一百五十多年前四十七名赤穗浪士攻入吉良義央宅邸的日子。

後來提前在十二日深夜進行，總指揮為高杉和久坂，負責點火的是志道聞多、伊藤俊輔及寺島忠三郎，御楯組其他成員亦各司其職。儘管公使館附近有幕府捕吏巡邏，但是似乎不是太嚴密。

「原來幕府就只有這種程度。」

很快地，公使館出現熊熊火光。

「起火了！起火了！」

一聽到起火，人心更為鼓譟。

「就是現在！」

幾顆火藥趁勢丟進公使館大火裡，即便威力不強，仍助長火勢。志道、伊藤、寺島三人的點火工作執行得十分成功。高杉不禁出聲稱讚他們：

「幹得好，你們三個。」

即將竣工的英國公使館付之一炬，熊熊火勢中高杉一行十餘人揚長而去。不過這十餘人中能活到維新回天以後的只有志道聞多、品川彌二郎、山尾庸三以及後來加入負責點火的伊藤俊輔。前文有提過志道聞多在維新回天後改名井上馨，以「三井的大掌櫃」稱號留名。伊藤俊輔即是他一生中長期的政治盟友伊藤博文，只不過此時大概沒人料到，這十餘人中出身最低、年紀只比品川年長的伊藤卻是後來最有成就的人。人，真的不能小看眼前不如自己的人。

文久二年朝廷兩度派出敕使前往江戶，將軍的上洛看來已是騎虎難下。而將軍上洛又會為京都的攘夷派激起怎樣的火花呢？幕府是否會屈服於朝庭的壓力下定出攘夷的期限呢？種種的攘夷活動是否會引起諸列強的不滿呢？筆者在下一章將對攘夷活動及列強反應做介紹。

第九章

將軍上洛

一、慶喜上洛

三條、姉小路兩位敕使離京期間，前章提到朝廷向十四個藩宣布決定攘夷，朝廷不透過幕府逕自宣布攘夷茲事體大，因此部分藩主上洛滯京。從文久二（一八六二）年十月至翌年春陸續有鳥取藩主池田相模守慶德（德川齊昭五男，慶喜異母兄）、福岡藩主黑田美濃守齊溥、久留米藩主有馬中務大輔慶賴、宇和島藩主伊達遠江守宗德（宗城養子）、德島藩主蜂須賀阿波守齊裕等外樣大藩藩主上洛，京都的佛寺名剎全被徵用作為大名的下榻地。

年底（十二月廿四日），文久改革時新任命的京都守護職松平容保前往京都就職；十二月十五日將軍後見職一橋慶喜亦啟程前往京都，文久三年一月五日抵達京都，老中格小笠原圖書頭長行、大目付岡部駿河守長常以及其他官員將慶喜帶領至東本願寺；政事總裁職松平春嶽及土佐前藩主山內容堂也預定於文久三年一月七日從江戶出發。在將軍上洛前，三人先在京都議定攘夷相關事項，不過三人的立場與長州的偏激攘夷迥異，可想而知三人議定出的方案應該不會太過極端。

春嶽和容堂都比預定的日期晚到，容堂於文久三年一月廿五日進京，春嶽更是二月四日才進京，而另一位穩健派的島津久光從去年閏八月廿三日離開京都後音訊全無，使得議定攘夷相關事項無法按期召開。

京坂一帶暫時沉寂的天誅行動，因為這幾位大人物——特別是將軍的代理人慶喜——的到來又熱絡起來，一月廿二日夜，儒者池內大學與上洛途中宿於大坂的山內容堂談論時局，到深夜三點才結束。告辭離開的池內大學在返家途中遭到天誅，被梟首於大坂難波橋（大阪市中央區與北區交界），置於首級旁的斬奸狀寫道：

此人名池內大學，在戊午年間（指安政大獄）追隨正義之士，但受到種種拷問後，變節倒向惡吏，反過來出賣各藩忠誠之士，使他們受害。如此惡行若未能天誅，天地難容，故將其誅戮並予以梟首。

池內首級的雙耳遭到削除，分別投入中山忠能、正親町三條實愛兩位不甚支持攘夷的公卿宅邸，嚇得兩人當天辭去議奏一職。

池內大學與同為儒者的梅田雲濱、賴三樹三郎以及詩人梁川星巖有詩文的往來，早為執行安政大獄的長野主膳等人鎖定的逮捕對象。不過相較於梁川星巖在逮捕前死去、梅田雲濱死於獄中、賴三樹三郎遭到斬首，池內大學僅被處以中追放，因此被不少攘夷志士懷疑他出賣其他志士以換取自己的活路，以今日的用詞即是轉為汙點證人，據說因此遭到幕末四大人斬之一的岡田以藏天誅。

然而事實並非如此，對幕府而言，池內大學的罪責不如以上三人，處以中追放應已足夠。不過，他雖免於一死，家財及珍貴的藏書俱遭沒收，對一位儒學者而言，幾千卷的藏書被沒收與被判處死刑並無兩樣。從池內大學被天誅也可看出這些執行天誅或操縱天誅的人不過是以自己的喜好決定他人的生死，如同筆者在前章所言，當暴力手段被美化成進行政治改革的必要之惡，這樣的政治改革成果能令人有所期待嗎？

一月廿三日，關白近衛忠熙因健康因素辭職，不過仍保有內覽權，同日由前太閤鷹司政通長男、前右大臣鷹司輔熙繼任關白。一月廿七日，中山忠能、正親町三條實愛二卿辭職批准，改以廣幡忠禮、長谷信篤二人繼任議奏，這兩人再加上原先的三條實美、飛鳥井雅典、阿野公誠三人，五人的攘夷色彩相當濃厚，認同島津久光協調穩健路線的公卿逐漸被排擠出朝廷的核心。

一月廿八日夜，名列四奸二嬪之一的千種有文之家臣賀川肇在京都下立賣千本東入町自家遭天誅，他的雙手被切下，右手丟進已隱居的千種有文家，左手則投入隱居在岩倉村的岩倉具視宅邸裡，並附上帶有恐嚇意味的斬奸狀。至於賀川的首級則是投入東本願寺一橋慶喜的下榻地，寫上「獻與慶喜」等字樣。

二月十一日，長州藩士久坂玄瑞、寺島忠三郎以及熊本藩士轟武兵衛三人來到鷹司關白宅邸，以近乎脅迫的方式要求鷹司關白儘快決定攘夷的期限，若不應允則三人將於鷹司宅邸切腹，攘夷志士亦將於當晚起義。像久坂這種無官職的尋常藩士，照理而言並無進入關白宅邸的資格，然而整個朝廷都充滿攘夷氣焰，內有以三條實美、姉小路公知為首的攘夷少壯公卿，外有遍及京都內外的長州、土佐、水戶、熊本等藩的攘夷志士，難怪久坂等人敢貿然登門對堂堂從一位關白叫囂。

最後鷹司關白允諾近日會參內向天皇徵求意見，才讓久坂等人離去，久坂等三人被攘夷志士視為英雄豪傑。長州藩世子毛利定廣為三人擺宴，並在宴席中親自為三人斟酒，有如此的歪風助長，難怪攘夷志士的舉動愈益狂暴。

二月廿二日夜，足利三代木像被梟首棄置在京都三條大橋下。足利三代指的是室町幕府前三代將軍足利尊氏、足利義詮、足利義滿，他們的木像牌位供奉於洛北的等持院（京都市北區等持院北町，京福鐵道北野線等持院站），那裡也是足利氏的菩提寺及埋骨的墓所。雖然天誅的對象是木像，依舊附上斬奸狀：

> 賊魁賴朝，身為人臣卻有貳心。及至北條、足利，罪惡更甚！朝廷力微，不能糾彈其罪，誠屬遺憾。吾等晚生五百餘年，未能生於往昔，手刃足利氏。如今正值復古一新之時，理應追究不臣者之大罪以糾彈其罪。

這裡的不臣者指的是德川氏，由於是當政者之故不便直接指名道姓，因此改以梟首足利三代木像以指桑罵槐。和顯然是以「赤穗義士」的事蹟改編成歌舞伎的《假名手本忠臣藏》一樣，主要角色不能使用實際真名，只能用南北朝時代的人名帶過。

這起梟首事件共有十餘人犯案，身分包含富商、農民、醫生及浪人，若以現代的角度來看大概是以毀損罪偵辦，不過在當時是無法如此單純看待的。德川氏的天下是承接足利氏而來，而且兩家都以河內源氏嫡系自居，否定足利氏的統治等於是間接否定德川氏，而且將足利三代木像梟首顯然暗藏著倒幕的意味，在當時會有如此聯想是再正常不過。把幕府看得比自身藩國還重要的會津藩主松平容保，肩負起緝凶的責任，他下令一定要把所有犯人逮捕，不得有所遺漏。高松平十郎、仙石佐多雄與前來追捕的會津藩士在亂鬥中被砍死，其餘如三輪田綱一郎、諸岡節齋、宮和田雄太郎、建部建一郎、青柳健之助等多名涉案者遭到逮捕。松平容保將這些被捕的各藩藩士交由他們出身的藩處置，多半在維新回天之際遭到赦免。少部分逃走的則與長州、土佐、水戶等藩的攘夷志士四處征戰，最後戰死。

二、將軍上洛

將軍後見職一橋慶喜上洛傳達將軍即將在近期內上洛的訊息，進入文久三年幕府開始緊鑼密鼓地準備將軍上洛事宜。將軍要循哪一路線上洛？要帶多少隨從上洛？都是必須考慮的細節。對此，身任軍艦奉行並（軍艦奉行輔佐次官）的勝海舟已有數次乘船往返於江戶、大坂的經驗——二月四日上洛的政事總裁職松平春嶽便是搭乘勝海舟操縱的「順動丸」抵達大坂——因此勝提議讓將軍也搭乘順動丸到大坂，再由大坂逆流而上前往京都。

順動丸是幕府於文久二年以十五萬英鎊自英國購入的蒸氣商船，該船全長約七十七公尺、寬約八．六公尺、高約五．一公尺，排水量四百噸。由於原先是商船，因此沒有武裝，幕府購入後才安裝上二門大砲。從江戶到大坂的航程視風向、海浪狀況大約需要三到七日航程，比起循陸路（不管是中山道或東海道）快約半個月到二十天左右。當時家茂年僅十八歲，年紀雖輕卻願意嘗試新鮮事物，對勝海舟搭乘軍艦（嚴格說來順動丸不能算軍艦）的提議饒富興致，當下決定於二月廿一日啟程。

將軍即將搭乘軍艦前往大坂的消息在大奧傳開，大奧這幾年來雖謠傳前任御台所天璋院與現任御台所和宮不和，不過說到對將軍搭乘軍艦前往大坂的看法，連同前任將軍生母本壽院及現任將軍生母實成院在內，大奧幾乎是意見一致地反對。大奧反對的主因是聽聞英國於二月初在橫濱集結數艘軍艦，以天璋院為首的大奧擔心將軍若是搭乘軍艦，有可能在橫濱受到英國艦隊砲擊。

「蠻夷之所以是蠻夷，在於他們毫無信用。」

大奧的擔心在今日看來純為杞人之憂，然而在當時並非毫無道理。依萩原延壽的《遠崖——薩道義日記抄》(遠い崖——アーネスト・サトウ日記抄)第一冊所載，集結在橫濱外海的軍艦共有十二艘，主要目的是針對去年發生的生麥事件進行談判並要求賠償。不過只是為要求賠償而派遣十二艘軍艦未免過於小題大作，其實動員十二艘軍艦的目的是預防萬一，若無法透過談判取得賠償，英國將會下令艦隊開往薩摩找島津久光索賠。

當時大奧不可能知道這些細節，將軍迫於大奧的壓力(包括生母、養母、正室)不得不於二月九日臨時做出改變，提前於二月十三日率領三千士兵沿東海道上洛。專攻日本近世．近代史的久住真也指出循海路上洛的最大理由在於可節省費用，依反對將軍上洛的勘定奉行於文久二年七月的估算，上洛耗費的總經費約一百五十萬兩，沿途的花費依照寬永年間（一六二四～四四）的前例，來回四十日約為七十萬兩，因此循著海路大概能省下七十萬兩。

不過久住真也的數字實際上並不正確，他並未將二百多年來的物價考慮進去，開國開港之後日本的物價呈現翻漲趨勢，實際數字應該遠超過七十萬兩。久住真也接著提到百萬石的加賀前田家於近世後期在江戶一年的經費也才十八萬兩，一兩換算為現在的幣值約十六萬日圓（約四萬二千台幣），七十萬兩相當於一千一百二十億日圓（約二百九十四億台幣），的確是筆天文數字，這還不包含途中寄宿於大名居城或本陣的御座所築造費、道橋修繕費以及其他種種開支。

文久三年二月十三日明六時前，身著野袴[1]等輕裝的家茂從江戶城大廣間坐上駕籠出發，將軍的隊列從大手門經疊藏前、大名小路出數寄屋橋御門（東京都千代田區有樂町），自新橋通過芝增上寺的大門前，一路往東海道的玄關口品川而去，將軍正式踏上上洛之路。上一次有將軍走同樣的路徑上洛已是寬永十一（一六三四）年七月廿二日之事，相隔二百二十九年。那一次

1　野袴：江戶時代武士在參勤交代、鷹狩、遠行時穿著的服飾。

三代將軍家光上洛率領三十萬大軍——大部分兵力是諸藩懾於幕府的威嚴而出兵，向朝廷示威的政治意義濃厚。

這一次家茂上洛的人數只有家光的百分之一，也就是三千人左右。由講武所的鐵砲部隊護衛在將軍隊列之前，而將軍駕籠兩側是講武所劍術方的護衛，共有五十名。駕籠後方是小姓等役人，以及老中水野忠精、板倉勝靜等幕閣和譜代名門越後高田藩主榊原式部大輔政敬、豐前小倉藩主小笠原大膳大夫忠幹等人，據說隊列中騎馬的超過百人，鐵砲隊亦有七百人之多。江戶城的留守暫由尾張藩主德川茂德坐鎮，另外兩名老中松平信義、井上正直也留守江戶城輔佐。

正值年輕、玩心還很重的家茂，難得有離開江戶城的機會當然要好好把握，路途上他不全然都是坐在駕籠裡，有幾次在東海道上騎馬奔馳，騎馬累了甚至下馬跟其他護衛一樣步行。來到武藏國多摩一帶，八王子千人同心[2]也加入將軍上洛的隊列。來到駿府時與三代將軍家光一樣，前往久能山東照宮（靜岡縣靜岡市駿河區根古屋，與日光東照宮、鳳來山東照宮並稱三大東照宮）參拜家康，這亦是自家光參拜日光東照宮以來首次再有將軍前往東照宮參拜（儘管參拜的不是日光東照宮）。

寬永年間家光上洛時曾於名古屋城和彥根城駐足，名古屋城是御三家筆頭尾張家的居城，彥根城是譜代最大藩彥根藩井伊家居城，將軍駐足親藩筆頭和譜代筆頭的居城於理可通。然而這次家茂上洛卻無法在這兩座城停留，尾張藩主德川茂德坐鎮將軍上洛後的江戶城，前藩主德川慶恕（安政大獄被處以隱居謹慎）奉朝廷之詔先行上洛；至於彥根藩在文久二年島津久光上洛為安政大獄受難者平反時遭受減俸十萬石的處分，此時是戴罪之身不適合接待將軍。

寬永十一年家光上洛的隊伍通過山科之後，敕使、院使（上皇的使者）等公卿全部正裝迎接將軍，攝關家亦派出使者。而家茂這次上洛顯得冷冷清清，朝廷沒有派出任何使者前來迎接，在山科休息時遇上朝廷派出的伊勢奉幣使[3]還必須迴避俟其通行後才能前行，這都是家光上洛時不曾遇過的情況，將軍及幕府的威權已下墜到這等地步。

家茂繼續朝最後一里路邁進，三月四日進入京都，在京的大名紛紛列隊迎接，一路走來受到各方冷遇的將軍隊列總算受到熱情的對待，此次將軍上洛共費時廿二日，與上一次家光上洛

2 八王子千人同心：武田家滅亡後德川家康收編武田遺臣，以甲州街道的宿場八王子為據點而稱之。

3 伊勢奉幣使：也稱為伊勢例幣使，指代替天皇前往伊勢神宮奉納幣帛的使者。

的日子相同。

三、賀茂行幸與八幡行幸

將軍上洛前後歷時二十餘日，儘管將軍年輕但也掩不住一身的疲憊，因此翌日由一橋慶喜代表將軍參內。慶喜在參內前先拜會鷹司關白，算是禮貌性的會晤，不具特別意義。慶喜參內時直接對鷹司關白說道：

「最近有個甚囂塵上的傳聞，說是將軍參內那日就是被免職將軍之時。這個傳聞已在京都傳開，為一般百姓知曉。將軍以下以至臣等均感困惑，因此先行派臣請教叡慮為何？」

參內前還閒話家常的鷹司關白未料到慶喜有此一問，這是他料想不到的問題，一時之間不知如何回答。未料一向甚少發言的天皇突然出聲：

「不！萬事仍舊一如往昔委任將軍，爾等勿為街頭巷談所惑。當下重要之事乃專心致力於攘夷上以竭盡忠節。」

慶喜雖是以將軍代理人身分參內，聽到天皇以堅定的語氣力挺將軍也不免為之動容。慶喜感動地拜謝皇恩後退下，然後懇請鷹司關白下賜親筆書寫「致力攘夷」的聖詔，以昭公信。鷹司關白當場揮毫，寫成聖詔讓慶喜帶回。慶喜拜受後退下，然後返回二條城謁見將軍，將參內的經過鉅細靡遺地轉述將軍。

感受到天皇善意的家茂於三月七日參內，將軍參內的規模自然勝過先前以將軍代理人身分參內的慶喜，在京所有大名均作為將軍的扈從跟隨在後，不過京都守護職松平容保因其生父——前高須藩主松平義建——死去，守喪之故並未同行。寬永年間家光率領三十萬大軍上洛亦曾參內，不同的是家茂此次參內當著天皇面前自稱「臣下」，朝幕之間的關係在家茂這句脫口而出的「臣下」後完全逆轉過來！

將軍參內的情形值得一提。晝九時過後，家茂坐著轅車從中立賣御門進入，來到禁裏御所的表玄關、位於西側的公卿門（正式名稱為宜秋門），騎馬的大名在此下馬，乘轅車而來的家茂亦在此下車步行，沒有一位公卿或殿上人出來迎接他。從車寄昇殿的家茂，緩緩走入長長的御

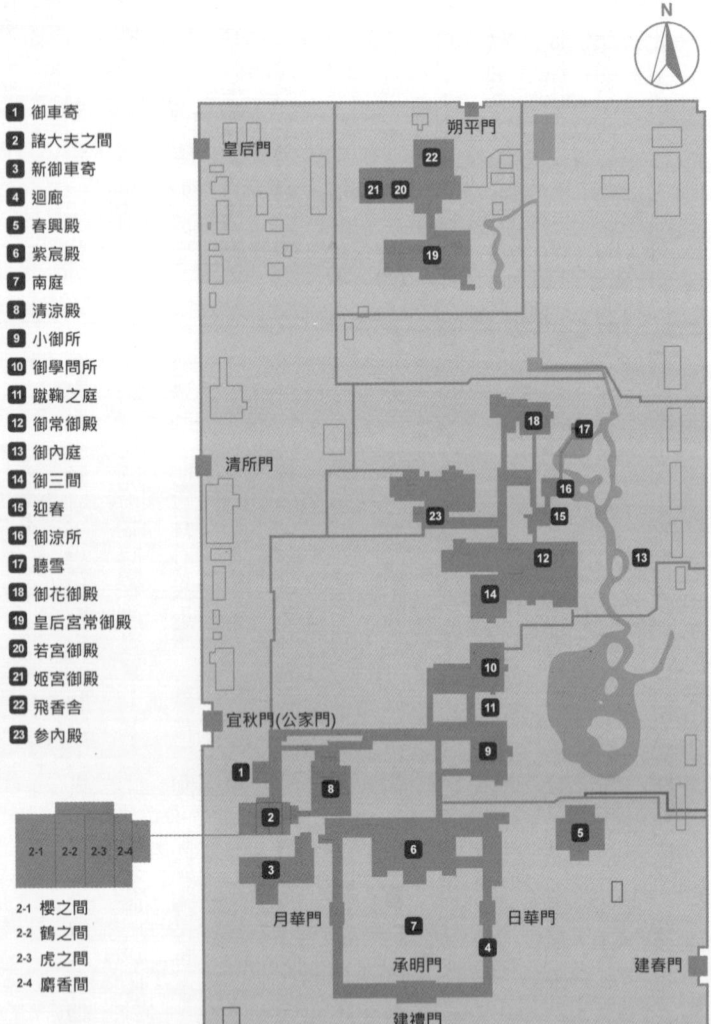
N
1 御車寄
2 諸大夫之間
3 新御車寄
4 迴廊
5 春興殿
6 紫宸殿
7 南庭
8 清涼殿
9 小御所
10 御學問所
11 蹴鞠之庭
12 御常御殿
13 御內庭
14 御三間
15 迎春
16 御涼所
17 聽雪
18 御花御殿
19 皇后宮常御殿
20 若宮御殿
21 姬宮御殿
22 飛香舍
23 参內殿
2-1 2-2 2-3 2-4
2-1 櫻之間
2-2 鶴之間
2-3 虎之間
2-4 麝香間
朔平門
皇后門
清所門
宜秋門(公家門)
月華門
日華門
承明門
建春門
建禮門
築地塀

京都御所平面圖——參考宮內廳網站再製

拜廊下，到接近東側的小御所時進入攝家和親王等候的麝香間。三位一橋慶喜、德川慶篤以及老中和隨從大名從公卿門以南的諸大夫之間（櫻之間）昇殿，慶篤是從三位，准許進入虎之間等候；四位以下的松平春嶽、老中及其他大名到相鄰的鶴之間等候（諸大夫之間最左，虎之間最右，鶴之間在其中）。慶喜因為是將軍後見職之故，特別准許他進入麝香間的最裡面八景間。

家茂的官位是正二位內大臣，待遇比照攝家，若與家光相比則有不如。不過家茂受到的待遇不如家光不完全是幕府威權下墜之故，家光上洛時在位的是明正天皇，她的生母為東福門院源和子，是二代將軍秀忠與崇源院阿江之女，換言之即家光的胞妹，明正天皇等於家光的外甥女，因此家光受到的待遇相當於太政天皇。

之後家茂進入小御所，天皇穿著引直衣[4]坐在上段，家茂起先坐在下段拜見天皇，後來進到中段領受天皇賜下的敕語及天盃。家茂的兩側為關白和大臣，以及國事參政、國事寄人等尊攘派公卿。對這一次參內印象深刻的慶喜在四十七年後的回憶錄《昔夢會筆記》如此提及：

4 引直衣：天皇、上皇日常的服裝，拖著長長的下襬。

關白殿下為了要在小御所與將軍會面，在廊下就搶在前頭，猶如一陣風飄過般地搶先坐下。絲毫聽不到任何氣息，全然不明白……

必須說明的是，此時慶喜的官位為權中納言，並無資格進入麝香間，麝香間裡發生的事情他或許能聽到，不過應該看不到。此外，慶喜的回憶錄從明治四十（一九〇七）年開始進行，到採訪這段往事已是明治四十三年，按常理而言慶喜的回憶多少會與事實有所出入，不盡然可信。

三月十九日，家茂再度參內，情況似乎沒有太大改善，結束後除被視為幕府家臣的二名武家傳奏（坊城俊克、野宮定功）外沒有任何殿上人送行到車寄。這兩次參內家茂以自己、和宮及天璋院的名義向禁裏御所（天皇）、親王（祐宮睦仁親王及敏宮淑子內親王）、准后（英照皇太后九條夙子）獻上黃金、白銀。另外並仿照家光上洛的前例，向洛中居民發放銀五千貫，家茂此舉大大滿足朝廷的自尊心。

儘管家茂兩次參內普遍受到朝廷的冷遇，不過並不代表天皇對他不信任。基於愛屋及烏的心理，天皇對於既是將軍也是自己妹婿的家茂感到親切，即便受到攘夷派公卿的冷淡對待，家茂也未表現出生氣的神情，讓天皇更疼惜這位年紀幾乎只有自己一半的妹婿。至於家茂在親切感之外對於天皇更懷有尊崇之情，兩人在公武之間的協調及合作方面一開始即存在共識，攘夷派公卿阻撓的只是天皇與將軍接觸的時間，並不能破壞天皇對將軍的信任。

三月十一日，天皇前往賀茂神社[5]行幸，祈願攘夷能順利進行。上一次天皇離開御所到外地行幸是寬永三（一六二六）年後水尾天皇行幸二條城，當時的將軍正是家光。因此不僅將軍長達二百二十九年未上洛，天皇更是長達二百三十七年未曾離開御所到外地行幸。

出御所往東北過了葵橋即可見到下鴨神社，至於上賀茂神社則在更北邊，自後醍醐天皇建武元（一三三四）年九月廿七日後，已有五百廿九年不曾再有天皇行幸該社。

當天夜八時剛過，家茂坐上駕籠從二條城出發。明六時左右坐著轅車來到公卿門參內，在麝香間等候天皇的鳳輦出發。朝五時和堂上及一橋慶喜、德川慶篤在紫宸殿的迴廊等待。晝四時出御所的天皇坐上鳳輦，在五十餘人的簇擁下步出建禮門，繼續朝東邊的清和院御門而去。

5　賀茂神社：賀茂別雷神社（又稱上賀茂神社）和賀茂御祖神社（又稱下鴨神社）的總稱，分別位於京都市北區上賀茂本山及京都市左京區下鴨泉川町。

家茂和慶喜直接退出御所，加入跟在鳳輦之後的公卿行列。

長州藩世子毛利定廣走在鳳輦前面，兩側是鷹司關白及一條忠香左大臣、二條齊敬右大臣及德大寺公純內大臣，將軍只能跟在鳳輦後方。鳳輦兩側的關白和大臣都穿著束帶等朝服打扮，騎在馬上的將軍穿著陣羽織[6]和其他一同騎馬的跟在身後的公卿及十一名在京大名，一看即知是天皇的朝臣，沿途盡是京都守護職底下的武士充當警衛。天皇二百多年來首度走出御所，加之亦是將軍二百多年來首度上洛，天皇和將軍以及眾多公卿、各地藩主一同前往賀茂神社祈求攘夷的消息早已傳遍京都各地，從御所到賀茂神社沿途擠滿從各地來看熱鬧的民眾，萬人攢動，好不熱鬧。

當天一早霪雨下個不停，將軍穿在身上的陣羽織被春雨打濕，黏在身上看來好不狼狽。這時突然有人嘲笑般大聲說道：

「看吶！是征夷大將軍！」

由於圍觀者眾，將軍身旁的隨侍者一時間竟找不著出聲者，不過此時已非家光之時，就算找到出聲者只怕也無法在鳳輦前格殺毋論。那麼，究竟是誰出這一聲呢？原來是長州藩士高杉晉作。話說高杉率領御楯組成員在品川御殿山燒毀英國公使館後，因為闖的禍實在太大，世子毛利定廣覺得高杉是個不定時炸彈，繼續留在江戶只怕會捅出更大的婁子，特別准他十年假打發回長州。原本高杉聽從世子之命返回長州，但當他聽到將軍上洛的消息後改變主意，決定改往京都看個熱鬧，孰料在天皇鳳輦前往賀茂神社祈願攘夷的途中又惹出這一事件。平時袒護高杉的家老周布政之助也看不下去，給了他一筆錢打發他回長州，高杉拿錢剃光頭髮，自號東行、春風，心滿意足地返回長州去。

據《孝明天皇紀》記載，晝四時半鳳輦抵達下鴨神社，家茂在一之鳥居前下馬，天皇則是進入本殿才走下鳳輦，進入幣殿進行參拜。在天皇參拜期間雨勢漸大，因此到晝九時半隊列啟程沿賀茂（鴨）川北上，也許是雨勢之故，夕七時才抵達上賀茂，此時雨勢已停。暮六時結束賀茂神社行幸，隊列出發返回御所，在返回途中天色已暗，隨從手執火把照明。回到御所後，家茂再度參內然後退出，返回二條城結束一整天行程。

三月十四日島津久光上洛，直奔近衛前關白宅邸共商大事，計有久光、近衛父子、鷹司關

6　陣羽織：戰陣時所穿的羽織，羽織指無袖和服，方便美觀兼可禦寒。

白、青蓮院宮朝彥親王、將軍後見職一橋慶喜、京都守護職松平容保以及山內容堂等人參與，至於政事總裁職松平春嶽已在三月二日提出辭呈，不等幕府批准便於九日自行返回越前（後來被免去政事總裁職），春嶽的逕自離去讓攘夷派公卿及志士失去著力點，私下稱他為「朝敵春嶽」。

原本打算在京都待上一陣子的久光，發現朝廷已聽不下其他聲音，憤而於十八日改道大坂、循海路返回薩摩，在京都只逗留四天。山內容堂和伊達宗城亦於三月底返回領國，以上三人對攘夷派把持下的朝廷之失望溢於言表。且先說個後話，不到半年後發生的八．一八政變正是由在座這幾人密謀發動。

四月十一日，朝廷又舉行一次行幸，這次行幸地點是離御所更遠的石清水八幡宮，連同上一次賀茂行幸是孝明天皇一生中僅有的兩次離開御所。比起賀茂行幸，家茂更該去參拜石清水八幡宮，八幡宮不僅與河內源氏，更與皇室息息相關，主祭神八幡大神即是第十五代應神天皇，對天皇和將軍而言，行幸石清水八幡宮不應只是著眼於政治目的。

不過家茂卻以罹患感冒、發燒為由缺席八幡行幸，改派後見職慶喜出席。家茂是否真的生病呢？他是在怎樣的情形缺席這場歷史性的行幸？百餘年來一直啟人疑竇。會津藩家臣山川浩編撰的《京都守護職始末》中有如此的記載：

八幡宮是源氏的氏神，將軍對於在天皇面前受賜節刀、下達攘夷詔敕感到畏懼，因此而有索性稱病，人不前去就不用接詔敕的傳聞。

至於慶喜的回憶錄《昔夢會筆記》則說：

將軍家在數日前召我去商議該如何看待敕命。如果直接接受敕命，則萬事休矣！……老中提議千萬別遵從。

二書的作者都是在事發後超過三十年以上才寫下的，很難判斷誰的回憶正確無誤，也很有可能雙方記載的內容都有問題，總之家茂並未出席八幡行幸。不過八幡行幸是攘夷派公卿和攘夷志士一手策畫的計謀，重點在於在神前參詣時，天皇對將軍下達攘夷詔敕及攘夷節刀，在神前及眾目睽睽之下家茂若是拒絕接受詔敕及節刀，不僅讓天皇顏面無光，更會觸犯攘夷派公卿及志士的眾怒。家茂的缺席是此次八幡行幸最大敗筆，如果因此放棄了以後大概也不會再有機會，儘管對象是慶喜仍要他代替將軍接受詔敕及節刀。察覺攘夷派企圖的慶喜也以腹痛為由在男山山下的寺院靜養，八幡行幸攘夷派到頭來一無所獲。

四、視察攝海防禦

賀茂行幸後，家茂萌生返回江戶的念頭，因為幕府正在與英國談判生麥事件的賠償事宜，然而攘夷派假天皇之命以種種名目留住家茂，前節提到的八幡行幸即是一例。攘夷派為何要用盡手段留下家茂呢？其實他們的目的在於逼迫家茂答覆確切的攘夷期限，如果幕府被逼急而隨便胡謅一個日期，他們在攘夷期限過後便可公然進行攘夷；如果幕府遲遲不決定攘夷日期，也可借助朝廷之力向幕府施壓。

四月十八日家茂參內，上奏天皇說為視察攝海防禦要動身前往大坂。從這段話可看出將軍的目光轉移至海防上，可是四月廿日慶喜以家茂的名義回應朝廷：

「五月十日是攘夷期限。」

亦即五月十日起日本全國各地都可以毫無忌憚地進行攘夷。發出攘夷期限的隔日明六時，家茂在板倉勝靜、水野忠精兩位老中陪同下，從二條城出發，經伏見、淀（京都市伏見區淀本町）來到十日前缺席的石清水八幡宮參拜，參拜完走下男山來到橋本（京都府八幡市）改以淀川水路直抵大坂城。

四月廿三日起一連數日，家茂多次搭乘由勝海舟操作的順動丸視察大坂灣，航行之地遠至淡路島東岸、明石海峽及紀伊水道。身為軍艦奉行並的勝海舟深感海防的重要，看中即將開港的兵庫（神戶市）成立培養海軍士官的海軍操練所。勝試著向幕閣遊說，板倉、水野等老中並非不知海防的重要，只是苦於幕府財政困窘，撥不出額外經費而暫時擱置。

原本勝已說服家茂搭乘軍艦上洛，卻遭到以天璋院、和宮為首的大奧一致反對而作罷。賀茂行幸後家茂有意返回江戶，但被攘夷派強留在京都，勝抓住時機邀請將軍視察攝海防禦，家茂認為可藉由視察之名離開攘夷派控制下的京都，又能趁此機會搭乘軍艦，遂接受勝的邀約。

筆者的幕末啟蒙漫畫《硬漢龍馬！》（お～い！竜馬，作者武田鐵矢）安排坂本龍馬和家茂在順動丸上不期而遇的情節，自去年十二月龍馬和桶町道場少主千葉重太郎欲行刺勝海舟不成反被收為弟子以來，龍馬一直追隨在勝的身旁，全力支持勝創建近代海軍的心願。此時龍馬必然也跟著勝在兵庫一帶，如果龍馬跟隨勝在順動丸上，那麼巧遇家茂應該也不是不可能的事。以龍馬的口才都能讓一絲不苟的政事總裁職甘願掏錢贊助，對上涉世不深的將軍應該更容易說服。

另一位重要人物也在這段期間登上順動丸，即朝廷攘夷派公卿領袖之一的姉小路公知，他也受到勝海舟的邀請與將軍一同前來視察攝海防禦。前文已提過姉小路是朝廷攘夷派公卿的領袖，深受攘夷志士的擁戴，與長州、土佐的攘夷志士領袖久坂玄瑞、武士半平太等人均有深交，鼓動天皇進行賀茂行幸、八幡行幸一事恐怕都有姉小路的分。沒想到這樣一位攘夷急先鋒，卻在短短數日內隨著蒸汽船巡視攝海、淡路島、明石海峽、紀伊水道後起了化學變化。

「蒸汽船的威力哪是武士刀能匹敵？口頭嚷嚷就能攘夷嗎？」

結束這趟視察後姉小路不只不再堅持攘夷，大聲疾呼軍艦的威力及其重要性，對於攘夷派再次籌劃的天皇行幸（大和行幸）也不如以往熱衷，姉小路的轉變令攘夷志士感到憤怒。姉小路家格為羽林家，俸祿只有二百石，如此微薄的俸祿必須另行兼差才能生存，姉小路能在去年以敕使身分東下江戶、為攘夷志士所推崇，完全是靠著薩、長、土等藩的推戴及獻金（這點幕府其實也捐獻不少）才能過著優渥的日子。如今姉小路卻轉變為開國派，開國派成員多為佐幕立場的幕臣，姉小路成為開國派代表他與幕府已走在一起，對攘夷志士而言受到背叛的屈辱感更是強烈。

「可惡！姉小路卿能有今日的富裕還不都是我藩的奉獻？結果你有錢就忘了攘夷使命。」

姉小路轉向成為公武合體派宛如對著攘夷陣營擊上重重的一槌，為了避免憾事擴大必須設立停損點，所謂的停損點也就是暗殺姉小路。

五月廿日夜四時後，姉小路公知結束朝議，從禁裏西邊的公卿門離開，與他一起踏上歸途的三條實美出公卿門後往南，姉小路則往北走。經過乾御門姉小路一行右轉，走到禁裏北門朔平門附近的猿路口（猿ヶ辻）遇到埋伏，姉小路當場被刺客砍死，得年廿四歲。

五、老中小笠原長行率軍上洛

五月十一日，家茂結束攝海視察返回京都，十八日參內向天皇報告關於攝海防衛的相關意見。這段期間江戶發生一件奇怪的事，老中格小笠原長行於五月九日逕行因第一次東禪寺事件及生麥事件向英國支付十一萬英鎊（約三十三萬兩，一萬英鎊為東禪寺事件，十萬英鎊為生麥事件）賠款，小笠原位居老中末座，按理與英國交涉應交由另兩名留守江戶的老中松平信義、井上正直才是，小笠原老中卻跳過兩位老中逕自與英國談判，事後才知小笠原老中已先徵得後見職慶喜的同意（慶喜在四月十八日動身返回江戶）。

到此為止小笠原老中的行為還算能夠理解，五月十九日在慶喜（於五月十四日請辭將軍後見職）的同意下，以小笠原為首率領前勘定奉行水野忠德、町奉行井上清直、目付向山一履和土屋正直、神奈川奉行兼外國奉行淺野氏祐以及騎兵奉行及騎兵方一百五十人、步兵奉行及步兵方一百人、步兵一千二百人、外國御用出役一百五十人共約一千六百人的陣仗上洛。

慶喜為何同意小笠原老中率軍上洛？此次將軍上洛的用意為回答攘夷期限，賀茂行幸結束將軍上洛的使命應該已算完成（賀茂行幸時將軍並未回答攘夷期限，但至四月廿日已以將軍名義回覆攘夷期限為五月十日），然而攘夷派仍用種種方式強留將軍駐在京都，看在慶喜眼裡將軍形同被軟禁，因此授意小笠原老中率軍強力護送將軍返回江戶。

小笠原老中到橫濱後駐足該地、不再繼續前進，接連數天都是如此，任憑幕府方面幾次三番派人催促，小笠原老中也不為所動。小笠原老中葫蘆裡究竟在賣什麼藥呢？原來小笠原老中在率軍出發前已先派遣若年寄酒井忠毗與英國代理公使尼爾及英國東印度艦隊提督庫柏（Augustus Leopold Kuper）海軍中將進行協商，以承租方式向英國租用兩艘蒸汽商船（一艘月租金一萬五千美金，另一艘為一萬二千），再加上幕府原有的「朝陽丸」、「蟠龍丸」兩艘軍艦於五月廿八日搭載一千六百名士兵，六月一日四艘船艦於大坂登陸，當夜在大坂與京都中間的枚方過夜。

看慣美國電影的現代人可能不覺得小笠原老中的舉動有多令人震驚，率領一千多兵力搭乘外國軍艦逼近京都，包含將軍及板倉、水野兩位老中在內，所有人都不清楚小笠原老中為何而來，不少人當下應該會認為小笠原老中在前頭開路，帶領外國人攻入京都。前文提過，小笠原老中在慶喜的授意下，率軍護送將軍返回江戶。但真的是如此嗎？將軍上洛時率領三千名軍隊護衛，去年底就任京都守護職的松平容保也率領一千藩兵上洛，三、四月間成立的新選組（請參照第三部）亦有二百多名成員。光是這三股已有四千二百多兵力——比攘夷派志士多出甚多——保護將軍綽綽有餘，小笠原老中率領的兵力總有畫蛇添足之感。

六月二日若年寄稻葉正巳前來詢問小笠原上洛的動機，顯然他也不相信小笠原護送將軍的說辭。在稻葉若年寄的引導下，小笠原老中說出上洛的目的是要消滅京都的攘夷派，小笠原雖是老中末座，職位終究高過若年寄，因此稻葉若年寄無權要求退兵。之後幾日水野、板倉兩位老中前來勸阻小笠原進入京都，亦無法改變小笠原的決心。六月九日由家茂親自出馬才制止住小笠原，當日小笠原被免去老中職務。

小笠原的軍事政變在最後一刻失敗，對他而言固然功虧一簣，對攘夷派而言則嚇出一身冷汗，再也不敢軟禁將軍，家茂得以在六月十三日從容於大坂登上順動丸，十六日回到離開三個多月的江戶。將軍順利返回江戶，應該是小笠原老中此行最大的成果。

六、長州砲擊四國船隊及下關戰爭

幕府迫於朝廷的壓力，不得不於四月廿日以將軍的名義公布攘夷期限為五月十日，攘夷期限一公布，以舉藩攘夷為藩論的長州藩開始摩拳擦掌，舉藩上下進入備戰狀態，準備迎接當日到來、迎頭痛擊進入下關海峽的外國船隻。

五月初一艘從橫濱出發經長崎到上海的美國商船龐布洛克號（Pembroke），因為風浪及潮流之故，暫時停於豐前國田野浦沖（福岡縣北九州市門司港一帶）。五月十日夜八時，久坂玄瑞坐在從三田尻啟程前往下關的木製帆船庚申丸上，見機不可失，連同停泊在下關港的蒸汽軍艦癸亥丸（與庚申丸均為長州自造船艦）朝龐布洛克號發砲。

「瞄準！別射歪了，射擊！」

儘管龐布洛克號並未移動，兩船發射的砲彈皆未命中，龐布洛克號眼見長州不懷好意，趕緊拔錨往周防灘逃去，庚申丸、癸亥丸二艦無法追上。因為這起可能成為國際紛爭的事件受到朝廷褒獎的敕令，使得長州更加堅定攘夷的志向。

五月廿三日，長州支藩長府藩（位於山口縣下關市）也依樣畫葫蘆砲擊臨時停在壇浦附近豐浦沖（山口縣下關市豐浦町）的法國通信艦京城號（Kien-Chang）。京城號雖被擊中甲板，但是仍突破長州砲台的射程範圍及軍艦的追擊，往西遁入玄界灘。接著廿六日，荷蘭東印度艦隊之一的商船梅杜莎號（Medusa）從長崎前往橫濱經過下關海峽。荷蘭已經得知美、法兩國船隻遭到砲擊的消息，荷蘭認為自幕府時代以來與日本已有超過二百年的友誼，應不至於受到砲擊才是，所以保持原來的航線通過下關海峽。荷蘭冒險的結果是受到更猛烈的砲擊，船身中彈超過三十發，付出四名死者、五名重傷的代價，最終依舊從長州藩的砲火中逃出。

儘管並沒有成功擊沉外國船隻，然而接二連三看著他們狼狽而逃讓長州感覺像是已取得重大的勝利，加上朝廷的屢屢褒獎，讓長州有歐美列強也不外如是的錯覺。可是經過仔細分析後可知：長州砲擊的三艘船艦一艘為通信艦，另外二艘為商船，換言之，被長州砲擊的並不是裝備強大武裝的軍艦。在這種情形下三艘船艦都能逃開代表長州的砲台及船艦火力不夠強大、射程不夠遠以及船速不如人，長州獲得的只是表面上的勝利。而且對於沒有武裝的船隻採取奇襲攻擊已違反當時的國際法，長州在洋洋得意之餘，恐怕沒人看清歐美國家反撲的實力，這往往是受殖民侵略國家盲目攘夷的共通點。

歐美國家很快便展開報復。六月一日，從橫濱派來的美國軍艦懷俄明號（Wyoming）進入下關海峽，航行在下關砲台及長州軍艦的射程之外，根本不用擔心被發現。懷俄明號在長州的射程外砲擊，美軍的砲彈來得又快又準，長州賴以為傲的軍艦庚申丸、壬戌丸遭到擊沉，蒸氣軍艦癸亥丸則受到重創，動彈不得。懷俄明號接著瞄準岸邊砲台，沒到幾下工夫下關沿岸砲台盡遭剷平，然後快速離去。一艘美國軍艦幾乎摧毀長州的海防，沒有海防，攘夷只是空談。

接著六月五日法國也從東洋艦隊抽出塞米拉米斯號（Semiramis）、坦克利得號（Tancrede）兩艘軍艦進入下關海峽。塞米拉米斯號配有三十五門大砲，幾乎打掉壇浦、前田一帶的砲台，船上的二百餘名陸戰隊士兵從壇浦登陸，佔領砲台並將砲彈丟入海中，劫奪民宅後揚長離去。

任何人應該都能看出長州的武力在美法兩國的軍艦面前根本毫無招架之力，如果兩國軍艦盡出，十個長州藩也不夠打。目睹美法的反擊，長州應該要對列強動員之快、武力之強大以及自身武力的不堪一擊感到訝異，如果能看清彼此力量的差異而放棄攘夷的不智，那麼砲台被剷平、軍艦被擊沉還算值得。可惜的是，此次事件對長州而言，除促成高杉晉作成立奇兵隊（詳情請見第三部）外幾乎一無所獲，導致仍堅決攘夷立場的長州在未來一年多必須付出更大的代價。

七、薩英戰爭

繼長州之後，薩摩也與外國發生武力衝突。

生麥事件發生後，代理公使尼爾以幕府為談判索賠的對象，從文久二年十一月起進入談判桌上談判。對尼爾代理公使而言，生麥事件造成一死二傷，要求賠款、懲兇並不為過，問題在於要要求多少賠款。當時英國外相羅素(John Russell)命尼爾代理公使要分別向幕府及薩摩藩索賠，對幕府方面要求正式的道歉以及支付十萬英鎊賠償；對薩摩方面要求交出犯人予以處刑以及二萬五千英鎊賠償。

幕府雖然沒有照單全收，不過至少表現出願意談判的態度，薩摩則是相應不理，這點讓尼爾代理公使非常不滿。文久三年二月六日，十二艘英國東印度艦隊集結於橫濱，限令幕府在二十日內必須簽字同意支付賠償，否則即將北上封鎖江戶灣。當時正值將軍上洛，英國同意延後期限，沒想到將軍此次上洛幾乎是被攘夷派軟禁。起初尼爾代理公使表示能夠體諒，並饒富興致地觀賞相撲(《遠崖——薩道義日記抄》第一冊)，同時也派出船隻前往薩摩向島津久光索賠。

「擅入我大名行列者死，豈有叫我支付賠償之理！」

尼爾代理公使對於幕府一再要求延後期限的說詞感到不耐，態度愈益強硬，一度曾以斷絕外交關係脅迫，斷絕外交關係後的下一步相信雙方都心知肚明。因此五月九日，老中格小笠原長行在將軍後見職一橋慶喜的同意下，向英國支付十一萬英鎊的賠償，包括東禪寺事件的一萬英鎊及生麥事件的十萬英鎊。自此結束被薩道義稱為「八十日危機」的談判過程，尼爾代理公使終於成功的向幕府取得賠償。

約略同時長州在攘夷期限一到便砲擊通過下關海峽的外國船隻，儘管受到砲擊的都不是武裝軍艦，卻也讓長州藩上下為之振奮。六月十日，英、美、法、荷四國外交代表聚集法國公使館，針對確保下關海峽航行自由進行討論。當時美、法已對長州進行報復，英國在長州砲擊事件中因並非受害者而表現出消極的態度，只說會再與海軍部門進行討論。

六月十四日，尼爾代理公使與東印度艦隊提督庫柏海軍中將討論，是要加入美、法、荷三國陣營或是前往薩摩催討賠款。海軍方面的意見傾向前往薩摩，尼爾代理公使尊重海軍的決定，下令船隻集結，準備前往薩摩。

六月廿二日，英國東印度艦隊以旗艦尤利亞拉斯號（Euryalus，總噸數二三七一噸）為首，率領珍珠號（Pearl，總噸數一四六九噸）、英仙座號（Perseus，總噸數九五五噸）、阿格斯號（Argus，總噸數九八一噸）、寇克特號（Coquette，總噸數六七七噸）、雷斯霍斯號（Racehorse，總噸數六九五噸）、哈佛克號（Havock，總噸數二三二噸）共七艘從橫濱出航，公使館全員也隨行，薩道義被分配到阿格斯號。

據薩道義的日記記載，艦隊的行程如下：

出航後約五小時即出相模灘，艦隊組成二列縱隊，依序為旗艦尤利亞拉斯號、寇克特號、英仙座號，接著左舷為珍珠號、阿格斯號、雷斯霍斯號。艦隊以佐多岬（大隅半島南端，鹿兒島灣的入口）為目標，首度在盛夏的海面上南下。

從橫濱到佐多岬，英國艦隊航行距離為五百五十七海里（一〇三二公里），這段期間艦隊主要依賴風帆航行，持續以平均時速為四．五節（約八．三公里）航行、經橫濱到次日正午通過御前崎（靜岡縣御前崎市南端）南方三十二海里（六十公里）的地點。次次日，亦即六月廿四日正午到達紀伊半島南端潮岬（和歌山縣東牟婁郡串本町，是本州最南端）南方五十六海里（一〇四公里）的海面上。

奉命前往薩摩的幕府軍艦蟠龍丸之後才要從品川沖出發，這是六月廿四日下午的事。

六月廿七日下午，英國艦隊抵達鹿兒島灣入口，為了帶給薩摩壓迫感，艦隊甚至深入鹿兒島灣，距離鹿兒島市街只有十二公里左右。英國為避免重演生麥事件的慘劇，堅持不下船，反而要薩摩使者上船與之談判。經過廿八、廿九兩日的談判，雙方差異過大，英國關上談判方式，決定訴諸武力懲戒薩摩。

薩摩方面似乎已料到英國此次來者不善，下令全藩上下備戰，並赦免寺田屋事件受到謹慎處分的關係者，西鄉信吾、大山彌助、三島彌兵衛等廿一位年輕藩士重獲自由。七月一日尼爾代理公使向薩摩使者發出雙方即將進入戰爭狀態的通告，由於鹿兒島城在英國大砲的射程範圍內，在剛被升任御側役的大久保一藏的建議下，島津久光・忠義父子離開鹿兒島城，撤往內陸的千眼寺（鹿兒島市常盤二丁目）作為臨時本陣。

七月二日薩摩颳風降雨，早上十時左右英國發現停在重富（鹿兒島縣始良市）脇元浦邊的三艘薩摩汽船天佑丸、白鳳丸、青鷹丸，英國驅逐艦上的薩摩士兵，硬是奪下三艘汽船，薩摩藩士五代才助（維新回天後改名五代友厚）、松木弘安為英國士兵俘虜。英國獲勝後沿海岸線南下，在祇園之洲町（鹿兒島市祇園之洲町祇園之洲公園）遇上薩摩砲台砲擊，之後一路南下到甲突川口天保山砲台為止薩摩一共設下七處砲台，不只如此，鹿兒島灣東邊的櫻島亦有砲台發砲馳援，英軍陷入極為密集的砲台砲擊危機。

英軍亦發砲還擊，共九十門大砲使薩摩沿海地區陷入火海中，不過薩摩毫無屈服之意，成年男子加入戰鬥行列，婦女小孩幫忙醫治受傷的傷兵，充分發揮薩摩隼人的精神。砲擊持續至宵五時左右，鹿兒島城下市街多處著火，但是薩摩的戰鬥意志相當高昂，僅有十人戰死、十一人負傷；英國方面戰死十三人（包括旗艦尤利亞拉斯號艦長及副官）、負傷五十人，薩道義乘坐的阿格斯號亦被三發砲彈擊中，至於被英軍奪走的三艘汽船則中彈沉沒。

或許這樣的損失不算什麼，不過對海上霸權大英帝國而言，這可是難得一見的敗仗。特別在亞洲地區，像是清國、印度這些歷史古國無不是英國的手下敗將，但是卻敗在蕞爾小國日本的其中一個藩，傷亡者多出對方三倍，英國豈能不大感驚訝？薩英之戰的消息傳出，西方國家無不為之震驚，他們大篇幅報導這次戰爭的經過。

「薩摩藩幹得好！」

薩英戰爭後，英國一改先前的鄙視心態，對薩摩展現出友好態度，不再強向薩摩索賠（最後是薩摩向幕府借款償還英國）。薩摩雖然擊退英國，代價也甚為慘重，不少砲台被擊毀，前藩主齊彬辛苦興建的集成館毀於兵火，鹿兒島城下滿目瘡痍，與其說是獲勝不如說是慘勝，並不如西方報紙報導的那樣風光。經此一戰，英國充分認識到薩摩高昂的尚武精神，對薩摩的高度近代化表示佩服（這部分是島津齊彬的功勞），開始出現與薩摩提攜的傾向。薩摩則是見識到西方國方的強大，以這樣的國家為對手進行攘夷不可能會成功。

本章最後兩節介紹薩摩、長州兩大強藩各自的攘夷經過，薩英戰爭後薩摩幾乎摒棄攘夷的主張，反之長州在砲擊列強船隻的勝利之餘繼續堅持攘夷主張。薩長二藩各自走上不同主張對於之後的發展會有怎樣的影響呢？從前幾節筆者的介紹來看，京都除了攘夷外已經容不下其他的聲音，極端攘夷派會為京都帶來怎樣的後果？在將軍上洛期間攘夷派形同對將軍的軟禁是否會招致其他人的反感呢？其他不同勢力會不會整合起來打倒攘夷派呢？筆者將於第十章探討這些內容。

第十章

文久三年八・一八政變及其餘波

一、朔平門外之變後朝廷的異動

公卿姉小路公知遭暗殺的消息傳出，翌日，將軍召集包括京都守護職在內的在京諸藩大名，除派人搜捕行兇犯人外，為避免再有類似事件發生，當下分配各藩派兵守衛御所及內裏諸門。各藩分配的位置如下：

御所外圍

清和院御門——土佐山內家

寺町御門——肥後細川家
堺町御門——長州毛利家
下立賣御門——仙台伊達家
蛤御門——水戶德川家
今出川御門——備前池田家
乾御門——薩摩島津家
中立賣御門——因幡池田家
石藥師御門——德島蜂須賀家

內裏諸門

建禮門——薩摩島津家
建春門——米澤上杉家
朔平門——中津奧平家
宜秋門——會津松平家

清所門——京都所司代（當時所司代為越後長岡藩主牧野忠恭）
皇后門——京都所司代

五月廿二日根據土佐藩志士那須信吾（暗殺土佐藩參政吉田東洋的刺客之一）的證言，鎖定犯人是薩摩藩士田中新兵衛。會津藩在東洞院通和蛸藥師通交界處（京都市中京區）的田中住所埋伏，廿六日擒伏田中以及出入他住所的薩摩藩士仁禮源之丞（維新回天後改名仁禮景範），將兩人抓回京都町奉行所（京都市中京區押小路通一帶）。田中新兵衛被捕當天在獄中自殺，仁禮源之丞則是因查無犯案證據獲釋，雖然嫌犯自裁而使此案成為懸案，但是在外界看來田中是畏罪自殺，此舉默認已做之事。

因為涉嫌暗殺攘夷派公卿姉小路公知（被暗殺前的姉小路其實已經偏離攘夷立場），使得薩摩自久光上洛以來在京都建立的高人氣開始下墜，最後被解除乾御門和建禮門的守衛職務，禁止薩摩藩士進入九門內（御所）。以薩摩為後盾的尊融入道親王即便還受到天皇的信任，但是發言權已大不如前，因此姉小路公知的暗殺事件背後目的為何不難想像。

陷入如此困境的薩摩藩是否有解決之道呢？

二、文久三年八・一八政變

自文久二（一八六二）年七月天誅在京都盛行以來，以長州、土佐為首的激進攘夷派不僅橫行京都、扶持不少落魄公卿——如前述的姉小路公知——成為朝廷的核心，利用能接近天皇的公卿探聽天皇及其他非攘夷派公卿的想法，甚至進而影響並操控天皇。當時傳出攘夷派將自己的意志傳達給他們所扶植的公卿，並偽造天皇的敕令——文久三年將軍上洛前後偽造敕令時有所聞——藉此間接打擊他們的政敵，也就是公武合體派。

長州藩在將軍離開京都後（六月九日）更是肆無忌憚，久留米水天宮神官真木和泉（見第七章第三節）這位被長州攘夷派志士尊稱為「今楠公」（當世的楠木正成[1]）的尊攘派理論家，在將軍離京前日進京。真木和泉可說是最早提倡倒幕論的志士，雖然此時倒幕還未成為攘夷志士們

1　楠木正成：楠木正成是鎌倉末期河內國的惡黨，後醍醐天皇舉兵倒幕時率兵響應，當天皇兵敗被捕，正成率軍死守赤坂城一段時日後退兵。之後鎌倉幕府滅亡，天皇的種種失政使得武士紛紛出走擁戴足利尊氏與之對立，但正成始終義無反顧的擁戴天皇，最終在湊川之戰戰死。明治之後尊稱正成為大楠公，並在皇居前豎立大楠公銅像，視其為忠臣與軍人的典範。

的共識，不過只要攘夷論繼續發酵，倒幕終究會成為攘夷志士的議題。

真木和泉此次進京是要加速朝廷和幕府的決裂，亦即讓天皇親自攘夷親征，為進行攘夷親征，所以要從幕府手中收回土地和人民。真木甚至主張：尾張以西的攘夷由天皇親自主持，以東委由將軍負責，畿內五國由朝廷負責徵收租稅，作為攘夷的費用。進入七月，長州藩家老益田右衛門介（通稱越中、彈正，名親施）上洛，向關白以下重要公卿朝臣遊說以藩主毛利慶親名義提出的天皇主持攘夷親征計畫，益田的提議與真木不謀而合。真木本人並無官職，因此由益田進行遊說工作，他向公卿遊說的同時，也向滯留京都的各藩藩主、重臣遊說。公卿、藩主、重臣大致上支持攘夷，不過對於天皇攘夷親征多數抱持反對態度。綜觀日本歷史可知天皇已超過千年不曾親征，讓天皇攘夷親征所冒風險過大，是遭致反對的主因。

從現實層面來看，除了到特定神社參拜外幾乎不曾離開過御所、軍事知識接近於零的天皇，真的有辦法統率軍隊攘夷嗎？真木、益田的計畫將天皇置於險境，等於是將天皇當作棋子（事實上他們是將天皇當成「玉」），在尊王意識高漲的當時，除攘夷派外幾乎不能得到更多非攘夷派的認同，是後來攘夷派失敗的主因。

當時尊攘派沉醉在長州成功趕走美、法、荷三國船艦（其實是商船和通信艦）的喜悅中，在他們看來攘夷是輕而易舉之事，長州一藩便能趕走三艘船艦，若是全國各藩都起來進行攘夷，定能讓外國勢力退出日本。天皇攘夷親征的提議幾乎得到攘夷志士的一致擁護。

七月廿八日，守護職松平容保在內裏建春門前為天皇舉行馬揃[2]（說到馬揃應該會有讀者想到天正九〔一五八一〕年二月織田信長舉行的「京都御馬揃」），不料當天下雨只得順延，接下來廿九日、三十日亦持續下雨。到三十日下午雨勢稍停，雖稱不上好天氣，松平容保還是決定舉行馬揃。下令會津藩士從黑谷金戒光明寺出發，沿著丸太町通過丸太町橋，到寺町通右轉北上，快到今出川通前左轉進石藥師御門，順著練兵場南下抵達建春門。一路上會津藩士穿戴整套甲冑，手持鉦、太鼓、琺瑯貝及五色信號旗，參內傘[3]的馬印[4]和白地[5]寫成兩面「皇八幡宮賀茂大神」的旗幟，據說是藩祖保科正之參內時所使用之物。

容保此次舉行馬揃主要目的應該是向攘夷派公卿示威，五月底時攘夷派曾偽造天皇敕令要

2 馬揃：聚集軍馬檢閱訓練狀況。
3 參內傘：少將以上參內時由從者手持長柄之傘，傘面為朱紅色，十萬石以上的大名亦可使用。
4 馬印：戰場上武將為顯示自己所在之本陣而使用的旗印。
5 白地：未經書寫和染色的白布。

松平容保前往江戶協助一橋慶喜鼓動幕府進行攘夷，用意在於將容保排除出京都，讓佐幕派的會津藩因藩主不在而動彈不得。而此次馬揃展現出會津藩壯盛的陣容，既是給尊攘派下馬威，也給公武合體派和佐幕派吃下定心丸。天皇看完馬揃神情愉悅，次日贈予松平容保和會津藩大和錦二卷、白銀二百枚的賞賜。容保於八月五日又在同地進行同樣陣容的馬揃，並將先前天皇贈予的大和錦趕製成陣羽織穿在身上，天皇看見身著陣羽織的容保英姿煥發，對他慰勉有加，賞賜黃金三枚、白銀二百枚、陣羽織、水干、御鞍等物。

松平容保舉行馬揃大大地提振了公武合體派的信心，攘夷派深恐天皇這塊「玉」倒向公武合體派，真木和泉將益田的提案修改為更極端的方案向三條實美等數名國事參政提出。真木的新提案為讓天皇走出御所，到四月天皇去過的石清水八幡宮進行攘夷祈願（八幡行幸）。八月十三日，改成前往大和國與皇室相關之地——如畝傍山（據說是神武天皇陵寢所在地，當時只有一堆土，橿原神宮是明治中期才興建的）、春日神社（現稱春日大社，藤原氏的氏社）——祈求攘夷順利進行，以上兩地都位在令制國大和國境內，故稱為「大和行幸」。

如果只是到畝傍山、春日神社行幸，與先前長州藩家老的提案並無太大差別，不過，真木的攘夷親征重點在於當天皇到畝傍山祈求攘夷時，由國事參政及真木、益田右衛門介、桂小五郎、久坂玄瑞、平野國臣等被新任命為學習院出仕(八月十四日任命)的攘夷志士簇擁天皇討幕,跟隨天皇大和行幸的諸藩當下搖身變為討幕先鋒。既然要討幕,必須廣邀各藩,計畫以天皇名義向加賀、薩摩、熊本、長州、土佐、久留米六藩募得十萬兩作為行幸費用,另外還命鳥取、岡山、德島等在京十餘藩的藩主率兵隨侍大和行幸。

國事參政等一干公卿於八月七日向天皇提出攘夷親征,但天皇認為攘夷親征時機過早而予以拒絕。攘夷派認為若能排除深受天皇信任的青蓮院宮尊融入道親王,或許能說服天皇,因此改提任命親王前往九州擔任西國鎮撫使,安撫蠢蠢欲動的攘夷志士。八月八日夜做好偽造的敕令要親王離開京都,親王知道這是要弄走他的計謀而拒絕,宣稱自己願意留下參與八幡行幸(後來的大和行幸),如此一來攘夷派無法再羅織理由支走親王。

八月十三日,發布大和行幸之詔,當然,這是攘夷派偽造之詔敕。天皇似乎早已知道攘夷派偽造敕令,對於他們偽造敕令甚是憤怒,但苦於周遭充斥攘夷派公卿而無可奈何。這一日天皇向親王大吐苦水,大致內容是:

「慶喜、容保等人上奏的內容為幕府武備尚不充分而不能開戰,時機尚早也。因此朕的親征雖時日迫近，但朕想暫且延期，討幕也不得不停止。你非常了解我的心意，好好計畫一下該怎麼做。」

攘夷派的盤算是將攘夷與討幕混為一談，攘夷的同時也進行倒幕。根據天皇對尊融入道親王的言談來看，天皇有意攘夷，但對於討幕顯得興趣缺缺，表面上看來是因為幕府武力不夠只得暫停攘夷，或許天皇的用意是藉機中止討幕。筆者引述這段話著重點在最後一句，亦即天皇要尊融入道親王計畫推翻攘夷派隻手遮天的現狀。

於是朝廷以親王為中心，結合前關白近衛忠熙·忠房父子、二條齊敬右大臣等贊同公武合體的公卿，然而，光是這樣的陣容無法推翻攘夷派。同日（八月十三日）鳥取藩主池田慶德帶著一橋慶喜的書信，連同岡山藩主池田茂政、米澤藩主上杉齊憲、德島藩世子蜂須賀茂韶共四人透過議奏廣幡忠禮、長谷信篤及武家傳奏飛鳥井雅典、野宮定功直接向天皇建言。在非常狀況下，四人提出的非常請求被接受，於是四人參內表達若天皇親征行幸會使將軍失去立場，招致武家社會秩序崩壞，他們站在武家的立場強烈表示反對。

四位大名、世子的一席話與天皇的意見有不少雷同之處，當下取得共識。同一日，薩摩藩士高崎左太郎（維新回天後改名正風）前往會津藩士秋月悌次郎的住處拜訪，傳達島津久光的命令，尋求合作的可能性。由於朔平門外之變使得薩摩被解除乾御門的守備工作，薩摩在京都的兵力只剩下一百五十人，久光若要發動推翻長州的政變，勢必要與其他藩合作，當時在京兵力最多的會津藩是久光想積極合作的對象。松平容保對攘夷派的蠻橫深感痛惡，聽到薩摩藩的提議一拍即合，透過藩士秋月悌次郎與薩摩簽訂排除長州攘夷派的會薩同盟。

得到會津藩答覆的高崎左太郎趕忙進入親王宅邸通報，這是以恢復天皇權威並使朝廷正常化為目標的政變，因此天皇的態度成為政變成功與否的關鍵。三月近衛前關白辭去內覽，能夠向天皇進言的人只剩親王（鷹司關白立場傾向攘夷）。如前文所述，親王接受天皇賦予推翻攘夷派之任，對於薩摩藩士通報的內容甚為滿意，如今（八月十四日）從天皇到親王、公卿、諸藩（會津、薩摩、岡山、鳥取、米澤、德島）都加入排除攘夷派的政變。政變計畫保密工夫也做得相當徹底，連身處權力核心的攘夷派公卿三條實美、廣幡忠禮、長谷信篤等議奏都不知情。

八月十六日，近衛前關白一改慎重態度同意政變。十七日夜尊融入道親王偕同近衛前關白、二條右大臣三人參內上奏辭退九州鎮撫使並確認天皇的心意，天皇沒有絲毫動搖。十八日夜九時半，尊融入道親王、二條右大臣、德大寺公純內大臣、近衛前關白、近衛忠房權大納言、守護職松平容保、京都所司代稻葉正邦（淀藩第十二代藩主）經石藥師御門參內（鷹司關白被排除在外），為文久三年八・一八政變揭開序幕。

同時緊閉內裏六門，由會津（一八八八人）、淀（四六八人）、薩摩（一五〇人）共約二千五百人戍守內裏，攘夷派的國事御用掛、國事參政、國事寄人一律不得參內。並急命其他諸藩率藩兵警備御所九門，最早率藩兵趕來的是岡山、鳥取、米澤、德島四藩，光這四藩即有將近二千名藩兵。曉七時警備布置完成，總計支持政變的藩兵超過六千五百人。

天亮後尊融入道親王宣布，禁止以下人等參內、任意行動以及與他人會面：

議奏　廣幡忠禮
議奏　德大寺實則
議奏　三條實美
武家傳奏　飛鳥井雅典
武家傳奏　野宮定功
國事寄人　三條西季知

東園基敬
四條隆謌
錦小路賴德
澤宣嘉
橋本實梁
豐岡隨資
東久世通禧
萬里小路博房
烏丸光德

國事御用掛

國事參政

同時宣布廢除國事參政、國事寄人二職，保留國事御用掛。接著尊融入道親王、松平容保、稻葉正邦、上杉齊憲、池田茂政舉行朝議作為政變的善後。朝議決定以下三件事：

一、大和行幸無限期延期。

二、解除長州藩堺町御門的警備，恢復薩摩藩乾御門警備。

三、在此之前以天皇名義發出的詔敕均為無效。

於是，在堺町御門警備的長州藩兵遭到驅離，御所改由以會津、薩摩為首的公武合體派把持。禁止參內的攘夷派公卿三條實美、豐岡隨資、滋野井實在、東久世通禧等人與四百多名長州藩兵撤離鷹司關白的宅邸，移往位在洛東的妙法院（京都市東山區妙法院前側町），這裡聚集了長州、清末二藩及岩國領藩兵、攘夷派公卿、攘夷志士還有各地脫藩浪士，一共約二千六百人。

真木和泉在妙法院召開會議時主張在河內的金剛山（位於奈良縣御所市、大阪府南河內郡千早赤阪村之間）及攝津的摩耶山（兵庫縣神戶市灘區）起義，但是遭到眾人反對而作罷，長州藩士及眾公卿認為應先返回長州再說。

以上是文久三年八．一八政變大致的經過，在這一次政變中以長州藩為首的攘夷派因為過於偏激的行為（唆使天皇攘夷親征）而遭到諸藩的孤立，落得被解除堺町御門警備、流放出京都的下場。這次政變的特色是從頭到尾幕府都沒有介入，而是由會津、薩摩二藩以及宮內深受天皇信任的青蓮院宮尊融入道親王主導這次的政變，幕府對於這次政變不僅沒能介入，連資訊取得都慢人一拍，這在幕府初期是不可能發生的事。

八・一八政變只是天皇厭惡以長州藩為首的過激尊攘派之作為，而將其逐出京都，天皇依舊是主張攘夷的，這可從政變後的十九日及廿五日天皇向幕府及諸藩督促進行攘夷的敕令之舉得到證明。

三、七卿落

聚集在妙法院以長州為首的攘夷派，最終做出先行返回長州的決議。不過，部分公卿並不願離開京都前往遙遠的西國，跟隨前往長州的只有三條實美、三條西季知、壬生基修、錦小路賴德、東久世通禧、四條隆謌、澤宣嘉七名公卿，而豐岡隨資、滋野井實在、東園基敬、烏丸光德四人選擇返回住家接受處分。

十九日晝四時，在前晚起就下個不停的雨勢中，長州等尊攘派與七卿踏上離開京都之途。

他們一行沿著伏見街道南下，到神戶改乘海路在瀨戶內海航行，於三田尻上岸，此即著名的「七卿落」。

廿四日，朝廷對跟隨長州的七卿做出剝奪官位的處分，另外再加上逃脫到長州的罪責。廿五日，封閉數日的御所九門重新開放，代表京都的秩序已恢復穩定。

七卿流亡長州時除三條西季知五十三歲外，其他六卿都在三十上下，最年輕的三條實美甚至只有廿七歲。他們後來度過幾年顛沛流離的歲月，當中的澤宣嘉離開長州參加在本章末節將會提到的「生野義舉」，七卿另一位錦小路賴德於翌年四月病逝長州。慶應元（一八六五）年二月第一次征長之役結束後其餘五卿被轉移至筑前國太宰府天滿宮延壽王院（福岡縣太宰府市宰府四丁目），直至慶應三年十二月九日「王政復古大號令」前夕，朝議才赦免他們，並恢復原先的官職，離八・一八政變足足有四年三個多月之久。

六卿（死去的錦小路除外）的受難成為他們在明治時代官場上「顯赫」的資歷，澤宣嘉出身堂上公卿家格最低的半家，極官為大納言，不過，實際上能當到大納言的半家公卿非常罕見。澤宣嘉在七卿落時官位僅是正五位下主水正，維新回天後先後擔任九州鎮撫總督、外國事務總督、長崎府知事，明治二（一八六九）年起更成為首任外務卿，如果他沒有七卿落的遭遇，只憑半家的家格不可能讓他在眾多競爭者中脫穎而出。可惜澤宣嘉在明治六年早逝，不然官途應該不只如此。明治十七年頒布《華族令》，家格為半家的公卿爵位均為子爵，只有澤家是伯爵。

壬生基修出身比半家高兩階的羽林家，極官為大納言，少數羽林家可以敘任內大臣。維新回天後壬生基修成為軍防事務局親兵掛、右近衛權少將、越後府知事、東京府知事、元老院議官。《華族令》頒布後受封伯爵，之後成為貴族院議員、首任平安神宮宮司。

四條隆謌的家格亦為羽林家，八・一八政變時的官位為侍從，戊辰戰爭時先是擔任征討大將軍仁和寺宮嘉彰親王的錦旗奉行，之後歷任中國四國追討總督、甲府鎮撫使、東征大總督府參謀、仙台追討總督。維新回天後從軍，前後擔任大阪、名古屋、仙台等鎮台司令官，位階至陸軍中將，之後擔任元老院議官。《華族令》頒布時先是伯爵，後晉爵至侯爵，並成為貴族院議員。

東久世通禧亦出身羽林家，八・一八政變時的官位為左近衛權少將，維新回天後歷任外國事務總督、神奈川府知事、開拓使（北海道）長官。曾跟隨岩倉使節團出訪，之後擔任元老院副議長、樞密顧問官。《華族令》頒布時受封為伯爵，是首任貴族院副議長，之後擔任樞密院副議長。

三條西季知的家格是比羽林家更高一階的大臣家，極官為左右大臣（比例極少，多半只到內大臣）。八．一八政變時官位為權中納言，《王政復古大號令》頒布將官位恢復至權大納言。維新回天後因年事已高而辭官隱居，之後擔任伊勢神宮祭主[6]，《華族令》頒布前死去，其子公允受封伯爵。

七卿中家格最高當數三條實美，出身僅次於攝關家的清華家，極官為左大臣。維新回天後擔任三職中的議定，之後轉任右大臣，明治四年起成為太政大臣直至內閣制實施才轉任保管御璽、國璽和負責詔敕、敕書等相關宮廷文書的內大臣（明治中期設置的內大臣與近代以前職責並不同）。《華族令》頒布時受封為僅有的十一名公爵之一。

三條實美能夠在明治時代當上太政大臣並不是因為能力突出（事實上正好相反），也不完全是家世顯赫（攝關家的家格高過三條），在家世之外重要的是七卿落這段經歷。公卿中雖也有類似的例子，如岩倉具視也曾到洛北岩倉村隱居，但是與三條相比黯然失色，其他公卿更不值一提，因此太政大臣一職捨三條之外恐怕沒有更適當的人選（再次強調與能力無關）。

四、掃蕩土佐尊攘派

筆者在第八章提到文久二年長州、土佐攜手合作，讓朝廷再次派遣敕使東下江戶，當時的土佐與長州並列攘夷急先鋒，可是筆者在本章中幾乎對土佐隻字未提，為何文久三年土佐從攘夷陣營消失了呢？原來土佐藩前藩主山內容堂從江戶回到領國，一返回土佐便立即架空現任藩主豐範。

筆者在第一部簡單介紹了土佐藩的歷史，充斥上士與鄉士的血淚對抗及容堂成為藩主的經過，安政大獄時容堂受到隱居謹慎的處分，因此不得不在三十三歲壯齡之年讓位給前任及前前任藩主之弟豐範，鄉士武市半平太看準這一時機召集鄉士成立土佐勤王黨，將近二百名成員的勤王黨成為半平太進入土佐藩政權的後盾。主張攘夷的半平太與深受德川家恩澤的土佐藩原本存在矛盾，勤王黨的一舉一動都會傳進在江戶隱居謹慎的容堂耳裡。

容堂雖對半平太及勤王黨不滿，但礙於攘夷派聲勢如日中天，不便正面與之衝突。

6 祭主：伊勢神宮內神官之長，隸屬神祇官，近代以前由大中臣氏世襲。

「終有一日我會清除藩內的攘夷派！」

容堂所等待的機會很快便降臨了，文久三年將軍上洛，容堂先於一月廿五日進京。進京後立即禁止藩內的京都留守居役平井收二郎、間崎哲馬、弘瀨健太三人出入公卿宅邸，之後革除三人命其返回土佐，接著任命上士後藤象二郎為大監察，調查三人在京都的罪狀。五月緝拿三人下獄，六月八日下令三人切腹，三人中間崎的年紀最長，死時不過三十歲；平井收二郎與坂本龍馬同年，此時為廿九歲，切腹時不斷喊著「不甘心」；弘瀨健太是三人中年紀最輕，只有廿八歲，他不需介錯即結束了自己的性命。

「土佐變天了……」

八・一八政變後，京都內的長州攘夷志士多數撤回長州，隸屬於京都守護職的會津藩士、京都見迴組、新選組及京都所司代、京都町奉行、伏見奉行所搜捕潛藏在京都市區的少數攘夷志士，這些為數不多的攘夷志士多半是土佐藩的鄉士和脫藩浪人。由於容堂已表態佐幕，因此上述單位對於土佐鄉士和脫藩浪人毫不手軟地大開殺戒，因為不管死了再多的土佐鄉士，容堂及土佐藩上士也都無動於衷，據統計，新選組刀下的亡魂中，土佐鄉士和脫藩浪人便佔去半數之多……

躲藏在京都市內的土佐鄉士及脫藩浪人不少在街頭被砍死，不想曝屍街頭的他們連夜逃回土佐，可是土佐並不像舉藩攘夷的長州——即便被趕出京都，藩主、家老、藩士都還歡迎他們歸來——團結一心，在土佐等待他們的是大監察後藤及同為上士的乾退助、福岡藤次等新虎魚組成員，在土佐境內張開大網等待他們自投羅網。

九月廿一日，武市半平太被捕下獄，其他勤王黨成員陸續被捕，僅有中岡慎太郎、大石彌太郎、島本審次郎（維新回天後改名仲道）等少數人脫逃，盛極一時的土佐勤王黨幾乎被一網打盡。

半平太因為是白札出身，捕快對他相當有禮，讓他從容吃完早餐與妻子富子道別後才將他逮捕。即便下獄也是關在舖有二疊榻榻米地板的房間，不用與其他人擠在一起，獄卒也不敢對他刑求。至於其他的勤王黨成員可就沒有如此待遇，被捕之後在衛生條件極差的地牢裡日夜遭受拷打，有些體質較差的，如島村衛吉、山本喜三之進等人在獄中被活活打死；受不住拷問的，如田內衛吉託人帶毒藥進來仰藥自盡，雖然如此卻沒有一人坦承殺害其他上士。

有些小說將勤王黨成員後來被處刑一事，歸咎於岡田以藏的自白。身為幕末四大人斬之一的以藏是半平太及勤王黨除去政敵的殺人工具，以藏最初是殺害吉田東洋的真正兇手，流亡京都期間與攘夷志士共同扮演天誅的執行者，因此當他被捕的消息傳出時，勤王黨成員都擔心他會受不住拷打而坦承自白。因此勤王黨成員買通部分捕吏要他們在以藏的伙食裡下毒，打算毒死以藏。不過以藏並未如他們所願被毒死，得知勤王黨成員有意毒死自己後，以藏猶如洩氣的氣球般向捕吏招供，以藏的自白給獄中的勤王黨成員宣判死刑。

必須澄清的是以上說法並不完全正確，如筆者在第八章所提，暗殺吉田東洋與以藏並無直接關聯，之所以被追捕是因為殺害其他土佐藩上士之故。以藏並非被下毒不成憤而自白，而是幾次拷打後就自行供認，與勤王黨成員相比，以藏的確是少了幾分骨氣，因此維新回天後明治政府追贈殉難的土佐志士，以藏不在其中也就不難理解。

不過，向來視鄉士如草芥的容堂，即便沒有以藏的自白，難道會放過這些鄉士嗎？

「我藩因關原而起，與薩長截然不同。」

出身在土佐這個上下階級嚴重對立的藩，遇到容堂這種「醉時勤皇，醒時佐幕」的老公，這些土佐鄉士也只能認命充當德富蘇峰口中的「長州蜜柑園和薩摩番薯田裡的肥料」。

最諷刺的是，武市半平太和岡田以藏一起在慶應元（一八六五）年閏五月十一日結束性命。尋常鄉士出身的以藏不配切腹，與久松喜代馬、村田忠三郎、岡本次郎三人一起處以斬首罪，斬首後將首級獄門[7]。

半平太最後判處死罪的罪名是「失臣下之所分，輕蔑上威，紊亂國憲。」由於半平太口風很緊，被關押一年八個多月裡從未吐露任何內容，對此容堂也頗感頭痛，最終仍執意判處半平太死刑，考量到半平太白札的家格而讓他切腹。

在獄中的半平太聽到自己被判處切腹的消息，神情泰然自若，面對死亡絲毫沒有任何畏懼。他向捕吏要求進行三文字切腹，所謂的三文字切腹亦即在肚子上橫切三次，前兩次輕切，第三次才像一般切腹者那樣重切。不過切腹的力道不易控制，很有可能在前兩次便因失血過多倒下，據說沒有人嘗試過。閏五月十一日宵五時，半平太被帶出監獄到藩廳南會所大廣廷（高知市帶屋町），享用完最後一餐後半平太向在場每個人點頭行禮，然後取出脇差朝肚子橫切一刀。

7　獄門：即梟首，死後不得埋葬也不准有人弔唁。

半平太的介錯人島村壽太郎（半平太妻富子之弟）正要拔刀進行介錯……

「且慢！」

島村只得停下拔刀動作，半平太往原先切痕下方再橫切一刀，這一次切得不如第一次流暢，島村又要做出拔刀動作。

「且……慢，我還要……再切一刀。」

已經切了兩刀的半平太還有氣力說話，眾人不禁對他的勇氣感到佩服。半平太略作停頓，深吸一口氣繼續切第三刀。第三刀完全是靠意志力在撐，切得頗為顫抖。切完後半平太的身體向前傾，島村壽太郎和另一位切腹人趕緊拔刀刺進半平太的心臟、結束他的性命，享年三十七歲。

半平太死後，勤王黨成員安岡覺之助、島村壽之助、河野萬壽彌被判處終生監禁，維新回天之際才獲得釋放。

半平太為何要用三文字切腹結束性命？通說是為了向容堂表示自己的清白，筆者認為說是向容堂表達無言的抗議或許更為貼切。

維新回天後容堂曾在新政府任官，包括三職中的議定、七科之一的內國事務科長官內國事務總督及議政官上局的議定，擔任的時間都不久。與其說是容堂的性格所致，不如說是明治初年官制紊亂，新政府既想維持舊有的太政官制，也想學習西方的三權分立制而弄得不倫不類。容堂在明治二年五月十五日辭去議政官上局的議定後，從此斷絕仕途。在東京買下御三卿田安家的別邸（東京都中央區日本橋箱崎町）作為豪宅，此外還在橋場購買別邸（東京都台東區橋場町），在這兩地輪流舉辦酒宴，「維新三傑」之一的木戶孝允經常是他的座上賓。

有一次，木戶又受邀到容堂的宅邸飲酒，酒過數巡，木戶帶著責難的語氣對容堂說道：

「大人您為何殺害半平太？」

容堂幾乎不加思索地回道：

「因為他只遵從藩令。」

言下之意是半平太只聽命藩令而不聽己令，聽來似乎頗有為自身開脫之意。不過回顧這段歷史可知，從半平太暗殺吉田東洋到容堂將半平太下獄這段期間，土佐名義上的藩主都是山內豐範，而非容堂（他只是隱居的老公），藩士聽命藩主難道不是武士的職責嗎？容堂這番話未免過於為自己辯解。

過度酗酒的容堂不久便中風倒下，他認為這是因果報應，不斷地懺悔：

「半平太，原諒我！原諒我！」

明治五（一八七二）年六月廿一日，木戶提前結束岩倉使節團的行程，正在返回日本的旅程上，當日鯨海醉侯山內容堂結束他的一生，享年四十六歲。

五、大和天誅組舉兵

本節筆者將時間拉回文久三年八月，當朝廷發布大和行幸之詔（偽造的敕令）的消息傳開，土佐勤王黨成員吉村寅太郎和池內藏太、三河國刈谷藩浪士松本謙三郎（號奎堂）、岡山藩浪士藤本津之助（號鐵石）簇擁攘夷派公卿中山侍從忠光（中山忠能七男），決定先行前往大和國襲擊幕府在大和的天領五條代官所（奈良縣五條市），掃除數日後天皇行幸大和的阻礙，在當地掀起討幕義舉。

以中山忠光為首的浪士共三十餘人，其中土佐浪人十八名、久留米浪人八名，其餘為各地浪人。八月十四日一行人從京都南下，十六日先到河內狹山藩（外樣大名，藩主為後北條氏）要求提供兵員及武器。狹山藩只是個區區一萬石小藩，無力對抗天誅組強行索要的行為，藩主只得裝病提供一些武器打發他們。有了武器的支援，天誅組返回大和於十七日包圍五條代官所，殺害代官鈴木源內，搶奪糧食後放火燒毀代官所，以附近的櫻井寺（奈良縣五條市須惠）作為本陣，稱作「御政府」或「總裁所」。十八日天誅組找來當地的庄屋及村役人[8]，當面將鈴木代官梟首，宣布五條納入「天朝直轄地」，此次舉義旨在推翻幕府統治，凡納入天朝直轄地皆可減半年貢，以爭取當地的支持。

解決武器和糧食的問題後，天誅組選中山忠光為主將，選吉村寅太郎、松本奎堂、藤本鐵石三人為總裁，派出那須信吾往北邊的高取藩要他們降伏，高取藩震懾於天誅組的氣勢，同意

8　村役人：也稱為村方三役，包含類似現在村長的庄屋、輔助庄屋的組頭，以及從百姓中選出有能力者作為代表的百姓代。

降伏。

人在京都的攘夷派聽到此事，認為天誅組的起義成功機會微乎其微，三條實美與真木和泉討論後，派出攘夷浪人平野國臣前往大和制止他們。平野國臣抵達大和時京都發生八・一八政變，當攘夷派被逐出京都的消息傳來，平野國臣一改先前的勸阻語氣，說道：

「看來尊攘派要重返京都，除在各地持續舉義外別無他法，我們京都見！」

人數只有三十多名的天誅組南下召募十津川鄉士，十津川位於大和國最南端吉野郡十津川流域，自古以來幾次與朝廷相關的戰事如壬申之亂、平治之亂，均站在擁護朝廷的立場，因而得到朝廷免除年貢的回報。南北朝對立時義無反顧的支持勢力相對弱小的南朝，因此室町幕府無法在大和設置守護。江戶幕府維持先前免除年貢的傳統，並將十津川納為天領，給予該地住民鄉士的身分。因此十津川鄉士未必都是武士，雖有勤皇的傳統，不過也未必有推翻對他們有恩的幕府之念頭。打出勤皇號召的天誅組共募得近千名的十津川鄉士，其實有近半數是採脅迫方式募來的。

原本同意降伏的高取藩聽到八・一八政變的消息後態度豹變，天誅組在此犯下戰略上的錯誤，從十津川北上包圍高取藩所屬的高取城（奈良縣高市郡高取町）。高取藩石高二萬五千石，屬於譜代大名，雖說只有區區二百多名城兵，對於烏合之眾的天誅組而言，要攻下有著城郭之險並配合大砲、鐵砲攻擊的高取城實在是難如登天，久攻不下的天誅組只好退回五條櫻井寺。

九月一日幕府下令紀州、津、彥根、大和郡山四藩發兵圍剿天誅組，同日朝廷亦發出追討天誅組的敕令。九月八日，上述四藩——每一藩都是十萬石以上的大藩——共一萬四千大軍對天誅組發動總攻擊，人數呈現絕對劣勢的天誅組根本不敵，本陣迅速被弭平。九月十四日朝廷宣布中山忠光為逆賊，向來忠於朝廷的十津川鄉士幾乎四散而去，天誅組只能藏匿在山中躲避幕軍的追捕。

九月廿四日，藤本鐵石、那須信吾、松本奎堂在鷲家口（奈良縣吉野郡東吉野村）遭遇幕軍，三人力竭戰死。廿七日，吉村寅太郎亦在同地戰死，得年廿七歲，天誅組的舉兵至此平定。天誅組志士受到國學派的影響，喜歡吟誦《古事記》倭建命（《日本書紀》寫為日本武尊）歌詠大和國的和歌：

倭は　国のまほろば　たたなづく　青垣　山隠れる　倭しうるはし

（大和國是日本國中最宜人之地，宛如重重綠牆圍繞的群山，被群山環顧的大和國是個美麗的國家！）

據說吉村寅太郎死前吟誦了這首和歌。

中山忠光身邊只剩池內藏太等三、四名志士，在他們的保護下突圍脫困，到大坂搭船前往長州。一年多以後長州短暫被主張對幕府恭順的俗論派掌控，俗論派為證明對幕府的恭順，派出刺客暗殺中山忠光（得年廿歲）。之後俗論派被高杉晉作推翻，在中山忠光遇刺之地建立中山神社（山口縣下關市綾羅木本町）紀念這位短命公卿。

六、生野義舉

前節提到平野國臣奉三條實美之命，前往大和制止天誅組舉義，之後京都傳來攘夷派被驅逐的消息，平野國臣便離開大和。他前往位於山陰的但馬，認識當地天領內的豪農北垣晉太郎

（維新回天後改名國道），兩人在那裡號召民眾起義，但馬國除出石、豐岡二藩（均為三萬石以下的小藩）外皆為天領。

九月十九日，平野和北垣拜訪另一位豪農中島太郎兵衛，爭取他的支持，三人約定十月十日舉義。九月廿八日平野和北垣來到長州三田尻，拜訪長州藩主世子毛利定廣及流落長州的七卿，希望能派出一位公卿前往但馬擔任舉義領袖。當時長州藩還不清楚朝廷會做出怎樣的處分，因此不願在這種情形下節外生枝，倒是七卿之一的澤宣嘉躍躍欲試。

十月二日，平野、北垣偕同澤宣嘉返回但馬，同行的有奇兵隊第二任總督河上彌市帶著三十餘名奇兵隊士以及薩摩藩攘夷志士美玉三平、鳥取藩士松田正人（維新回天後改名道之）。

結果一行人十月十一日才回到但馬，此時天誅組起義失敗的消息已傳開，儘管比預定起義日期延遲，眾人決定改於翌日起義。翌日天還未亮，義軍攻下但馬代官所，佔有昔日的生野銀山（兵庫縣朝來市生野町），被推為領袖的澤宣嘉立即發布起義告諭文，強調此次起義是奉天皇的叡慮。農民聽到奉天皇的叡慮（言下之意是官軍），加上舉義成功的消息紛紛前來加入，一時間義軍人數超過二千人。

但馬代官當日向鄰近的出石、姬路二藩通報代官所失守的消息，十三日兩藩共出兵約二千朝生野而來。義軍萬萬沒想到幕軍來得如此之快，當下義軍分成繼續頑抗及立即解散兩種意見。首領澤宣嘉屬於後者，當晚與數名浪士離去，澤宣嘉離去後義軍士氣更為低落，農民對於為爭取他們的加入而誆騙為義軍的作法感到非常憤怒，於是包圍襲擊河上彌市等人。

河上彌市及其帶來的三十餘名奇兵隊員、美玉三平及中島太郎兵衛當場死去，北垣晉太郎、松田正人在其他藩士協助下逃脫，澤宣嘉逃出但馬後藏匿在伊予國小松藩，直到翌年禁門之變前夕才返回長州。生野義舉幾乎不用幕府出手便自行平定。

本章主要談攘夷派的潰敗，從八．一八政變到土佐變天以及大和天誅組、但馬義舉兩次局部性的地方起義，攘夷派在文久三年下半年勢力急遽衰退。八．一八政變後，出現公武合體派及佐幕派共同把持京都的局面，這兩派有辦法共存嗎？兩派會不會在共同敵人消失後互相敵視？天皇雖厭惡攘夷派，但他本身還是主張攘夷，他會不會要求接下來主政的公武合體派及佐幕派也要堅持攘夷的立場？這些問題均為第十一章將談論的內容。

第十一章

「一會桑體制」

一、參預會議的準備與議題內容

八・一八政變後，政變核心人物青蓮院宮尊融入道親王獲准還俗。八月廿七日，還俗元服改名朝彥親王（四十歲），叙二品彈正尹，獲賜新宮號中川宮。彈正尹乃彈正台的長官，與第六章提過的太宰帥一樣只能由親王擔任，擔任彈正尹的親王簡稱尹宮，而幕末擔任尹宮的親王只有朝彥親王，因此尹宮成為朝彥親王的代稱。朝彥親王使用過的宮號相當多，最早是青蓮院宮和粟田宮，安政大獄時被判隱居永蟄居，改稱獅子王院宮。文久二年獲赦後恢復青蓮院宮稱號，八・一八政變後改稱中川宮或尹宮。隔年獲准成立新宮家賀陽宮（第二王子邦憲王繼承此宮號），維新回天後又獲准成立久邇宮，因此明治時代以久邇宮朝彥親王稱之。本書自本章起統一稱為中川宮朝彥親王。

雖然天皇很信任中川宮，不過朝廷並無能收拾政變後殘局的人才，不管中川宮或鷹司關白都不具備這樣的能力，只能邀請公武合體派的島津久光、松平春嶽、伊達宗城、山內容堂等大名上洛共商國是。九月十二日久光率領大砲隊二隊、小銃隊十二隊總數一千七百餘名藩兵從鶴丸城出發。有一點必須先提出討論，公卿中山忠能聽到風聞而在日記寫下薩摩出兵一萬五千左右，但這個數字過於誇大，幾年後的鳥羽・伏見之戰薩長官軍總計不過五千人，本文採用佐佐木克教授在《幕末政治與薩摩藩》（幕末政治と薩摩藩）一書中所估計的一千七百餘人。

前幾次久光率軍上洛都是在下關改搭船隻渡過瀨戶內海，這一次選擇避開下關於廿六日從豐後國佐賀關上船。廿九日抵達兵庫，繞過大坂進入山崎（京都府乙訓郡大山崎町），沿伏見街道於十月三日進入京都二本松藩邸（京都市上京區玄武町，現為同志社大學校地）。

接著十月十八日松平春嶽、十一月三日伊達宗城、十一月廿六日一橋慶喜依序上洛，山內容堂也在文久三（一八六三）年結束前的十二月廿八日上洛。除以上四人外，熊本藩主細川韶邦派出異母弟細川護久和長岡護美於九月廿八日、福岡藩世子黑田慶贇（維新回天後改名長知）於十月十九日先後上洛。

十二月一日，慶喜先於下櫸地東本願寺召見久光、春嶽、宗城及福岡藩世子黑田慶贊，針對長州藩的處分問題及橫濱鎖港問題進行談話，這兩個問題是之後國是會議（通稱「參預會議」）的主要議題。五日慶喜又於同地展開會談，對象除將黑田慶贊改為松平容保外並無不同，不過久光並未出席，指派家老小松帶刀代為出席。這次主要提到由於公卿的優柔寡斷，前幾日提出的兩個議題若擺在以公卿召開的朝議上討論，恐怕很難得出結論，因此提議讓朝廷傳召賢明的武家大名參內參加朝議針對此兩議題進行討論。

武家大名參加朝議並非沒有前例，八・一八政變前後都有有力大名，如德川慶勝（前尾張藩主）、池田慶德（鳥取藩主）、上杉齊憲（米澤藩主）、池田茂政（岡山藩主）、松平容保、稻葉正邦（京都所司代）等人曾參內與大臣、武家傳奏、議奏等公卿商談之前例。不過這些例子都是暫時性、短期性的特例，小松帶刀代為傳達久光的意見是希望大名能成為朝議的正式成員，而非為特殊情況才暫時性的開放大名參與，是要大名參與朝議成為恆例的「朝議改革」。

十二月晦日一橋慶喜、松平春嶽、松平容保、伊達宗城及剛上洛的山內容堂被任命為能夠參加朝議的參預，因為他們都具備相對應的官位。一橋慶喜是從三位參議兼權中納言、松平春嶽是正四位下左近衛權中將兼越前守、松平容保是正四位下左近衛權中將兼肥後守、伊達宗城是從四位下侍從兼伊予守、山內容堂是從四位下侍從兼土佐守。唯獨薩摩藩國父島津久光無官無位，沒有官位就無法舉行朝議，為了讓會議成員都能參加朝議，必須讓朝廷敘任久光官職。

在稍早之前久光提議罷免與長州藩關係良好的鷹司關白，十二月廿三日右大臣二條齊敬改任關白（日本史上最後一任關白），同日並轉任左大臣（九月已先行取得內覽權）。右大臣由原先的內大臣德大寺公純轉任，內大臣的空缺則由近衛忠熙四男、原本為權大納言的近衛忠房補任。

文久四年一月十三日，久光被任命為參預。隔日，朝廷正式敘任從四位下左近衛權少將（與藩主忠義官位相同），不過會談在久光取得官位之前已在一月八日先於二條城舉行，會議的議題一如十二月一日提出的長州藩處分問題及橫濱鎖港問題。

二、將軍再次上洛

甫於六月十六日回到江戶的將軍，又於十二月廿七日從江戶出發，經由海路於文久四年一月八日抵達大坂城，一月十五日進入二條城。為何將軍會這麼晚才上洛呢？首先來自於幕閣的反對，二月上洛原本預定在京都滯留十日，結果將軍被朝廷像人質般扣留在京都達三個月，聽到將軍要再次上洛，幕閣的反應猶如勝海舟在日記的記載：

有司中十人有九人反對。

其次是十一月十五日江戶城發生火災，本丸、二丸御殿皆付之一炬，是幕末期間江戶城最嚴重的火災（幕末期間江戶城於安政六年、文久三年六月、文久三年十一月及慶應三年發生四次大火，最嚴重的當數文久三年這次）。

火災從江戶城本丸的「表」開始燒起，火舌很快地吞噬整個本丸，並沿著樹林延燒到二丸，至於西丸在家茂滯留京都期間的文久三年六月已經燒毀，因此家茂帶著和宮及天璋院、十三代將軍家定的生母本壽院及和宮生母觀行院，暫時棲身於本丸西北方的清水邸。經過十日後，因清水邸容納不下眾多大奧女中，於是將軍及和宮又遷徙到清水邸旁的田安邸。

在文久三年這年，西丸、本丸、二丸先後燒毀，西丸正在重建中，本丸因為面積遼闊，重建必須花費龐大資金而暫時擱置，先從較易重建的二丸著手。如果是在幕府初期可以下令諸大名分攤資金及人手，進行天下普請，不過在幕府威權下墜的幕末無法期待這種情形，結果直到明治二(一八六九)年遷都東京、江戶城作為明治天皇皇居的那一年，本丸都未能重建。附帶一提，重建後的二丸、西丸又於慶應三(一八六七)年、明治六年再次毀於祝融。

安頓好天璋院、和宮及大奧女中後，家茂接見京都町奉行永井尚志，永井告知京都不久將舉行國是會議，希望將軍能再次上洛。在板倉勝靜老中的勸告下，家茂同意再次上洛。十二月廿七日，家茂從田安邸出發前往品川沖搭乘當時幕府剛購入的美國製蒸汽船翔鶴丸，隨行的有十月一日才被任命為政事總裁職的第七代川越藩主松平大和守直克、老中首座第八代姬路藩主酒井雅樂頭忠績、老中水野忠精、老中第八代丸岡藩主有馬遠江守道純等人。此次航行共有十二艘船艦，據負責此次航行的軍艦奉行並勝海舟在《冰川清話》的記載，艦隊編制如下：

幕府：翔鶴丸、朝陽丸、千秋艦、第一長崎丸、播磨丸
越前：黑龍丸
薩摩：安行丸
佐賀：觀光丸
加州（加賀）：發起丸
南部（盛岡）：廣運丸
筑前（福岡）：大鵬丸
雲州（松江）：八雲丸

勝海舟率領此一龐大艦隊，言行舉止間毫不掩飾的流露出眉飛色舞的得意神情，《冰川清話》有如下的記載：

> 將軍率領多數軍艦上洛一事，是古來未曾有過之事，實在是壯觀至極！

也難怪勝海舟會如此洋洋得意，將軍如此的看重足以讓勝海舟吹噓好一陣子。在一番自吹自擂後，感到自己肩負重責的勝海舟寫下：

……我的責任重大，而且還有各藩船隻加入之故，因此我全程都在桅杆上，環顧整個艦隊四周。到抵達大坂為止的一星期內，我幾乎都是不眠不休。

航行途中遇上強浪，波濤洶湧讓船身激烈搖晃，家茂身邊的側近為將軍安全起見，紛紛進言改採陸路。在茫茫大海上哪有可能說改採陸路就改採陸路？家茂在諮詢勝海舟的意見後認為應該尊重勝海舟的判斷，既然將軍堅持海路，其他人自然也不便再多說，勝非常感激將軍對他的尊重，在日記寫下：

小臣涕泣感激上意！

此時的家茂不過十八歲，已呈現出豁然大度的胸懷，勝海舟很難不把家茂與之前的家慶、家定，以及之後的慶喜擺在一起評比，他認為這四位將軍中只有「家茂具備英主的條件」。

在家茂的充分信任以及勝的航海技術下，一行人終於在文久四年一月八日安全抵達天保山沖（大阪府大阪市港區），然後進入大坂城，一月十四日再啟程前往京都，於十五日進入二條城。

三、二條城的會議

參預會議期間也在二條城召開會議，參加的一方與參預會議的成員一致，但另一方則由公家改為幕府閣員，雖然舉行的時間及議題幾乎相同，筆者還是分開敘述，本節先敘述在二條城的會議，下一節再談參預會議。

文久四年一月廿八日在二條城召開會議（並非以參預身分召開，因此不算是參預會議），諸藩方面為久光、春嶽、宗城、容堂，幕府方面為新任政事總裁職松平直克、老中有馬道純等人參與會談，一橋慶喜及松平容保兩人缺席。

此次會談的主題為如何破約攘夷，松平春嶽首先發言，說道如今已不是開國或鎖國二者擇一的原則問題，而是有沒有充實的武備作為支撐橫濱鎖港的後盾，這才是目前要傾全國之力去做的。同為執掌藩政者的久光，對春嶽的發言深有同感。只有幕府充實武備並不足以對抗外國，必須所有的藩都奮起充實武備才做得到，但是放任所有的藩充實武備並非幕府所樂見，因此最後未能得出結論。

二月二日再於二條城針對橫濱鎖港問題進行討論，這次慶喜出席而容堂缺席，至於松平容保依舊缺席，其他出席者與前次相同。幕府方面提出已經在去歲十二月廿九日派出橫濱鎖港談判使節團前往法國進行談判，該使節團以外國奉行池田筑後守長發為正使、外國奉行河津伊豆守祐邦為副使。而且諸藩對於橫濱鎖港的主張喧騰一時，應該趁著此時民心可用，讓朝廷趕快下達橫濱港鎖港命令。

以現代人的角度來看，挾民心要求朝廷下達敕令與先前長州主張的極端攘夷並無二致，幕府武備不會因為多這些民心而變強。久光本人也反對幕府挾民心可用要求朝廷下達橫濱港鎖港敕令，不過他反對的理由是橫濱的鎖港與否不應由幕府決定，如此一來會使諸藩不便提出不同意見。

久光轉而質問水野老中，橫濱鎖港要不要付給列強上百萬兩的費用（違反《安政五國通商條約》）？水野老中回答應該不只上百萬兩而已。久光、春嶽、宗城三人追問道，既然如此，何不把這幾百萬兩拿來調整海岸的防禦、充實武備？這個問題讓水野老中無法繼續回答。

接著久光又質問慶喜既然確定橫濱要鎖港，那麼箱館和長崎二港要如何處理？慶喜答道這兩港要永久開港。久光又問道只有橫濱鎖港而箱館、長崎永久開港，那麼幕府的方針到底是要鎖港還是開港？結果這天又是沒有結論。

久光對於橫濱鎖港的主張是立足於現實主義上，日本和外國在國力、軍事力的差異，幾乎無法期待外國會同意日本提出橫濱鎖港的要求。雖然幕府已派出橫濱鎖港談判使節團去法國進行鎖港交涉，此時的幕府應該是靜待他們歸國，視交涉的結果來作為橫濱鎖港的方針，不過基本上久光等三人對於橫濱鎖港的實現並不抱持期待。

四、參預會議

據佐佐木克教授仔細比對《島津久光日記》、《伊達宗城在京日記》、《續再夢紀事》三本第一手史料，指出參預會議召開的日期為一月的十一日、十七日，二月的十三日、十五日、廿四日，三月的二日、四日、五日，共計八次。另外一月十三日和廿三日這兩天，參預大名只是參內而已，並未論及議題，而天皇出席的參預會議只有二月十三日及十五日兩次。

文久四年一月十六日，在京諸大名前往二條城向家茂祝賀，天皇亦派出武家傳奏野宮定功為敕使來到二條城，京都守護職松平容保因病缺席。一月廿日天皇再次以野宮定功為敕使到二條城敘任家茂為從一位右大臣，在此之前家茂的官位為正二位內大臣兼右近衛大將。歷代德川將軍最終官位最低至少為內大臣（追贈不算在內），六代家宣、七代家繼、十三代家定及末代慶喜官至內大臣；四代家綱、五代綱吉、八代吉宗、九代家重、十代家治以及家茂最終都到右大臣；到左大臣的只有三代家光和十二代家慶；至於首代家康、二代秀忠及十一代家齊則為太政大臣。

一月廿一日，為答謝敘任右大臣，家茂與中川宮、第十四代紀伊藩主德川中納言茂承一起參內。經過前次的上洛，天皇對這位妹婿抱持深厚的信任感，特以宸翰（天皇親筆墨寶）贈之。二月十日為酬謝這一年多來京都守護職維繫京都的治安，家茂特地為會津藩增加五萬石的石高，容保再三推辭不得，最後只好接受。

二月十五日在小御所中段召開朝議，天皇在上段垂下御簾出席。公家方面出席的有山階宮晃親王、中川宮朝彥親王、關白兼左大臣二條齊敬、德大寺公純右大臣、近衛忠房內大臣；武家方面為慶喜、春嶽、久光、宗城，容堂和容保缺席。慶喜向朝彥親王出示家茂事先寫好的答覆天皇宸翰書，說道不願從事無謀的攘夷，箱館、橫濱、長崎三港鎖港過於勉強，至少堅持橫濱鎖港是有可能實現。

不過朝彥親王在解讀時似乎出現問題，「無謀的攘夷」出自家茂之筆大致無誤，而「箱館、橫濱、長崎三港鎖港過於勉強，至少堅持橫濱鎖港是有可能實現」很有可能是解讀上出現誤解。二月二日在二條城舉行的會議中，久光尚且針對橫濱鎖港問題質疑水野老中，此時再從朝彥親王口中聽到將軍答覆天皇宸翰書又做出橫濱鎖港的回答，當然不滿之情溢於言表。如此一來亦惹惱慶喜，雙方在這點互不相讓，即便天皇親自出席也是充滿火爆，這天的參預會議最後在橫濱鎖港問題上觸礁。

長州藩處分問題自去年十二月初便已開始討論，八・一八政變後長州藩先後派出家老根來上總、京都留守居乃美織江、家老井原主計三人上京，代表藩主向朝廷悔悟謝罪，說明長州藩對朝廷絕無不敬之處，毛利家自元就公以來一貫秉持勤王立場，藩主父子進京有實際上的困難。

十二月十六日朝廷向井原主計下達暫時返回長州等待進一步消息的命令，文久四年一月廿八日在二條城召開的會議中，容堂提出在將軍返回江戶後下令毛利父子前往江戶等候處置的主張。久光不認同容堂的意見，主張趁將軍滯留京都期間派出征討軍出征長州，或是命毛利父子前來大坂，兩人為此激辯不已。

二月八日在二條關白宅邸召開談論長州藩處置的會議，朝廷方面出席的成員有山階宮晃親王、朝彥親王、二條關白、德大寺右大臣、近衛前關白、近衛忠房內大臣；幕府方面為慶喜、松平直克及酒井老中首座、水野忠精及有馬道純兩位老中；大名方面為久光、春嶽、宗城和容堂，除松平容保缺席外，可以說當時朝廷、幕府及諸藩的首腦幾乎聚集於此，參預會議期間召開的任何一次會議（包括二條城及慶喜下榻的東本願寺）都沒有此次來得齊全。

八・一八政變後長州曾在下關海峽砲擊薩摩藩借自幕府長崎造船所的船隻長崎丸，長崎丸當時正從兵庫運載棉花返回長崎，雖然躲過長州的砲擊，但是船隻因為全力逃跑造成引擎過熱，導致船隻起火沉沒，對幕府和薩摩藩都造成一定程度的損失。因此二月八日舉行的會議中，幕府和久光認為長州要先派家族的成員及家老各一人到大坂，針對此事件向老中說明清楚。

二月十一日進一步提到，萬一長州藩主毛利父子不照辦即考慮出兵征討，將以紀伊藩主德川茂承為征長總督、副將為會津藩主松平容保及丸岡藩主有馬道純，加派薩摩、德島、熊本、鳥取、岡山、安藝、小倉、福山、龍野（播磨）十藩領兵前去征討。

由於即將離開京都，因此松平容保辭去京都守護職改任陸軍總裁職，由松平春嶽接下京都守護職。會津藩家老山川浩撰述的《京都守護職始末》亦有此段記述，並提到二月十五日陸軍總裁職改稱軍事總裁職。二月十七日幕府正式下令由松平容保執掌軍事總裁職，其權限包含陸海軍奉行、講武所奉行、大番頭、小姓組番頭、書院番頭、騎兵奉行、步兵奉行、旗奉行、軍艦奉行、槍奉行、持筒頭、新番頭等幕府的武官皆委任松平容保。

五、參預會議的結局

前節提到二月十五日在小御所舉行的朝議中，慶喜與久光、春嶽、宗城三人因橫濱鎖港問題鬧得相當不愉快。十六日晚，中川宮在自家宅邸設酒宴宴請參預諸侯（除容保缺席外均到場），在眾人酒酣耳熱之際，慶喜突然當著中川宮的面指著久光、春嶽、宗城三人說道：

「這三人是天下的大笨蛋，同時也是天下的大奸人，我後見職不屑與之為伍。」

然後將春嶽當成自己家臣使喚，命令他離去。

這一晚的爭吵已在雙方內心造成嚴重的心結，之後參預會議（二月廿四日及三月二日、四日、五日）及二條城的武家會議（二月十八日、廿六日）雖仍持續進行，但問題並不在有沒有共識，而是雙方刻意錯開參加會議時間，連見都見不到面。像是久光三月的參預會議全部缺席；宗城三月五日缺席；春嶽也全部缺席，只在三月三日參內而已；慶喜四日、五日的會議也都缺席，參預會議演變成各大名彼此賭氣，到了無以為繼的地步。

長州藩如何處置這一議題並未有具體結果（橫濱鎖港問題亦然），在二月十八日二條城的會議理應繼續深入，然而雙方已產生嫌隙，關於長州藩處置問題只在三月五日提到日後幕府開會討論出決定方案後會向朝廷傳達，便再也沒有下文，橫濱鎖港問題也連帶不了了之。

二月廿日朝廷更改年號，換下使用三年多的「文久」，改為「元治」。「元治」一詞出自《周易·乾卦》：

……乾元用九，天下治也。

在這個節骨眼上為何要更改年號？其實和「萬延」更改為「文久」的原因一樣，前者是遇上辛酉年，這次是遇上甲子年。在讖緯學說裡辛酉年革命、甲子年革令，對執政者都不吉利，因此日本每逢辛酉年、甲子年大致上都會更改年號以圖吉利。

三月六日，久光託家老小松帶刀向中川宮及近衛前關白說明，以腰痛、腳痛等理由辭退參預。和慶喜的衝突當然是久光辭退的理由，不過更主要的理由在於參預會議期間，久光發現朝廷一如往常的因循苟且、優柔寡斷，不管是天皇、中川宮、二條關白、近衛前關白不僅欠缺領導能力，也欠缺決斷力。數百年來朝廷被架空權力，因此欠缺在實際政治中歷練的機會，天皇以下到親王、攝關，以至於一般公卿普遍缺乏決斷力（日後的岩倉具視亦有此缺點）。久光認為幕府同樣也缺乏決斷力，此次參預會議幕府出動將軍、將軍後見職、新任政事總裁職、六位老中的半數（酒井忠績、水野忠精、有馬道純）前來京都，但是在兩大議題上幕府並無突出的表現。

三月九日久光正式向二條關白提出辭職參預，其他參預也在當日前後辭職，朝廷久久未能批准，廿二日久光再度提出辭職，朝廷不便再慰留而批准。暫時代理京都守護職的松平春嶽除辭去參預外，也決意辭去代理的京都守護職，因為從參預會議看來，征討長州應該不會成行。進入四月，參預大名陸續啟程返回各自領國，四月三日黑田慶贊、十一日是伊達宗城、十五日為長岡兄弟、十八日為島津久光、十九日為松平春嶽，至於山內容堂早在二月廿八日便已自行返回土佐。

島津久光從文久二年四月到元治元年四月止的二年內三度上洛（第七章、第九章及本章），第一次上洛的目的是為實現亡兄幕政改革的遺志，後兩次則是以朝政改革為目的。朝政改革看不出有達到任何改革的成果，並不是久光本身或久光側近能力不足，而是朝廷也好、幕府也好都過於優柔寡斷，讓久光及久光側近小松帶刀、大久保一藏等人深感失望，此時又遇上慶喜的暴走，加速參預體制的瓦解。

六、西鄉吉之助歸來

久光於文久三年十月上洛，之後將近半年的時間目睹朝廷及幕府處理政事的顢頇無能，他和側近小松帶刀、大久保一藏談論時想必流露出無奈和不滿的神情。大久保將久光的不滿傳達給同樣受到久光重用的堀仲左衛門、岩下左次右衛門及其他精忠組成員，精忠組成員討論後認為即便繼續與會津藩、幕府保持友好關係也不會改變現狀，改變現狀只有一個方法。

「請國父大人赦免西鄉先生，西鄉先生的話一定能為薩摩找到出路。」

精忠組成員一連數日在京都丸山的料亭聚會，談論的話題始終圍繞在赦免西鄉上，薩摩隼人向來給人不多話的印象，這算是相當罕見的情形。赦免西鄉已在精忠組成員間成為共識，問題在於該由誰去跟久光說？又該如何對久光開口？文久三年下半年，久光身邊的兩大紅人是新擢升為家老的小松帶刀（文久二年十、十一月間成為家老）以及大久保一藏，這兩人最適合向久光開口，但是小松與西鄉素不相識，由他開口並不恰當；西鄉首度被流放到奄美大島是由大久保為首向久光爭取赦免，結果西鄉獲赦後不久違反久光之命逕自前往京都導致被再次流放，是以大久保沒有立場再次向久光開口。

最後決定由久光信任的京都留守居役高崎左太郎（他和會津藩士秋月悌次郎的居中穿線促成會薩同盟）及其堂兄高崎五六（維新回天後改名正風）兩人向久光進言。這兩人年輕時都是深受久光信賴的侍童，兩人中只有高崎五六是精忠組成員，高崎左太郎則與精忠組保持良好的關係，因此被委託向久光進言。

兩人前去求見久光，行禮後開門見山說道：

「國父大人是否也為目前的困境感到困擾？眼下有個良策可以突破困境，不知國父大人是否感興趣？」

久光聽到此言眼睛頓時一亮，急問是何良策。

高崎五六立即說道：

「赦免西鄉，憑藉他的智慧突破困境。」

一聽到赦免西鄉，久光興奮的神情頓時消去。

「赦免安祿山？想都別想。我薩摩藩七十七萬石難道沒有一個人比得上安祿山？非得求他才行？」

高崎左太郎見嘴巴叼著銀製煙管的久光面有難色，於是從懷裡拿出一封請願書，上面有十幾名精忠組藩士的簽名，說道：

「如果國父大人不同意我們的請求，請願書上簽名的藩士以及我們兩人都會在您面前切腹。」

高崎簡直是在威脅久光，久光甚為不悅。

「安祿山真會收買人心，十幾人在我面前切腹不就擺明我是個昏君嗎？哪能這樣便宜安祿山？」

久光閉眼深思，以個人情感而言他是絕對不願赦免西鄉，誠如亡兄所言，能夠駕馭西鄉的人唯有亡兄，對於難以駕馭的人能力愈高愈是危險。但是若不同意的話十幾名藩士真的會在自己面前切腹，包括大久保、堀、岩下這些自己信任的藩士都會跟著陪葬。

「這該如何是好？」

久光不覺在煙管上咬了咬，最後下定決心。

「你們去問問太守（忠義）大人，如果他同意，我沒意見。」

說完留下銀製煙管獨自離去，據說煙管上留下了清晰可見的咬痕。

得到久光的回覆後，精忠組成員歡天喜地地派人返回薩摩向藩主徵詢意見。島津忠義對西鄉不像父親有著先入為主的憎恨，他和幾位家老商量後同意赦免西鄉。文久三年十二月，薩摩藩士吉井友實奉藩命前往橫濱，向已化敵為友的英國購買蒸汽船，因為在薩英戰爭薩摩藩的船隻多數受損，一部分甚至沉沒，需要添購新船。

文久四年二月初，吉井友實自英國購得一艘蒸汽船（命名蝴蝶丸）返回薩摩，吉井友實接到藩命將蝴蝶丸開到沖永良部島迎接西鄉返回薩摩，西鄉的三弟信吾跟著吉井前去。二月廿一日蝴蝶丸抵達沖永良部島，島上數日前已接到通知，當地出生且被任命為橫目[1]的土持政照趕緊通知西鄉，而西鄉早已換上印有家紋的和服，端正坐在牢裡。

信吾和吉井下船徒步走到島上迎接西鄉，西鄉在寒暄得知只有自己獲赦，不太高興地說道：

「把船開到喜界島，我要順便接新八回去，不能只有我回去，如果藩裡怪罪下來，責任由我來扛。」

負責接送西鄉回薩摩的吉井友實知道西鄉的脾氣，如果村田新八還留在喜界島，西鄉怎樣也不會回薩摩。此次西鄉回歸一定會受到重用，應該到掌控薩摩藩政的程度，這樣的人除了在提到村田時語氣較為強硬外，絲毫沒有任何傲慢之處。在離開之前他一一拜訪島上的官吏以及與自己深交之人，感謝他們這段時間來對自己的關照，特別是橫目土持政照，不僅在他身上看不到一般官吏的惡習，還與身為罪犯的自己結為義兄弟。以後大概再也沒有機會見到這位兄弟，西鄉特意寫下一首題為〈留別政照子〉的漢詩作為贈別：

1 橫目：負責監視罪犯的官吏。

別離如夢又如雲，欲去還來淚泫泫。
獄裡仁恩謝無語，遠凌波浪瘦思君。

隔日西鄉搭上蝴蝶丸前往奄美大島，廿三日中午抵達大島的龍鄉，西鄉與愛加那及長男菊次郎、長女菊子見面。西鄉在奄美大島待了三天，再前往大島東邊的喜界島接回村田新八，然後才於元治元年二月廿八日返回薩摩領山川港。

西鄉回到離開近二年的老家，稍作休息後立即前往玉龍山福昌寺[2]齊彬的墓前祭拜，在接到上洛命令、啟程赴命前，寫了一封改善奄美大島、德之島、沖永良部島實施砂糖專賣的建議書上呈藩廳。這封建議書如今保存於大久保利通（一藏）的後裔手中，有可能是西鄉原信的謄本，也有可能是一藏覺得西鄉信中的內容批評太過犀利，不願西鄉再度得罪久光而將書信扣留。

西鄉於三月十四日抵達京都，此時參預會議已經結束，十八日西鄉見到對他甚為厭惡的主君久光。西鄉歷經一年多外島流放的試煉，個性上已有很大的收斂，即便依舊看不起久光也不會直接表現出來。

「看來安祿山大有改變，流放外島還不是乖乖地為我所用。」

當日久光任命西鄉為軍賦役（藩的軍事司令官）和諸藩應接掛（負責藩的外交），相當於掌控薩摩藩的軍事和外交。四月十四日又晉升西鄉為小納戶頭取（官職與大久保相等）、御用傳達見習，西鄉在薩摩的地位雖還不如小松帶刀等數名家老，不過實際上他掌控的權力大概僅次於國父久光。附帶一提，一般觀眾在大河劇所見到的小松帶刀、西鄉吉之助、大久保一藏的薩摩鐵三角形象始於此時。

如前節所述，久光對於朝廷及幕府主導的參預會議失望透頂，在三月先是辭去參預的職務，接著在四月十八日踏上返回薩摩之途，鐵三角中的大久保陪同久光踏上歸途。留在京都的有久光次男島津圖書（名久治，同時也是薩摩的家老）、家老小松帶刀、西鄉、軍奉行伊地知龍右衛門（維新回天後改名正知）、小納戶頭取吉井友實以及大約二千藩兵。留下來的薩摩兵約三個月後在西鄉的領導下參與「禁門之變」，筆者將於下章提及。

2 玉龍山福昌寺：島津氏的菩提寺，後於廢佛毀釋時遭到破壞，遺址現為玉龍中學校・高等學校，鹿兒島市池之上町。

七、「一會桑體制」成形

參預辭職的主因可說是朝廷及幕府在面臨兩大議題時缺乏決斷力，其次才是一橋慶喜二月十六日晚在中川宮宅邸的暴走。參預會議的破局對慶喜的打擊似乎頗大，他除了和其他參預一起辭職外，也在三月廿五日辭去將軍後見職，同日就任新設置防範外國勢力入侵大坂灣的攝海防禦指揮及保衛朝廷的禁裏御守衛總督。

將軍後見職是將軍的代理人，元治元年時家茂已快滿十八歲，後見職逐漸失去存在的必要，因此慶喜主動辭去後見職。鑒於將軍即將返回江戶，作為將軍的代表常駐京都有其必要，因此新設置守衛天皇生活起居之處的禁裏御守衛總督，而最適合擔任這個新職務的人選，捨曾是將軍後見職的一橋慶喜外不作第二人想。

天皇頑固抗拒《安政五國通商條約》中兵庫開港及大坂開市的條款，厭惡外國勢力從攝海覬覦京都。對天皇而言，攝海防禦是禁裏守衛的延伸，由同一人擔任才不會出現衝突。萬一出現緊急事態，不用回報江戶，慶喜直接指揮京都守護職並調動畿內諸藩進行防禦事項。至於慶喜能否勝任兩職務？請讀者依筆者之後幾章的敘述，自行為慶喜評分吧！

前節提到松平容保在二月十一日被任命為陸軍總裁職（十五日改為軍事總裁職），為準備征長事宜而辭去京都守護職由松平春嶽繼任。不過進入三月隨著眾參預辭職、參預會議不歡而散，征長之事看來難以成行，因此松平春嶽辭去京都守護職返回越前。松平容保眼見征長不了了之也辭去軍事總裁職，一度也想率領藩兵返回會津，但是慶喜堅持要容保復職。容保不想繼續就任京都守護職的原因有三：一是生病之故，這是容保缺席整個參預會議的原因；其次會津藩國力透支，無法負荷；第三是對慶喜辭掉將軍後見職而改任攝海防禦指揮、禁裏御守衛總督的不滿。

幕府不接受松平容保的辭呈，召會津藩家老橫山主稅（名常德）、若年寄手代木直右衛門（名勝任）等六位家臣到二條城，慰勞他們自去年秋天以來的辛勞，賞賜金錢及服飾。還在病榻上的容保聽聞此事後喟然長嘆，只得寫信拜謝幕府的恩澤，願意復職京都守護職直至死而後已。朝廷——特別是天皇——得知容保再度就任京都守護職後相當高興，下令讓會津藩負責警戒蛤御門和宜秋門的任務，蛤御門在三個月後因成為戰役的戰場而聞名。

在松平容保復職京都守護職的稍早，幕府也有另一人事異動，所司代稻葉正邦於四月十一日取代丸岡藩主有馬道純成為老中，第四代桑名藩主松平侍從定敬被任命為新所司代。

松平定敬是最後一任所司代，他擔任此職務時只有十八歲（比將軍還小一歲），是歷來最年輕的所司代，而且他還是守護職松平容保的親弟弟（兩人皆出自御三家筆頭尾張家支藩高須藩）。幕末京都政局從此時開始操控在一橋慶喜（攝海防禦指揮兼禁裏御守衛總督）、松平容保（京都守護職）、松平定敬（京都所司代）三人之手，日本學術界稱此為「一會桑政權」。

「一會桑政權」最初為學習院大學已故名譽教授井上勳使用，之後由大阪經濟大學家近良樹繼承這一觀點。二〇〇二年文藝春秋出版家近良樹之著作《孝明天皇與「一會桑」——幕末・維新的新觀點》（孝明天皇と「一会桑」——幕末・維新の新視点）是首部探討「一會桑政權」主題的專書。如今「一會桑政權」愈來愈受學術界的肯定，像是佐佐木克、井上勝生、野口武彥等教授之著作裡不難發現使用「一會桑」的字眼。

一會桑的三位主角都是出身親藩（桑名藩雖是譜代，不過松平定敬出身御三家的支藩），在幕末之前是難以想像的事。一會桑政權從元治元年四月成立於京都，權力的鞏固則在三個月後的禁門之變結束後，權力的中心集中在一橋慶喜之手，松平容保・定敬兄弟則是貫徹慶喜命令的執行者。從此刻起一直到慶應三（一八六七）年十二月九日止，超過三年半的時間中，除慶應二年十二月慶喜的身分從攝海防禦指揮、禁裏御守衛總督轉變成征夷大將軍外，其餘兩人的職稱都沒有改變。在慶應二年以前，一會桑與薩摩藩大致上是盟友狀態，是維護京都治安的主要力量，深得天皇的信任。

八、庶政委任體制

島津久光離開京都後的四月廿日，朝廷對幕府發出庶政委任的敕書。此敕書總結文久年間朝幕及諸藩間紊亂、糾紛之經驗，意圖樹立嶄新的朝幕及諸藩關係。庶政委任敕書全文如下：

> 幕府之儀，內為皇國治安，外為執掌征伐夷狄。長久持續泰平致上下流於安逸，外夷驕暴萬民不安，終成今日之形勢。癸丑（嘉永六）年以來，叡慮深為所惱，迄今為止已下令多次。此次大樹（征夷大將軍的唐名）上洛、列藩召開的國是建議亦有針對此事之探討。聖慮基於此先行向幕府傳達一切庶務皆予委任，以求政令一途，不致造成人心疑惑。不過，國家之大政大議可另行上奏。

此外還附上別紙，共有四點內容，分別是關於橫濱鎖港、海岸防禦、處置長州以及物價喧騰到令人民受苦的程度，朝廷都委任幕府全權處理。

從朝廷的庶政委任敕書可看出天皇的意志，天皇雖然主張攘夷卻無意倒幕，不僅無意倒幕，反而還把國家政務委任幕府。天皇這麼做固然與長久以來天皇遠離權力決策核心有關，換個角度來看亦可視為天皇對幕府的信任。

不過，朝廷的庶政委任體制等於將久光、春嶽、宗城等有力大名排除在外，庶政委任體制透過小松、西鄉等在京的薩摩藩士傳達給人在薩摩的久光，久光從此對幕府及朝廷感到失望，不再表現出積極協助的態度，松平春嶽及伊達宗城亦是如此。

五月七日，家茂從二條城出發前往大坂，當日住進大坂城。十一日與紀伊藩主德川茂承及一橋慶喜從天保山搭乘軍艦鯉魚門巡視兵庫、堺，五月十四日在大坂城命勝海舟為軍艦奉行及作事奉行格，俸祿調整為二千石，成為大身[3]旗本，並被敘任從五位下安房守。五月十六日家茂搭乘軍艦翔鶴丸返回江戶，廿日明六時半抵達品川，結束他的第二次上洛。在家茂駐留大坂這段期間，勝海舟的日記有如下記載：

微臣蒙受特恩一事並無他例可比，實為千載之一遇，唯有一死方可回報。

不過令人料想不到的是，這是勝海舟最後一次見到將軍的英姿。

元治元年四月，薩摩藩出現大河劇觀眾熟悉的鐵三角，幕府方面也出現所謂的「一會桑政權」。很快地鐵三角和「一會桑政權」即將面臨挑戰，雙方要如何面對外來的挑戰呢？又該如何面對在參預會議沒有結果的長州處置及橫濱鎖港問題？松平容保一度被任命為征長的副將，征討長州是否還有可能實現呢？這些問題將在下一章得到解答。

3　大身：原指身分高、俸祿多的富貴之家當主，江戶時代則指二千石以上的旗本。

第十二章

長州全面敗北

一、池田屋事件

二〇〇四年大河劇《新選組！》第一集開頭有如下的場景：

新選組副長土方歲三率領島田魁、五番組組長武田觀柳齋等數名組員徵用一間宿屋，新選組局長近藤勇率領一番組組長沖田總司、六番組組長井上源三郎等其他組員稍後也跟著進入。再過片刻組員河合耆三郎、總長山南敬助、二番組組長永倉新八、十番組組長原田左之助、八番組組長藤堂平助、三番組組長齋藤一也前來與近藤等人會合。

不久，扮成乞丐的諸士取締兼監察山崎烝進來通報：桂小五郎進去了。

元治元（一八六四）年六月四日，新選組諸士取締兼監察山崎烝等人發現住在四條小橋經營炭薪（屋號為枡屋）的湯淺喜右衛門相當可疑，抓來拷問後得知喜右衛門原名古高俊太郎，並從古高之口問出「在即將到來的祇園祭前，於六月廿日左右找個風大之夜朝御所放火，趁亂之際幽閉中川宮，暗殺一橋慶喜、松平容保，並強行挾持天皇到長州去」的內容。有約四十名激進攘夷派志士已潛入京都，眾人正於某處計畫在京都犯下轟轟烈烈之事，這裡的某處經新選組探查的結果，是位在三條通和木屋町通交界處的池田屋（京都市中京區）。

土方歲三命山崎烝將拷問得來的古高之口供轉述給近藤勇，他一聽大吃一驚，覺得攘夷志士竟然妄想挾持天皇，真是鬼迷心竅。山崎烝並轉述古高的自白說六月五日晚上是祇園祭的宵山祭（山鉾巡行前一晚的祭典），會有將近四十名左右的攘夷志士聚集在池田屋商議如何解救被捕的古高俊太郎。

對新選組而言，凡是有可能危及京都治安的浪人都是他們的敵人，由於對手有近四十人之多，因此近藤勇下令除中暑的隊士外全員傾巢而出，總共約三十人，這是池田屋事件前新選組所有的隊員。

近藤對於山崎烝提供的攘夷志士位在池田屋的情報有所懷疑，因此分出廿人由副長土方歲三率領前去包圍隔兩條街的四國屋（姉小路通和木屋町通交界處附近）。而近藤只率領沖田總司、永倉新八、藤堂平助、谷萬太郎、武田觀柳齋、奧澤榮助、安藤早太郎、新田革左衛門、淺野藤太郎等共十人。

近藤在第一時間通知位在黑谷金戒光明寺的會津藩、所司代與町奉行，但他們的人馬不知為何都未能及時趕到。近藤認為繼續等下去恐失去良機，於是決定以現有的人力突襲池田屋。

「今晚讓天然理心流威震京都！」

將近夜四時近藤一行人進入池田屋：

「我等乃會津中將（松平容保）麾下新選組，奉命行事，還手者即為叛逆，斬！」

未得回應。

「人在二樓，快！一個也別放過。」

近藤和沖田先上二樓，永倉和藤堂及谷萬太郎守在樓下入口處，奧澤榮助、安藤早太郎、新田革左衛門、淺野藤太郎四人守在後門。只要有人下樓一律斬殺。

沖田從一樓裏間衝上二樓，拉開拉門揮出名刀加州住清光，立即有名攘夷志士被砍倒，沖田拔刀如兔起鶻落，速度之快讓四、五名原本想仗著人多的攘夷志士心生畏懼。

「是壬生浪士，快逃！」

近藤勇也拔出名刀虎徹砍倒土佐浪士北添佶摩，其他攘夷志士被近藤和沖田的氣勢所震懾，紛紛往一樓逃去。主持此次攘夷志士會議的是長州藩

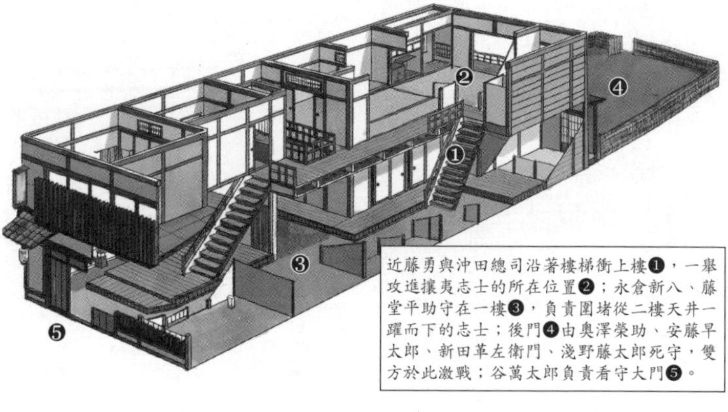

近藤勇與沖田總司沿著樓梯衝上樓❶，一舉攻進攘夷志士的所在位置❷；永倉新八、藤堂平助守在一樓❸，負責圍堵從二樓天井一躍而下的志士；後門❹由奧澤榮助、安藤早太郎、新田革左衛門、淺野藤太郎死守，雙方於此激戰；谷萬太郎負責看守大門❺。

池田屋事件位置關係圖

士吉田稔麿，他是松下村塾的門生，與高杉晉作、久坂玄瑞、入江九一並稱「松門四天王」，據說松陰對他的疼愛超過其他三人。吉田和近藤交手數招後知道自己並非近藤的對手，趕緊逃到樓下，和守在一樓以逸待勞的永倉新八及藤堂平助過招，挨了藤堂一刀，又強行從原田左之助守衛的大門突圍，往北跑到同樣位於高瀨川沿岸的長州藩邸（河原町通和御池通交會處）。因提早抵達池田屋等不到其他志士而折返長州藩邸的桂小五郎在冷靜思考後認為：

「此時藩邸除我之外並無其他好手，貿然前去救人只是送死，為了長州的未來，只好犧牲池田屋裡的志士。」

於是狠下心來命人關上長州藩邸的大門，負傷的吉田遭藩邸捨棄，不甘心的他在藩邸大門前切腹，得年廿四歲。與吉田稔麿同樣下場的，還有同為長州藩士的廣岡浪秀（得年廿四歲）和土佐浪士望月龜彌太（得年廿七歲）。

在二樓的沖田總司浴血奮戰之餘突然咯血，不斷咳嗽喘氣，最後昏倒在二樓，幸好攘夷志士全部衝下一樓。日後沖田經醫師診斷確定染上肺癆，池田屋的作戰過於耗損元氣，之後沖田過著療養的生活，幾乎形同脫離新選組。

熊本藩士宮部鼎藏與近藤勇作戰時腹部被砍中，血流不止，眼見脫逃無望，取出脇差在池田屋一樓切腹，享年四十五歲。土佐浪士北添佶摩在池田屋二樓被近藤勇砍中一刀後，亦傷重不治在池田屋一樓切腹，享年三十歲。

新選組成員則有奧澤榮助當場被砍死，安藤早太郎、新田革左衛門被砍成重傷，並未當場喪命，三人都守在後門。藤堂平助眉心被浪士砍中而退出現場，永倉新八在混戰中佩刀斷裂，右手食指亦遭砍斷，不難想像池田屋的混戰多麼驚心動魄。

在四國屋撲空的土方歲三連忙率領隊士前來池田屋馳援，攘夷志士這方又折損大高又次郎（享年四十四歲）、石川潤次郎（得年廿九歲）等人，剩下的多人負傷棄械被俘，關押到六角獄舍（京都市中京區，位於六角通和神泉苑通交界處），天亮後被砍斷右臂的杉山松助（得年廿七歲）及松田重助（享年三十五歲）等人死去。

池田屋事件一共折損吉田稔麿等九位攘夷派志士（維新回天後葬於京都靈山護國神社），另有十餘名被關押，幾乎由新選組一手完成，會津藩、所司代及町奉行是在新選組已經控制場面後才趕到。雖然損失也算慘重，但是新選組一戰成名，成為維持京都治安的重要組織之一，與伏見奉行所、京都町奉行、京都見廻組齊心協力。六月六日，參與掃蕩池田屋攘夷志士的新選組隊士返回位在壬生村八木家屯駐地，儘管隊服上血跡斑斑，不少隊員掛彩，但是以近藤勇為首的各個隊員神采奕奕，猶如取下吉良上野介義央首級前往高輪泉岳寺的赤穗義士[1]。打響名號的新選組此後入門者眾（如伊東甲子太郎），最多時隊士人數超過二百人，「誠」字旗加上淺蔥色制服成為攘夷志士的夢魘，更被蔑稱為「壬生狼」。

六月七日，會津藩發放五百兩黃金的賞賜，並賞賜近藤勇一把由刀工三善長道打造的名刀，加上先前的虎徹（全名為「長曽彌虎徹」）近藤已持有兩把名刀。後來禁門之變（詳見下節）時幕府又賞賜六百兩黃金，近藤勇將這些賞賜依旗下隊士所立之功進行分配，每名隊士至少都能分到十五兩黃金。

數日後，京都守護職松平容保公布池田屋事件的經緯，說道攘夷志士企圖在池田屋計畫「御所放火，趁亂之際幽閉中川宮，暗殺一橋慶喜、松平容保，並強行挾持天皇到長州」。這種言語類似現代的政治抹黑，攘夷志士在池田屋談論的內容應該只是關於如何解救古高俊太郎，光憑近四十名志士應該沒有本事做到在御所放火、幽閉中川宮，暗殺一橋慶喜、松平容保及挾持天皇。挾持天皇明顯違背攘夷派的準則，很難想像是出自攘夷派的計畫，也說明古高的自白可能是嚴刑逼供之下得來的。

池田屋事件中最幸運的攘夷志士當數桂小五郎，他因提前抵達池田屋看不到其他志士赴約而折回，這一折回使他保住一命，而不是如大河劇《新選組！》所演出的藝妓幾松將他藏置在密室（關於幾松將於本書第四部進行介紹）。桂小五郎拒絕收容在池田屋敗退的吉田稔麿，這點從現實層面來看並沒有做錯，但從私人情感而言桂太過無情，雖然年紀差距近十歲，可是吉田與桂都是松下村塾出身，桂不應讓昔日同窗在藩邸外含恨切腹，或許成大事者必須隨時捨棄私人情感吧！

二、禁門之變

自從八．一八政變長州及其附隨的攘夷志士被逐出京都後，他們認為自己愛國攘夷的滿腔熱血遭到排擠，無法傳達到禁裏讓天皇感受到。是誰在從中作梗排擠長州呢？是八．一八政變

1　赤穗義士：五代將軍綱吉在位期間為主君報仇的浪士，在當時諸藩及民間均被視為義舉。

中聯合排除長州的薩摩、會津二藩，被趕出京都的長州志士滿腔憤怒無處宣洩，只能咒罵薩摩、會津二藩為：

「薩賊會奸！」

松平容保公布池田屋事件經緯之動機出於激怒長州藩，因此極盡所能地汙衊長州的，而這只是容保的手段，主要目的在於讓長州成為眾矢之的。果然池田屋事件的消息在六月九日一傳到長州，長州藩士再也坐不住了，紛紛叫囂率軍上洛，進入御所向天皇秉告長州藩所受的冤屈。激進的長州藩士來島又兵衛、久坂玄瑞以及攘夷志士真木和泉主張進軍京都，但桂小五郎和高杉晉作反對，他們認為軍隊進入御所是前所未有之事，一旦如此長州必然成為朝敵，遭到幕府、諸藩及民眾的唾棄。

福原越後（名元僴）、益田右衛門介、國司信濃（名親相）等三位長州藩家老也贊同來島等人的主張，既然是家老的意見，桂和高杉不便再多方阻撓，於是長州達成向京都派出武裝兵力、為藩主父子申冤的共識。

六月十六日，長州軍從三田尻上船，廿一日於大坂登陸。廿三日，福原越後隊三百人進入伏見的長州藩邸；廿四日，益田右衛門介隊三百人及久坂玄瑞、真木和泉的浪士隊三百人率隊屯駐在天王山寶積寺（京都府乙訓郡大山崎町，通稱寶寺）；廿七日，國司信濃隊一百人及來島又兵衛的遊擊隊四百人進入嵯峨的天龍寺（京都市右京區嵯峨天龍寺芒之馬場町），周布政之助、桂小五郎、入江九一、宮部春藏（鼎藏之弟）等眾多攘夷志士跟隨集結在洛外三地，總計兵力約一千五、六百名。

長州軍揭櫫以下四條「大義」：

一、攘夷國是的嘆願，哀訴五卿兩卿的冤罪。

二、前往關東時，途中聽聞變故，不得已停留該地。

三、壓制浪士。

四、聽到京都五日的變故，不讓滋事之徒有機可趁而自我約束。

眼看長州大軍壓境，朝廷大為緊張，廿七日召開朝議商討對策，朝議向來只有堂上公卿才能參與，而此次卻破例讓一橋慶喜、松平容保、松平定敬分別以禁裏御守衛總督、京都守護職及京都所司代的身分與會（前述參預會議期間，各藩大名先是被任命為參預，以參預身分參加朝議，但在參預會議即將結束時，各參預紛紛請辭，等於不再擁有參預的身分），可見情勢是如何的危急。

會議中對長州的處置分為兩派，已故一條左大臣忠香之子一條權大納言實良、國事御用掛中山忠能、大炊御門右近衛大將家信、正親町三條前大納言實愛，三人主張對長州寬大；中川宮、松平兄弟堅決主張討伐。一橋慶喜最初不知該支持何方，後來傾向對長州寬大，而二條關白也認為此時征討長州為時尚早。

六月廿九日，厭惡長州至極的天皇賜予慶喜宸翰，天皇的宸翰對去年以來松平容保竭盡全力捍衛京都的忠誠予以嘉勉，並痛陳決不能讓長州軍力進京。然而實際上長州軍不只已進京，並對御所展開包圍。有了天皇賜予的宸翰，慶喜一改先前對長州的寬大，態度轉為強硬。

七月十一日，向來主張開國佐幕、公武合體的信濃松代藩士佐久間象山，在三條木屋町長州藩邸前遭到幕末四大人斬之一河上彥齋暗殺。河上彥齋出身熊本藩，是頑固的攘夷派，與同藩出身的轟武兵衛師事該藩國學大師林櫻園。林櫻園門下的鼎盛時期號稱有一千四百名門徒，是九州最具盛名的國學者。包括日後在越前藩當食客的橫井小楠、吉田松陰、宮部鼎藏、河上彥齋、在池田屋事件死去的松田重助、數年後在長州指揮四境戰爭的村田藏六（慶應元年改名大村益次郎）、真木和泉、明治七年發起「佐賀之亂」的島義勇、明治九年掀起神風連之亂的太田黑伴雄以及維新回天後曾任眾議院議員的佐佐友房都曾是林櫻園的門生。

而遭暗殺的佐久間象山出身信濃松代藩，天資聰穎的他自幼即是松代藩的名人，剛滿廿歲被藩主真田幸貫提拔為世子近習（世子只小他三歲）。後來真田幸貫成為老中，象山便以老中顧問的身分前往江戶。這段期間正好是清國鴉片戰爭到簽訂《南京條約》之間，身為老中顧問的佐久間大量閱讀這方面的相關書籍，如魏源的《海國圖志》，同時也開始學習荷蘭語，象山在蘭學方面進展神速，不多久已能閱讀荷蘭文撰寫的自然科學、醫學、兵學等書籍，最終象山從儒學者轉變成蘭學者。附帶一提，象山的轉變並非個案，江戶時代的蘭學者幾乎原本都是儒學者。因為對歐美知之甚詳，讓象山非常鄙視攘夷派，覺得他們不過是坐井觀天的井底之蛙。此外，象山還有一個致命的缺點，即一般聰明智者會有的才高氣傲，而象山的才智又遠勝一般智者，他的恃才傲物自然也超過一般智者甚多。所以說，佐久間象山因此招致殺身之禍大概不令人意外，其實象山的門徒早已勸諫過象山管好自己的嘴巴，只是江山易改，本性難移。河上彥齋未必是受到長州的指使才暗殺象山，毋寧說是被象山得理不饒人的性格引起殺機。

此時京都一會桑的兵力合計大約只有二千三百左右，和長州交手在數量上並沒有明顯的優勢。得知長州於六月廿六、七日間於京都天龍寺、山崎、石清水八幡宮等地集結布陣後，朝廷立即於廿七日宣布閉鎖御所九門，動員在京諸藩守衛九門，而薩摩投入在京僅有的五百兵力守衛乾御門。小松帶刀和西鄉認定無可避免與長州一戰，因此寫信給久光請他盡快派遣藩兵到京都，久光收到信件後緊急派出五百藩兵，最終在七月十六日抵達京都。

七月十五日，長州軍在石清水八幡宮所在地男山召開軍事評定，確定此次出兵的名義為討伐京都守護職松平容保，並列出松平容保的數條罪狀，要求流放容保。而此次軍事評定也寫成陳情書，發放給朝廷公卿及在京諸大名，希望這些公卿、大名能為長州仗義執言。

長州可能到開戰為止都不清楚天皇最為厭惡的其實正是長州，至於天皇之所以厭惡長州有其切身之痛，而非被松平容保或其他人矇蔽。長州愈是以遭受誣陷的受害者自居，只會加深天皇的嫌惡。然而長州的陳情書攻勢倒也不是完全沒有成效，十八日晚上，和長州作戰已如箭在弦上，此時帥宮與大炊御門家信、中山忠能、橋本實麗等公卿捧著長州的陳情書突然要求參內，提出應接受長州的提案，要求天皇做出流放松平容保到洛外的決定。天皇人單勢孤，急忙派人召來山階宮晃親王、中川宮、二條關白、德大寺公純右大臣、近衛忠房內大臣、權大納言九條道孝（貞明皇后生父）以及一橋慶喜為自己助拳。

慶喜此刻與長州開戰的意志非常堅定，天皇眼見局勢已經扭轉，於是下達「總督以下在京諸藩兵全力征伐」的詔敕。這時已是七月十九日將近清晨之時，御所之外已經傳來轟隆砲聲，史稱「禁門之變」（又稱為「蛤御門之變」或「元治甲子之變」）的戰爭已經開打。

駐屯在伏見長州藩邸的三百名福原越後隊於十八日夜晚沿伏見街道北上，遭大垣藩兵開砲擊退，彥根藩兵追擊至伏見長州藩邸並放火燒毀，福原隊只好撤往大坂。天龍寺的長州藩兵亦於十八日夜晚行進，不久後兵分二路，一路由國司信濃率領，目標為御所西側的中立賣御門；另一路由來島又兵衛率領，瞄準御所西南方的下立賣御門。在國司信濃隊一陣猛攻下，長州突破中立賣御門，接著朝內裏的宜秋門挺進，在亂軍中長州竟然朝御所開砲，這一砲對日後的長州遺患無窮。另一邊的來島又兵衛也快速攻下下立賣御門，為與國司隊會合而率軍北上，來到兩門之間的蛤御門。蛤御門亦是由會津藩負責守衛，而且蛤御門進去後左轉北上就是宜秋門，使得這一帶成為主戰場，雙方砲彈你來我往，至今蛤御門門柱上仍清晰可見當時留下的彈痕。

在長州軍的猛攻下，會津藩兵漸感不支，此時戍守乾御門的三百餘名薩摩藩兵在仁禮源之丞的率領下趕來馳援。薩摩藩兵川路正之進（維新回天後改名利良，為日本警察制度的創辦者）擊中在馬上指揮的來島又兵衛，來島墜馬後無力站起，說道：

「竭盡全力仍無法為藩主大人沉冤，我命至此。」

語畢，便拿著長槍刺穿自己的喉嚨死去，享年四十八歲。來島一死，來島隊陷入混亂，只剩國司隊迎戰眾軍，眼見取勝無望，主將國司信濃、參謀桂小五郎只得鳴金收兵，不少長州兵包括桂在內於撤退時走失。

另一方面，益田右衛門介隊中的久坂玄瑞、寺島忠三郎、入江九一等人於十八日夜晚爬過堺町御門，潛伏在鷹司前關白的宅邸附近，計畫在天亮後與伏見長州藩邸、河原町長州藩邸（池田屋事件阻擋吉田稔麿進入之處）的藩兵會合一起進攻內裏。但是伏見藩邸的長州兵在伏見街道遭到擊退，河原町藩邸也只提供少量兵力支援，此時傳來長州敗退的消息，薩會等藩兵得知鷹司邸還殘有長州兵，由西鄉率軍前來圍剿。

而久坂率領長州兵，要從由越前藩守衛的堺町御門撤退，與越前藩兵爆發激戰，入江九一臉部遭到長槍刺入，傷重死去，得年廿八歲。久坂無法突圍，只得退回鷹司邸，原本採取觀望

薩摩邸
彥根藩
久留米藩
今出川御門
今出川通
近衛邸
薩摩藩
乾御門
阿波藩
筑前藩
桑名藩
中立賣御門
國司信濃隊
禁裏台所門
中立賣通
禁裏御所
清和院御門
土佐藩
上長者町通
會津藩
尾張藩
下長者町通
蛤御門
紀伊藩
一橋慶喜
來島又兵衛隊
水戶藩
仙洞御所
出水通
京都守護職邸
下立賣通
肥後藩
寺町御門
津藩
九條邸
鷹司邸
下立賣御門
丸太町通
鴨川
堺町御門
益田右衛門介·浪士隊
(久坂玄瑞·真木和泉等人)
福井藩
西洞院通
室町通
烏丸通
東洞院通
高倉通
堺町通
柳馬場通
寺町通
河原町通
二條通
彥根藩
長州兵動向
諸藩兵動向
N
0
200m
長州邸
御池通
國司信濃隊
禁裏御所
來島又兵衛隊
諸藩兵
鴨川
N
桂川
三條通
彥根·會津藩
大垣藩
竹田街道
伏見街道
西國街道
伏見
天王山
福原越後隊
益田右衛門介·浪士隊
(久坂玄瑞·真木和泉等人)
山崎

禁門之變的兩軍動向

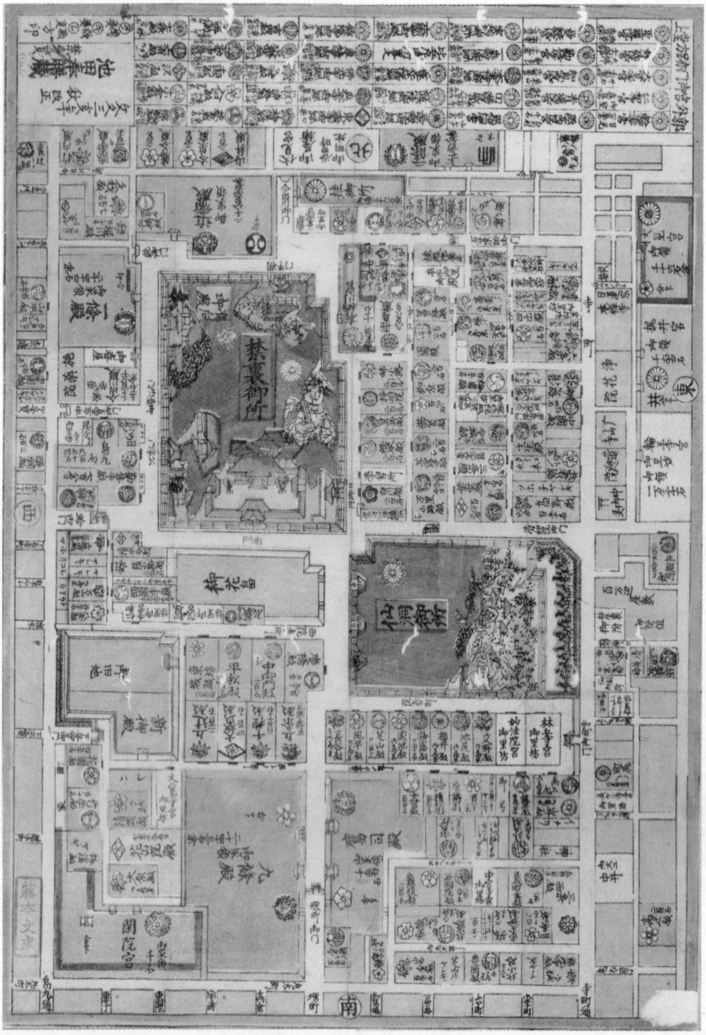

文久三年的御所周邊地圖，從地圖中可看到禁裏御所及仙洞御所周邊圍繞著公家宅邸。而禁門之變中爆發激戰的蛤御門坐落在地圖的最西端——〈內裏圖〉国際日本文化研究センター所藏

態度的鷹司前關白得知長州失利後，拒絕久坂等人原先提出參內為長州向天皇解釋的要求。

「你們長州都已自身難保了，誰要理你們？不要拖我下水，快滾！」

鷹司邸的長州軍很快被守衛御所諸藩的藩兵包圍，此時鷹司邸突然起火，眼見生還無望，絕望的久坂玄瑞和寺島忠三郎在鷹司邸內互刺而死，久坂得年廿五歲，寺島亦只廿二歲，剩下的長州兵盡遭殲滅，禁門之變以長州失敗告終。

三、朝敵長州

伏見長州藩邸被彥根藩兵包圍時遭到焚毀，長州在禁門之變失利撤退時亦放火燒毀位在河原町的藩邸，此外久坂玄瑞等人困守鷹司邸時應司邸亦因不明原因著火。這三把火一發不可收拾，火勢蔓延至廿一日。災區北起烏丸上長者町（京都市上京區ＫＢＳ京都放送會館一帶），南迄七條通（京都市下京區，東、西本願寺皆位於此），東到鴨川，西至堀川通（二條城東的南北大通）。總共燒毀八百十一個町、二萬七千五百一十三戶，以及二百五十三所寺社受災，以禁門之變為底圖而流傳至今的《甲子兵燹圖》可看出鴨川東岸盡是帶著家當逃難的平民。

禁門之亂期間，在六角獄舍有三十餘名攘夷派志士意圖趁亂越獄，這裡關押著自文久三年二月足利三代木像梟首事件、文久三年八．九月大和天誅組之變、文久三年九．十月但馬生野之變、元治元年六月池田屋事件部分被捕的攘夷志士。據《京都守護職始末》記載共有三十三名，獄吏擔心這三十餘名志士逃跑，不等上級指示便於七月廿日將平野國臣、古高俊太郎、長尾郁三郎等人悉數殺害。

從御所鷹司邸逃出的長州兵只有真木和泉等數人，真木等人逃回益田右衛門介隊原本屯駐的山崎天王山。薩摩

火勢不斷蔓延，御所周邊有往戰場前進的士兵，也有拿著行李往反方向避難的平民——《甲子兵燹圖》，京都大學附屬圖書館所藏

藩兵以為他們逃回天龍寺，於是率隊前去搜捕結果撲空，會津藩兵與新選組則向山崎進軍。長州軍隊和屯駐在天王山的奇兵隊均已撤出京都，只剩天王山還飄揚著毛利一文字三星的家紋，這裡殘存著以真木和泉為首的十七名各地攘夷志士，山下盡是會津藩、桑名藩、彥根藩及新選組等敵軍，人數約有一千五百名。廿一日天剛破曉，新選組作為先鋒攻上天王山，沿途都沒遇到任何敵軍，到天王山才發現真木和泉以下十七名攘夷志士盡數自裁（另有五名未加入長州軍的肥後脫藩志士），甚是壯烈。維新回天後，新政府厚葬真木和泉、宮部春藏等十七名志士，在寶積寺正北邊昔日陣地處立有「十七烈士之墓」碑。

七月廿三日，朝廷發出征討長州的敕命：

松平大膳大夫（長州藩主毛利慶親），先前遭到

三條大橋上爭相往鴨川東岸避難的平民——《甲子兵變圖》，京都大學附屬圖書館所藏

禁止進京的處分，此次託付陪臣福原越後以嘆願之名進京，實則進行強訴。朝廷雖秉持寬大仁恕之心對於國司信濃、益田右衛門介等人不強迫交人，但是長州至今毫無悔意、顧左右而言他，甚至懷恨在心。既而自起兵端，逕自對禁闕發砲，罪無可逭。此外，藩主父子授予國司信濃印有黑印的軍令狀，顯然早有預謀，總之請盡快對防長進行征討。

敕命中的「藩主父子授予國司信濃印有黑印的軍令狀」，是指六月廿七日國司信濃屯駐天龍寺時，曾將藩主毛利慶親交予的親筆並蓋上黑印的軍令狀置於本陣，推測毛利慶親也有將同樣的軍令狀給予福原及益田兩人。國司信濃在撤退時並未帶走這封軍令狀而被薩摩藩兵拾獲，光是這點足以令國司信濃切腹。朝廷發布征討長州的敕命，等於是宣告長州為「朝敵」！

日本中世紀內戰頻繁，凡是與朝廷敵對即等於成為朝敵，此外能控制畿內的勢力、勤於對朝廷貢獻財物或其他物資的勢力，也往往藉朝廷宣告與之敵對而成為朝敵。如平安末期的奧州藤原氏、鎌倉末期的北條高時、足利尊氏等人都曾經是朝敵。然而自江戶開府以來，由於德川將軍實力強大，沒有大名敢挑戰幕府權威，因此二百多年來不復存在朝敵，此刻的長州成為江戶時代首位朝敵。

七月廿六日幕府宣布收回長州在江戶的所有屋敷和藩邸，屋敷和藩邸內的留守家臣盡遭逮捕，屋敷和藩邸也盡數拆毀。

廿七日朝廷懲處在禁門之變前夕對長州抱持同情態度的公卿，自文久二年以來連續三年每年都有公卿因政治立場不同而被懲處，文久二年受到處分的有：

九條尚忠、岩倉具視、久我建通、千種有文、富小路敬直，共五名。

文久三年受到處分的有：

三條實美、三條西季知、四條隆謌、澤宣嘉、錦小路賴德、東久世通禧、壬生基修、廣幡忠禮、德大寺實則、長谷信篤、滋野井實在、東園基敬、豐岡隨資、烏丸光德、萬里小路博房、橋本實梁、正親町公董，共十七名。

元治元年受到處分的有：

有栖川宮幟仁親王·熾仁親王父子、鷹司輔熙·輔政父子、中山忠能·忠愛父子、石山基文·基正父子、大炊御門家信、正親町實德、日野資宗、勸修寺經理、橋本實麗、五辻安仲、平松時厚，共十五名（八月七日再增添五條為榮，共十六名）。

三年內共懲處三十八名公卿，政治立場的衝突不可能不激烈。三十八名公卿中除錦小路賴德已經去世外，其餘此刻都還在世，可是也只有日野資宗在一年多後復官，其餘三十六名都在孝明天皇崩御後才復官，由此不難想像天皇的性格。

八月廿四日，朝廷下令褫奪毛利父子的官位，毛利慶親的參議兼大膳大夫官位及毛利定廣的侍從兼長門守官位皆被褫奪。幕府也下令取消讓毛利父子拜領的賜字，毛利慶親的「慶」字和毛利定廣的「定」字不得再用，因此毛利慶親被迫改名為毛利敬親，毛利定廣也被迫改名為毛利廣封。

到十一月征討長州之前，長州意外引發一次戰爭，即是下一節要談到的四國艦隊砲擊下關事件。

四、四國艦隊砲擊下關

文久二年二月英國駐日公使阿禮國告假歸國，接待幕府派出參與倫敦萬國博覽會的遣歐使節團。萬國博覽會於九月十日（格列高里曆11月1日）結束，之後阿禮國埋首於撰寫自安政六（一八五九）年六月赴任日本就任首任駐日領事（同年底升格為公使）以來在日本的種種見聞，文久三年在倫敦出版《大君之都——駐日三年述聞》（*The Capital of the Tycoon: a Narrative of a Three Years, Residence in Japan*；日譯書名：大君の都——幕末日本滞在記，由岩波書店於一九六二年出版）。

文久四年一月下旬左右，阿禮國回到位在橫濱的駐日公使館復職，尼爾代理公使則返回英國。尼爾代理公使在文久三年年底前完成生麥事件及薩英戰爭的賠償，英國對日本的紛爭除橫濱鎖港和神戶開港等開港開市的問題外，還有日本尚存的攘夷問題。筆者在第九章提到文久三年五月十日，長州開始對通過下關海峽的外國船隻進行砲擊，分別是美、法、荷各一艘，其中兩艘是商船、一艘是通信船，因此受到砲擊後無力還手，只能加速離去。在遭到砲擊後一個月內，美、法兩國率領船隻前來報復，在美、法兩國船艦的砲擊下，長州毫無還擊之力。

當時英國因為準備與薩摩的戰爭而缺席文久三年的下關戰爭，阿禮國回到日本復職後看到日本依然充滿攘夷的氣息，於是向幾個國家的公使發出知會，說道當今日本排外的敵對行為依然熾盛，種種對外國不友善的行為不僅妨害貿易，也加深彼此間的敵對，讓問題更為複雜化。以武力對待文明諸國只是突顯自己的無知，對待各國所採取的敵對行為更是曝露自己的愚劣，因此對於目前仍堅持敵對的長州，應該積極地使用武力，以懲罰他們的暴行。

元治元年三月新上任的法國公使侯許(Michel Jules Marie Leon Roches)率先附和，歐美各國或許在歐洲議題上互有矛盾、對立，但是在與殖民地相關的議題上，歐美各國往往能捐棄成見、迅速達成共識，在日本如此，對待約略同時的清國也是如此。既然當時歐美列強的龍頭英、法兩國都已同意對長州用兵，曾被長州砲擊的美、荷兩國也順勢加入英、法陣營，於是組成四國聯盟準備對長州用兵。英、法、美、荷四國締結同盟準備對長州用兵的事別說長州，連日本人幾乎也無人知曉，然而不代表所有日本人都不知道。

文久三年五月十二日長州決定派遣五名留學生到英國留學，人選有遠藤謹助、山尾庸三、野村彌吉（維新回天後改名井上勝）、志道聞多以及伊藤俊輔，這五人被稱為「長州五傑」，是長州最早派往歐洲的留學生。當時幕府嚴禁各藩派遣留學生到外國留學，因此這五人事先都已脫藩，志道聞多更是脫離撫養他長大的志道家，回歸生家改以井上聞多之名。五人中年紀最長的是井上聞多，此時為廿八歲，已過學習的最佳年紀，然而聞多家世高貴，且又受到藩主毛利慶親的信任，於是對一切事務備感好奇的聞多不費吹灰之力地取得前往歐洲留學的機會。五人中的伊藤和野村年紀都二十初頭，是五人中最年輕的兩位。農民出身的伊藤之所以也能入選，是因為聞多的推薦。

他們五人從橫濱搭乘怡和洋行（Jardine Matheson）的商船先是到清國的上海，再從上海轉搭船隻到倫敦。轉乘船隻時由於溝通上出問題，聞多和俊輔被當成見習水手看待，每天辛苦地做著水手的工作，直到九月廿三日抵達倫敦。聞多和俊輔不像其他三人立即開始學習學科，他們兩人身處大英帝國的首都，見識到英國與日本國力上的差距後，原本抱持的攘夷信念逐漸動搖。

元治元年三月，聞多和俊輔兩人偶然在英國報紙上看到英、法、美、荷四國組成聯合艦隊，即將一舉進攻長州。再三確認消息無誤後，放下學業（兩人原本就無心於學業）找尋開往日本的船隻，在當年六月十日抵達橫濱。雖然兩人在明治時代被評為不學無術，然而此時的他們對於出身的長州還是保有赤誠之心。

兩人一到橫濱就直奔英國公使館要求與公使阿禮國見面，由於兩人身上穿著洋服，梳著西式髮型，公使館的領事相信他們兩人是留學英國的留學生，因此為他們寫了與阿禮國見面的介紹信。元治元年六月十六日（格列高里曆7月19日），帶著英國領事介紹信的聞多和俊輔與阿禮國公使、四國聯合艦隊司令官庫柏海軍中將見面，因為他們的英語不夠流利，遂由公使館通譯官薩道義為兩人口譯，這是薩道義與井上、伊藤兩人的初次會面。

透過薩道義的口譯，聞多和俊輔向阿禮國公使表示願意向藩主勸諫，請求藩主放棄攘夷，在這段期間內請英國及其他三國暫時中止對下關的攻擊行動。兩人提出的要求合情合理，因此阿禮國公使同意他們的要求，但是只給他們二十天的期限，二十天內若不能讓藩主改變心意，四國艦隊將拔錨開赴長州。

為爭取時間，庫柏海軍中將命軍艦巴羅薩號（Barrosa，總噸數一七〇〇噸）載送兩人前往長州（薩道義同船隨行），六月廿三日軍艦進入豐後水道，停泊在三田尻南方的姬島（大分縣東國東郡姬島村），然後兩人搭乘小船於三田尻上岸，約好在七月六日回報結果，薩道義等英國人於翌日登上姬島靜待兩人消息。當時長州為派兵前往京都（禁門之變），全藩上下忙得不可開交，聞多和俊輔的勸說幾乎不起任何作用。兩人無奈只得在約定的前一天回到姬島，對薩道義說道，「藩主如今準備前往京都對天皇陳述自己的意見，可否延期三個月？」然而薩道義只是個公使館通譯官，無權決定兩人的提案，他將兩人留在原地，下令巴羅薩號開回橫濱覆命。

《遠崖——薩道義日記抄》第二冊中記載了在四國聯合艦隊啟程前的七月十八日（禁門之變的前一日），幕府派出若年寄立花出雲守種恭（陸奧下手渡藩藩主）、外國奉行竹本甲斐守正雅及土屋豐前守正直、目付栗本鯤（維新回天後改名鋤雲）前往橫濱，與阿禮國公使及其他三國公使會談（法國公使侯許因病缺席）。幕府方面強調處罰長州有其必要，但是四國一起行動則要有充足的理由，言下之意即對四國組成聯合艦隊征討長州感到不滿。

幕府最終未能改變四國的意志，四國公使反而做出聯合聲明說幕府的通告是無效的，他們決定佔領下關海峽，直到從長州藩主手中收到賠償金為止，該海峽應該中立化，並且讓下關開港，七月廿四日四國交出備忘錄後開始聚集軍艦。廿七日，四國一共徵調十七艘軍艦聚集橫濱港，各國所屬的軍艦如下（詳見《遠崖——薩道義日記抄》第二冊）：

英國：

尤利亞拉斯號、征服者號（Conqueror，總噸數二八四五噸）、韃靼號（Tartar，總噸數一二九六噸）、巴羅薩號、雷歐巴德號（Leopard，總噸數一四〇六噸）、英仙座號、寇克特號、阿格斯號、邦恩瑟號（Bouncer，總噸數二三三噸）。

法國：

塞米拉米斯號、杜普利克斯號（Dupleix，總噸數一七九五噸）、坦克利得號。

荷蘭：

梅坦蓮．克魯茲號（Metallen Kruiz，總噸數二一〇〇噸）、梅杜莎號、傑比號（Jambi，總噸數二一〇〇噸）、阿姆斯特丹號（Amsterdam，總噸數不明）。

美國：

塔江號（Ta-Kiang，總噸數六〇九噸）。

有不少船隻其實在去年下關戰爭和薩英戰爭已經出現過，由利亞拉斯號為聯合艦隊旗艦。

七月廿八日（格列高里曆8月29日）早上六時薩道義搭乘由利亞拉斯號，在庫柏海軍中將一聲令下，十七艘軍艦離開橫濱港一路向西而去。八月二日（格列高里曆9月2日）中午前後，尤利亞拉斯號抵達姬島，到該日深夜所有船隻集結完畢。隔日各船隻準備薪炭及淡水，四日出發前往下關海峽準備五日對長州開戰。八月五日（格列高里曆9月5日）夕七時左右雙方開戰，去年結束下關的戰役後長州雖緊急修復被擊毀的砲台，但是也和去年一樣，四國船艦在長州砲台射程之外發砲，長州的砲台打不到對方，四國船艦發射的砲彈屢屢命中長州砲台，長州砲台被打成像蜂窩一樣。

八月六日，庫柏海軍中將判斷長州砲台已不構成威脅後，下令以英國海軍陸戰隊士兵為主上岸與長州兵作戰。先前長州藩才派出一千五百藩兵前往京都，因此此次作戰主要以高杉晉作成立的奇兵隊為主力，輔以其他長州諸隊迎戰。奇兵隊雖在日後作為長州藩的主力部隊之一四處征戰，立下顯赫戰功，可是仍不能與西方正規部隊相提並論，除近身作戰取得較大戰果外幾乎不敵四國聯軍。這一天四國聯軍在占領下的長府前田台場（幕末時期設置的砲台，兼可作為要塞）前，由隨軍攝影師費利斯．比特（Felice Beato）拍下一張紀念性的照片。

八月七日起長州各地砲台陸續被四國聯軍拆除，長州軍無法阻止四國聯軍的拆除行動，只得在八日（格列高里曆9月8日）宣告作戰失敗，提出與四國聯軍講和，結束四國聯合艦隊砲擊下關。

五、和四國的談判交涉

野口武彥在《長州戰爭——邁向幕府瓦解的分岔路》（長州戦争——幕府瓦解への岐路）一書引述古川薰《幕末長州藩的攘夷戰爭》（幕末長州藩の攘夷戦争），提到這次戰役長州戰死十八名、負傷廿九名；四國聯軍戰死十二名、負傷五十名。

八月八日正午左右，伊藤俊輔作為長州藩的使者來到尤利亞拉斯號向薩道義傳達講和的消息。伊藤出身尋常農民，以他的身分不可能成為長州藩代表，但是他和井上聞多是當時長州藩裡少數會講英文的人（雖然他們的英文只有洋涇濱的程度），因此儘管伊藤出身不高，卻也位居使節之一。高杉晉作以長州藩家老筆頭宍戶備前（名諱為親基）養子宍戶刑馬的身分作為講和正使，另外由曾為藩主小姓的杉孫七郎為副使。為提高正使的分量，高杉故意姍姍來遲，而且還穿戴戰國時代的甲冑、頭盔等過時的裝扮。

高杉首先聲明去年以來砲擊外國船隻的舉動完全出於遵奉朝廷聖旨、執行幕府下達的命令，因此長州並沒有做出逾矩的行為。

「我長州可是貫徹執行幕府攘夷的方針，豈能叫我藩支付？應該找幕府要才是。」

與第九章提到的薩英戰爭比較後可以發現：儘管武器不如人，薩摩和長州仍維持極高的戰意奮力作戰，造成的死傷反而還比列強要少。這種不畏本身劣勢、奮勇作戰的精神在同時期的清國幾乎不存在；高杉晉作在議和時面對戰敗的事實表現出不卑不亢的態度，在清國官員中也幾乎見不到。

歐美外交人員基於多年的經驗，深知和亞洲國家進行外交往來時只要在口氣上強硬或是以武力為後盾做恫嚇，往往能達到超出預期的效果，特別是對清國官員及幕府閣員。不過這種方式對待其他諸藩似乎不太管用，像這次談判庫柏海軍中將以恫嚇方式幾乎無法逼迫高杉就範，當然這也與庫柏海軍中將並非專業外交官出身有關，不過換成阿禮國公使就能讓高杉妥協嗎？

八月十四日（格列高里曆9月14日）停戰協定（《下關條約》）簽字，內容共計以下五條：

一、從今日起，外國船隻通行馬關（下關）時必須懇切對待。
二、石炭、食物、薪水之外，船上必備用品應予以供給。
三、馬關海灣風濤浪大，遭逢風浪時應准許予以登岸。
四、不得設置新砲台，也不得修繕遭砲擊的舊砲台。
五、馬關町燒毀的費用及此次戰爭的賠款支付，必須遵從江戶四國公使的決定。

明治時代伊藤博文回憶此事時，提到庫柏海軍中將在議和過程中曾提到租借下關附近的彥島，租期四十五年。庫柏海軍中將的提議遭到高杉斷然拒絕，他不願彥島成為第二個清國的香港。不過，當事人之一的薩道義在其日記並無此事的記載，伊藤的女婿、《防長回天史》（大正九〔一九二〇〕年出版）編纂者之一的末松謙澄編纂該書亦無提及此事，反倒是之後春畝公追頌會編纂的《伊藤博文傳》（昭和十五〔一九四〇〕年出版）提及，因此租借彥島是否確有其事仍令人存疑。

庫柏海軍中將提出的賠償金為三百萬美金，前文已提及長州拒絕支付，因此四國公使找上幕府索賠。四國當中只有英國在文久三年五月未受到長州砲擊，因此賠償金中只分到六十四萬五千美金，法、美、荷各分得七十八萬五千美金，不過幕府因為財政困難而且幾年後傾圮瓦解，因此這筆賠償金由新政府概括承受，新政府為取得各國承認，宣告會繼承幕府時代的不平等條約及債務。三百萬美金對剛成立的新政府是極大的負擔，直至明治十六年才全數支付完畢。

長州經過此番打擊後也醒悟到攘夷不可能實現，唯有放棄攘夷長州才能生存下去。只是長州的劫難並未到此結束，眼下還有一大難關，幕府動員諸藩的長州征討軍即將鋪天蓋地攻來。

六、第一次征長之役

禁門之變結束後，朝廷於七月廿三日發出征討長州的敕命，之後禁裏御守衛總督一橋慶喜代表幕府向中國（山陰、山陽）、四國、九州諸藩發出征討長州的命令，共有廿一藩響應，總兵力約十五萬。如果將日本比喻為世界，那麼長州藩可說是與整個「世界」為敵。八月七日幕府任命紀州藩主德川茂承為征長總督，旋即改由現任尾張藩主德川義宜之父德川慶恕擔任，征長副總督則由前任越前藩主松平春嶽養子松平茂昭擔任，將軍全權委任征長總督手握征長軍的軍事指揮權。

長州方面因簽訂《下關條約》有功，高杉晉作、井上聞多、波多野金吾（維新回天後改名廣澤真臣）、伊藤俊輔受到藩主賞賜及重用。可是另一方面長州在八．一八政變以來受到連番挫折，藩裡面出現向幕府謝罪恭順、懲處主導與幕府對抗的強硬派的聲音，這派人士以椋梨藤太為首，另有中川宇右衛門、村岡伊右衛門等人，稱為「恭順派」或「俗論派」。禁門之變後，恭順派的椋梨藤太、岡本吉之進、中川宇右衛門等人被任命為國事用掛，掌握長州藩政。恭順派認為長州會淪落到成為朝敵、藩主父子被褫奪官位的地步，完全是周布政之助等人領導的強硬派（也稱為正義派）所致，周布必須隱居下台，凡是屬改革派者都必須負起政治責任。

強硬派和恭順派雖在對待幕府的態度上有所不同，但對於攘夷的堅持並無二致。因此當井上聞多和伊藤俊輔兩人穿著洋服、梳著西式髮型坐在英國軍艦上回到長州，藩內上下都認定這兩人已向洋夷投降，因此即便聞多和俊輔兩人協助高杉晉作完成與四國的講和，也未因此抹消他們兩人被認定的「已向洋夷投降」之印象。

九月廿五日晚上，聞多前往位在山口的藩廳（長州的藩廳原本位於萩，文久三年四月未得幕府同意逕自遷徙至山口），參與探討對幕府應該採取的態度。出席會議的有支藩藩主（德山、長府、清末）、一門眾、家老及參與藩政的家臣，儘管支藩藩主、一門眾、家老並非恭順派，但是在面對幕府十五萬大軍的威脅下做出與恭順派同樣的決定——將這一年多來把長州推向朝敵並招致幕府派出大軍前來征討的家老作為戰犯引渡幕府，以換取藩主父子及長州的安全。聞多作為強硬派唯一的代表，事先和高杉、俊輔討論過決定的主張——表面上假裝恭順，暗地裡準備與幕府作戰——根本不受到重視。

聞多不悅地離開藩廳，在返回湯田自家途中經過袖解橋（山口縣山口市中園町）時，突然出現一名武士問道：

「前面的可是井上聞多？」

井上不疑有他，說道：

「正是！」

後面突然有一位武士張開雙手架住聞多，叫住聞多的武士拔刀正要朝他砍下，被架住的聞多使勁掙脫，竟然避開這一刀，看來刺客的劍術並不怎麼靈光。刺客一刀不中，繼續朝聞多身上砍去，聞多雖躲過幾次，終於也被砍中倒地。刺客正要補上致命的一刀結束聞多的性命，結果正好砍中聞多的相好中西君尾（當時祇園有名的藝妓，詳見第四部的介紹）送他的銅鏡而逃過一劫。聞多終於想到要拔刀對抗，但是本身劍術也不靈光的他也只能胡亂揮舞，平白讓自己多挨數刀。儘管聞多全身浴血，不過卻沒有一刀是致命傷，在黑暗的大地裡失去蹤影，兩個瘸腳的刺客遍尋不到聞多，認為身中數十刀的聞多不可能活命，於是匆匆離去。

聞多被農民發現時已奄奄一息，被抬回井上家後找來的兩位醫生也都對聞多的傷勢不抱持希望。痛到說不出話的聞多絕望的神情盡現於臉上，聞多的兄長五郎三郎（維新回天後改名井上光遠）拔出刀來想一刀減輕聞多的痛苦，可是遭到母親的制止。就在此時聞多的友人所郁太郎造訪，所郁太郎出身美濃不破郡，早年遊學畿內，曾在大坂緒方洪庵的適塾學過蘭醫，之後在京都河原町長州藩邸旁開業。因為與長州藩士經常接觸，所郁太郎的思想也傾向攘夷，八・一八政變後跟著長州藩士撤回長州，在吉敷郡（山口市）開業。

這一晚所郁太郎幫已被兩名醫生宣告放棄的聞多縫合傷口，前後縫了約五十針，竟然奇蹟似地救回聞多一命！司馬遼太郎對聞多逃過此劫似乎不以為然，在《幕末》一書提到：

……這個男人（指聞多）或許當初在山口讚井町的袖解橋下，就該一命嗚呼也說不定。後來，他在維新政府伊藤博文的庇蔭下，歷任顯職，而以貪官污吏的巨魁之名遺臭後世。……

聞多對於明治時代的日本到底是有功還是有過，這點有待進一步的公評。不過對聞多和所郁太郎兩人而言，命運的確不公平。被救活的聞多此後多活五十一年，於大正四（一九一五）年九月一日因腦溢血病逝，是明治時代的元老、侯爵，歷任外務卿、外務大臣、農商務大臣、內務大臣、大藏大臣等職。此外還被任命為維新史料編纂會總裁，並有專屬的傳記《世外井上公傳》（共五卷）。

所郁太郎救回聞多一命後，翌年成為長州諸隊之一的遊擊隊參謀，在高杉晉作於功山寺舉兵（見第十三章）時予以協助，然而在作戰時罹患傷寒於慶應元（一八六五）年三月十二日病逝，得年廿八歲。明治三十一（一八九八）年被追贈為從四位，此外再無任何榮顯。

聞多被砍傷的翌日，繼承村田清風進行藩政改革的強硬派領袖周布政之助在自家切腹，享年四十二歲。進入十月，恭順派排擠強硬派的情形愈益明顯，十月九日，強硬派的毛利登人、大和國之助、前田孫右衛門、渡邊內藏太被處以謹慎；十三日，山縣半藏（維新回天後改名宍戶璣）、小田村素太郎（維新回天後改名楫取素彥）被免職；十七日，高杉晉作被免去政務役的職務，強硬派幾乎完全被排擠出長州藩的核心。

長州內部陷入內訌的同時，征討長州軍卻在強化他們的實力，十月幕府首腦部和諸藩重臣在大坂城內舉行對進攻長州的相關軍事評定。鑒於征長總督及副總督兩人在軍事方面認識的不足，另行於十月十二日新設征長參謀輔佐，人選為薩摩藩士西鄉吉之助。評定中決定以十一月十八日為總攻擊日，征長總督德川慶恕、征長副總督松平茂昭在十一月上旬分別進入廣島國泰寺（廣島縣廣島市西區己斐上）、小倉城二地對長州藩採取包圍的態勢，號令一下同時進攻長州。

西鄉在十月廿六日奉征長總督之命從大坂出發，十一月三日在岩國與長州藩岩國領主吉川監物（名經幹）會面，傳達西鄉與德川慶恕討論過後的密令。西鄉對吉川監物說道長州藩謝罪的條件如下：

> 處決禁門之變的元兇，包括率領長州藩兵進京的福原越後、益田右衛門介、國司信濃三位家老，以及宍戶左馬介（名真澂）、竹內正兵衛、中村九郎、佐久間佐兵衛（中村九郎之弟）四位參謀。

吉川監物等於在茫茫黑暗中找到一絲光明，連忙趕到山口向毛利敬親通報西鄉提出的條件。然而要自己的家臣切腹承擔罪過於心何忍？但若是不這麼做只怕整個長州藩都無法倖免，眼下只有先保住長州藩，因此含淚接受吉川監物的提議。十一月十二日，三位已經下獄的長州藩家老毅然決然承擔起向御所開砲的責任，分別於德山藩和岩國領二地切腹，福原越後享年五十歲、益田右衛門介享年三十二歲、國司信濃得年廿三歲。三位家老的首級迅速送到廣島國泰寺，由總督代理人付家老成瀨隼人正正肥、大目付永井主水正尚志及目付戶川鉡三郎（名安愛）檢查確認無誤，同日中村九郎等四位參謀亦於野山獄斬首。

十一月十四日德川慶恕先延後預定於十八日總攻擊的命令，十九日親自檢查三位家老的首級，並招喚吉川監物告知藩主父子必須親筆寫下謝罪書，開出讓八・一八政變後被驅逐的五卿（錦小路賴德已故、澤宣嘉在生野之變後行蹤不明）離開長州引渡到五個藩、毀壞山口城、毛利父子返回萩蟄居等條件，只有儘快執行提出的三條件，才能結束這一次的征討長州。

十一月廿五日，毛利敬親・廣德父子向廣島征長總督府呈上一篇認罪書，說到父子兩人完全接受幕府的懲處，唯請求幕府能寬恕長州。認罪書呈上的同時毛利父子返回萩，在天樹院（山口縣萩市堀內，是長州藩祖毛利輝元的墓地）蟄居。總督府派出數人前往監督毀壞山口城的工作，監督的人因為貪杯而未實際監督，導致山口城只有表面上輕微的毀壞，不到一年後毛利敬親又遷回此地。

五卿的引渡是三個條件中最不容易做到，早在三家老切腹、四參謀斬首之際，強硬派便已經料到征長總督府一定會針對還在長州的五卿做出處分（第十章提到的大和天誅組首領中山忠光在此時被恭順派派人處死），因此奇兵隊及長州諸隊中的八幡隊、遊擊隊、御楯隊、嚴懲隊共約七百五十名，於十一月十五日簇擁五卿從山口前往下關長府的功山寺，宣稱若要交出五卿他們將為五卿奮戰至死。

自八・一八政變以來，薩摩人被長州人稱為「薩賊會奸」，若由西鄉出面勸長州諸隊聽從藩命只會適得其反，因此西鄉找來同樣提倡尊王攘夷並與多數長州藩士有交情的福岡藩士月形洗藏，由他前往功山寺與三條實美等五卿會面，說服五卿同意由九州五個大藩福岡、佐賀、久留米、熊本、薩摩一藩看管一卿的方案。

五卿的引渡還在進行中，德川慶恕卻於十二月廿七日宣布征長軍撤兵，元治二年一月四日於廣島下令各藩軍隊解散。五卿的引渡落得有名無實，元治二年二月十三日五卿一同被引渡到太宰府延壽王院。

而德川慶恕解散征長軍之舉，引起人在小倉的副總督松平茂昭及若干譜代大名的不滿，他們認為對長州的懲處過輕，以文久改革對彥根藩懲處標準來看至少要削減長州十萬石；毛利父子處以隱居落飾及永蟄居，由德山、清末、長府三支藩選擇繼任藩主的人選；山口城確實的毀壞等處分才行。德川慶恕應該是出於十五萬軍隊久征在外，金錢及糧秣的開銷過大，會拖垮幕府及諸藩的財政，既然長州已處決滋事的三家老、四參謀，達成懲處元凶的目的，趁著金錢及糧秣還未見底時趕緊撤兵可免去諸藩藩兵的譁變。

這樣的說詞當然很難說服松平茂昭及其他譜代大名，因此他們拖到一月下旬才陸續撤兵，儘管撤兵他們也在積極製造再次征討長州的機會，可說埋下不到兩年後第二次征長的遠因。

元治元年在德川慶恕宣布征長軍撤兵後不久結束，這一年長州經歷多次挫敗，逐漸認清攘夷不可能實現，與薩摩一樣拋棄攘夷。長州在第一次征長之役期間恭順派把持藩政，建立起對幕府恭順的政權，這種過於軟弱的政權能夠經得住長州接下來的嚴峻考驗嗎？長州既然已經拋棄攘夷主張，在接下來的政局裡又該何去何從？被宣告為朝敵的長州又該如何突破目前的困境？這些是筆者在下一章要介紹的內容。

第十三章

從攘夷轉向倒幕的長州

一、高杉晉作功山寺舉兵

前章末節筆者提到在幕府第一次征長期間，長州面臨幕府及諸藩的外在威脅，長州內部又有強硬派和恭順派的傾軋。自文久三(一八六三)年八・一八政變以來長州的錯誤作為幾乎都是強硬派所主導，也難怪恭順派要大肆逮捕強硬派成員並追究其政治責任。先是多名強硬派藩士被免職或處以在家謹慎、甚至逮捕，並製造諸如井上聞多的暗殺事件，之後更有周布政之助切腹以示負責，恭順派的作為已超出追究政治責任的層面，根本是要完全消滅強硬派以便永久把持藩政。

恭順派不僅置強硬派於死地，對於流落到長州的五卿也同樣不放過，欲將五卿當成向幕府求和的犧牲品，引渡給九州五大藩看管。被免職的高杉晉作等強硬派藩士簇擁五卿到下關長府的功山寺（下關市長府川端一丁目），下關是奇兵隊成立之地，根據地設在奇兵隊資助者、從事迴船問屋[1]的豪商白石正一郎宅邸（JR下關站附近）。當時奇兵隊總督是赤根（彌）武人，軍監為山縣狂介（名小輔，維新回天後改名山縣有朋），可見高杉晉作和奇兵隊在下關有不可小覷的勢力。高杉十月底在下關稍作停留，旋即渡過下關海峽前往筑前，潛伏在有女流勤王家野村望東尼隱居的平尾山莊。野村望東尼（請參見第四部）當時年近六十，其隱居之地雖名為山莊，不過與中文的山莊相去甚遠，充其量為茅草搭建的平房。

高杉認識野村望東尼大概是在文久二年上半年，女尼與這位年紀小她超過三十歲、極富行動力的狂人甚為投合，此時眼見高杉走投無路，收容他藏匿在平尾山莊。高杉滯留筑前期間，率領長州藩兵前往京都導致禁門之變的三位家老負起政治責任切腹、四位參謀於野山獄斬首，消息傳到高杉耳裡，他再也忍不住了：

「可惡的椋梨！同為長州藩士，非得趕盡殺絕嗎？」

他決定潛回長州發起政變，推翻恭順派。

「恭順派一再對幕府低聲下氣，再這樣下去長州會被恭順派玩死。」

高杉化名為谷梅之助返回長州，十二月十三日高杉人已在下關長府。當時奇兵隊總督赤根武人前往萩城向恭順派講和，高杉身為創辦人卻無法指揮赤根控制下的奇兵隊。儘管高杉口齒伶俐、言詞犀利，在十五萬征長大軍駐屯在廣島的威脅下，長州諸隊對於高杉發動政變顯得有所畏縮。眼見長州諸隊並不支持自己的政變計畫，高杉只有將希望放在伊藤俊輔身上（井上聞多在養傷），他最近成立一支以六十餘名相撲力士為主的力士隊，可用來作為發動政變的主力。

高杉決定於十二月十四日深夜於長府功山寺舉兵，選在這一天是向一百六十二年前的赤穗事件致敬，除期許舉兵能夠成功之外，也有以小搏大的寓意在內。到舉兵之前高杉只再成功拉攏遊擊隊總督石川小五郎（維新回天後改名河瀨真孝），連同力士隊在內也不過才八十餘人。

高杉為拉攏遊擊隊使得舉兵之日延遲到翌日，高杉晉作抱著必死決心舉兵，舉兵前寫好自己的墓碑以示不成功便成仁的堅定意志。十二月十五日傍晚長府下起雪來，高杉踏雪而行，臨

1　迴船問屋：從甲地以船隻將旅客或貨物運送到乙地稱為迴船，以商船為對象的業務稱為迴船問屋。

去時奇兵隊軍監山縣狂介為高杉寫下以下和歌（將高杉化名的谷與梅暗喻其中）：

谷つづき　梅咲きにけり　白妙の　雪の山路を　行く心地して

（幽谷綻開的冷梅，積雪如白砂，山路任君行）

高杉晉作短暫的一生充滿驚奇、冒險，若論最為冒險的時刻大概再也比不上此時。高杉穿戴著戰國時代的甲冑、頭盔，臨去前先到功山寺求見五卿，前來開門的是土佐浪士土方楠左衛門（維新回天後改名土方久元），一一和五卿喝完訣別酒後，高杉騎馬率領八十餘名義士進攻位在下關的藩奉行所。追隨高杉的人數雖少，但高杉全身散發出一股令人難以與之對抗的威嚴，藩奉行所稍作抵抗便被力士隊、遊擊隊成員制伏，高杉成功攻下奉行所。

高杉攻下奉行所後奪走裡面的糧食和錢財作為舉義的基金，此舉讓原本觀望的長州諸隊紛紛要求加入。另外，高杉特意放走幾位奉行所的藩吏要他們回去傳話，因此一、兩天內攻下奉行所的消息傳遍整個長州。強硬派雖自八．一八政變以來犯下一連串的錯誤，長州人民依舊普遍對強硬派抱持好感，原因固然與關原之戰以來對幕府懷恨在心有關，但更多的原因為強硬派的攘夷行動是遵奉天皇的敕令及幕府頒布的攘夷期限，並非一意孤行。

因此，高杉及整個強硬派此時的氣勢如日中天，對根基並不穩固的恭順派造成莫大恐慌，加上流言蜚語四起，高杉將連夜帶領長州諸隊攻來的消息在萩城下四處散播，流言往往比戰場上的敵人更致命。恭順派領袖椋梨藤太、中川宇右衛門誤判情勢，認為被關押在野山獄的強硬派藩士會與高杉等人裡應外合。

「殺掉獄中那些傢伙，不然遲早會栽在他們手裡。」

十二月十九日，野山獄裡以下七名強硬派藩士遭到處決（括弧內為死時的歲數）：

毛利登人（四十五歲）
前田孫右衛門（四十八歲）
山田亦介（五十六歲）
松島剛藏（四十一歲，楫取素彥之兄）
大和彌八郎（三十一歲）

楢崎彌八郎（廿九歲）
渡邊內藏太（三十歲）

上述七人與前章提到在野山獄遭斬首的宍戶左馬介、竹內正兵衛、中村九郎、佐久間佐兵衛四位參謀合稱為「甲子殉難十一烈士」，維新回天之後與福原越後、益田右衛門介、國司信濃三位家老及周布政之助一起合葬於東光寺（山口縣萩市椿東，該寺為毛利氏菩提寺）。

廿一日，高杉率領約廿名藩士乘船前往三田尻長州的海軍局，以如簧之舌勸說海軍局人員，高杉一如歷史上的野心家一樣，講話深具氣勢及煽動力，很快讓海軍局人員折服在他的口才下，心甘情願的獻上「丙辰丸」、「庚申丸」、「癸亥丸」三艘軍艦。丙辰丸等三艘軍艦雖只是木造帆船，但在當時的長州而言已是最強大的戰力，跟隨高杉前來的藩士將三艘軍艦開回下關。

十二月廿五日，恭順派又做出一件不得人心的事，假借藩命逼迫年僅廿三歲的強硬派家老清水清太郎（名親知）切腹。清水清太郎乃戰國時代秀吉水淹備中高松城時為底下兵士及民眾毅然切腹的城主清水宗治後人，因為宗治的忠義，其子被提攜為寄組的地位，在長州藩中家格僅次於一門眾，與其他毛利氏譜代家臣並列，有擔任家老的資格。清水清太郎年紀輕輕被任命為家老，除家世的庇蔭外也在於本身具備卓越的能力以及為人處世的圓融，這樣一位有為的家老卻被逼上絕路，這也顯示出在強硬派的步步進逼下，恭順派已經陣腳大亂。

廿七日，征長總督德川慶恕宣布征長軍撤兵。恭順派的崛起當初是憑藉征長大軍壓境，在人心惶惶的情況下強硬派被視為造成長州淪為朝敵的元兇，才讓恭順派有機可趁取得政權，征長軍撤兵等於撤掉恭順派身上的護符。十二月廿八日藩廳派出鎮撫軍鎮壓各地的長州諸隊，奇兵隊總督赤根武人一意討好恭順派的策略失效，他從此失去奇兵隊員及長州諸隊的信任，奇兵隊實權從此落入軍監山縣狂介的掌控中。

進入元治二（一八六五）年，強硬派於一月初在繪堂、太田（均位於山口縣美禰市）兩役擊敗藩軍收復山口，開始朝藩廳所在地萩進軍。此時長州支藩之一的清末藩藩主毛利元純出面表示有意調停兩派的糾紛，但為士氣高昂的強硬派拒絕。二月九日長州三支藩德山藩藩主毛利元功、清末藩藩主毛利元純、長府藩藩主毛利元周與宗家毛利敬親．廣封父子及一門眾、重臣在萩城商議，認為此時應取消討伐諸隊的提議，力謀藩內的統一。對於藩主等人發出的善意，高杉以暫時停戰作回應。十四日長州諸隊攻入萩城，恭順派要人椋梨藤太、中川宇右衛門被捕下獄，其餘盡遭免職，被囚禁在野山獄的強硬派一律釋放。從元治元年十二月十五日高杉晉作於長府功山寺舉兵，歷時約兩個月強硬派最後大獲全勝，重新取得長州藩政，藩論從對幕府恭順轉變為武力倒幕，這是幕末時期最早明確提出倒幕主張的藩。

二、桂小五郎回歸

可能會有讀者覺得奇怪，筆者從禁門之變後，歷經四國艦隊砲擊下關、與四國的談判交涉、第一次征長之役到高杉晉作於功山寺舉兵，似乎都沒提到長州的代表人物桂小五郎，怎麼會遺漏日後名列「維新三傑」之一的桂小五郎呢？

其實不是筆者遺漏，而是這段期間桂並不在長州境內，既然不在長州境內，當然無法參與上述事件。不在長州境內的桂，在這段時間流落何方呢？原來在禁門之變後，桂來不及跟上長州的軍隊撤出而被留在京都，身為長州藩京都留守居役的桂很自然成為京都所司代、京都町奉行、伏見奉行所、京都見廻組、新選組首要追捕的對象。他們幾乎翻遍整個京都，卻遍尋不到桂的行蹤，桂到底人在何處？難道他真的已經逃出京都了嗎？

事實上在禁門之變後查緝最嚴格的那幾天，桂被相好的藝妓幾松藏匿在三本松（京都市上京區三本木通，鴨川和河原町通、荒神口通、丸太町通之間的區域）的吉田屋，暫時安頓桂藏身此處。期間新選組曾找上門來搜索，據說吉田屋另有裏間，幾松將桂藏在裏間躲過新選組的搜索。後來桂離開吉田屋到南邊的二條大橋底下假扮乞丐，幾松每天為桂準備伙食、從二條大橋上假裝失手掉到橋下，桂靠著杯水車薪的伙食過活。

文治元年七月底左右，桂逃出京都，出亡到山陰的出石（兵庫縣豐岡市出石町），得對馬藩士大島友之允的協助，化名廣江孝助，在當地做起小生意，至今出石町的宵田街道上仍留有「勤王志士桂小五郎再生之地」的碑跡。

不少學者、評論家、作家將元治元年的桂小五郎蔑稱為「善逃的小五郎」（逃げの小五郎），是依據發生在文治元年的三件事情：池田屋事件、禁門之變、逃亡出石。這三件事裡桂不是憑藉神道無念流塾頭[2]的身分存活，而是靠無人可及的逃亡本事。司馬遼太郎在《幕末》一書曾有

2 塾頭：道場或私塾中最優秀的弟子。

如下揶揄桂的文字：

> 維新的到來，是三年後的事，在這期間，有無數的志士，棄屍荒野，桂卻存活了下來，並受到新政府以元勳之名禮遇。這可不是諷刺，所謂的元勳、不過是活下來的一群人而已。至於維新後，充當政治家的桂反而未能施展抱負。或許，能多次死裡逃生，正是桂真正的才能所在吧！

維新回天後的桂未能在政治上施展抱負並不假，但是說桂真正的才能在於多次死裡逃生，揶揄的成分也未免過重。桂在出石做生意之餘，也留意著禁門之變後京都及長州的形勢。照理而言長州大難在即（指幕府的征長之役），桂應該要速回長州與藩共患難才是，但是桂非但不回長州，反而在出石藏匿長達七個月，這恐怕是考慮到當前長州當道的是恭順派，一旦返回長州大概會與三家老、四參謀落得同樣下場。

桂曾將自己的行蹤透露給同藩的村田藏六知道，藏六的口風相當緊密，在恭順派當道期間即便高杉晉作等強硬派希望桂能回來長州領導義舉，藏六始終未說出桂的行蹤，直到元治二年一月初繪堂．太田之役後強硬派已勝券在握，藏六才向伊藤俊輔透露桂的行蹤。

二月初，幾松與桂在出石的友人廣戶甚助一同前往出石找到桂，桂自離開京都後未再與幾松見面，小別數月思念之情更勝新婚。從幾松與甚助帶來的情報桂得知恭順派政權已被推翻，他此次回去定會被藩委以重任，知道自己不用再過著亡命的生活後桂不急著返回長州，悠哉地和幾松在出石當了一個多月的夫妻。

元治二年四月七日，朝廷再次下令更改年號，當初改元元治是因為逢辛酉、甲子年更改年號的不成文規定，無非是想討個吉利。然而更改元治後反而招致更多的不祥，因此從漢典籍中挑個較為吉利的慶應作為新年號。「慶應」出自《昭明文選卷四十七．陸機．漢高祖功臣頌》：

……慶雲應輝，皇階授木……

這是幕府時代最後一次更改年號。附帶一提，即將於二〇一九年結束的「平成」出現在這次更改年號的候補名單中，平成出自《史記．五帝本紀》：

……父義，母慈，兄友，弟恭，子孝，內平外成。

亦有一說為「平成」出自《尚書．虞書．大禹謨》：

……地平天成，六府三事允治，萬世永賴，時乃功。

不管出自何者，「平成」都寓意政通人和、河清海宴，但是用來對照幕末政局倍感諷刺。

慶應元年四月八日，桂與幾松離開出石前往大坂搭船前往下關，四月廿六日在下關與已被任命為防御掛兼兵學校用掛的村田藏六會面，感謝他在強硬派危難時不離不棄、沒有向恭順派妥協洩漏自己的藏身之處以及幾松避難長州時的關照之恩。五月廿七日，桂在山口藩廳被任命為政事堂用掛兼國政方用談役心得，換言之即是長州藩政的最高負責人。

同年九月廿九日，藩主命桂改名木戶貫治。

三、村田藏六的軍事改革

座落在東京都千代田區九段北的靖國神社，偌大的參道中央矗立一尊銅像，很多外國人可能會認為在這間頗有爭議的神社中矗立的銅像應該也會是個爭議性人物。實際上這尊銅像的原型與二戰毫無關聯，靖國神社還是由他建議才催生的，他指揮薩長軍打贏與彰義隊在上野的戰爭，是維新政府首任兵部大輔，最先提倡徵兵制，因而遭到暗殺。維新回天後他的名字是大村益次郎，在幕末時期名為村田藏六。

村田藏六生於周防國吉敷郡鑄錢司村(山口市鑄錢司町)，與其他幕末志士不同的是，藏六只是一介百姓。弘化年間(一八四五~四八)在大坂適塾跟隨緒方洪庵習醫，藏六成績優異，一路擔任塾頭，嘉永三(一八五〇)年結束學業返回老家擔任村醫，評價似乎並不低。幾年後培理到來，在日本全國各藩掀起對蘭學的熱潮，精通蘭學者無不被各藩藩主奉為上賓，藏六曾就學於長崎出島荷蘭商館醫生西博德門下，更是炙手可熱，幾經波折後為「蘭癖大名」宇和島藩主伊達宗城延攬。

藏六來到宇和島藩著手西洋近代兵學的翻譯，後來跟隨藩主前往江戶參勤交代，安政四(一八五七）年因其名氣被幕府老中首座阿部正弘延攬為新成立的講武所教授，筆者在第二章安政改革一節便曾提及。任教講武所期間結識適塾的後起之秀福澤諭吉、大鳥圭介等人，另外還有影響他後半生的桂小五郎。

桂對藏六在蘭學方面的造詣深為嘆服，交談得知藏六出身長州，桂認為讓如此優秀的人才楚材晉用是長州的損失，再三邀請藏六返回長州為自己的藩國效力。藏六雖然答應桂的提議，但是文久三年六月十日藏六的適塾恩師緒方洪庵辭世，處理完洪庵的後事並結束在江戶的授課後，藏六才踏上前往長州的路途。十月廿四日被長州任命為手當防禦事務用掛，工作內容為長州的軍備事務。

西鄉吉之助曾如此評論過長州：

「好耍小聰明的長州人。」

這種評論未免過於以偏概全，或許多少出自西鄉對長州先入為主的觀念，但是不少長州人像是桂小五郎、久坂玄瑞、高杉晉作、井上聞多、伊藤俊輔多少都有這種耍小聰明的傾向，若以台灣閩南語來說類似於「奸巧」（狡猾聰明）。不過這句話對照在藏六身上顯然不適用，除了桂之外，藏六幾乎不與其他長州藩士往來，而藏六的聰明才智可能在所有長州藩士之上，除桂之外他幾乎不在任何人面前展現，因此在其他長州藩士看來，藏六算得上是毫無情趣的人。

藏六不久兼任位在山口的藩校[3]明倫館講述西洋兵學，即便元治年間恭順派掌握藩政，藏六的職務也未被剝奪。固然與藏六潔身自好、不與桂以外的其他藩士接觸有關，再者也是因為藏六的蘭學根柢扎實、在長州藩內無出其右，無人可取代之因。

元治二年推翻恭順派政權後，高杉晉作立刻針對他一手創辦的奇兵隊採取西式兵制的訓練，然而施以西式兵制訓練不是高杉能夠勝任的任務，因此落在藏六的身上。事實上不只奇兵隊，幾乎所有長州諸隊都交由藏六訓練。野口武彥的《長州戰爭——邁向幕府瓦解的分岔路》一書引用《防長回天史》的內容提到藏六的軍事改革：

總管總掌隊中一切事務，司賞罰，以嚴格維持隊中紀律。……軍監為總管之副。隊兵分為二，其中一部由總管統率，另外一部由軍監率領。……數伍為一小隊，數小

3　藩校：諸藩為教育藩士子弟而設立的學校，尋常百姓不得就讀。

隊為一隊，伍有伍長，小隊有隊長及押伍。

依《防長回天史》的記載，一伍約為三十人，是戰鬥的最小單位，小隊中的隊長和押伍相當於隊裡的總官和軍監。藏六的改革特色為導入新的指揮系統，而不是依家世決定身分高低，如此一來建立起長官與部下的上下關係，軍隊的階級取代身分制度。

藏六訓練的成果可從一年多之後的第二次征長之役得到印證，長州軍在國境的四個戰場上均以寡擊眾擊潰幕軍，甚至之後的鳥羽．伏見之戰以及戊辰戰爭，長州諸隊都取得豐碩戰果，和同一時期的薩摩同為幕末最強的兵團。當然薩長攻守同盟的訂定讓長州得以透過薩摩向英國購買米尼葉槍也是不可忽視的因素，這點筆者將會在下一章提到。

慶應元年五月，桂推舉藏六為馬廻役譜代，藏六正式躋身武士，俸祿為一百石，村田藏六這個名字已不再適用，同年十二月藩下令改名大村益次郎。

四、走上薩長提攜之路！

高杉晉作領導長州諸隊於長府功山寺舉兵，之後又以數月時間掃蕩恭順派政權，建立起以武力倒幕為目標的政權。此刻新政權需要一個對藩主及其一門眾、重臣具有強力發言力量，並能得到長州諸隊敬重、信任，讓各方一致推舉的人物，顯然高杉晉作不具備這樣的條件，桂小五郎才是能夠承受各方寄以厚望的那個人。

桂回到長州後不久有訪客上門，來者是土佐浪士、曾為土佐勤王黨一員的中岡慎太郎。土佐勤王黨領袖武市半平太自文久三年五月被捕下獄後，中岡便自行脫藩滯留京都，隔年加入長州發起的禁門之變，在鷹司邸作戰負傷，後來逃出京都退至長州，四國艦隊砲擊下關時中岡也跟著出一份力。桂在禁門之變後先是躲藏在二條大橋底下，然後出亡到但馬出石將近八個月，因此桂並未和人在長州的中岡打過照面，和中岡也只有攘夷派全盛時在京都的數面之緣。

中岡雖和桂不熟，倒是認識不少長州志士，中岡一聽說桂即將返回長州執掌藩政，來到下關素有「勤王商人」之稱的白石正一郎宅邸。儘管桂和中岡只有數面之緣，但是他受過白石不少的幫助（整個長州藩士和攘夷志士沒受過白石在經濟上資助的，只怕手指便能數得出來），對於白石宅邸的座上賓——那怕是個雞鳴狗盜之輩——也一定要前來拜訪。

中岡對桂說道幕府對於這次征長的結果非常不滿意，只要主戰派得勢一定會慫恿將軍再次征長，為避免類似情形再度發生，長州一定要有個堅強的盟友作為後盾。中岡的忠告桂並不是沒有想過，只是有哪個藩願意和已經成為朝敵的長州結盟？這點桂想破頭也想不出來。當桂從中岡口中聽到薩摩時，立刻扳起臉來：

「和薩賊同盟是絕無可能之事！我們長州上上下下無一不是恨薩賊入骨，長州寧可被幕府消滅也不願和薩賊結盟。」

事實上桂若同意和薩摩結盟，他不僅會被免去所有職務，甚至連性命也有可能不保，當時長州即便連一般百姓也是整日將「薩賊會奸」掛在嘴上。

中岡或許預料到桂會有如此的反應，先是好言說道：

「土佐在最危險的時刻捨棄我們，任由我們死去不管，反倒是長州給予我們棲身之地，所以長州才是我們心中的故鄉。」

正因為中岡將長州視為故鄉，所以不忍長州被幕府消滅，他和同藩友人坂本龍馬決定促成薩摩和長州的同盟，眼下龍馬前往薩摩說服西鄉吉之助，自己前來長州和桂見面，務必要讓這兩個實力強大的雄藩結成同盟。

中岡在下關只逗留數日，臨去前和桂說道接下來龍馬會來到下關，而他則會前往薩摩將西鄉帶來下關與之訂定盟約。閏五月一日，龍馬從太宰府來到下關，六日桂正式和龍馬會面。有別於中岡的是，桂早年在江戶進行劍術修行時已認識龍馬，兩人同為江戶三大道場之二的塾頭（桂是神道無念流，龍馬是北辰一刀流），加上龍馬的個性比一板一眼的中岡好相處得多，可以說桂無非更盼望龍馬的到來。

幕府於四月十九日發出布告將要再次征討長州，五月十六日將軍從江戶出發再度上洛（詳細內容請見第十五章），可見先前中岡所言幕府將再次征長並非空穴來風。桂擔憂長州將如何對抗幕府再次征長的同時，也因中岡準確的預測而對薩長訂定同盟的可能性有所期待。

長州在桂成為藩政的最高負責人後，桂、高杉、大村、井上、伊藤主導長州藩政的局面業已形成，與小松、西鄉、大久保主導的薩摩互相輝映，這正是一般大眾對幕末薩長二藩的印象，歷經犧牲眾多志士的性命後終於走到這一步。有著不共戴天之仇的薩長是否有可能在龍馬和中岡的調解下，走上訂定同盟之路呢？締結薩長同盟又將給幕末局勢帶來怎樣的改變呢？本章結尾提到的將軍三度上洛又會給即將結盟的薩長帶來怎樣的衝擊呢？這些都是筆者將在下一章進行探討的內容。

第十四章

薩長同盟

一、坂本龍馬入勝海舟門下

筆者在前章末節已簡單介紹中岡慎太郎，而在進入薩長攻守同盟之前有必要介紹促成這一同盟的另一重要人物——文久．元治年間的坂本龍馬。

文久二(一八六二)年三月廿四日，龍馬在土佐自家長兄權平的監視下偷偷脫藩，與他一起脫藩的有同為土佐勤王黨的鄉士澤村惣之丞。兩人離開龍馬生家後，翌日來到現在的高知縣高岡郡檮原町，從檮原街道離開土佐藩境進入伊予國，過半個月後吉田東洋暗殺事件的那須信吾等人及吉村寅太郎也是從這裡脫藩離開土佐。平成七(一九九五)年十一月十一日在檮原街道舉

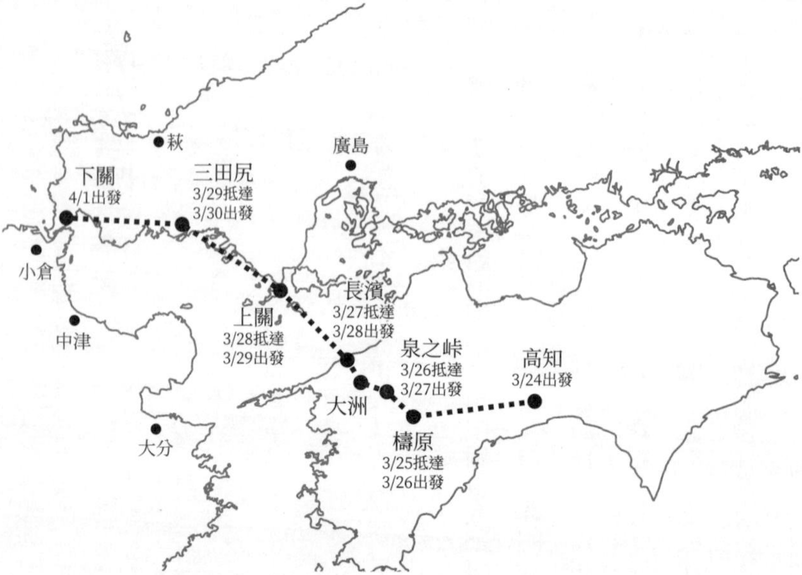

龍馬脫藩途經路線

行高知當地出身的銅像作家濱田浩造的作品「維新之門　幕末八志士群像」的揭幕式，所謂的維新八志士包含龍馬、澤村、那須俊平、那須信吾、前田繁馬、中平龍之助、吉村寅太郎、掛橋和泉等八位在此地脫藩的土佐藩士，八位志士都在維新回天前殞命，除那須俊平外都活不到三十五歲。

走在後來被稱為維新之道上的龍馬和澤村兩人不停趕路，廿八日抵達長州境內的上關（山口縣熊毛郡上關町），翌日抵達三田尻（舊稱中關），停留一夜於三月三十日抵達下關、寄宿在豪商白石正一郎的宅邸。四月一日龍馬離開下關後下落不明，直到六月十一日才出現在大坂，這段期間發生的吉田東洋暗殺事件無論如何是無法算在龍馬的頭上。龍馬在大坂遇到與他一起脫藩的澤村，可見兩人是分別離開下關的。文久二年京坂上方一帶是攘夷派的全盛期，只要對攘夷抱持懷疑的態度便有遭來天誅的可能，龍馬不願待在這種是非之地於是前往相對安定的江戶。

八月左右龍馬（隻身或有其他同伴並不清楚）到達江戶，已經脫藩的他在江戶能去的地方只有一個——曾在江戶斷斷續續修習三年多、位在桶町的北辰一刀流千葉道場。千葉道場少主重太郎是龍馬修習劍術時已認識的好友，但他同時也深受攘夷思想的薰陶（當時除幕閣、幕臣與蘭學者外幾乎都是攘夷信徒）。龍馬和重太郎自文久元年九月加入土佐勤王黨後幾乎未再碰頭，此次重逢重太郎熱情邀約龍馬寄宿在千葉道場，其目的是想去行刺崇洋媚外的勝海舟。自司馬遼太郎的成名作《龍馬行》（竜馬がゆく）以來，普遍認為重太郎偕同龍馬前去行刺勝海舟，兩人甫一進勝海舟家門便被勝識破此行的真實意圖，龍馬更是被勝說服、轉而拜在勝的門下，這種說法主要與文久二年龍馬的政治立場有關。當時的龍馬雖然不甚認同攘夷派的天誅行為，但是並不能認定此時的龍馬已轉為開國派。

他在嘉永六（一八五三）年九月廿三日目睹黑船到來後，曾寫信給人在土佐的老父提到：

……相信不久之後將會發生戰事，到時我會取下幾個異國人的首級，再回鄉服侍您。

另外再來看看勝海舟的背景。勝的生父小吉出自劍術名門直心影流，是男谷家的三男，自幼送往貧窮的旗本小譜請組(年俸四十一石)勝家當養子。因為這層關係，勝幼時起學習直心影流，十六歲取得免許皆傳的資格。劍術造詣與重太郎、龍馬等人不相上下，單憑重太郎或龍馬一人未必能暗殺勝海舟，若是兩人前去才有較大的把握。

不過，勝海舟令人津津樂道的並非劍術，而是他對當時國際局勢透徹的了解。筆者在第二章安政改革一節提到過，阿部老中首座曾在長崎成立海軍傳習所作為幕府的海軍士官養成所，勝曾在此地學習將近五年，而筆者在第四章第五節提到關於勝和齊彬的軼事正發生在海軍傳習所學習期間。安政七(一八六〇)年一月十九日(格列高里曆2月10日)，為交換《日美修好通商條約》的批准書，幕府派出一支遣美使節團在橫濱搭乘「咸臨丸」橫渡太平洋，這支使節團包括水手在內全部都是日本人，正使是新見豐前守正興，副使是剛被任命為軍艦奉行的木村攝津守喜毅。勝海舟在海軍傳習所時代已是咸臨丸教官，對該船操縱熟稔而被任命為艦長。通譯由早年漂流到美國、在當地滯留近十年的中濱萬次郎擔任，日後慶應義塾大學的創辦人福澤諭吉以副使木村攝津守的隨從身分跟著一起前往美國，現存福澤的照片中有一張在舊金山與美國女孩合照即是此次旅途中拍下的。

咸臨丸艦長勝海舟在舊金山放下使節團成員後踏上歸途，五月五日抵達浦賀。數日後與副使木村攝津守一起拜謁將軍，當時年僅十五歲的將軍家茂要勝海舟講些美國的奇珍異聞來聽聽。勝說道：

「在美國不管在政府或民間，只要是人，彼此間的地位都是平等的，這點和日本完全相反。」

勝的認知未必正確，美國的種族問題其實也是相當嚴重，他舉出這一點無非是諷刺幕府中普遍存在的門閥主義，正是這門閥主義讓能力優秀卻沒有傲人家世的自己過著一貧如洗的生活，因而出言嘲諷。從筆者舉出的這則逸聞，讀者當不難想像勝海舟的性格。

根據《龍馬行》，重太郎和龍馬在文久二年十二月九日前往赤坂本冰川坂下（東京都港區赤坂六丁目）勝的宅邸，佯裝是前來求教的年輕人。但勝一眼便看穿他們的來意，引領他們進屋後開口直接說道：

「你們兩人是來殺我的吧！我一看你們的眉間充滿殺氣就知道了。」

勝接著說道：

「在你們下手之前請先聽我講一番話。」

勝於是吹牛和實話並用地將十八世紀以來的世界局勢概略講了一番，說勝在吹牛在於當時的日本人對歐洲歷史的演變其實並沒有明確概念，很多地方其實也講得很含糊。但依舊深深打動了龍馬，他原本殺氣騰騰的臉色逐漸緩和下來，最後甚至主動說出：

「請勝先生收我為徒。」

要來行刺的人最後卻變成要被行刺者的門生，司馬遼太郎這一段應是要突顯勝海舟和龍馬的不凡。但是事實真的是如此嗎？

筆者手上有一本新人物往來社於二〇〇八年十一月發行的《坂本龍馬歷史大事典》，該書引用越前藩士中根雪江的著作《續再夢紀事》、《樞密備忘》等書的記載，認為龍馬和土佐鄉士間崎哲馬、近藤長次郎於十二月五日前往越前藩邸拜謁政事總裁職松平春嶽，他們對松平春嶽說道想去拜訪勝海舟，希望松平大人能為他們寫介紹信。十二月九日龍馬一行人順利取得介紹信，然後前去拜訪勝海舟，可從勝海舟的《海舟日記》中在文久二年十二月九日有相同記載得到證明。

《海舟日記》記載當日去拜訪他的人是龍馬、近藤長次郎以及門田為之助（土佐鄉士），並無千葉重太郎。龍馬於稍後的十二日才和重太郎循陸路前往兵庫拜會勝海舟，據《海舟日記》記載，龍馬和重太郎於十二月廿九日於兵庫與勝會面。

因此，重太郎和龍馬在赤坂本冰川坂下勝的宅邸行刺一事很有可能是司馬遼太郎資料引用上的錯誤（也有可能純粹出於虛構的情節）。而錯誤的資料其實也是來自勝海舟本人，他在《追贊一話》（收錄在《冰川清話》一書）提及前文引用過的情節。不過《追贊一話》完成於明治廿三（一八九〇）年，可信度自然比不過《海舟日記》。雖然細節略有出入，但是龍馬最終成為勝的弟子的結果並不受到影響，龍馬於文久三年三月廿日寫給土佐的姊姊乙女的書信中提到此事時，仍難掩興奮之情：

「現在我可是日本第一的大軍事家勝麟太郎的門人！」

二、神戶海軍操練所

自前節引用的《海舟日記》可知，文久二年末勝、龍馬及其他因為龍馬之故拜入勝海舟門下的門人皆前往兵庫，這段期間勝在江戶曾與山內容堂會晤，在勝的斡旋下容堂赦免龍馬的脫藩之罪。其實並非容堂灑脫，容堂只是順勢答應而已，既然勝提出要求便順他的意，管他是龍馬還是誰都好。換言之龍馬在容堂的眼中根本不是值得一提的人物，勝要求赦免容堂二話不說，如果勝要求殺掉龍馬，容堂也不會皺眉頭。日後龍馬因大政奉還名滿天下，容堂偶爾從側近口中得知龍馬出身土佐藩，便找來當時土佐的參政後藤象二郎問道：

「何時找來龍馬讓我見見啊？」

容堂永遠也不知道他和龍馬早已見過數次，對於只憑家世提拔個人地位的主君而言，出身寒士的人才不可能被牢記在心。

文久三年二月廿五日龍馬在江戶的土佐藩邸謁見容堂，正式被赦免脫藩之罪。

三月起龍馬大量招攬同藩鄉士，鼓勵他們脫藩加入勝海舟門下，計有千屋寅之助（維新回天後改名菅野覺兵衛）、新宮馬之助、望月龜彌太、澤村惣之丞、近藤長次郎、高松太郎（維新回天後改名坂本直，龍馬大姊千鶴的長男）、安岡金馬等人，這段期間也曾發生龍馬讓幕末四大人斬之一的岡田以藏保護勝海舟、當他個人保鑣的軼聞。

筆者在第九章第四節提到上洛的將軍在勝的邀約下，搭乘順動丸視察大坂灣周邊，勝當時相中即將開港的兵庫成立培養海軍士官的海軍操練所，但由於幕府財政困窘，勝的提議只得暫時擱置。因此勝邀約將軍視察大坂灣除了讓將軍感受到海防的重要外，亦有讓將軍撥款成立海軍操練所的用意。

進入五月儘管校地還在興建，但是幕府已先購入兩艘練習船，在擁有船隻的情形下開始招收學生。經龍馬介紹拜於勝門下的土佐脫藩浪人也順勢進入海軍操練所，另外還有不少畿內、山陰、山陽、四國、九州的藩士或脫藩浪人前來參加，幾乎都是看在海軍操練所不僅管吃管住、還能領到薪資的份上前來混吃混喝，每個時代或多或少都會有這樣的人吧。

勝讓龍馬管理海軍操練所，他對龍馬說道：

「原來前來操練所的都是各地的混混，天底下只有龍馬你可以管好這些成日打架滋事、逞凶鬥狠的流氓。」

這些海軍操練所成員在維新回天後最有成就的，當數薩摩藩士伊東祐亨及紀州脫藩浪人伊達小次郎二人。伊東參與數年後戊辰戰爭的海戰部分（宮古灣海戰），維新回天後正式加入海軍，從海軍大尉開始做起。薩摩藩在新政府的海軍有很強大的勢力，當時盛傳「薩摩的海軍，長州的陸軍」，伊東正是受到這句話的庇蔭，而且新政府的陸海軍都在草創階段，伊東的升遷幾乎未曾受到任何阻礙，到日清戰爭前夕的明治廿五（一八九二）年已升至海軍中將，此時日本尚未有海軍大將（首位海軍大將是西鄉從道，在日清戰爭後才被授予）。

日清開戰後，伊東以橫須賀鎮守府長官的身分被第二次伊藤博文內閣的海軍大臣西鄉從道推薦擔任聯合艦隊司令官，伊東不負西鄉的推薦，指揮聯合艦隊在黃海海戰大破丁汝昌率領的北洋艦隊。

而伊達小次郎加入海軍操練所後改名陸奧陽之助，維新回天後再改名陸奧宗光。明治二（一八六九)年以廿六歲之齡出任兵庫縣知事，三十歲前歷任神奈川縣令(明治四年廢藩置縣後縣的長官，明治十九年又改回知事)、地租改正局長。由於幕末的經歷使得他在感情上傾向西鄉和土佐，明治十年西南戰爭[1]爆發時陸奧與板垣退助底下的林有造、大江卓密謀顛覆政府，西南戰爭結束後被查獲，陸奧被處五年徒刑，關押到位在仙台的監獄。

明治十六年陸奧出獄後為伊藤博文延攬，派往歐洲留學考察，歸國後進入外務省工作，之後擔任駐外使節，明治廿三年五月起為山縣有朋延攬入閣，成為第一次山縣有朋內閣的農商務大臣，同時也是該內閣閣員唯一的眾議院議員。陸奧在山縣內閣的表現平平，農商務大臣並不是他能發揮專長的職務。明治廿五年八月受邀擔任第二次伊藤博文內閣的外務大臣，將近三年十個月的外務大臣任期讓他留名歷史。

時間回到文久三年十月，龍馬正式被任命為海軍操練所塾頭。

龍馬的脫藩罪被赦免、恢復自由後，心力一直放在海軍操練所上，對於土佐藩提出的回藩

1 西南戰爭：西鄉隆盛於明治十年二月十五日發動推翻政府的叛變，九月廿四日被政府軍敉平，西鄉切腹。

覆命始終充耳不聞，眼見藩下令的期限即將到期，龍馬毫不猶豫地在文久四年二月（正確日期闕如，但應在改元元治之前）再度脫藩，成為浪人。

如果藩命下達的對象是武市半平太，半平太多半會放下手上的工作趕回土佐，過於陷入「藩」的框架是半平太的缺點，也是造成他悲劇下場的主因。相對的龍馬不吃這套，藩啦、主君啦、上士和鄉士等階級制度啦，對他均產生不了作用，只要與自己的理念有所衝突，隨時都能捨棄。半平太是個極為優秀傑出的人，同時也有著保守的一面，正是這保守的一面造成半平太的壯志未酬。

文久三年六月，龍馬寫給姊姊乙女的家書中提到：

日本を今一度洗濯いたし申し候

（現在應該是好好重新清洗日本的時候了）

歷經多方奔走，神戶海軍操練所終於在元治元年五月十四日正式成立（神戶市中央區新港町一帶），招收塾生約有二百人，龍馬長久以來想要擁有船隻、搭船航行世界的夢想終於實現！

然而六月五日的池田屋事件給海軍操練所蒙上陰影，事後幕府查出海軍操練所成員望月龜彌太、北添佶摩參與該事件，之後的禁門之變也有部分操練所塾生參與。素來厭惡勝海舟的幕臣如前老中小笠原長行、前陸軍奉行小栗上野介忠順即以「原來海軍操練所是培養激進賊徒的賊窟」為由非難勝，勝因此於十一月被解除軍艦奉行職務、離開海軍操練所。元治二年三月，成立不到一年的神戶海軍操練所閉校，被解職的勝失去俸祿只得蟄居在赤坂本冰川坂下的家裡。附帶一提，元治元年十二月十八日，小栗上野介接替勝繼任軍艦奉行。

三、坂本龍馬、勝海舟與西鄉隆盛的初次見面

本節較上節時間稍微往回拉至禁門之變後到勝被罷官的期間，主要談這段將近四個月時間發生的兩件事情，即龍馬與西鄉的會面和勝與西鄉的會面。這兩件事情孰先孰後有點難以判斷，一般戲劇、小說（包含司馬遼太郎的《龍馬行》）都描寫西鄉在元治元年九月十一日到大坂拜訪勝，然後龍馬再銜勝之命去拜訪西鄉。不過筆者前文提過的《坂本龍馬歷史大事典》舉出依據

《大西鄉全集》，龍馬在八月中旬左右親自從神戶前往京都薩摩官邸拜訪西鄉，拜訪結束後對勝描述對西鄉的印象，然後才促成勝與西鄉的會面，筆者認為龍馬與西鄉會面在先似乎較符合常理而採用之。

西鄉在禁門之變時傑出的表現名滿天下（此時西鄉還未被任命為征長參謀），而龍馬只是一個二度脫藩的浪人，加上西鄉在該年三月才從流放地來到京都，對他而言坂本龍馬是個完全陌生的名字。即便如此西鄉依舊同意接見龍馬，並不是因為龍馬持有勝的介紹信，而是西鄉本人沒有官威之故。

西鄉接見龍馬時換上正式的服裝，想必因為龍馬是以勝的使者的身分來訪，當時在場的薩摩藩士還有吉井幸輔。兩人歷史性的會面多數時間處於沉默，或許應該說雙方都在觀察對方，試著從臉上的神情及習慣性的小動作讀出對方的性格。很可惜這次會面沒有留下文字，不清楚兩人會談內容為何，不過從之後的歷史發展來看，兩人會談或許已涉及到薩長同盟。

兩人的認識始於此次會面，然後建立起深厚的友誼。西鄉曾說過以下一段名言：

命もいらず、名もいらず、官位も金もいらぬ人は、始末に困るものなり。この始末に困る人ならでは、艱難をともにして国家の大業は成し得られぬなり。

（不要命、不要名、不要官位和金錢的人最難應付。若無這種難以應付的人，要完成國家大業就會變得很艱難。）

這段話普遍被認為是用來形容西鄉的性格，其實是出自慶應四（一八六八）年三月九、十日西鄉與幕府代表山岡鐵舟（通稱鐵太郎）在駿府臨時設置的東征大總督府針對江戶開城談判時，對剛正不阿的山岡所做的評語，而這段話也可視為西鄉的自評。

龍馬和西鄉之所以能一見如故，主因在於很大程度上兩人屬於同類型，也就是同為不要命、不要名、不要官位和金錢的人。兩人一旦下定決心做某事，就會不顧一切全心全力做到好，龍馬曾寫過以下這首有名的和歌：

世の人は　我を何とも　言わば言え　我が成す事は　我のみぞ知る

（不管世人如何說我，就由他們去吧！我做的事只有我自己最清楚。）

這首和歌的完成時間眾說紛紜，通說是脫藩之後（不清楚是第一次脫藩或第二次脫藩），亦有說是脫藩前在江戶修習劍術時，也有說是前來江戶之前的十四、五歲。

這次短暫會面結束後回到神戶海軍操練所的龍馬並未急著向勝報告這次會面的經過，數日後勝才向龍馬問道和西鄉會面的感想，龍馬說道：

「真是不好說啊，西鄉這個人不是個容易看穿的人，就好比敲鐘一樣小力地敲會發出小小的聲音，用力地敲就發出極大的聲音。說他笨倒像是個大笨蛋，說他聰明就是個大智者。」

勝對於龍馬提及和西鄉會面後的感想相當滿意，在《海舟日記》寫下：

「評人者和被評者同為非凡之人！」

同樣的記載亦收錄於《冰川清話》，另外又加上一句：

「坂本龍馬是促進西鄉更為細心周密之人。」

西鄉對於龍馬也曾說道：

「直柔（龍馬的名諱）真是天下的英傑！」

以及以下這段話：

「天下的有志之士，余多與之深交，然而度量之大如龍馬者，余未曾見過。龍馬的度量是深不可測！」

因為龍馬對西鄉的評價相當高，勝認為有必要與西鄉見上一面，不過實際上卻是西鄉於九月十一日親自前往大坂與勝會面。《冰川清話》對這次會面的記載較為簡略，只提到西鄉出於對兵庫開港延期一事感到憂心而前來請教勝，很難相信西鄉會為與他負責的事務幾乎不相關的兵庫開港延期，特意到大坂拜訪對當時的他而言幾乎是陌生的勝，《冰川清話》應該是隱瞞若干細節。

收錄在《冰川清話》作為附錄的《勝海舟傳》（該書編者勝部真長撰寫）提到西鄉在拜訪勝的五天後，寫了一封信寄給同藩的大久保一藏，內容提到：

勝是個讓人驚嘆的人物。我首次和他見面時並不清楚他的底細，一面對面談話後不由得對他的智略佩服不已。他真是個英雄人物，不但比佐久間（象山）高明甚多，學問和見識更是佐久間不能及。我對這位勝先生的崇拜，非言語可以形容……

讓西鄉對勝崇拜到「非言語可以形容」的絕非和兵庫開港延期一事有關，《勝海舟傳》裡提到的是以下三件事：

一、幕府已經沒有人才，因此以幕府作為對手其實並不明智。

二、以「賢明的諸侯四、五人會盟」儲備兵力、擊破外艦，開放橫濱及長崎二港，依循正常步驟談判，就不是一味地簽訂屈辱條約而是外交交涉。

三、為了能實行上述方針，雄藩諸侯來到京城時，應以一己之力制止外國人。

這次的拜訪對日後歷史極具重大意義，近程為神戶海軍操練所關閉後，西鄉接受勝的委託收容龍馬等一干塾生，並贊助資金協助龍馬成立龜山社中（即後來的海援隊），龜山社中成為日後促成薩長同盟簽訂的助力，這恐怕是西鄉及薩摩藩始料未及的事。遠程來看，不到四年後江戶無血開城作為官軍和幕軍兩方的代表其實已在這次會面碰頭，儘管在江戶無血開城中勝作為敗者的代表，他依然以不卑不亢的態度贏得西鄉的敬重（當然也與西鄉的態度有關），讓原本執意進軍江戶城的西鄉停戰，進而挽救容納百萬人口的江戶城免於被軍隊洗劫的命運。

可以說這次的會面讓雙方彼此留下極佳的印象，奠定日後江戶無血開城談判成功的基礎。

四、和中岡慎太郎兵分兩路

神戶海軍操練所關閉後，來自各藩的塾生回到各自的藩，但佔一成多（二十餘名）的浪士去處成為問題，由於勝與西鄉在元治元年的會面中彼此都留下極佳印象，因此西鄉接受勝的委託，將海軍操練所約一成多的浪士——也就是龍馬一行人——暫時先安置在大坂的薩摩藩邸裡。薩摩在大坂共有三處藩邸，分別是土佐堀二丁目的上屋敷（大阪市西區土佐堀二丁目）、江戶堀五丁目的中屋敷（大阪市西區江戶堀）以及立賣堀高橋南的下屋敷（大阪市西區立賣堀町），任何一處用來收容龍馬等二十餘人都是綽綽有餘。

這時正值幕府第一次征長方興未艾之時，身為征長總參謀的西鄉跟隨征長大軍前往廣島，位在大坂藩邸的薩摩藩士和龍馬一行人並不熟識，只遵從西鄉「要好好招待他們」的吩咐。因此龍馬一行人在大坂百無聊賴、無事可做，於是派遣中島作太郎（維新回天後改名信行）、池內藏太兩位年輕的土佐後輩到長州打探消息。

透過中島和池的打探，龍馬得知長州強硬派在功山寺舉兵後的一連串勝利，推翻恭順派政權只是時間的問題，龍馬考慮的是強硬派建立政權後該如何面對幕府有可能發動的再次征討長州。為維持長州的獨立、免於為幕府消滅，龍馬想到讓長州和薩摩結盟，只要這兩個當時實力最強大的藩結盟，幕府的征長之役不僅徒勞無功，甚至還要擔心這兩藩將矛頭對準幕府。

當時和龍馬抱持同樣想法的有同為土佐浪士的中岡慎太郎及土方楠左衛門，元治二年二月十二日，中岡和土方搭乘薩摩藩船來到大坂薩摩上屋敷藩邸與龍馬見面，三人的意念相同，都是要促成薩摩和長州訂定同盟。由於土佐藩存在嚴重的階級對立，主張勤皇攘夷的鄉士在文久年間遭受重大的挫敗。土佐鄉士幾乎遭到上士一網打盡，當時只剩三個團體，一為龍馬的龜山社中，此時正受到薩摩的保護；一為以中岡為首的成員，之前贊助高杉晉作為強硬派奪回政權，被長州藩士視為生死與共的夥伴；另一為以土方楠左衛門為首在太宰府護衛三條實美等五卿的衛士，深受五卿信任。土佐僅存的三個團體背後各有對其信任的勢力，這些勢力結合起來即為薩摩與長州，因此促成薩長結合或許是倖存的土佐鄉士的使命。

龍馬、中岡、土方三人應該也有這樣的認知，因而將薩長同盟的促成視為自己的使命，其中又以龍馬和中岡最為積極（土方因為肩負護衛五卿的任務不能離開太宰府過久），薩長同盟的促成遂落在龍馬和中岡二人肩上。

改元慶應前後，西鄉終於回到大坂薩摩上屋敷藩邸，他對龍馬說明幕府結束征長之役後的動向，其一是再次征長，其二是恢復參勤交代。龍馬為西鄉分析當下局勢，再次征長也好，恢復參勤交代也好，其實背後動機都立足在恢復幕府的威望上，薩摩幫助幕府討伐長州——甚至最後消滅長州——只是為幕府除去眼中釘，對薩摩有何助益？除去長州後難保幕府不會重施故技，用對付長州的方式對付薩摩，當幕府將矛頭對準薩摩時，有哪個藩願意且有能力幫助薩摩？

龍馬精闢的分析，聽得西鄉頓時恍然大悟，原來薩摩和長州在不知不覺中已成為唇亡齒寒的關係。可是薩摩和長州要締結同盟談何容易？身為幕末兩大雄藩彼此間競爭意識相當強烈，薩摩在文久三年八．一八政變之所以拉攏親藩之一的會津藩，競爭意識或許也是因素之一。另一方面長州自文久三年八．一八政變以來，對薩摩恨之入骨。在長州，哪怕是尋常百姓，一提及薩摩必然以「薩賊」稱之，在木屐下一腳寫上「薩賊」，另一隻腳則寫上「會奸」，以吐唾沫在地上用木屐重踩以示對薩摩、會津二藩的憤恨。日後戊辰戰爭結束後官軍對會津藩的處分最為嚴苛，甚至超過首號朝敵德川慶喜及幕府本身，很難說當中沒有長州藩的意志在內。

龍馬眼見似乎說動西鄉，索性再施展話術說服西鄉掏錢讓他買艘船艦做生意，龍馬用買來的船隻成立龜山社中，這段經過筆者留待第三部海援隊再做介紹。慶應元年四月廿五日，龍馬及在大坂薩摩上屋敷的前海軍操練所成員跟著西鄉等薩摩藩士搭乘蒸汽船蝴蝶丸（西鄉從沖永良部島獲赦返回薩摩時便是搭乘此船）前往薩摩藩。

江戶時代薩摩藩被視為隱密的藩國，凡是前往薩摩的他藩之人，在進入薩摩領地前不是被藩境的出水鄉（鹿兒島縣出水市）武士團擋下，就是遭到殺害——特別是幕府派出的密探。薩摩藩祖島津義弘曾留下「學習他藩風俗將使薩摩變弱」的遺訓，無形中讓薩摩變成比幕府還要封閉的藩國，前文曾提過的福岡藩士平野國臣前往薩摩招募勤王志士響應長州的舉動，一樣被出水鄉武士團擋下不得其門而入。

慶應元年五月一日，搭載龍馬一行人的蝴蝶丸進入江戶時代外藩從未造訪過的錦江灣，可見龍馬提出的買船艦做生意之構想深深地打動了小松和西鄉。龍馬下船後西鄉帶他到加治屋町的自家過夜，西鄉的父母雖已往生，但他底下弟妹眾多，計有二弟吉二郎（當時三十三歲，戊辰戰爭時與長岡藩作戰戰死）、三弟信吾（當時廿三歲）、四弟小兵衛（當時十九歲，西南戰爭時戰死），至於妹妹則已出嫁。龍馬造訪的這一年西鄉在親友的介紹下，與小他十六歲的岩山糸子再婚（若將奄美大島上的愛加那算進，則為第三任妻子）。

翌日，龍馬會見薩摩藩家老小松帶刀，與小松的談話中龍馬意外得到前往長崎的機會，長崎在之後的龍馬生涯裡將佔有舉足輕重的地位。龍馬到長崎後擇定一名為龜山的高地，在那裡安置跟隨他的前海軍操練所塾生，該地是後來的龜山社中——之後再改名為海援隊——誕生地。長崎是幕府時代唯一的對外窗口，有著濃厚的多元異國文化，依照《日美通商條約》內容，長崎於安政六年七月四日開港，部分具有冒險進取精神的外國商人進駐於此。龍馬在長崎期間物色日後有可能的合作夥伴，他們多集中在龜山社中西南方大浦海岸附近（大浦天主堂，現在的長崎市南山手町），當中最有名的是留下「哥拉巴園」（二〇一五年以「明治日本的產業革命遺產：製鐵·製鋼、造船、石炭產業」列入世界文化遺產）的英國武器商人哥拉巴（Thomas Blake Glover），兩人的接觸往來在之後章節會再提及。另外還有長崎當地的豪商小曾根乾堂，他後來成為龍馬的資助者，從龜山社中到海援隊都義無反顧地資助龍馬，乾堂之弟英四郎更加入海援隊，跟著龍馬四處奔波。

五月廿三日龍馬前往太宰府拜訪人在此地的五卿，五卿對長州藩士而言猶如神明一般，如果能讓五卿同意薩長攜手，將更有可能說服長州。翌日龍馬與五卿見面的談話首度提出「日本人」的概念，龍馬豐富的見識、精闢的見解以及輕鬆的語氣逗得五卿哈哈大笑。三條當晚在寫日記時，猶仍存著笑意記下：

坂本龍馬來。真是個奇說家，偉人也。

這一天正好長州派來探視五卿的小田村素太郎、時田少輔（長府藩家老格）來探視五卿，於是龍馬託兩位回長州向剛主持藩政的桂小五郎轉達數日後將前往長州拜訪。閏五月一日，龍馬一踏上下關碼頭，便有武士上前問道：

「閣下可是才谷梅太郎？」

順便一提，龍馬自文久二年三月脫藩後便化名才谷梅太郎，才谷二字出自坂本家的本家店號才谷屋。有別於其他幕末志士不斷更改化名，龍馬自始至終都貫徹才谷梅太郎之名，這個化名到後來連幕府方面也知道，等於失去使用化名的意義。

前章末節提到桂主持長州藩政後不久，土佐浪士中岡慎太郎便找上門向桂探詢薩長同盟的可能，中岡停留數日後與桂告辭、前往薩摩遊說西鄉，臨去前中岡向桂保證下一次見面時會將西鄉帶來下關與桂等長州志士締結同盟。桂原本對中岡的話半信半疑，五月底小田村素太郎、時田少輔從太宰府返回時傳達龍馬即將來訪的訊息，與中岡臨去前說龍馬將會來下關的說詞相吻合，證實中岡所言並非只是說說而已，桂也開始認真看待薩長同盟的可行性。促使桂認真看待薩長同盟還有一外在因素——稍早前聽到幕府計畫再次征討長州，而且這次將軍會親自出馬。

「如此一來，我長州只能寄望與薩摩結盟才能免於滅亡，能促成薩長結盟的只有眼前這個人了。」

桂焦急不已地等待中岡，簡直到望眼欲穿的地步，不過中岡始終沒有出現。閏五月廿一日，中岡終於在下關港出現，然而只有他一人出現，應該跟著出現的西鄉卻沒有到來。龍馬問道：

「這是怎麼一回事？」

中岡說他離開長州後前往京都打探幕府再次征長的進一步消息，五月廿四日才離開京都，輾轉繞路於閏五月六日進入薩摩。中岡一進入薩摩直指西鄉住處，簡單寒暄過後進入話題核心，亦即締結薩長同盟。西鄉聽到中岡說桂已在下關等他，一口答應與中岡前去。西鄉不是說說而已，第二天著手安排船隻，敲定閏五月十六日啟航。

一路上西鄉還蠻鎮定，可是十八日到達豐後佐賀關時，神情開始游移不定。

「真是非常抱歉。我接到藩裡的來信要我立刻進京，中岡，很遺憾不能和你前去下關了。」

中岡一聽便知西鄉在說謊，他馬上反問西鄉發生什麼事。西鄉顧左右而言他，然後才說道是關於再次征討長州之事。中岡聽到西鄉言及再次征討長州更為火大，說道：

「我們這次去下關與桂會面談論薩長同盟，不就是為了要防止再次征討長州的發生嗎？何必捨近求遠？」

西鄉這人純真之處在於自己因為說謊而感到理虧，不管別人怎麼暴怒他也不會跟著惱羞成怒。當下他只是連聲抱歉：

「中岡，你所言極是。不過當務之急是前往京都，而不是前去下關和桂會面。」

中岡仍不死心，說道：

「京都不是有貴藩的大久保（慶應元年五月左右，一藏改名利通）在嗎？他在京都，你到下關，雙管齊下不是更有利嗎？」

西鄉被逼急了，只得繼續支吾說道：

「是啊！所以更要去幫助一藏。前去下關以後還有機會。」

中岡聽到這裡也只得放棄說服西鄉，獨自一人在佐賀關下船，雇一條小漁船前往下關。龍馬聽到這裡嘆道：

「也不能完全責怪西鄉，長州對薩摩的怨恨恐怕才是讓西鄉裹足不前的原因。」

自八．一八政變以來，行駛於瀨戶內海的薩摩船隻寧可繞遠路也不敢停泊在長州境內的港口。長州只要一聽到薩賊船隻靠岸，長州諸隊連同平民百姓一定會朝薩賊所在之地殺來，讓西鄉孤身一人在下關與桂談論締結同盟之事無異讓西鄉置身敵境。

此時，桂也進來了，他一看到中岡獨自一人前來已猜到八九分，問道：

「西鄉先生沒來？」

中岡非常不甘心，但也只能點頭稱是。

桂怒不可遏，氣得全身發抖。

「我早說過不能相信薩賊。是你們不斷勸說我才抱著姑且一試的心，結果反令長州受辱。」

面對桂的怒氣，中岡在旁一個勁地賠罪道歉，但這樣做只讓桂更為盛怒。這時龍馬反而笑嘻嘻地說道：

「桂，別氣了，我有個攸關長州存亡的妙計。」

欲言又止的龍馬反而激起桂的好奇，連忙反問龍馬是何妙計？

「和正在氣頭上的人說這妙計也沒用。」

聽到龍馬這麼說，桂只得在盛怒的臉上硬裝出笑容：

「我已經不生氣了，不，我已經心平氣和、冷靜下來了。」

此時的桂就像個即將溺斃的人，只要有些許活命的機會都不放過，因此他不得不將因西鄉未到而勃發的怒氣平息下來。

「長州之所以被外界認定會在即將到來的、與幕府的戰爭中失敗，是因為兵力的不足。如果長州可以取得先進的武器便能扭轉這一頹勢。」

桂早已知道龍馬所提的問題癥結點，

「龍馬，你說的我早就知道，現在的問題在於沒有外國人願意賣武器給我們。」

桂言下之意是龍馬說這些等於沒說。

龍馬向桂解釋他近來成立一個名為龜山社中的團體，對外代表薩摩藩，可以薩摩藩名義和外國進行交易。在長崎大浦海岸一帶住不少外國商人，由龜山社中承攬這筆生意，再將買到的武器轉給長州。如此一來長州不僅獲得可以和幕府對抗的先進武器，也能因此降低對薩摩的恨意，這樣更有助於締結薩長之間的同盟。

桂聽到後來不斷點頭，他完全被龍馬的說詞說服。對龍馬而言，他也想趁為長州買武器的機會與哥拉巴等英國商人攀交情，他相信和哥拉巴打好關係有助於推展龜山社中的社務。

五、締結薩長同盟

之後龍馬和中岡二人往返於京都、下關、長崎三地，積極地和西鄉、小松會面。長州派出井上聞多、伊藤俊輔兩人拿著龍馬的委託書，前往長崎龜山社中找人接洽，希望能為長州代購軍艦。

井上、伊藤二人於七月廿一日來到長崎的龜山社中，接洽他們二人的是龜山社中的英文通近藤長次郎。前幾章有提到井上、伊藤二人曾短暫留學英國半年，粗通英文，而近藤長次郎的英文則在他們倆之上。這位近藤長次郎早年在高知城下龍馬生家附近的水道町（高知市上町）賣日式饅頭，被稱為「饅頭屋長次郎」，頭腦相當聰明，也喜愛學問。長次郎先後曾在河田小龍、勝海舟門下就學，他對西洋的了解在當時日本算得上頂尖。在他的帶領下，井上、伊藤二人來到哥拉巴宅邸購買軍艦及槍砲。

經過一段時間交涉，井上、伊藤二人在長次郎的斡旋下向哥拉巴購買四千三百挺新式米尼葉槍和三千挺坎貝爾槍（Gewehr）以及一艘木造軍艦聯合號（Union），總共耗費十三萬餘兩。不過井上、伊藤訂購的七千三百挺新舊式槍枝及聯合號目前並不在日本國內，而是堆放在上海，該年八、九月左右才運送到長崎，清點完畢交到長州手上已是九、十月以後。這些武器及船隻在來年幕府再次征長時，扮演極為重要的角色，聯合號更作為長州在海戰中的主力。據說長州在距今約百年前的寶曆（一七五一～六四）、明和（一七六四～七二）年間開始有意識地積攢金錢，即便後來遇上防長天保一揆，長州只是暫停積存金錢，已積存之量並未減損。之後長州又多次購買武器，到明治二年戊辰戰爭結束時長州的槍枝總計為二萬四千多挺，遠勝過幕府及其他諸藩，到明治初年據說還有百萬兩的餘額，其積存金額之大由此可見。

龍馬知道長州不願意因為接受薩摩好意（指透過薩摩藩購買船艦、武器），而在矮人一截的情況下與薩摩訂定同盟，在他探知慶應元年薩摩藩欠收後，決定將這一消息告木戶（此時桂已改名木戶貫治），讓木戶以及長州能有所作為。木戶得知後立刻霸氣地說道：

「薩摩需要多少米儘管開口，一律免費奉送！」

大致說來，木戶的器量比較狹隘，很難對人敞開心胸，這種性格到維新回天之後愈益明顯。也因為木戶固執彆扭的性格導致幕末尊他為老大哥的伊藤，在維新回天後琵琶別抱投靠大久保，但是至少在幕末時期名字尚為桂小五郎的時候，他還保有性格爽朗的一面。

薩長經過一番禮尚往來後，彼此的仇恨已有若干程度的減輕，龍馬判斷締結同盟的時機已臻成熟，於十一月潛伏進入京都，寄宿在固定住處伏見寺田屋。然後涉險進入二本松薩摩藩邸與西鄉會談，要他這次務必與木戶會面。龍馬認為這次不強人所難要西鄉前往長州境內，而要讓木戶冒險來到京都，如果西鄉再避不見面，事情一傳出去他必會被天下武士唾棄。

向西鄉交代完畢後，龍馬前往大坂搭乘薩摩船隻往下關而去，十二月三日抵達下關。龍馬在白石正一郎宅邸遇見近藤長次郎，了解長次郎為長州購買武器、船艦的經過後前往山口，在這裡首次與高杉晉作會面。兩人早已聽過對方名氣，彼此欽佩對方，此次會面都有相見恨晚之感。在山口期間，高杉致贈龍馬一把六連發的手槍防身，這把手槍在一個多月後救了龍馬一命。

慶應元年十二月十九日，一位自稱是薩摩藩的年輕使者前來下關白石正一郎宅邸，說服反對締結薩長同盟的長州諸隊。使者名叫黑田了介，年僅廿六歲，維新回天後改名黑田清隆，長時間擔任北海道開拓使，在日本立憲政治史上以第二位首相聞名，也是薩摩出身的第一個首相。比起擔任首相，使黑田更為聲名大噪的是酒醉後殺妻的傳聞，還勞駕當時的大警視[2]川路利良帶著法醫開棺驗屍。雖然驗屍後證實酒醉後殺妻只是謠言，還給黑田清白，然而身為國家的政治領袖卻與酒醉殺妻扯上關係，放眼世界大概也找不到幾位。

為便於說服長州藩士，黑田另帶池內藏太和田中顯助（維新回天後改名光顯，陸援隊副隊長）兩位土佐人來。黑田的策略奏效，長州諸隊儘管對薩摩並未完全放下戒心，但是不得不給土佐人面子。至此，木戶終於下定決心上京與西鄉促膝長談。龍馬眼見木戶已經下定決心，認為可以不用再分心在薩長同盟上，於是前往長崎龜山社中，在那裡迎接慶應二年的到來。

龍馬在長崎逗留數日，對於富有學識、能力極佳，但與其他龜山社中成員相處惡劣的近藤長次郎，加以嘉勉一番後離開。然而，龍馬未能料及的是這次離開將是與長次郎的永別（長次

2　大警視：統領全國警察之長，相當於現代的警視總監。

郎之死請參照本書第三部)。

龍馬再回到下關，長州對於龍馬斡旋薩長同盟非常感激，高杉與藩內溝通後決定派遣三吉慎藏(長府藩出身)作為龍馬的貼身保鑣。這位三吉慎藏本身也是個劍術好手，此外還是寶藏院流槍術[3]的高手。三吉慎藏的年紀比龍馬還大，他的劍術未必比北辰一刀流的龍馬高明，然而龍馬還是很高興地接受長州的好意，在薩長同盟簽訂後，先前高杉贈予的手槍以及三吉慎藏都成為龍馬遇襲時保命的助手。

慶應二年初的此時，將軍已三度上洛，正以大坂為再度征長的大本營，因此進出大坂的船隻受到嚴格查驗，龍馬只能等待薩摩船隻到來才能上洛(木戶等人也是搭乘薩摩船隻上洛)。一月十日終於在下關出現一艘插有圓形十字島津家紋旗幟的船隻，龍馬和三吉慎藏急忙上船前往京都，他要去見證薩長同盟的達成。

一月十六日，龍馬和三吉慎藏在兵庫登陸上岸，然後再換船前往大坂薩摩上屋敷。十八日拜訪與他有交情的幕臣大久保越中守一翁(名忠寬，與勝海舟友好)，得知自己已成為幕府通緝的對象。大久保一翁不像其他幕府官員一樣顢頇，他早在文久二年便曾對政事總裁職松平春嶽做出幕府應主動歸還政權給朝廷的建議。如此開明的一翁當然不會逮捕自投羅網的龍馬，雖然不知道龍馬此行目的為何，但必然是為非常之事而來，他提供從天滿八軒家搭船前往伏見比較不會受到盤查的資訊給龍馬，以助他一臂之力。

龍馬和三吉慎藏於十九日在寺田屋休息一晚後，翌日傍晚啟程前往小松帶刀宅邸（推定位於現在京都市上京區一條戻橋附近），因為木戶等長州藩士被安置在該地。晚上進入小松宅邸一看到木戶的神情，龍馬心想：

「又是這種表情，談判一定毫無進展。」

龍馬從木戶口中得知木戶一行人在一月十日被安置此地，每天吃的是山珍海味，木戶對著包含西鄉在內的薩摩藩士，述說文久三年八．一八政變以來長州受到的冤屈，讓長州蒙受此冤屈的元兇正是以西鄉為首的薩摩藩。每次說到薩摩時，木戶的口氣不是滿腹怨恨，就是心存諷刺。

「把薩摩批評成這樣，誰還敢和你結盟？」

3　寶藏院流槍術：安土桃山時代以興福寺裡寶藏院院主胤榮為始祖的槍術。

西鄉似乎始終正襟危坐地聽木戶說教，龍馬想像那時巨漢西鄉猶如做錯事受挨罵的學生，一句話也不敢回嘴的場景，只能搖頭苦笑。等到木戶說完，龍馬問道：

「你這樣數落薩摩的不是，想必氣也應該消了，那麼接下來呢？」

木戶聽到龍馬問及此事，似乎又顯得生氣，悻悻然地說道：

「對於我的批評他們完全不回嘴，但是也不多說話，絕口不提結盟之事。」

龍馬一聽忍不住有氣，反問：

「既然薩摩不主動提，為何不能由長州來提？」

木戶眼中充滿怒火，說道：

「如今長州背負朝敵罪名受到幕府追討，連要進入京都都必須變裝化名，諸藩只要動員完畢在幕府一聲令下，就會朝長州四境逼近。陷入此等困境的長州若是主動提出結盟，豈不是在哀求薩摩的援助？如此一來長州人還有什麼尊嚴呢？」

龍馬覺得木戶一直陷在藩的迷思裡（包含西鄉及當時各藩藩士幾乎都是如此），他緩緩說道：

「長州……長州就那麼重要嗎？今後要建立的是沒有幕府、沒有薩摩、沒有長州的日本國，長州又如何？薩摩又如何？會比土佐慘嗎？土佐藩主和上士完全不管我們土佐鄉士的死活，京都的街道上、池田屋、蛤御門、天王山、大和、但馬、高知的刑場到處都是土佐鄉士的屍體……」

龍馬講這句話時內心一定是想到武市半平太、平井收二郎、間崎哲馬、望月龜彌太、那須信吾、吉村寅太郎、安岡嘉助、北添佶摩、岡田以藏……這些中途死去的土佐鄉士，愈說愈激動的龍馬不覺流下淚來。

龍馬說完便丟下木戶不管，半夜跑出小松的宅邸前往二本松薩摩藩邸而去。他盤算著：

「既然木戶不願意，就把西鄉叫過來。」

已經入睡的西鄉接到來人通報說龍馬到來，立刻起床換上正式服裝，然後叫護衛他的保鑣中村半次郎去把大久保利通、吉井幸輔、黑田了介等人叫醒。龍馬會在這個時間到來，西鄉推測應該已經與木戶見過面，也猜到龍馬是為何而來。

果然龍馬一開口便說道：

「已經聽木戶提起詳細狀況，請你拉下臉來和長州提結盟之事吧！」

龍馬說完後沉默不語，一陣子後西鄉打破沉默：

「就照你所說。」

慶應二年一月廿一日，二本松薩摩藩邸裡的幾名薩摩藩士前往小松帶刀宅邸，在這裡簽訂影響日後歷史的薩長同盟。薩摩出席的人有家老小松帶刀、島津伊勢、桂久武，以及藩士西鄉吉之助、大久保利通、吉井幸輔、奈良原喜八郎等人。長州出席的只有木戶貫治、品川彌二郎、三好軍太郎（維新回天後改名重臣）三人。

薩長同盟全文共六條，內容如下：

一、幕長開戰時，薩摩立刻派遣二千藩兵東上，與派駐京都的藩兵會合，浪華（大坂）駐軍千人，以鞏固京坂二地。

二、如果長州握有勝算，薩摩應盡力向朝廷施壓，使朝廷出面調停，將事態導向對長州有利。

三、萬一長州出現敗象，亦不至於在一年半載內覆滅，這期間薩摩應在有利時機內出手以挽救長州。

四、集結京坂的幕兵東歸時，薩摩應盡力向朝廷澄清長州的冤罪。

五、薩兵上京若遇上一橋、會津、桑名（一會桑政權）的阻礙，立刻擁戴朝廷以正義與之對抗，必要時甚至與之決戰。

六、在冤罪的赦免上雙方應赤誠相待，為了皇國雙方竭盡全力合作以皇威的恢復為目標。

薩長同盟雖名為同盟，但除第六條外，內容都圍繞著幕長開戰前提下薩摩的因應之道，與近代政治史國家與國家之間締結的同盟並不完全相同，相較之下較為簡單。

前面幾章提過的幕臣福地源一郎在明治年間撰述的《幕府衰亡論》寫下：

幕府未於緊要關頭處理好長州問題，是造成幕府滅亡的的原因之一。

福地將幕府滅亡的原因歸結於即將到來的第二次征長之役，不過筆者認為可以提前至薩長同盟訂定的慶應二年一月廿一日。在元治、慶應年間中岡慎太郎曾說道：

「今後興天下者，必為薩、長二藩。……能杜絕外夷之輕侮者，亦是此二藩。」

中岡的這番話其實只是道出當時的客觀事實，不過當時薩長之間存在著嚴重對立，是龍馬和中岡將對立化為助力，實現薩長的同盟，從這一刻起踏出倒幕的第一步。薩摩和長州的表高[4]雖分別為七十七萬石及三十六萬九千石，但這種視農業收穫量判別國力的標準到幕末已經不適用，薩長的實力早已遠超出表高的總和！

土佐藩出身的土方楠左衛門於大正年間追憶此薩長同盟時，猶帶著懷念的神情說道：

「維新各豪傑中，坂本龍馬、高杉晉作、西鄉隆盛三人是最英氣煥發的三傑。此三人可說是上天派來的，非常人能及。中岡也是一位至誠剛直的大丈夫，在同儕中屬於出類拔萃的人物。當時坂本三十一歲，中岡廿八歲。現在想來正是如此年輕，他們才能完成這樣的大事業。」

對薩摩抱持不信任的木戶並不因為簽訂同盟而改變初衷，雖然締結盟約後他便與其他長州代表離京，但木戶在十餘日後寄了一封信給龍馬，除寒暄外主要提到為防範被薩摩欺騙，希望龍馬能在薩長同盟條文上背書。現今流傳的薩長同盟盟約上紅字部分便是龍馬添加的，內容如下：

前所記述之六條是小（小松）、西（西鄉）及老兄（木戶）、龍（龍馬）等列席談論所得，毫無相違。將來決不更改，神明共鑒。

在木戶的心中，龍馬的承諾比盟約更有保障。一般說來，學術界普遍認為龍馬一生最大功業有三件，促成薩長同盟是其一，另外兩件

4 表高：依照幕府檢地結果帳面上的農業收穫量。

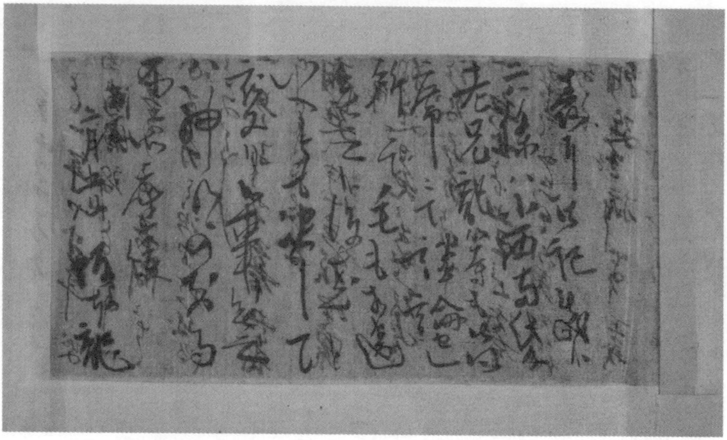

坂本龍馬添加在薩長同盟盟約上的背書。左下角可看見龍馬的署名——〈薩長同盟裏書〉，宮內廳書陵部所藏

為成立海援隊、新政府構想(《船中八策》)和大政奉還，這兩件事在之後不到二年內會陸續完成。

薩長同盟締結後，消息似乎傳遞得相當快速，連遠在江戶且是在野之身的勝海舟在二月一日的日記寫道：

聽聞薩長結盟一事，不知是否屬實？……聽說坂龍(坂本龍馬)前往長州促成此事，如果是他促成的應該不會有錯。……

六、寺田屋遇襲

打從龍馬一月十六日在兵庫上岸時，便已被幕府的密探盯上，當他們查出來者是土佐浪士坂本龍馬後，從京都守護職到京都所司代、京都町奉行、伏見奉行所等幕府官員無不為之震驚，震驚的原因並非龍馬這個人，而是土佐浪士。因為去年年初（文久四年一月八日），有位土佐脫藩浪人大利鼎吉潛伏在大坂要行刺將軍（當時將軍並不在大坂，有可能將禁裏御守衛總督兼攝海防禦指揮一橋慶喜錯認為將軍），結果被新選組成員谷萬太郎等人襲擊，大利鼎吉一干人等只有田中顯助脫身。因此這次聽到又有土佐浪士進京，從上到下都繃緊神經，不敢有絲毫鬆懈。

完成薩長同盟的龍馬和三吉慎藏回到寺田屋，照理而言龍馬是薩摩和長州的恩人，為安全起見龍馬應該住在京都薩摩藩邸裡（二本松或是伏見）才是，然而薩摩藩國父島津久光不願他藩者住在薩摩藩邸裡，因此龍馬只能棲身在薩摩志士上京的下榻地寺田屋。對龍馬而言，他應該也不會想去投宿在薩摩藩邸，除個性使然外，主要在於寺田屋有個令他牽掛的人——阿龍。

龍馬棲身在寺田屋的消息很快被幕府查到，於是大批捕吏於一月廿三日半夜包圍寺田屋。捕吏的頭頭一進入寺田屋，劈頭便對女將[5]登勢說道：

「二樓的兩位武士有一位是土佐人吧？我們要盤查他。」

5　女將：旅館或料理屋的女主人。

登勢聽見捕吏的話大感訝異，可見這幾天他們在寺田屋周遭布下天羅地網，對任何蛛絲馬跡均不放過。即便如此，登勢還是說道：

「樓上的武士是薩摩藩士，不是什麼可疑的人。」

捕吏們當然不會相信登勢的話，他們不僅查清其中一人是土佐人，甚至連他的名字都已調查清楚，於是二、三十名捕吏一齊衝上二樓。這時發生司馬遼太郎《龍馬行》全書中最香豔的一幕，正在一樓浴室沐浴的阿龍看見捕吏們包圍寺田屋，急於向龍馬通報的她，就這麼跑出浴室裸著身體衝上二樓。

阿龍的裸身並沒有解決龍馬的危機，龍馬的愛刀「陸奧守吉行」亦不在身邊，情急之下掏出高杉晉作送給他的六連發手槍朝捕吏們開槍（據統計龍馬一共開三槍），立即有一名捕吏倒下。槍聲雖暫時嚇退捕吏們，但他們很快地再度朝龍馬一擁而上。

危急中龍馬左手舉起擋住頭部，這個下意識的動作導致左手大拇指被砍傷，受傷的龍馬急於突圍，且戰且退地來到一樓。捕吏們忌憚龍馬的手槍，亦不敢過於逼近，終於讓龍馬和三吉慎藏退到寺田屋外。來到室外，寶藏院流槍術高手的三吉終於有施展槍術的空間，在他凌厲的槍術下甩開捕吏們的追捕。

龍馬和三吉朝西北方一座材木小屋（京都市伏見區村上町，大手筋通和濠川交界處）逃去，龍馬由於左手大拇指被砍傷不斷失血，農曆一月的京都又非常寒冷，龍馬感覺自己的體力正在一點一滴地衰退。隔著材木小屋幾條街外幕府的捕吏們提著燈籠挨家挨戶尋找龍馬的蹤跡，找到材木小屋這邊也只是時間的問題。三吉慎藏若帶著受傷的自己必然也走不遠，因此龍馬說道：

「三吉君（君為幕末時期志士們對彼此的敬稱，這種用法始於幕末，沿用至今），把我留在這裡，你一個人去伏見薩摩藩邸求救，不然我們兩人都活不了。」

對三吉慎藏而言，自己奉命來保護眼前這個人，而且此人又對自己出身的長州藩有著救命的大恩，要自己丟下他無論如何也做不到，因而有所猶豫。龍馬又繼續說道：

「上天若是覺得我命不該絕，一定會讓你平安抵達薩摩藩邸。若是我命已該絕，也只能聽天由命。」

三吉慎藏思索一番後覺得也沒錯，安置好龍馬後便拔腿往北邊的薩摩藩邸跑去。其實在龍馬、三吉兩人與幕府捕吏打鬥時，阿龍已趁著無人注意時悄悄披上和服、光著腳丫跑向伏見薩摩藩邸求救。當時伏見薩摩藩邸的留守居役是大山彥八（維新回天後改名成美），他的父親是西鄉父親的弟弟，算是西鄉的堂弟，筆者在第七章寺田屋事件一節裡曾提到的大山巖（當時的名字為彌助）是大山彥八的親弟弟。

大山彥八聽到阿龍的求助派出有限的部分人手去寺田屋查探情況，確定龍馬已不在該地，之後又接到三吉慎藏的求助，一方面趕緊向人數較多的二本松藩邸求助，另一方面備船沿濠川南下準備接回負傷的龍馬。不久大山彥八便在材木小屋找到因為寒冷且失血過多，加上過度疲勞及睡眠不足而血色蒼白的龍馬，把龍馬運上船後立即折回伏見藩邸，由阿龍為龍馬包紮傷口。

在二本松藩邸的西鄉聽到伏見藩邸傳來寺田屋變故的消息時，第一時間西鄉下令備兵，準備動用武力進攻伏見奉行所。等到伏見藩邸那邊傳來龍馬已獲救的消息後才取消出兵的命令，不過仍派出以吉井幸輔為首、受英國式訓練的步兵小隊入駐伏見藩邸，如果伏見奉行所堅持要伏見藩邸交出龍馬，這支英式訓練的步兵小隊將成為保護龍馬的武力。

另外還派出一名當時醫術最精良的外科醫師前往伏見藩邸為龍馬醫治，在醫師的精湛醫術

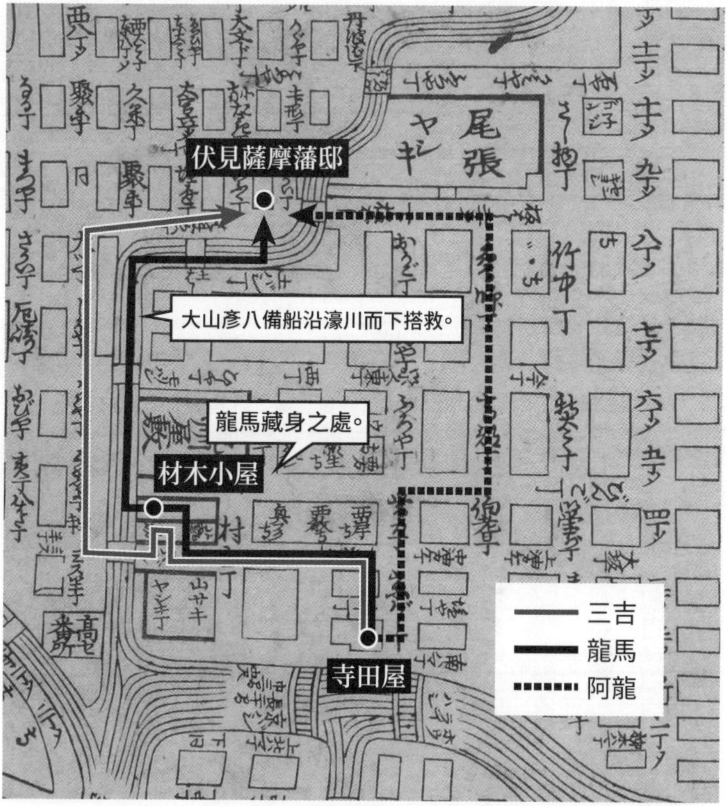

寺田屋逃亡路線圖——以〈京都御繪圖細見大成〉為底圖製作，國文學研究資料館所藏

以及阿龍無微不至的照料下，終於從鬼門關前救回龍馬。西鄉希望龍馬可以徹底復原，建議他轉到二本松薩摩藩邸去，前節末尾提到龍馬在薩長同盟上添加紅字的背書正是在二本松藩邸靜養期間所寫。

好動的龍馬難以忍受整日關在藩邸內，有幾次偷偷地和阿龍跑到外面，幸好都在幕府捕吏察覺前先行被薩摩藩士發現。西鄉覺得把像龍馬這樣的人整日關在藩邸內也是過於委屈，但龍馬只要一離開藩邸便有可能被捕，於是西鄉想出一個兩全其美的方法，讓龍馬和阿龍到薩摩藩去暫避風頭。龍馬接受西鄉的提議，和阿龍於慶應二年二月廿九日夜從二本松藩邸出發，同行的有西鄉、小松、桂久武、堀仲左衛門、吉井幸輔以及三吉慎藏等人。

龍馬一行走到伏見藩邸搭船溯淀川而上，在大坂上屋敷等待船隻，三月四日在天保山岸邊搭乘蒸汽輪船航行在瀨戶內海上。六日抵達下關，已完成使命的三吉慎藏在此下船，剩下的人繼續往薩摩航行，三月十日船隻進入鹿兒島灣。龍馬和阿龍上岸後先是在小松帶刀的宅邸過夜，然後和阿龍到霧島山進行為期約一個多月的新婚蜜月旅行。

薩長同盟簽訂後不久將進行第二次征長之役，將軍也親自參與這場戰役。在薩長同盟裡明文規定只要征長之役開始，薩摩便有派遣二千藩軍上洛的義務，這二千藩軍會對幕府構成怎樣的威脅？薩摩是否有能力像第一次征長之役那樣不動武而結束戰役呢？龍馬在蜜月旅行後又會以怎樣的姿態再度投入到幕末的政局呢？這些都是筆者將在下一章提到的內容。

第十五章

四境戰爭

一、將軍三度上洛

本節再把時間回溯到慶應元(一八六五)年，目光轉移到幕府身上。禁門之變前後幕府老中人選如下：

老中首座——水野和泉守忠精(山形藩主)，文久二年三月十五日起。

老中——牧野備前守忠恭(越後長岡藩主)，文久三年九月十三日起。

老中——稻葉美濃守正邦(山城淀藩主)，元治元年四月十一日起。

老中——阿部豐後守正外（陸奥白河藩主），元治元年六月廿四日起。
老中——諏訪因幡守忠誠（信濃諏訪藩主），元治元年六月廿九日起。
老中——松平伯耆守宗秀（丹後宮津藩主），元治元年八月十八日起。
老中——本多美濃守忠民（三河岡崎藩主），元治元年十月十三日起。
老中——松前伊豆首崇廣（蝦夷松前藩主），元治元年十一月十日起。

這段期間多達八人同時擔任老中，明顯違反幕府四到六人的定制，不難看出在禁門之變前後幕府已愈來愈難控制政局，使得老中人數必須擴增到八人。然而人多是否一定會好辦事呢？元治二年二月一日，前老中首座、播磨姬路藩主酒井雅樂頭忠績成為大老，此乃繼井伊直弼後幕末時期的第二位大老、也是酒井雅樂頭家的第三位大老，同時也是幕府最後一位大老。

除酒井大老外，上述八位老中值得一提的尚有諏訪忠誠及松前崇廣二人。諏訪忠誠出身諏訪家，在戰國時代諏訪賴重為武田信玄俘虜（之後自盡），諏訪宗家滅亡。賴重之女被信玄納為側室，生下四男勝賴，諏訪氏由旁系賴忠繼承，在本能寺之變後賴忠恢復獨立，不過敗於德川家康而成為其家臣。之後跟隨德川入主關東，雖被歸類為譜代，但有別於本多、井伊、酒井等已侍奉松平氏數代的資深譜代。諏訪藩最初石高二萬七千石，從第三代藩主調整為三萬石，忠誠為第九代藩主，也是諏訪藩唯一擔任過老中的藩主。

諏訪忠誠當上老中，是因為諏訪藩被歸類為譜代、不算違反幕府制度，而松前崇廣被提拔為老中已是破壞非譜代大名不得擔任老中的規定。松前氏在戰國時代的舊姓是蠣崎氏，屬於清和源氏義光流（甲斐武田氏）的庶流。蠣崎氏在秀吉時曾得其支配蝦夷地的安堵狀，秀吉死後改臣服家康，得到家康允許，興建松前福山城（北海道渡島總合振興局松前町，日本百大名城之一），遂以松前為姓。松前藩在關原之戰後才正式臣服家康，家康承認對蝦夷地的支配權，因此屬於外樣大名。松前藩在五代將軍綱吉在位期間給予交代寄合[1]的旗本家格待遇，八代將軍吉宗在位又於享保四（一七一九）年升格為一萬石柳間[2]大名，安政年間提升到三萬石家格。元治元年十一月，第十二代藩主崇廣以外樣大名身分被任命為老中。

松前老中及阿部正外老中負責與英、美、法、荷四國針對兵庫開港一事進行談判，有關這部分的內容容筆者在下一節再進行介紹。筆者在第十二章提到過第一次征長之役在征長大軍進駐廣島後，總參謀西鄉與總督德川慶恕討論後認為只要長州交出主戰的三位家老和四位參謀的首級、藩主父子以書面認錯、交出山口城返回萩、引渡五卿到太宰府延壽王院，便可不對長州進行總攻擊。

西鄉和德川慶恕事先並未知會幕府逕自對長州處以寬大的處分，隨之解散十餘萬的征長大軍。消息傳開後引起諸如一橋慶喜、勘定奉行兼軍艦奉行小栗忠順、小笠原長行等幕府內部主張對長州嚴懲派的不滿，因此這些人在幕府內部醞釀再次征長的輿論。

而第十一章中提到將軍家茂二度上洛之前，文久三年六月及十一月江戶城發生兩次火災，尤其以文久三年十一月十五日這次，火舌吞噬本丸和二丸。將軍在二度上洛前暫時以田安邸作為自己及天璋院、和宮、十三代將軍家定的生母本壽院及和宮生母觀行院還有大奧女中的棲身之處。元治元年六月將軍回到江戶後約有一年的時間，幾乎沒有關於將軍在政治方面的記載，不難想像將軍這一年的心力應該都是耗費在二丸的重建上，因此在政治方面幾乎無所作為。而家茂專注在二丸的重建上時似乎也連帶為幕閣蒙蔽，前章提過的元治元年十一月軍艦奉行勝海舟被免職，以及神戶海軍操練所閉校的這兩件事似乎都被幕閣有意擋下，傳不到家茂的耳裡。

1　交代寄合：旗本的家格之一，為家祿三千石以上的高級旗本，但是沒有執掌其他職務。

2　柳間：五位及無官職的外樣大名、交代寄合、高家及旗本寄合席在江戶城的伺候席。關於伺候席請參見參照第一部第二章。

在將軍對政局幾乎一無所知的情況下，京都的一會桑與幕府部分幕閣取得再次征討長州的共識。由於短時間內動員西國諸藩兩次征討長州，難免會讓財力普遍吃緊的諸藩怨聲載道，為避免諸藩藉故不動員，一會桑和幕閣決定讓將軍上洛以示征討長州的決心。

家茂在元治二年三月廿五日、四月廿一日（當時已改元慶應）、五月三日三度在駒場野（東京都目黑區駒場，現為駒場野公園）進行大規模西洋調練。家茂在進行西洋調練式時命人抬出首代將軍家康的金扇馬印，自三代將軍家光以來將軍已有二百多年不曾離開江戶城，象徵將軍的金扇馬印亦有二百多年不曾飄揚過，家茂此舉無異是為提振整體幕府的士氣。

慶應元年五月十六日，家茂在晝四時左右身著陣羽織出現在大廣間的駕籠台，在玄關上馬出陣征討長州，經過二重橋出西丸大手門。天璋院和和宮夾在譜代大名中送行，她們以為這次將軍上洛應該也會像前兩次一樣，在京都待上半年便能回來。

沿途不斷有譜代大名及兵力的加入，走在最前面的是伊予松山藩世子松平式部大輔定昭，之後是大老酒井忠績世子酒井河內守忠惇，第三位是越後高田藩主榊原式部大輔政敬。家茂身邊有步兵部隊保護，穩穩地固守在中軍位置，前後立著金扇馬印和銀三日月馬印。部分史料記載此次上洛兵力多達十餘萬，實際上應該沒有那麼多，總之遠超過前兩次上洛的人數，酒井大老留守江戶城。

因為人數眾多（應有數萬之眾），所以此次上洛無法像上一次那樣循著海路前往大坂，當然勝海舟被免職亦是原因之一，繼任的木下利義、石野則常（小栗忠順已在二月辭職）對船艦的認識遠遠不如勝海舟，自然不會想到利用船艦運送兵力。

此次上洛依舊沿著東海道前進，途中轉進文久三年二月未曾造訪的名古屋城和彥根城（原因請參照第九章第二節）。閏五月十一日，將軍進入名古屋城，前藩主德川茂德和前前藩主德川慶恕偕同現任藩主德川元千代（慶恕三男，元服後改名義宜）出城迎接，將軍進城時頭戴金色陣笠，身著萌黃色印有家紋的羅紗陣羽織、紺地（深藍色）錦的馬乘袴[3]，不過廿歲的將軍體格超出年齡應有的肥胖，騎在馬上顯得滑稽。

離開名古屋城家茂不繼續沿東海道前往彥根城，而是北上美濃特地經過大垣前往造訪關原古戰場，此行刻意依循家光行經的路線。離開彥根城的下一站應是膳所城（滋賀縣大津市本丸町，城址現為膳所城跡公園）所在的膳所藩。譜代大名的膳所藩理應是佐幕立場，但在將軍即

3　馬乘袴：騎馬時所穿之袴，是現在男性袴的原型。

將下榻此地前夕的閏五月廿一日，該藩出現佐幕與勤王的藩論之爭，幕僚建議將軍取消入住膳所城、直接前往大津的寺院住下。

翌日明六時半，家茂乘坐駕籠取道山科進入京都，晝九時半抵達中立賣通的施藥院，在京的「一會桑」——一橋慶喜、松平容保、松平定敬都前來迎接。此次上洛家茂共歷時三十七日，與第二次上洛搭乘蒸氣軍艦自無比較基礎，但是與第一次上洛費時廿二日相較，此次上洛多出十五日，固然與此次上洛人數較多有關，但也與天候不佳、家茂多次更改預定行程脫不了關係。

當日夕七時家茂參內在小御所拜謁天皇，談話內容圍繞在將軍與和宮的家常生活上，不難看出天皇對這位僅有的皇妹的關心。夜九時天皇召中川宮、二條關白、家茂到常御殿[4]，話題圍繞在過去一年的政局。家茂提及幾個月前長州的「暴徒」發動政變，重新取得政權（指高杉晉作的功山寺舉兵），如今藩主公然透過浪人團體（龜山社中）向外國商人購買武器，必然有所圖謀。

從家茂的語氣不難看出再征長州的決心，這是他三度上洛的目的，但是天皇對於再征長州卻表現出躊躇不決的態度，要家茂前往大坂針對長州的處置徵詢幕臣的意見後再回報。因此家茂於閏五月廿四日晝四時從二條城出發前往大坂城，翌日暮六時進入大坂城，之後數日陸續召見一橋慶喜、松平容保、前尾張藩主德川茂德、紀州藩主德川茂承，確認征長事宜，並以大坂城為再次征長的大本營。

二、兩都兩港開市開港延期、兵庫開港要求事件的交涉

駐英公使阿禮國簽完《下關條約》(請參照第十二章第五節)並將條約內文傳回英國後，收到英國外交大臣羅素爵士(John Russell，之後出任英國首相)的急電，說是「有重要事務需要立即商議」而召他回國，不過細看電報內文有著「瀨戶內海通行並非外國人通商的必須條件」之類的意見，顯然羅素大臣召回阿禮國其實暗喻譴責意味。

薩道義進一步指出，外交部派出的各地駐外使節即便因公務處置缺失而被召回，電報公文也很少會提及直接原因，對於大使、特派使節、使團公使等一級外交官員，通常採取本人提出

4 常御殿：天皇日常起居的御殿，是京都御所中最大的建物。

休假申請、外交部予以批准的含蓄方式將其召回。因此阿禮國被召回基本上可以解讀為內閣或外交大臣對他主導簽訂的《下關條約》內容不滿的表現，不過薩道義也指出：

「所有在日的外國人都異口同聲地對爵士（指阿禮國）充滿精力的活動讚不絕口，外交部的責難並不成為問題。」

那為何阿禮國還會受到來自英國的責難呢？這點不管在《明治維新親歷記》或《遠崖——薩道義日記抄》中薩道義都沒有交代，或許他自己也不清楚。阿禮國也試著為自己的作為辯解，說自己或許未能讓英國在日本取得像在清國那樣大的利益，然而此為國情的不同，阿禮國透過軍事和外交已將兩個最為頑固的攘夷派——薩摩和長州——變為英國的盟友。

阿禮國的辯護信寄回英國後掀起一陣波瀾，外交大臣修正自己的看法，和其他外交人員討論後肯定阿禮國的貢獻，羅素爵士修書一封認為阿禮國理應留任。可惜羅素爵士的回信時間太慢，這封留任信還未寄到橫濱，阿禮國已在該年十一月返回英國的路上。

阿禮國的去職已成定局，羅素爵士開始尋找他的繼任者，阿禮國的外交生涯始於清國，因此羅素爵士從英國在清國駐外領事尋找繼任者，於是曾任阿禮國在清國通譯的巴夏禮（Harry

Smith Parkes）成為日本公使的繼任人選。

巴夏禮幼年失去雙親，十三歲來到澳門投靠表親，在當地學會中文，成為英國駐華公使的翻譯及秘書。一八四四年巴夏禮被任命為廈門領事館翻譯，當時的廈門領事正是阿禮國，兩年後兩人被派往上海，巴夏禮依舊擔任阿禮國的翻譯。一八五四年巴夏禮成為廈門領事，正式投入外交圈，之後晉升廣州領事，與兩廣總督葉名琛的交惡成為第二次鴉片戰爭（亦稱為英法聯軍）的原因之一。

慶應元年五月，搭船前往長江口岸的巴夏禮突然接到通知被任命為駐日全權公使，巴夏禮與後任匆忙交接後趕赴日本。巴夏禮前往橫濱赴任途中於閏五月十日在下關下船，拜會長州新政權的核心人物桂小五郎、井上聞多等人，爭取他們對自己的好感。巴夏禮此舉固然是延續阿禮國對日本的一貫作風——亦即攏絡薩長以對抗支持幕府的法國。不過連阿禮國也不曾親自拜會薩長的藩主或藩士，巴夏禮的舉動對當時高高在上的白人而言算是非常難得，難怪薩道義會寫下：

……假如他（巴夏禮）在一八六八年的革命（明治維新）中支持另一方勢力（幕府），

或與其他各國使節行動一致，任由事態自行發展，王政復古的路上不知會遇上多少困難和障礙，要盡快平定內亂更是不可能的事了。……

閏五月十六日（格列高里曆7月8日），巴夏禮到橫濱赴任，成為英國第二任駐日公使，直到明治十六（一八八三）年七月才轉任駐清公使，以一個外交官而言，十八年的任期已經是非常漫長。

巴夏禮雖剛到任，身上已肩負一個重責大任，此即兵庫開港的要求。依照以《日美修好通商條約》為底本簽訂的《安政五國條約》規定，神奈川、長崎、新潟、江戶、大坂、兵庫應分別於西曆一八五九年七月四日（神奈川、長崎）、一八六〇年一月一日（新潟）、一八六二年一月一日（江戶）、一八六三年一月一日（大坂、兵庫）分別開港或開市，可是因為開港後金銀匯率價差導致的通貨膨脹、日本人高漲的攘夷排外意識以及天皇堅決不肯敕許等眾多因素，以致條約簽訂歷經多年，真正開放的口岸只有橫濱、長崎以及最初開放的箱館（下田因為橫濱開港而鎖港）。幕府當時因和宮降嫁有求於朝廷，不得不接受朝廷提出的兩都兩港開市開港延期，「兩都」指的是江戶、大坂；「兩港」指的是新潟、兵庫。

文久元年十二月廿二日（格列高里曆1862年1月21日），幕府派出以勘定奉行兼外國奉行竹內下野守保德為正使、神奈川奉行（遠國奉行之一）兼外國奉行松平石見守康直為副使、旗本京極能登守高朗為目付，率領底下包含幕臣福地源一郎、福澤諭吉、松木弘安、箕作秋坪（蘭學者箕作阮甫的婿養子，明六社創社成員之一）在內，共三十六名幕臣及諸藩藩士在品川港搭乘英國籍的歐丁號（Odin）出航，這是繼萬延元年遣美使節團（以勝海舟為艦長駕駛「咸臨丸」完成日本人首次橫渡太平洋之壯舉）後幕府再次派出使節團遠赴海外（亦是首次赴歐）。不過此次的文久遣歐使節團與遣美使節團不同之處在於，遣美使節團的目的是與美國交換《日美修好通商條約》的批准書，本身並無政治考察等其他目的；遣歐使節團則是向歐美各國交涉兩都兩港開市開港延期。

使節團從橫濱出發經長崎離開日本，途經香港、新加坡、錫蘭、葉門、埃及（以上在當時全為英國殖民地），然後在蘇伊士上岸轉乘鐵道到亞歷山大港（當時蘇伊士運河尚未開通），再搭乘船隻航行地中海，經馬爾他於三月五日（格列高里曆4月3日）在法國馬賽港登岸。

三月九日（格列高里曆4月7日）抵達巴黎，竹內正使與法國外相針對兩都兩港開市開港延期進行談判，希望能將兩都兩港開市開港往後推延，但竹內正使與不諳日本國情的法國外相難以達成共識，導致談判破裂。竹內一行人並不死心，不再與法國談判逕自前往加萊，搭船橫渡英吉利海峽到英國倫敦等待參與籌劃倫敦萬國博覽會而告假歸國的英國駐日公使阿禮國（請參照第八章第六節）。等到阿禮國返回英國後在他的斡旋協助下，前述的英國外交大臣羅素爵士同意兩都兩港開市開港延後五年，五月九日（格列高里曆6月6日）雙方簽訂《倫敦備忘錄》，其主要內容如下：

一、新潟、兵庫的開港及江戶、大坂的開市延後五年，定於一八六八年1月1日實施。

二、作為開港、開市延後的代價，幕府必須儘速實施以下事項：

(1)廢除關於貿易品的數量、價格限制。

(2)廢除關於雇用在日外國人士為勞役者的干涉限制。

(3)不得妨礙大名領地產物與外國人直接交易。

(4)不得限制在開港地與外國人交易的日本商人身分。

(5)不得阻止外國人和日本人的自由交際往來。

和英國簽約在之後的行程逐漸發酵，五月十六日（格列高里曆6月13日）和荷蘭、六月廿二日（格列高里曆7月18日）和普魯士分別簽下內容大致相同的備忘錄。受到鼓勵的使節團繼續前往俄國首都聖彼得堡進行交涉，因為談判過程牽扯到樺太問題而觸礁。歸途時再經過法國，法國聽到英國與日本簽下備忘錄後，態度丕變，也與竹內正使簽下《巴黎備忘錄》。如此一來，此次文久遣歐使節團目的圓滿達成，使節團經由葡萄牙南下在英領直布羅陀啟程，幾乎採取與來時同樣的路程，於文久二年十二月十一日（格列高里曆1863年1月30日）返回日本。在使節團歸國後英國方面又追加以下條款：

一、對馬島開港。
二、酒類輸入稅減低百分之三十五。
三、玻璃製品的關稅由百分之二十調降為百分之五。
四、各開港地（橫濱、長崎）設置保稅倉庫。

文久三年十二月廿九日，幕府派出以外國奉行池田筑後守長發為正使、外國奉行河津伊豆守祐邦為副使的橫濱鎖港談判使節團，前往法國進行談判，這是繼萬延元年、文久元年後幕府派出的第三次使節團。此次使節團主要以法國為對象，圍繞在以橫濱鎖港為中心的議題。池田正使一行人在巴黎受到當時法國第二帝國皇帝拿破崙三世（Charles Louis Napoleon Bonaparte）的接見與熱情的招待，可是當話題一觸及橫濱鎖港時，皇帝的熱情似乎消失無蹤，畢竟橫濱一年貿易量帶來的利潤相當可觀，到口的肥肉哪有放棄的道理。

慶應元年九月十三日（格列高里曆11月1日），英國公使巴夏禮、法國公使侯許、美國代理公使波特曼（黑船事件時培里的荷蘭語翻譯，請參照第一章第一節）、荷蘭總領事（荷蘭在日本最高外交人員為總領事）波爾斯布洛克（Dirk de Graeff van Polsbroek）四人聯繫本國海軍合組一支擁有八艘船艦（英國四艘、法國三艘、荷蘭一艘，美國沒有提供船隻）的艦隊從橫濱出發，打算以艦隊為後盾前往兵庫與幕府談判，強行要求兵庫開港。

四國公使來勢洶洶，在九月十六日（格列高里曆11月4日）抵達兵庫港，英、法派出通譯向大坂町奉行通知四國公使的到來與目的，英國派出的通譯是薩道義、西博德、蘭納爾德．麥克唐納（Ranald MacDonald）三人。接到大坂町奉行通報的幕府，派出上一節提到的阿部正外、松前崇廣兩位老中與之談判。四國公使在出發之前已達成共識：

「如果不能取得兵庫儘快開港的確切承諾，四國公使將做出幕府沒有執行條約能力的判斷，之後不再與幕府交涉，而是前往御所參內與天皇做直接交涉。」

若四國公使果真進行到這一步，天皇的庶政委任成為空談，幕府的威信也將蕩然無存。阿部、松前兩位老中判斷形勢的險峻之後決定先斬後奏，未事先稟報人也在大坂的將軍及水野老中首座，就於九月廿四日獨斷向四國公使認可兵庫開港，事後才向將軍上書請將軍上洛向天皇取得敕許。

九月廿八日一橋慶喜上洛向朝廷提及此事，朝廷震怒，隔日舉行的朝議收回兩位獨斷老中的官位，並下令返回藩國謹慎。幕府時代朝廷無權罷免幕府的幕臣，更別說是幕閣之首的老中，甚至連提出意見也會受到幕府申斥。但是到了幕權式微的幕末，不可能的事情都變得可能，幕府一則為討好朝廷，一則也想劃清界線，迅速於十月一日罷免兩位老中。

與四國公使談判的兩位老中被免職的消息傳出，四國公使震怒，向幕府施壓必須十日內取得天皇的敕許，否則八艘船艦將進攻大坂——正是此次編組艦隊而來的目的。這支艦隊武力雖不比去年攻擊下關來得龐大，不過要進攻大坂已綽綽有餘。

將軍對於朝廷解職兩位老中亦感到不滿，不過並不表示將軍對天皇不滿，將軍自始至終都對天皇——同時也是他的妻舅——無比尊崇，他是對假天皇之名行干涉幕政的公卿感到不滿。事先未向將軍告知逕自舉行朝議罷免兩位老中，在在都讓將軍覺得一年前天皇提出的庶政委任體制有名無實，與其如此不如辭去將軍。

江戶時代將軍生前讓位並非沒有前例，首代家康、二代秀忠、八代吉宗、九代家重、十一代家齊都在生前讓位，當上數年大御所[5]後才結束生命，如果家茂辭去將軍，依照前例應成為大御所。家茂在辭表寫道「身為征夷大將軍然而未能掌控全責，感到痛心疾首，心痛強烈且鬱悶而去職。」以辭職信內容而言，家茂算是寫得直接，將辭職歸因於未能盡掌全責，而不是一般恒例的稱病。家茂在辭表提到以慶喜為繼任將軍（家茂與和宮並無後嗣），願朝廷此後諸事委任慶喜。如果朝廷准許家茂的辭職，而家茂也成為大御所的話，將會出現首次大御所的年紀小於現任將軍的情形。

十月二日家茂在大坂城內向幕臣宣布即將辭去將軍的消息，同時並宣布三日循伏見沿東海道返回江戶，消息一出，京坂地區陷入混亂狀態。前尾張藩主德川茂德急忙求見二條關白和中川宮，要他們擋下將軍的辭表以及兵庫開港的敕許奏請。然後德川茂德急忙去找一橋慶喜、松平容保及松平定敬，四人聯袂在十月四日天亮前前往伏見，在將軍的陣列前懇求將軍打消辭職決定。

在四人好說歹說之下，將軍終於改變心意，當日傍晚與四人一同返回二條城，然後由慶喜代替將軍向朝廷奏請條約敕許，如此一來延宕了八年、讓無數志士為之送命的《安政五國條約》，此時終於取得天皇的敕許、為朝廷正式承認。

十月七日下午，老中松平宗秀派人前往英艦轉達天皇條約敕許的消息，大坂及兵庫確定會在一八六八年1月1日開市、開港，《倫敦備忘錄》的內容也將會一一履行，對四國公使而言無疑是一次外交上的重大勝利。接著四國公使又針對下關戰爭（即四國艦隊砲擊下關）索取賠款以及關稅稅率的改訂，幕府已無招架之力，只得同意分期支付三百萬美金的賠款以及關稅的改訂（大致上按照前文提及的《倫敦備忘錄》以及事後的追加）。

筆者在本節最後附帶一提，一八六八年1月1日折算和曆相當於慶應三年十二月七日，再過兩天便是《王政復古大號令》頒布之日，換言之，大坂的開市以及兵庫的實際開港是在改朝換

5 大御所：江戶時代專指退下征夷大將軍職位，隱居的前將軍之敬稱。

代後的明治時代才進行。

三、薩摩拒絕「非義的敕命」

本節敘述的時間點承接第一節之後，家茂上洛除第一節提到的再次征長之外，也為了上節提及的兵庫開港要求事件。每一件事的背後都牽扯到複雜的內政、外交，要和不同的團體進行交涉（朝廷、幕府、諸藩、外國使節），因此想要面面俱到地顧全每個方面根本不可能，對年僅廿歲的將軍而言的確是個難以承擔的負荷。因此前節家茂會辭去將軍並不光是「身為征夷大將軍然而未能掌控全責」之故，也並非德川慶喜在明治時代接受訪談時所說的「老中教導可稱病去職。」（《昔日夢會筆記——德川慶喜公回想錄》（昔夢会筆記——徳川慶喜公回想録））慶喜這樣說，證明他無法體會到家茂所承受的壓力。

四國公使來到兵庫後，在一橋慶喜再三向中川宮、二條關白的鼓吹下，朝廷在九月廿日晚上特地為再次征討長州與否召開朝議，一橋慶喜為再次征長不惜以若朝議未能取得敕命則他與松平容保、松平定敬等人將斷然辭去目前所有職務（亦即一會桑解體）為籌碼。慶喜的辭職當然只是幌子，但是對朝廷的公卿非常見效。朝議的結果一如一橋慶喜的預料，幕府順利取得再次征討長州的敕命。

為不讓再次征長取得天皇的敕命，打從五月左右，薩摩的大久保利通已在京坂一帶活動，西鄉原本答應中岡慎太郎的邀約，前往下關與桂小五郎締結同盟而後爽約，正是要前去京都與大久保會合一起為此事奔走。四國公使的到來使得再次征討長州一事暫時停頓，等到兵庫開港要求事件塵埃落定的十月中旬以後，幕府又將焦點關注到再次征長上。

幕府在再次征長方面已經從朝廷取得出征的名分，老中們進一步召來幕府中的開明官員大久保一翁預測征長的結果，筆者在前一章第五節提到龍馬為見證薩長同盟的締結，冒險進入大坂而巧遇大久保剛好在此時前後。大久保一翁從現實局勢分析出此次征討長州幕府將招致失敗，然而再次征長的決定並不因此而改變。

慶應二年二月四日，老中小笠原長行、大目付永井尚志等人從大坂出發，七日抵達廣島與長州派出的代表談判，威嚇長州接受幕府提出的懲處方案：

一、沒收周防一國，讓藩主毛利敬親．廣封父子永蟄居，從德山、長府、清末三支藩選出繼承人。

二、削減五到十萬石，藩主父子隱居，從三支藩選出繼承人。

三、領地不做削減，從三支藩選出繼承人，懲處改以上繳軍艦五艘或是前往大井川（駿河國和遠江國國境的河川）整治河川、修建橋梁。

小笠原老中認為這個形同勸降的方案中至少長州會選擇第三個，殊不知大量購進新式武器以及締結薩長同盟後的長州有恃無恐，根本不把幕府放在眼裡。長州舉藩上下人人摩拳擦掌，巴不得與幕府交戰，為從文久三年．八一八政變以來長州受到一連串的冤屈以及死去的志士復仇。

不過長州尚未做好開戰準備，因此不急著拒絕以免激怒小笠原老中，結果在小笠原老中抱持萬一的期待中長州完成開戰準備，小笠原老中在慶應二年五月九日不得不承認自己勸降交涉失敗，黯然返回。

在小笠原老中承認失敗的稍早四月時，幕府向譜代諸藩動員完畢後開始將動員的觸角伸及薩摩。薩摩是外樣大藩，只要薩摩願意動員，其他外樣自然會跟進。就在幕府將動員令送到薩摩的大坂上屋敷前夕，大久保利通已在四月十四日寫好意見書寄回薩摩藩，內容強調務必拒絕幕府的動員征討長州。慶應元年十月廿二日再度被任命為老中的板倉周防守勝靜，親自前往京都二本松的薩摩藩邸勸諫大久保利通，希望他能改變想法，不過大久保堅決不接受非義的敕命，說道：

「我藩與將軍家雖有著不淺的淵源，但是不能因此而誤了大義名分。今日若出兵征討無罪的長州，既無適當名分，亦欠缺大義，我藩即使會受到幕府怪罪，也不會派出一兵一卒。幕府若要降罪我藩，我藩也會斷然下定決心。」

大久保所謂的「斷然下定決心」，可解讀為與長州並肩向幕府開戰，大久保此言即是呼應薩長同盟的內文。既然薩摩不願動員，其他外樣也以種種理由逃避幕府的動員令，使得幕府的再征長州最終只能以譜代諸藩作為主力。

四、大島口之戰、藝州口之戰、石州口之戰

龍馬和阿龍的蜜月旅行大致上在慶應二年四月十一日結束，十二日他們回到鹿兒島城下過著寄住在小松帶刀宅邸的生活。這種幸福的生活並沒有維持太久，龍馬事業上的夥伴龜山社中成員在這段期間陸續傳來社中的幾個壞消息。像是近藤長次郎違反龜山社中的規定，私下透過長州藩前往英國留學的祕密被發現，而在一月十四日切腹，正好是龍馬離開長崎、前往京都見證薩長同盟後的數日。另外，龍馬透過小松帶刀出資購買的小型木造帆船「懷爾韋夫號」（Wild Wave）在聯合號從長崎拖曳到薩摩途中遇上暴風雨，船長池內藏太以下共十一名船員於五月二日在長崎外海五島列島中的中通島（長崎縣南松浦郡新上五島町）附近溺斃，龍馬的夢想「懷爾韋夫號」也跟著沉入海底。

龍馬並沒有時間沉浸在哀傷中，他打起精神於六月四日帶著阿龍搭乘聯合號前往長崎，將阿龍安置在長崎的龜山社中成員小曾根英四郎宅邸，然後前往當時長崎首屈一指的照相師上野彥馬住宅拍下流傳最為廣泛的龍馬照片。龍馬平時習慣將右手放在懷裡，在這張照片裡右手肘靠在桌上、右手手掌放進懷裡的動作竟成為龍馬的招牌動作，之後土佐藩參政後藤象二郎來到

長崎也去找上野彥馬拍照，下意識地擺出和龍馬幾乎一樣的姿勢。值得一提的是，這張照片裡龍馬腳上穿的是當時尚未在日本普及的皮鞋。

　六月七日，幕府軍艦富士山丸（木造蒸汽船，排水量一〇〇〇噸）、祥鶴丸（木造蒸汽船，排水量三五〇噸）砲擊周防大島（又稱為屋代島），揭開第二次征長之役的序幕。這場戰役幕府同時間於周防大島（大島口）、藝州藩和岩國領交界處（藝州口）、津和野藩及長州藩

由上野彥馬拍下的龍馬照片——出自《維新の史蹟》，日本國立國會圖書館所藏

擺出與龍馬一樣姿勢的後藤象二郎，可以發現和龍馬照片中用的是同一張桌子——出自《雋傑坂本竜馬》，日本國立國會圖書館所藏

交界處（石州口）以及小倉藩和長州藩交界的下關海峽（小倉口）四處同時進攻長州，因此習慣上稱為「四境戰爭」。

儘管在將近一年的時間裡幕府對多達三十二個藩下達動員命令，因為薩摩拒不出兵影響到其他藩接受動員的意願，最終只有紀伊、彥根、越後高田、大垣、丹後宮津、石見濱田、福山、津和野、伊予松山、小倉、唐津、久留米、柳河、熊本等十四個藩接受動員，當中除津和野、久留米、柳河、熊本為外樣之外，其餘十藩均為親藩或譜代。

六月七日幕府軍艦砲擊周防大島後，接著以伊予松山藩為主力不斷從大島南北兩岸登陸，欲夾擊島上僅有的五百名雜兵（由農工商組成的非武士軍隊）。松山藩兵在島上放火燒毀民宅，想要以此聲勢恫嚇長州兵，可是訓練有素的長州兵並未因此動搖。幕府軍必須在天亮後投入更多兵力作戰，並佐以富士山丸、祥鶴丸、八雲丸（鐵製蒸汽船，排水量三三七噸）的砲擊，終於在十一日中午以後攻下大島，抵抗超過四天的長州諸隊圓滿達成任務，從大島西北方的大畠瀨戶（周防大島和山口縣柳井市之間的海峽，連結周防灘和安藝灘，該地現有大島大橋）往長州藩境逃去。

攻下大島後，幕府軍重整軍勢，封鎖大島附近的海路，預計十四日從大島往北進攻岩國領。幕府軍大概以為攻下大島已經瓦解長州的作戰意志，過不多久長州自行舉白旗投降。六月十三日天亮前大島北方久賀沖突然出現一艘小型蒸汽船，原來是長州海軍船艦丙寅丸（木造蒸汽船，排水量二〇〇噸，透過龜山社中向哥拉巴購買）夜襲。噸位極小的丙寅丸輕巧的穿梭在富士山丸、祥鶴丸、八雲丸、旭日丸（木製帆船，排水量七五〇噸）四艘船艦之間，站在船頭的是高杉晉作。

功山寺舉兵後高杉似乎無事可做，一時興起前往英國留學的念頭，以高杉的性格，前往英國留學只怕也不會讓他有所收斂。強硬派重新取得政權後，木戶貫治負責處理藩政，大村益次郎負責對長州諸隊施以近代化軍事訓練，一手創建的奇兵隊已成為山縣狂介的禁臠，自己再也無法過問。因此百無聊賴的高杉才有此念頭，倘若真的讓高杉前往英國留學，他應該會在當地妓院一擲千金，等到藩費揮霍完畢後自討沒趣地跑回長州吧。對高杉而言，幕府再次征長如同他日後病逝前留下的辭世「面白きこともなき世を面白く」（讓無趣的世界變得有趣）一樣，是給無趣的生活帶來趣味的樂子，因此打從幕府即將再次征長的消息傳開，高杉迅速變得神采奕奕，再也沒有往常行屍走肉的神情。

高杉眼見幕府四艘船艦奈他不得，偷偷朝旭日丸發砲，然後趁勢離去。

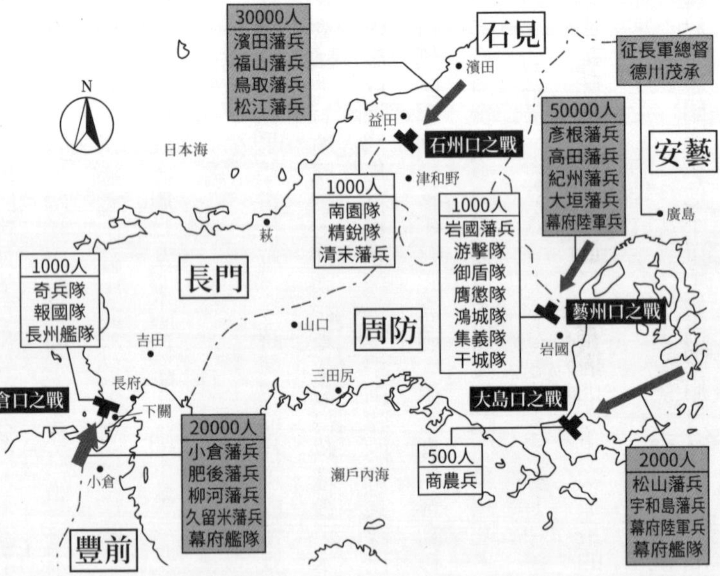
30000人
濱田藩兵
福山藩兵
鳥取藩兵
松江藩兵
石見
濱田
征長軍總督
德川茂承
N
益田
石州口之戰
日本海
50000人
彥根藩兵
高田藩兵
紀州藩兵
大垣藩兵
幕府陸軍兵
安藝
津和野
1000人
南園隊
精銳隊
清末藩兵
1000人
岩國藩兵
游擊隊
御盾隊
鷹懲隊
鴻城隊
集義隊
干城隊
廣島
萩
1000人
奇兵隊
報國隊
長州艦隊
長門
藝州口之戰
山口
周防
吉田
岩國
長府
三田尻
小倉口之戰
下關
大島口之戰
20000人
小倉藩兵
肥後藩兵
柳河藩兵
久留米藩兵
幕府艦隊
500人
商農兵
2000人
松山藩兵
宇和島藩兵
幕府陸軍兵
幕府艦隊
小倉
瀨戶內海
豐前

四境戰爭兩軍交戰圖

高杉在六月十三日的突襲只是暴雨前的寧靜，十五日長州諸隊中的第二奇兵隊和洪武隊同樣選在天亮前，從之前長州撤退的大畠瀬戶登陸突襲幕府軍，幕府軍受到突襲後陣勢大亂，即便幕府有四艘軍艦坐鎮大島——其中還有一艘是當時日本噸位最大的新式蒸氣軍艦——也無法挽回頹勢，十七日大島口方面的戰事結束。

岩國領是長州藩領地的最東境，也是長州藩和藝州藩的交界，因而成為藝州口之戰的戰場。十四日晨，彥根藩作為幕府軍先鋒衝在前頭，高田藩緊跟在後，越過長州藩和藝州藩交界的小瀨川朝岩國領前進。還在渡河中的彥根、高田二藩藩兵立即受到來自河川旁鍋倉山上的砲擊，原來長州諸隊中的遊擊隊、衝擊隊、地光隊、維新團埋伏在此，看到渡河中的幕府軍立即發砲攻擊。渡河時須提防敵軍的襲擊在歷代中國兵法書中均有記載，歷史上亦不乏趁對方渡河予以偷襲而取勝的戰役，幕府軍如此輕忽渡河時遇襲的可能性，實在令人訝異。

藝州口幕府軍的攻勢在十四日拂曉受到長州諸隊的砲擊後中挫，身為「德川四天王」的後裔而在溜間[6]佔有一席之地的彥根藩兵在此役中一敗塗地，不少不合時宜的「赤備」在撤退時被丟

6 溜間：譜代在江戶城伺候席的最高位，只賜給「德川四天王」和酒井雅樂頭等對幕府成立有功的資深譜代。關於伺候席請參見參照第一部第二章。

棄在地上，越後高田藩接在彥根藩之後未與長州諸隊交鋒而自行潰敗。

傳統的勁旅彥根、越後高田二藩的慘敗，為幕府軍帶來重大的衝擊及挫折，使得幕府軍當日都不敢再發動攻勢。

相對地，長州諸隊在序戰取得的戰果連負責藩政的高層都難以置信，士氣高昂的長州諸隊決定翌日清晨偷襲幕府軍陣地。不過幕府軍在十四日由廣島趕來的紀州藩家老水野大炊頭忠幹的整頓下，揮別敗戰陰霾，擊退翌日來襲的長州諸隊，此後數日雙方不再輕啟戰端。

六月十九日長州諸隊主動出擊，兵分兩路深入藝州藩境內迎戰幕府軍，兩軍在大野四十八坂（廣島縣廿日市市大野四十八坂）遇上展開激戰，這一役是藝州口之戰，甚至是整個四境戰爭中最勢均力敵的苦戰。一方是彥根藩、紀州藩、越後高田藩和幕府陸軍，另一方是岩國領及長州諸隊中的遊擊隊、干城隊等，激戰至廿日仍未能分出勝負，廿五日長州諸隊再對大野四十八坂發動進攻，再次遭到幕府軍擊退，戰況進入膠著狀態。藝州口之戰是四境戰爭中幕府軍表現最出色的一役，儘管初期也有彥根藩、越後高田藩的挫敗，但是幕府軍沒有在挫敗後一蹶不振，而是在紀州藩家老的領軍下兩次擊退長州諸隊，在幕府威望低下至極的幕末時期尤顯難能可貴。

六月十七日展開的石州口之戰則呈現與藝州口之戰完全相反的戰況。屬於山陰道的石見國在江戶時代只有濱田藩（親藩）和津和野藩（外樣）二藩（均位於今日島根縣境內），這兩藩因為地理位置之故，均受到幕府的動員徵召，石州口之戰這兩藩理所當然被任命擔任先鋒。不過兩藩都是小藩，濱田藩石高六萬一千石，津和野藩為四萬三千石，兩藩相加還不到長州藩的三分之一，而且兩藩還在使用戰國時代的種子銃，根本不是全藩配備米尼葉和坎貝爾新式槍枝之長州藩的對手。津和野藩於是放棄與長州諸隊作戰，讓長州毫髮無傷地通過津和野藩領、攻入濱田藩境。長驅直入的長州諸隊攻個濱田藩措手不及，福山藩主阿部主計頭正方率領一千八百名藩兵前往濱田藩馳援，依舊不敵長州諸隊的新式武器而敗陣。

濱田藩東邊是出雲松江藩（親藩）及其支藩廣瀨藩和母里藩，為了自家安危，松江藩主松平出雲守定安率領藩兵搭乘軍艦支援濱田藩。征長先鋒總督德川茂承亦派遣家老率領紀州、福山、鳥取等藩兵前來支援，這三藩加上松江藩成為石州口之戰幕府軍的主力，四藩布陣在濱田城西南的大麻山，有效遏阻由清末藩、南園隊及精銳隊組成的長州軍的進攻。

前線捨命作戰，但後方卻未必如此，此次征長的先鋒副總督——同時也是老中——松平宗秀對幕府軍能否獲勝感到悲觀（不只石州口之戰，而是整個征長之役）。由於抱持著懷疑，他於六月廿五日擅自釋放五月初征長之役開戰前亂入廣島的宍戶備後助（維新回天後改名璣）及小田村素太郎，藉此展現誠意與長州進行和平交涉以停戰。松平老中的誠意受到長州的輕蔑，長州認為以現在長州諸隊的氣勢並不需要向幕府示好，而先鋒總督德川茂承獲知松平老中的作為後也暴跳如雷，直說要辭去先鋒總督一職。幕府為安撫德川茂承，只好在七月四日召松平老中回大坂等候處置（同月廿五日免去老中職務）。

幕閣和親藩的內訌影響到前線士氣，七月十五日，負責對長州諸隊施以近代西式訓練的馬廻役譜代大村益次郎現身，親自率領長州諸隊繞過大麻山直搗位在山陰海岸的濱田城。大村平時訓練強調的散兵戰術在石州口之戰得到充分發揮。所謂散兵戰術是將隊伍打散，各自尋找掩蔽物，從樹後、岩石間、草堆裡瞄準敵人射擊。幕府軍都是一整隊行動，目標明顯，極易成為射程遠、射擊速度快的長州軍狙擊的對象。反之，長州諸隊將隊伍打散，隱蔽在掩蔽物之後，目標小又不明顯，加上幕府軍槍枝老舊，射擊速度慢且命中率差，因此幕府軍逐漸呈現敗象。

十六日，紀州藩最早全軍潰敗，退出戰鬥，接著鳥取、松江、福山三藩也在十七、十八兩日相繼敗退。長州士氣大振，大村重整軍勢圍攻濱田城，目標活捉一橋慶喜的同父異母弟、德川齊昭的十男濱田藩主松平武聰。在福山藩兵敗退後，失去保護的松平武聰面對善戰的長州藩兵，被畏懼籠罩的他竟做出放火燒掉濱田城（濱田城遺址於二〇一七年四月廿六日被選入「續日本百大名城」）然後乘船依海路逃往松江藩的舉動。長州諸隊不費吹灰之力便攻下濱田藩，之後繼續沿著現在的山陰本線推進，接收被劃入天領的大森代官所以及戰國時代大內氏、尼子氏、毛利氏你爭我奪的石見銀山（二〇〇七年以「石見銀山遺跡及其文化景觀」列為世界文化遺產）。

五、下關海峽海戰

二〇一〇年ＮＨＫ大河劇《龍馬傳》每一季的開頭，都由明治時代《土陽新聞》記者坂崎紫瀾口頭訪談郵便汽船三菱會社社長岩崎彌太郎，由岩崎彌太郎社長在不同場景透過坂崎紫瀾與某位「當時」（明治十五～六年，一八八二～三）在世的幕末人物的談話中開始該季劇情。第四季以位在東京都台東區池之端一丁目舊岩崎邸庭園（岩崎彌太郎於明治十一年出資買下）為場景，藉著談話拉回到幕末發生在下關的海戰，那場海戰即是四境戰爭中的小倉口之戰，也是筆者本節要談的內容。

前節提到龍馬在上野彥馬處拍下流傳至今的照片後，收拾好行囊搭乘聯合號趕赴下關。六月十四日龍馬抵達下關，在這裡聽到一件不論對長州藩或是對龍馬都不好的消息：

「勝海舟再度被幕府任命為軍艦奉行！」

正式任命的日期是慶應二年五月廿八日，從元治元年十一月十日因為神戶海軍操練所部分塾生參與禁門之變而受到波及，勝海舟在家蟄居已超過一年半的時間。如今解除蟄居的處分、官復原職原本應是值得慶賀的喜事，但是勝在這個節骨眼上恢復原職，真正的用意很有可能是要讓勝率領幕府艦隊對付長州，若果真如此，勝和龍馬這對師徒有可能在下關海峽上兵戎相見，這是龍馬最不願見到的結果。

以勝的能力只要他坐鎮在當時噸位最大的富士山丸上指揮，光這一艘船便能擊敗長州、取得下關海峽的制海權，因為當時長州只有丙寅、乙丑、癸亥、庚申、丙辰共五艘軍艦（乙丑丸即是聯合號登記在長州的名字，這艘船同時也登記在薩摩藩，在薩摩登記的名字為櫻島輪），當中只有丙寅、乙丑二船為蒸汽船。如前文所述，丙寅丸為二百噸，乙丑丸（聯合號）也不過才三百噸，然而長州就是以如此薄弱的海上戰力打敗幕府。

龍馬到達下關時，正如前節所提，大島口和藝州口的戰事正在進行中，石州口也即將開戰，只剩小倉口——亦即下關海峽——還未開戰，負責此處的高杉晉作正在等待龍馬的到來。高杉一見到龍馬便拉他坐下來，攤開下關海峽的地圖，和龍馬分配彼此的作戰任務。高杉將五艘船艦分為二組，自己率領丙寅、癸亥、丙辰三船進攻小倉藩位在田浦野的砲台（現今關門大橋右邊），龍馬率領乙丑、庚申二船進攻與彥島、巖流島相對的門司港（現今關門大橋左邊）。

六月十七日下午，高杉和龍馬二組從下關港出動，由於長州的海軍力量遠遠不如幕府，高杉和龍馬都很清楚海戰的時間不能拖太久，儘快讓長州諸隊登陸上岸，以他們手中的新式槍枝與幕府軍作戰，如此才有勝算。可是等到實際作戰後才發現富士山丸等幕府主力船艦並不在下關海峽（依前節記載主力船艦在大島口），對長州而言又傳來一則更好的消息：

「勝海舟並未被任命為幕府軍艦隊司令。」

看來幕府雖恢復勝海舟的職務，卻不打算重用他。高杉和龍馬放下心頭大石的同時，加緊進攻田野浦和門司港，不到傍晚已經攻上岸。然而因為擔心大島口的船艦隨時過來，上岸攻擊小倉藩兵及其他幕府軍並且放火後，便立即退回船上返回下關。雖然這次圓滿達成任務，可是回到下關港一看才知道每艘船身均布滿彈痕，能夠開回來應該歸功於狹窄的下關海峽（平均寬度約六百公尺）。

這次的突襲讓高杉和龍馬清楚幕府軍在九州岸上幾乎沒有防備力，只要長州諸隊能登陸上岸便能對幕府軍予取予求，於是又開始計劃下一次的登陸戰。不過也如前述長州船隻在前一次登陸戰傷痕累累，勢必得耗費時間進行修理。能否趕得上下一次的登陸任務很難說，因此兩人對再次出擊顯得猶豫難斷。

七月二日夜晚，龍馬人在乙丑丸上指揮船艦前進，丙寅丸拖曳著庚申、丙辰二船前進。乙丑丸在巖流島附近意外發現富士山丸。富士山丸就在伸手可及的距離，但是該船似乎並未發現敵艦靠近。

「就是現在！」

龍馬下令對富士山丸展開砲擊，然後竭盡全力開回下關。奇怪的是富士山丸始終沒有追來，富士山丸的時速絕對可以追上乙丑丸，為何沒有追趕呢？幕府方面的記載是富士山丸正要追趕時，大砲砲管破裂導致數名水手死亡因而撤退，此外翔鶴丸和順動丸也都不戰而退。

龍馬見狀不覺萌生這樣的念頭：

「如果由勝老師指揮，今日拔腿逃跑的就是長州了。」

幕府船艦的撤退給予長州諸隊登陸的機會，弔詭的是幕府軍在小倉口配置小倉、熊本、久留米、柳河四藩藩兵，只有小倉藩與長州諸隊作戰，其他三藩只是堅守陣地，這個場景像極當年關原之戰石田三成、小西行長、宇喜多秀家、大谷吉繼以外的西軍。戰役持續至七月三日，小倉藩兵敗退，長州諸隊返回下關港。

經過兩次的作戰，高杉已完全掌控幕府軍的弱點，七月廿七日再度領軍進攻小倉。幕府的船艦已不知去向，因此這次船艦行走在下關海峽不用像前兩次擔心富士山丸突然出現。此時四境戰爭中的其他三地戰事都已結束，幕府一再挫敗(藝州口勉強算是平手)於這個只有三十六萬九千石的邊陲之藩，不免讓其他受到幕府動員參戰的外樣大名小覷。

連結門司港和小倉之間的長崎街道成為此次的戰場，富士山丸、回天丸、小倉藩的船艦飛龍丸原來都躲在小倉沖(鹿兒島本線小倉站附近的海灣)對登陸的長州諸隊發砲。這一天長州與原本堅守陣地的熊本藩發生衝突，導致熊本加入幕府軍與長州作戰，使得原本應該是一面倒的戰役陷入苦戰。七月三十日晚上熊本藩兵突然撤退，長州諸隊士氣大振，包圍小倉城猛攻。八月一日夜裡幕府老中、同時也是幕府軍小倉口總督的小笠原長行放火燒毀小倉城，然後與松平武聽如出一轍地丟下藩兵自行逃往長崎。

小笠原老中的逃走也宣告小倉口之戰的最後結局，四境戰爭至此全部結束，此後的幕府就像在四境戰爭中被放火燒毀的濱田城、小倉城一樣，再也回不到完好如初的狀況。

六、德川家茂病逝

從前節的敘述可知熊本藩兵的撤退決定了小倉口之戰的結果，為何熊本藩兵會在與長州諸隊交手三日後突然撤退呢？原因之一是對小笠原老中的不滿，然而在戰場上參戰部隊將領或多或少都會對總指揮不滿(如關原之戰島津家對石田三成也是極度不滿)，光是這樣不構成熊本藩兵撤退的理由。

熊本藩兵突然撤退的真正原因是將軍德川家茂的病逝。

筆者在第一節提到將軍三度上洛時寫到「不過廿歲的將軍體格超出年齡應有的肥胖，騎在馬上顯得滑稽。」依現在的醫學角度來看，年紀輕輕的將軍體態已過於肥胖。根據昭和年間將軍墓地改葬之際，對將軍遺骸進行調查後發現，家茂的三十一顆牙齒中有三十顆蛀牙，每顆牙齒都有琺瑯質變薄的問題，可見家茂非常嗜吃甜食，熱衷到蛀牙、琺瑯質變薄的程度，甜食是將軍過於肥胖的根本原因。

慶應二年四月，將軍在大坂城開始出現胸痛的毛病，經奧醫師[7]的診斷為胃部的毛病和關節炎，奧醫師針對這兩個病因開出藥方讓將軍服用。

六月廿四日將軍出現雙腳水腫的症狀，持續至廿八、九日，這段期間無法排尿。七月一日將軍嚴重嘔吐，已到膽汁都成為嘔吐物的程度，幕府趕緊從京都召來兩名漢方醫加入診斷團，漢方醫診斷的結果認為將軍罹患腳氣，目前已到腳氣衝心的程度。然而到此地步，奧醫師依然堅持將軍是胃部的毛病和關節炎，堅決不退讓，奧醫師的個人意氣使得將軍的病狀再也無法復原。

7　奧醫師：住在江戶城內，專為將軍及其家族診斷，受若年寄管轄，與中國專為皇族診斷的御醫大致相同。

七月十九日松平春嶽和板倉勝靜、稻葉正邦兩位老中前來探病，將軍的病情已到無法探視的程度，三人隔著蚊帳無言的流淚。七月廿日暮六時半，廿一歲的年輕將軍在大坂城嚥下最後一口氣，死因為腳氣病。十三代將軍家定也是死於腳氣病（現代的研究認為家定死於霍亂的可能性較大，但在當時普遍認為是腳氣），家茂的御台所和宮也在明治十（一八六八）年死於腳氣病。

將軍的死訊直至八月廿日才對外公開，倒不是出於怕影響當時還在進行的四境戰爭之故，而是基於幕府歷來的慣例，十二代將軍家慶、十三代將軍家定病逝到公開都間隔一段時間。將軍的遺體於九月二日送上當時剛從英國購入的船艦長鯨丸（排水量一〇〇〇噸）從大坂出發，九月六日抵達江戶。

勝海舟聽到將軍家茂病逝的消息難掩哀慟，在日記裡寫下：

德川家，今日滅。

勝海舟聽說他之所以能夠重新出任軍艦奉行是家茂下的命令，前文提到勝的任命日期是慶應二年五月廿八日，此時將軍已飽受病情折磨，在此之際還念念不忘要恢復勝的官職，如何不讓勝感念於心？明治廿一年——家茂已辭世超過廿年——八月廿日勝海舟仍提筆撰文紀念家茂，文章開頭寫下：

舊臣勝安芳（海舟之名），在昭德公（家茂的戒名）靈前慚愧。……

再次征長的失敗以及將軍的病逝，任誰來看都很清楚幕府能否再維持下去是個問題，如何處理再次征長的善後問題以及一定程度維持幕府的威望考驗著幕閣的智慧，更要緊的是該由誰來繼承下一代將軍？家茂和和宮並未生下繼承人，下一代將軍勢必得由旁系繼承，誰會是最合適的繼承人？繼任的將軍是否能得到大奧、幕閣的支持？能否與朝廷維持良好的關係？能否改善和諸藩——特別是外樣中的薩摩、長州——關係緊張的局面？筆者將在下一章說明。

第十六章

最後的將軍德川慶喜

一、繼承德川宗家

家茂在世時不曾指定繼承人，他應該沒有想到自己會那麼早過世，直到臨終前才指名年僅四歲的田安龜之助（維新回天後改名德川家達）為養子。也許讀者會感到好奇，自古以來凡是國家在非常之際出現幼君即位，政權往往會有改朝換代之虞。家茂應該也知道幕府處境日益艱難，為何還要指定一個四歲稚子為將軍繼承人，而不讓已經三十歲而且擔任過將軍後見職、有實際政治經驗的一橋慶喜作為繼任的將軍人選呢？

田安龜之助從其姓氏可看出是出自御三卿之一的田安家，是田安家第五代家督田安慶賴（與松平春嶽是同父異母兄弟)的三男。從血緣上來看，御三卿和御三家之一的紀伊家都是八代將軍德川吉宗的子孫，田安龜之助和家茂的血緣比一橋慶喜來得親近，這或許是家茂選擇龜之助的原因之一。

包括天璋院在內的大奧成員基本上對慶喜皆無好感，這不完全是慶喜之過，他好色的父親要負很大的責任。在封建時代，討厭上一代也連帶討厭其下一代是人之常情。家茂十三歲繼任將軍，在還未具備獨立思考的能力時在充斥厭惡德川齊昭・一橋慶喜父子的大奧中長大，他很難不受這種情緒影響，這或許是家茂選擇龜之助的第二個原因。

文久年間的幕政改革是井伊大老遭暗殺後幕府對一橋派的妥協，其中最具指標性的改革內容為任命一橋刑部卿慶喜擔任將軍後見職，在很大程度上安撫了在安政大獄受到懲處的一橋派大名，為幕府贏得開明的美名。可是之後幾年一橋派大名和慶喜在政見上的分歧點愈來愈多，尤以八・一八政變後到池田屋事件之間的參預會議(請參照第十一章)雙方可說是不歡而散。

參預會議的破局或許不能完全歸罪在一橋慶喜身上，朝廷公卿的無知和幕臣的顢頇恐怕才是更主要的原因，但是慶喜的性格激化了與眾參預之間——特別是島津久光、松平春嶽、伊達宗城這三位一橋派的參預——的對立，這點倒是無庸置疑。慶喜在參預會議的表現一定也傳到家茂耳裡，家茂認為若讓慶喜繼任將軍恐怕會在很大程度上讓對幕府還抱有期待的大名與幕府決裂，這或許是家茂選擇龜之助的第三個原因。

兩次的征長之役——尤其是第二次——有助於讀者認識慶喜的性格，慶應元（一八六五）年幕府有意再次征長，慶喜不僅力勸將軍上洛，還鼓動將軍奏請天皇、取得再次征長的敕命。可是將軍病逝後慶喜以此為契機於七月三十一日辭去禁裏御守衛總督兼攝海防禦指揮，以便自己親自率軍繼續進行征長之役。然而當八月一日小倉城燒毀、小笠原老中逃走的消息傳到大坂城（八月十一日），慶喜難以置信地問道：

「淪陷了？這是真的嗎？」

很快地證實小倉城淪陷的消息不假後，慶喜沮喪得幾乎失神。得意時表現豪邁大膽，口才如行雲流水般滔滔不絕，讓聽者在不知不覺中受其氣氛感染；然而一旦形勢急轉直下，慶喜迅速陷入失望且消沉的情緒中，亟欲逃避現實。這種性格在之後的鳥羽．伏見之戰表現得尤為徹底。於是慶喜立刻做出如下的決定：

「放棄率軍進攻長州！」

幕府自老中首座以下無一不感到錯愕，因為慶喜數日前才鼓動朝廷授予他節刀征討長州，如今又要透過朝廷發出停戰敕命，如此視敕命如兒戲也難怪招致公卿的厭惡。

「一橋卿神智錯亂了嗎？」

此時人在大坂的薩摩藩士大久保利通也痛斥慶喜為：

「詭詐之人！」

慶喜的行為傳回江戶也招來幕府——特別是以天璋院為首的大奧——的批評，認為他反覆無常。還在水戶藩時是不折不扣的攘夷派，過繼到一橋家當上將軍後見職轉為開國派，再次征長之前是主戰派，將軍過世後又轉為主和派。轉變如此快速，恐怕連他自己也不清楚到底內心的堅持為何。

家茂的死訊公開後接著要決定家茂的繼承人選——不只繼承德川宗家，也包括第十五代將軍。以天璋院為首的大奧主張應尊重家茂的遺言，立田安龜之助繼承德川宗家及第十五代將軍，然而板倉勝靜老中首座及小笠原老中等人反對大奧的意見，幕府雖不乏幼君即位的前例（如四代將軍家綱、七代將軍家繼、十一代將軍家齊），甚至連昭德院也是幼君即位。然而現今形勢已非昔比，若擁立幼君田安龜之助會使諸藩對幕府的威信感到絕望，不利於幕府的統治。最後，老中們事先未徵得大奧的意見，便搶在七月廿八日奏請朝廷敕許同意慶喜為德川宗家的繼承人，翌日朝廷同意的敕許下達。或許出於這樣的因素，使得和宮也傾向讓慶喜繼任將軍，大奧的主張因而罕見地遭到否決，一橋慶喜成為德川家茂的養子（繼承德川宗家並改姓德川），繼任征夷大將軍（前提是要先繼承德川宗家）看來也將成為定局。

當慶喜還在猶豫是否繼承德川宗家時，好事者已寫好狂歌嘲諷慶喜：

大木をばたおしてかけし一橋渡るもこわき徳川のすえ

二つ箸持つとて喰えぬ世の中に一つ橋でも喰えなかるらん

（大樹砍下做一橋，德川之後惶恐渡之

持二筷皆無奈之世，憑一橋應亦然）

二、最後的將軍

慶喜最後還是接受繼承德川宗家，但是對於繼任征夷大將軍卻遲遲不點頭。任誰都能看出此時繼承將軍將會面臨到諸多困局，光是如何重振征討長州失敗後幕府的威望即是一個天大難題，因此慶喜的遲疑並不令人意外。

既然慶喜透過朝廷下達停戰敕命，勢必得派人和長州締結停戰協定。派去的人除要有視死如歸（很有可能遭長州藩士殺害）的意念、巧舌如簧的口才、對長州而言也要有一定的知名度外，還得是萬一遭到殺害對慶喜也不會感到可惜的人。在慶喜側近原市之進的建議下，適合前往的人選只有勝海舟。

勝也知道此行前去長州與羊入虎口無異，雖是百般不願，但既是德川宗家交代的任務，身為幕府旗本且此時又擔任軍艦奉行的勝自無拒絕之理。八月十七日勝隻身一人來到大坂，十九日乘船前往藝州，廿一日抵達廣島。勝對藝州藩家老辻將曹（維新回天後改名維岳）提出要求，請求與長州藩的代表會面、針對停戰一事進行談判。辻家老如實將勝的來意轉達長州，長州反而對勝的來意抱持懷疑，以至於停戰的談判拖延些許時日。

九月二日，勝海舟與長州藩士廣澤兵助（當時擔任政務役）、井上聞多、太田市之進（維新回天後改名御堀耕助）、長松幹（維新回天後改名文仲）等人在日本三景之一的宮島進行停戰相關的會談。勝先以樸質的服飾和滑稽的動作化解長州人的心防，讓他們相信眼前這個人的確是心懷誠意要與他們談判停戰。四境戰爭長州乍看之下皆取得勝利（藝州口之戰算是打平），不過長州在戰爭中也蒙受不小損失，並非戲劇中描述的幾近毫髮無傷的程度。幕府固然無力再戰，長州又何嘗能繼續追擊？因此雙方約定各自撤兵結束大島口、藝州口、石州口、小倉口等地的戰爭。勝對待長州以不擺架子、開誠布公的誠心（這是當時幕府高官最欠缺的特點）贏得長州人的好感，順利完成使命。九月十日勝返回大坂，十二日前往京都向慶喜覆命。

慶喜繼承德川宗家雖有天皇、中川宮、二條關白的支持，相對的，公卿當中也有反對慶喜的勢力，而且反慶喜的勢力正在抬頭。此舉與薩長盟約有關，薩長盟約第二條和第四條分別提到「如果長州握有勝算，薩摩應盡力向朝廷施壓，使朝廷出面調停，將事態導向對長州有利。」及「集結京坂的幕兵東歸時，薩摩應盡力向朝廷澄清長州的冤罪。」薩摩藩見長州在征長之役擊敗各路征長軍，已符合薩長盟約內容的條件，因此向厭惡慶喜的公卿運作。不過，與其說薩摩藩向大原重德、中御門經之等厭惡慶喜的公卿運作，倒不如說是透過隱居在洛北岩倉村的岩倉具視運作。在岩倉的聯繫下，八月三十日共有廿二名公卿「列參」，要求立即解散征長軍以及罷免支持慶喜的中川宮和二條關白。眼看中川宮和二條關白將在「鵺[1]卿」大原重德的威逼下辭職，天皇突然出聲力挺中川宮和二條關白，痛斥大原過於粗暴，也表明支持慶喜的立場。

天皇的表態使得「廷臣廿二卿列參事件」以失敗收場，首謀大原重德、中御門經之及正親町三條實愛三卿被處以追放、閉門的處分。表面上看來欲履行薩長盟約內容的薩摩藩敗在堅定意志的天皇及受其支持的慶喜之下，不過薩摩最大的收穫在於得知在野有一位極具才幹的公卿，他的膽略與決斷力不輸給任何一位堂上公卿。有此一新發現之後，薩摩——尤其是大久保利通——積極地與岩倉具視接觸，隱居在洛北岩倉村多年的岩倉具視終於在薩摩藩的頻繁接觸下，登上維新回天的舞台——不久之後以某一政治事件發生為契機得以實現。不僅如此，一年多後的「王政復古大號令」更是岩倉與薩摩藩——主要是西鄉和大久保——攜手合作的成果。

九月廿三日舉行家茂的葬禮，家茂的遺體運往芝增上寺（東京都港區芝公園四丁目），諡號

1　鵺：日本傳說中的妖怪，有猴子的面貌、貍的身軀、虎的四肢及蛇的尾巴，《平家物語》源三位賴政曾搭弓射殺一隻盤踞在清涼殿的鵺。因大原家血脈承襲源氏，故大原重德有「鵺卿」之稱。

為昭德院。大奧中一些資深的女中有八年前送別溫恭院（德川家定）的經歷，當時沉浸在送別壯年將軍的哀傷中，沒想到此次送別的將軍更為年輕、也更有為，不過大奧女中依規定只能送到吹上門（江戶城西丸南側的門，外櫻田門東側）。

葬禮辦完後離將軍去世已超過二個月，第十五代將軍仍未產生，其實任誰來看都明白下任將軍非已繼承德川宗家的德川慶喜莫屬，既是如此，為何慶喜遲遲不願繼任將軍呢？慶喜自然也知道在通往將軍的路上他是沒有對手的，唯一具備資格的田安龜之助並不構成威脅，在此之前只要能繼承德川宗家基本上天皇及諸藩都會予以支持。然而慶喜面臨的政局似乎更需要天皇及諸藩的支持，特別是若無天皇的支持，將軍的地位將會變得為難，慶喜繼承德川宗家而不願繼承將軍的原因也在於此。

在「廷臣廿二卿列參事件」中天皇表態力挺慶喜，十月十六日慶喜參內發現朝廷已用將軍的規格來對待他，即便如此慶喜還是不願立即繼任將軍，看在松平春嶽的眼裡批評慶喜是：

「故作姿態！」

十二月廿八日天皇宣稱一切政務委任新將軍，庶政委任體制（參照第十一章第八節）不會因為新將軍的繼任而有所改變。

「就是這個！」

慶喜在垂手可得的將軍位置上欲拒還迎四個多月，無非在等待天皇做出庶政委任的承諾，如今天皇公開宣稱不會改變庶政委任體制，再不繼任將軍反而會招致怨恨。十二月五日朝廷敘任慶喜為正二位權大納言兼右近衛大將、源氏長者和淳和．奬學兩院別當以及征夷大將軍，這是日本史上最後一任征夷大將軍。諷刺的是，慶喜只在這覬覦已久的征夷大將軍之位上在位一年，是江戶幕府最短命的將軍。

三、孝明天皇崩御

透過筆者在前節的敘述可知慶喜之所以願意繼任將軍，與天皇的力挺支持息息相關。在慶喜還是將軍後見職的時候，天皇或許頗有微詞，但一旦慶喜繼承德川宗家並成為下任將軍的候選人，天皇的態度也隨之改變。讀者可能會覺得天皇的態度反反覆覆，一下子厭惡慶喜，一下子又支持慶喜，朝令夕改的程度與慶喜無異。這種看法並不完全正確，天皇並非支持慶喜，他支持的是幕府體制，不管誰出任將軍都一概委任庶政予以支持。從這個角度看天皇，便不難理解何以天皇厭惡幕府開國、開港，卻始終沒有倒幕的念頭，而對於主張攘夷的長州等攘夷派卻深痛欲絕。

慶喜的權力基礎可說是來自天皇的信任，因為天皇不贊同倒幕，只要天皇一息尚存，倒幕的議題就很難在朝議上達成共識。儘管有薩長同盟為後盾，然而出兵倒幕必須師出有名，天皇把庶政委任將軍表示幕府是合法存在的政權，薩長要推翻天皇委任庶政的合法政權很難得到其他大名的奧援。然而要扭轉這一劣勢倒也不是沒有辦法，扭轉政局的奇蹟發生在慶喜正式繼任征夷大將軍後的廿日——慶應二年十二月廿五日孝明天皇崩御。

天保二（一八三一）年六月十四日出生的孝明天皇，是前代仁孝天皇第四皇子，幼稱熙宮，名諱統仁。仁孝天皇眾多的皇子皇女中只有第四皇子、第三皇女淑子內親王、第八皇女親子內親王活到成年，這部分筆者已在第六章第二節提過。黑船到來之前的弘化三（一八四六）年二月十三日即位，此時天皇才十六歲（實歲則為十四歲六個月），因年紀尚幼，由當時的太政大臣．

關白鷹司政通以准攝政身分輔佐天皇。

從弘化三年即位以來至今已超過二十年，儘管是極為漫長的時間，不過天皇還相當年輕（不到四十歲）。雖然天皇的身體不算強健，卻也還不到大病纏身的地步，應該沒人想到天皇會在不到四十歲年紀的慶應二年結束前崩御。

慶應二年十二月十一日天皇的健康突然出現問題，這一天宮中內侍所舉行臨時性的神樂[2]，天皇在神事前進行沐浴，冗長的神事結束後已是當晚夜四時半。隔天天皇身體發熱，十四日典藥寮[3]診斷認為天皇很有可能罹患痘瘡（天花），隨著典藥寮再召集民間醫師會診，以天皇身上的症狀判斷後，證實天皇的確罹患痘瘡。十七日武家傳奏野宮定功、飛鳥井雅典對外發布天皇罹病的消息，消息一傳出，七社七寺[4]為天皇痊癒進行祈禱，公卿、將軍以及京都守護職、京都所司代紛紛參內探病。

2 神樂：神道舉行神事向諸神獻祭的歌舞。
3 典藥寮：律令制制定的機關之一，隸屬於宮內省，司掌醫療、調藥等職責。
4 七社七寺：近代以前遇上天災異變皇室祈願的對象。七社為伊勢神宮、石清水八幡宮、賀茂神社、松尾大社、平野神社、伏見稻荷大社、春日大社；七寺為仁和寺、東大寺、興福寺、延曆寺、園城寺、東寺、廣隆寺。

依典藥寮《御容態書》的診斷記載，天皇的症狀在十九日進入丘疹期，廿一日進入水疱期，廿三日轉為膿疱期。有不少患者在膿疱期後病情逐漸穩定好轉，天皇似乎也是如此。可是廿四日夜起天皇病情急轉直下，出現多痰、容易疲勞、脈象微弱等症狀，廿五日病情依舊沒有好轉，同日限制探病對象，當日夜四時半天皇崩御，享年三十六歲。

從《御容態書》的記載來看，天皇的病狀幾乎與天花的潛伏期和症狀一致，可以確認天皇死於惡性出血型天花。然而進入慶應三年後，卻傳出天皇遭到毒殺的說法，這種說法的流傳可能與中山大納言忠能的日記內容流出有關。中山大納言慶應二年十二月廿五日的日記記載：

> ……七竅出血，實為恐怖。……此前的天花並未節為實疱，而是呈現惡性毒斑。由此可見，御體甚為可疑，……且廿五日，敏宮(淑子內親王)雖被禁止參內，卻強行闖入，實乃一大怪事。其後將出現何等詭計，實難預料，然世人皆已憂心忡忡。……

中山大納言如實地說出天皇病體的症狀，然而他也是廿五日被限制探病的對象之一，因此日記中記載的內容其實是透過一位局(大納言之女中山慶子)的描述所記載。透過轉述記載的內容在很大程度上會失真，中山大納言的日記內容可否視為真實頗令人質疑。謠言往往會比真實散布得更快更廣，一開始只是中山大納言對天皇崩御的原因感到可疑，到後來變成天皇疑似遭到毒殺，下手毒殺的是公卿中最具謀略的岩倉具視。

岩倉在天皇崩御的隔日似乎已知道消息，在朝廷尚未對外正式公布便能先知道內幕，證明岩倉的情報網已伸入御所，他在這天寫給友人的信裡提及：

今朝聽聞主上崩御，仰天恐愕，實不知所言。天要亡皇國乎！臣極為血泣嗚號，無量至極，……

開場白先是一陣嗚呼哀嘆，然後又繼續寫道：

臣願竭盡全力向主上進言建白，全力投身於建設新國家，但如今皆已隨主上崩御而成畫餅，此乃千世萬代之遺憾。……

信裡充滿無法為新國家盡心盡力的遺憾，從這封信件可看出岩倉在天皇崩御前已有建立以天皇為中心的新國家之構想，只是從信件裡看不出具體的內容。不過佐佐木克教授指出，岩倉曾在慶應二年五月寫過一紙名為《全國合同策密奏書》的國事意見書（現收入《岩倉具視關係文書》），岩倉在該意見書裡提到：

> 天皇將國內的混亂都視為自己的罪過，願在神前謝罪，發誓讓政治煥然一新。以率直的姿態表明決心，喚起天下臣民的感動，舉國一致構建天皇萬機親裁體制。……

從《全國合同策密奏書》可看出天皇在岩倉的構想裡佔有極為關鍵的地位，亦即岩倉勢必要借助天皇的權威才有可能做到。從筆者的引文來看，岩倉毒殺天皇的動機可說是極其薄弱。此外，當時岩倉是以隱居的身分躬耕在洛北岩倉村，岩倉村與御所的距離雖不算遠，但無官無位的岩倉根本無法進入御所，遑論毒殺？

天皇雖然崩御，岩倉的構想並未因而中斷，慶應四年三月十四日祐宮睦仁親王（下一節將會提到）在御所紫宸殿[5]向天地神祇宣誓，由時任議定兼副總裁的三條實美代為宣讀有名的《五條御誓文》即是岩倉構想的再次上演。

四、祐宮睦仁親王

孝明天皇一共與四位女子生下二男四女，分別是女御[6]九條夙子（明治時代尊稱為英照皇太后）、典侍[7]坊城伸子（坊城俊克之女）、中山慶子、堀河紀子（岩倉具視之妹）。當中只有中山慶子生下的第二皇子祐宮睦仁親王活到成年，皇位的繼承勢必落在祐宮身上，此時祐宮年為十五歲（實歲為十四歲三個月），尚未元服，故以祐宮稱之。

祐宮出生後到五歲為止都住在生母娘家中山家的宅邸，萬延元年祐宮九歲時被立為儲君，成為准后（准三宮）九條夙子的養子，同年親王宣下，祐宮被命名為睦仁親王。由於祐宮是天皇

5 紫宸殿：平安京內裏正殿，即位、朝賀、節會及朝廷政務、儀式之處所。
6 女御：後宮身分之一，次於皇后、中宮。
7 典侍：後宮內侍司的次官，次於尚侍，定額四名，多從大納言、中納言的女兒中選出。

唯一存活的皇子，天皇對祐宮當然有極大的期待，在立為儲君之前讓祐宮跟隨有栖川宮幟仁親王（帥宮生父，有栖川流書道集大成者）學習書道，由明經博士伏原宣明（出身公卿家格最低的半家，屬清原氏的庶流，家業為明經道）教導祐宮讀書，祐宮最初讀的書是《孝經》，接著依序為《中庸》、《大學》等儒家典籍。因為天皇喜愛吟詠和歌，也在祐宮日課之餘教導和歌，到後來天皇出題、祐宮吟詠和歌、天皇針對祐宮和歌的文字予以修改成為日常習慣。祐宮（後來的明治天皇）一生據說有多達九萬多首御製，顯然是從幼年起接受父親嚴格訓練打下的根基。

在封建時代女人的地位往往視其能否生下繼承人而決定，所以才有「母以子貴」這樣的俗諺。不過「母以子貴」並不適用在祐宮生母中山慶子身上，依《明治大帝》一書的作者飛鳥井雅道所載，「中山慶子一生都是『局』，即臣下，沒有給她天皇之母的待遇。」

慶應三年一月九日祐宮踐祚，因為祐宮年幼，二條齊敬從關白轉為攝政（日本史上最後的攝政），左、右、內三大臣均未變動（分別為二條齊敬、德大寺公純、近衛忠房），年號也未更動，繼續沿用慶應（直到慶應四年九月八日才改元明治）。同時進行大赦，除位在太宰府五卿和包含岩倉具視在內的四奸外，所有文久．元治年間遭到流放的公卿一律赦免，而將岩倉等四奸與太宰府五卿視為同等罪行而不予以赦免，或許是出自二條攝政的主使，不過儘管岩倉未被赦免，但由於有薩摩藩的接濟，岩倉的生計比過去數年有所改善。

在不到半年的時間內將軍和天皇相繼英年早逝，難免讓人有遭到毒殺的想法。的確，在科學技術不發達的幕末時期，毒殺是解釋這種不尋常現象的最好解答，但是在科學技術發達的今日，毒殺的說法已被種種科學技術破除。與其圍繞在將軍和天皇是否遭到毒殺，不如轉移焦點、關注在繼任的將軍和天皇身上，新將軍和新天皇對政局的影響，這點筆者將在下下章進行敘述。

下一章再將焦點轉移到龍馬身上，將談及龍馬及龜山社中的轉變過程、龜山社中改組後遇到的新挑戰，以及龍馬提出建立新國家體制基本方針的《船中八策》。

第十七章

船中八策

一、清風亭會談

四境戰爭結束後，聯合號讓渡長州，早先透過小松帶刀購買的懷爾韋夫號也在五島列島遇上暴風雨沉船。龍馬以及龜山社中社員雖參與小倉口海戰，但畢竟不是做生意，儘管四境戰爭長州獲勝，對龍馬及龜山社中而言卻是兩手空空，一無所獲，再次回復到先前沒有船也沒有錢的窘境。儘管沒有收入，龜山社中二十餘名隊員的開銷也頗為驚人，而且當初成立龜山社中時規定隊員每個月可以領到薪資，每個月固定的薪資及開銷讓龍馬頭痛不已。

危機往往也是轉機，當龍馬無力負擔龜山社中的支出時，一位名叫溝淵廣之丞的土佐藩士找上門來，原來在四境戰爭後土佐藩對待幕府的態度也有所改變。土佐藩山內家在關原之戰後得到德川家康的厚賞，取代長宗我部氏成為土佐一國的主人。如此破格提拔之舉讓歷代山內家藩主及上士感恩戴德，秉持佐幕立場打壓藩內不同的聲音。四境戰爭前夕，土佐藩因為種種因素未能動員參戰，不過基於向幕府示好的傳統立場，土佐藩的家老勸諫正室來自毛利家的年輕藩主山內豐範，讓正室俊姬（第十代長州藩主毛利齊熙孫女、以毛利敬親養女身分出嫁）移居到高知城外，以這種方式表達對幕府的忠心，並且親自修書向幕府請示後續該如何處置。

俊姬的遭遇讓人聯想到本能寺之變後的明智玉子，身為叛變者明智光秀之女只得無奈接受將近二年幽禁的命運。土佐家老認為在將軍親征下諸藩聯軍定能擊潰長州，若長州因此滅亡，對於幕府重振聲望必有加分之效，如此一來以實際行動響應幕府的土佐，應可起到與當年藩祖山內一豐在小山評定[1]提出將居城掛川城任由德川家康使用的同樣效果。

然而，四境戰爭的結果大出意料，不僅折損第十四代將軍，連帶也賠上幕府的威望。土佐

1　小山評定：德川家康征討會津上杉氏期間得知石田三成舉兵的消息，在此召開評定，結果諸將一致贊同大軍折回與石田三成決戰。

藩的狼狽不下於幕府，家老帶領眾上士來到高知城外向俊姬賠罪，迎接俊姬回城。幕府敗北的消息傳來，雖然部分土佐上士依舊冥頑不靈，不過容堂身邊年輕的上士明顯感受到時代的轉變，認為土佐即便不與幕府斷絕關係，也應該積極與薩長建立深厚的友誼，乾退助、後藤象二郎、佐佐木三四郎（維新回天後改名高行）、谷守部（維新回天後改名干城）等土佐上士莫不抱持這樣的想法。

上述這些上士儘管在土佐藩內呼風喚雨，然而一旦離開土佐就幾乎沒什麼人認識他們。土佐藩士中具有廣泛知名度的多半集中在鄉士階層，首推已死去的武市半平太，半平太死後則屬龍馬和中岡慎太郎。連跟在龍馬身邊的龜山社中成員如千屋寅之助、長岡謙吉、高松太郎、中島作太郎等人在諸藩——尤其是薩長——之間的名氣都比這些土佐上士來得大。

吉田東洋的姪子後藤象二郎自元治元（一八六四）年起被容堂任命為土佐藩參政，大致說來後藤的性格與其叔父都有堅強的執行力與意志力，而後藤較其叔父更為開明樂觀，更能看清時勢、把握時機。慶應年間後藤曾出使過薩長二藩，見識到薩長藩政改革導致國力強大，也見識到接受新式訓練的薩長藩兵。後藤返回土佐後也建議容堂應該購買近代武器、施以西式軍隊訓練，土佐才不至於被時代巨輪淘汰。然而後藤提議改革卻在土佐上士間造成巨大衝擊：

「老公和參政是把我們上士當成足輕[2]看待嗎？」

象二郎能夠放膽推動改革是出於容堂對他有著無可動搖的信任，但是面臨憤怒的上士，容堂不得不出面安撫：

「你暫時到長崎避避風頭，順便為藩物色一些船隻，過一陣子再回來吧！」

象二郎性格上雖有較其叔父開明的部分，卻也有不如之處，對金錢毫無節制是其致命的缺點。他帶著大量的藩金和屬下前往長崎，包下當地最大的酒樓飲酒作樂數日。為誇耀土佐藩的富有，他也不考慮實際需求與價格，逕自向包含哥拉巴在內的外國商人訂購船隻和槍砲，讓財富不能與薩長相提並論的土佐藩負債。

象二郎雖也有如上所述的缺點，其果斷樂觀的性格卻吸引住英國公使巴夏禮，薩道義在《明治維新親歷記》是如此形容象二郎：

2 足輕：以兵種而言屬於步兵，以身份而言介於武士和平民之間，類似鄉士。

……事實上我也是這麼認為。後藤是我們見過的日本人中最為聰明的人物之一，巴夏禮公使相當讚賞他。就我個人來看，日本人中大概只有西鄉一人勝他一籌。……

象二郎在長崎揮霍的傳聞很快傳回土佐，保守的上士聽了幾乎要從眼睛裡噴出火焰：

「為了土佐，一定要殺死後藤！」

容堂可以像捏死螻蟻般處死包含武市半平太在內的土佐鄉士，卻一再包庇象二郎，讓他以考察的名義離開土佐，前往清國的上海。筆者認為象二郎在上海多半只是走馬看花，他不了解的事物遠比他能理解的還要多。即便如此，長崎和上海兩次見聞為象二郎開啟另一扇世界，尤其象二郎在長崎經常聽人談及坂本龍馬的名字，儼然是該地名氣最大的土佐人。龍馬這個名字對象二郎而言並不陌生——這是他與容堂不同之處，龍馬在長崎的名氣愈大，象二郎愈是認為有必要與他結識(說是利用更為貼切)。

因此他命與龍馬有深交的溝淵廣之丞先打探龍馬的口風，看看雙方是否有合作的可能。對龍馬而言和象二郎見面有其必要，若能讓象二郎投注資金在龜山社中上，龜山社中成員的薪資及未來社中的發展便能有固定的著落。不過當龍馬將自己的決定告訴龜山社中成員時，不僅土佐脫藩浪士反對，連陸奧陽之助這位與土佐毫無關聯的浪士也頗有微詞。

「後藤是殺死武市半平太的兇手，是眾多土佐鄉士死於溝野的元凶，土佐鄉士對他恨之入骨，恨不得能生啖其肉。今日龍馬卻要與他握手言歡，難道對得起死在各地的土佐鄉士嗎？」

不只龜山社中成員反對，據說連龍馬在土佐的姊姊乙女聽到龍馬要和鄉士的死對頭象二郎握手言和也氣到顫抖，寫信寄到長崎痛罵龍馬。不過，儘管龜山社中成員再三勸阻以及乙女的不諒解，龍馬仍堅持要與象二郎和解。慶應三（一八六七）年一月十三日，在土佐藩士溝淵廣之丞、松井周助的引介下，龍馬與象二郎在位於榎津町的清風亭（長崎縣長崎市萬屋町）會面。這可是二百多年來土佐上士和鄉士首次坐在一起用餐，若在平時，鄉士連要見上主導藩政的家老一面都難上加難，何況是同席而坐？

對象二郎而言，龍馬是殺死叔父的仇人（儘管實際上並非如此），可是在清風亭的會談上象二郎從頭到尾都不提此事，而是將話題轉移到雙方合作的具體事項上，龍馬認為這才是大人物應有的器量。進入明治時代的後藤或許離「大人物」這三個字有段距離（特別是明治二十年代），不過在慶應年間稱象二郎為「大人物」確實是當之無愧。

二、岩崎彌太郎

慶應三年四月上旬，龜山社中改名「海援隊」，由龍馬擔任海援隊隊長，他再度脫藩的罪狀也在象二郎的斡旋下得到赦免(改名海援隊的詳細經過請參照第三部)。象二郎原本打算以成為土佐藩的附屬機構為條件，支付龍馬及海援隊隊員薪資，但龍馬之所以甘冒藩的大不韙兩次脫藩正在於不願被藩國的框架所束縛，自無遵從象二郎的盤算之理。

由於象二郎急需龍馬的協助，最後他放棄將海援隊納入土佐藩的念頭，讓海援隊獨立於土佐藩之外，然而若海援隊出現財政吃緊的情況，可依隊長(龍馬)的要求挹注資金。雖然海援隊仍擺脫不掉藩的桎梏，但是對於藩的依賴已減輕到最低程度。相對的，象二郎也不是個可完全任由龍馬擺布的人，他以協助起草《海援隊約規》的名義安插上士福岡藤次進來，福岡藤次即維新後的福岡孝弟，是日後有名的《五條御誓文》起草者之一，他的專長顯然在文采方面，而非監視海援隊，更談不上管理財政。

因此象二郎又安插一個精於算術、貿易但出身低下的人擔任長崎留守居役，由他實質管理海援隊的財務，這個人即是大河劇《龍馬傳》的主角之一岩崎彌太郎。在大河劇《龍馬傳》中劇情設定岩崎彌太郎和龍馬自幼相識，不過筆者在第八章提到過岩崎彌太郎出身土佐地下浪人，受到吉田東洋的賞識，與象二郎、乾退助等上士受教於吉田東洋私設的少林塾，由此看來彌太郎和象二郎的結識早於龍馬。

彌太郎和龍馬的首度見面大概是文久二（一八六二）年龍馬首次脫藩前往大坂時，當時被任命為下橫目的彌太郎與同僚井上佐一郎尾隨在後一路追到大坂來。不過彌太郎根本不是獲得北辰一刀流免許皆傳資格之龍馬的對手，知道自己在劍術上的造詣不可能超越龍馬的彌太郎索性辭去官職，改拾算盤做起商人。至於彌太郎的同伴井上佐一郎仍執拗地追捕龍馬，最終成為幕末四大人斬之一岡田以藏的刀下亡魂。

《龍馬傳》裡的岩崎彌太郎曾說過只有吉田東洋看出他的價值，可是吉田東洋對彌太郎的賞識僅止於讓彌太郎進入少林塾，並提拔他為下橫目的程度，這種程度的提拔也見於前述彌太郎的同僚井上佐一郎。筆者認為真正能看出彌太郎不凡價值的人是後藤象二郎，將地下浪人出身的彌太郎搖身變成土佐藩二百餘年來從未有過的長崎留守居役，可看出象二郎的識人之明。不僅如此，象二郎進入明治時代後還將長女早苗子嫁給彌太郎之弟——日後的第二代三菱總帥——彌之助，與岩崎家結為姻親，兩人生下的長男即是三菱第四代總帥小彌太。

筆者再列舉兩件關於象二郎和彌太郎的軼事，讓讀者瞭解這兩人吧！前文提到象二郎在長崎避風頭期間大肆採購船隻和槍彈，數量之多、金額之大已到土佐藩難以負荷的程度，當上長崎留守居役後的彌太郎看到帳冊幾乎快昏倒了。維新回天後土佐藩負債始終居高不下，缺乏生意頭腦的象二郎在明治四(一八七一)年廢藩置縣後找來彌太郎，以命令的口吻要彌太郎繼承土佐藩的藩債，作為代價把三艘船隻連同當時成立的九十九商會(前身為土佐開成社)一起送給彌太郎。

彌太郎將九十九商會改名三川商會(到明治八年止陸續改名三菱商會、三菱蒸汽船會社、郵便汽船三菱會社)，儘管名稱一改再改，彌太郎的資本依舊只有從象二郎那裡繼承過來的三艘船隻以及龐大的藩債。後來彌太郎利用出兵台灣(牡丹社事件)的契機不只還清藩債，還開始累積三菱財團的財富。

象二郎在征韓論爭下野後的明治七年，召集幕府時代的大名上杉氏、蜂須賀氏，以及若干士族和關西商人共組商社[3]蓬萊社。象二郎在該年十一月以近五十五萬元的價格響應太政官推動的「殖產興業」政策，從政府接手高島炭坑（長崎縣長崎市高島，二〇一五年被列入世界文化遺產），另外經營範圍還觸及海運業、製紙業、製糖業等領域。象二郎的目標高遠，可是放在明治初年顯得曲高和寡，加上他豪奢揮霍的性格，蓬萊社成立不到三年面臨倒閉危機，只得將手上的資產脫手。

以近五十五萬元購入的高島炭坑是蓬萊社最值錢的資產，但也因為價格高昂反而成為難以脫手的「累贅」，無可奈何之下象二郎只得再找上彌太郎，彌太郎故意裝作不感興趣，遲至明治十四年才以低於行情的價格購入。在岩崎彌太郎以及後繼者岩崎彌之助的海運事業還未能撐起三菱王國的一片天之前，年產約十一萬噸煤礦的高島炭坑可說是彌太郎的金雞母。一樣的高島炭坑在象二郎和彌太郎兩人身上有著不同的經濟效益，從筆者舉出的兩個例子讀者應能看出兩者的差別。

綜合本節所述，彌太郎和龍馬雖早在文久二年便照面過，但當時處於敵對狀態而未有深入

3 商社：以輸出入貿易及在國內販售物資為主要業務的會社。

的接觸。兩人再次碰面是慶應三年四月龜山社中改組為海援隊之後，彌太郎雖貴為土佐藩的長崎留守居役，但龍馬並不是一個會懾服於官威的人，這點從龍馬兩次脫藩即可看出，在下一節將要介紹的「伊呂波丸事件」更是如此。

三、伊呂波丸事件始末

筆者在多年前有幸受邀為司馬遼太郎的鉅著《龍馬行》繁體中文版撰寫推薦序，當時曾提及以下這則與龍馬有關的逸話：

龍馬某次和同屬土佐勤王黨的志士檜垣清治碰面，檜垣腰上插的是當時大多數武士配戴的長刀（太刀），龍馬卻反其道而行配戴短刀（脇差）。檜垣清治問其理由，龍馬回答：「實戰時短刀較占上風。」一陣子後，兩人又見面了，檜垣清治將新配戴的短刀拿給龍馬看，龍馬卻說道：「刀已經是過時的東西了，從今以後需要的是這個。」說完從懷裡拿出一把短槍。又過了一陣子，兩人再度碰頭，檜垣清治很得意的將費盡心力才到手的短槍拿給龍馬看，這次龍馬卻從懷裡拿出一本名為《萬國公法》（*The Law of Nations*，Henry Wheaton 著，又稱《國際法》）說道：「從今以後必須認識這個世界，因此需要這個。」

當時筆者寫道「是一則與龍馬有關的虛構逸話」，不過逸話中提及的脇差、短槍、《萬國公法》確實曾在龍馬的生涯中前後出現，或許是這則逸話讓人信以為真的原因。

四境戰爭後的慶應二年八月，龍馬與位在四國伊予的大洲藩士國島六左衛門洽談購買蒸汽船的事宜，龍馬透過薩摩藩士五代才助的仲介向荷蘭商人購買一艘排水量一百六十噸的蒸汽船。船籍登記在龜山社中名下，但船長為國島六左衛門，再由大洲藩租借給龜山社中，每次航行向社中收取五百兩的租金。伊予大洲藩是個石高六萬三千石的外樣大名，令人意外的是藩論採取佐幕的立場，因此國島六左衛門購買蒸汽船的經過被藩內佐幕派藩士得知後，以與討幕派及異國人士私通為由於該年十二月被藩主下令在長崎切腹，享年三十八歲。

慶應三年四月，國島購買的船隻進入長崎，龍馬命名為「伊呂波丸」。在日文裡「伊呂波」

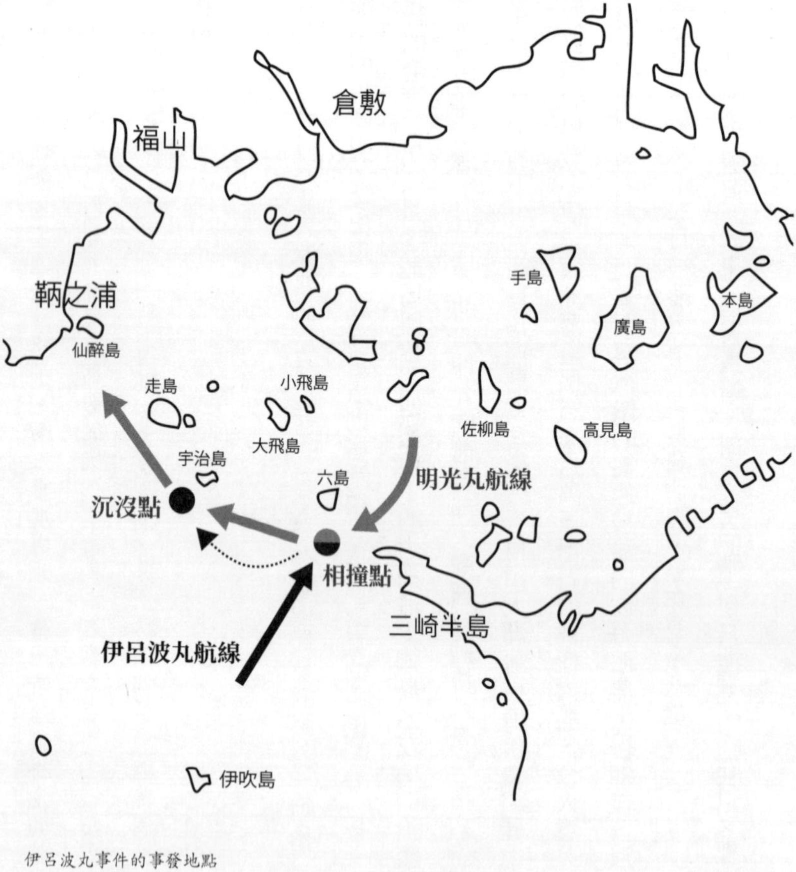

伊呂波丸事件的事發地點

是日文假名前三個字母的發音，有表示事情開始之意，龍馬將蒸汽船命名伊呂波丸，顯然有著以此艘船作為海援隊貿易事業開端的寓意。

四月十九日，伊呂波丸裝載四千挺米尼葉槍枝、價值三萬五千六百三十兩的銃火器和四萬七千八百九十六兩一百九十八文的金塊（依據二〇〇六年打撈的結果，並未發現龍馬所說的銃火器及金塊）從長崎出發進行處女航，航經瀨戶內海，目的地為大坂。船長雖為已故的國島六左衛門，但船上從大副到一般水手皆為海援隊士，而且船籍也登記在海援隊名下，因此龍馬升上紅白紅的海援隊旗作為船旗，對龍馬而言此次航行不僅是運送槍砲彈藥，同時也讓對於船隻操作不熟練的海援隊士有實際操作的機會。伊呂波丸於四月廿日通過下關海峽，正式進入潮差顯著的瀨戶內海。

四月廿三日白天伊呂波丸才剛通過瀨戶內海潮差最大（超過二米）的燧攤（香川縣莊內半島和愛媛縣高繩半島間的海域），夜裡來到宇治島（藝予諸島最東側，屬廣島縣福山市）、大飛島、六島（以上皆為岡山縣笠岡市）附近。起霧的夜間使得海面看來一片朦朧。龍馬對照航海圖發現即將進入鹽飽諸島，這一帶到小豆島（瀨戶內海僅次於淡路島的第二大島，屬香川縣小豆郡）是暗礁多的危險海域，在濃霧瀰漫的夜間更須提高警覺。

「危險！」

夜四時半左右，霧氣氤氳的海面上一巨大黑影迎面而來，伊呂波丸的水手拚命將船舵打往左邊，伊呂波丸右舷腹仍被一艘體積為伊呂波丸數倍的船艦撞上。劇烈的撞擊讓伊呂波丸的蒸汽機關室破裂，船身也因撞擊力道而嚴重傾斜，沉船看來只是時間的問題，逃命雖不成問題，船上的貨物無論如何也難以搶救，只能眼睜睜看著沉到海底。

撞上伊呂波丸的船隻發現龍馬等人後拋下繩梯，龍馬示意海援隊士登上繩梯、到對方船隻的甲板上休息。

上船後龍馬才知原來撞沉伊呂波丸的是紀州藩耗費十五萬五千美金、於文久元年向哥拉巴購買的明光丸，明光丸有一百五十四馬力，排水量為八百八十七噸，體積幾為伊呂波丸五倍。龍馬上到明光丸甲板後發現只有舵手掌舵，船長以下的人都不見蹤影，連船隻碰撞這等大事也未出來察看。

「身為御三家就可以如此傲慢嗎？」

龍馬要舵手到船艙去叫船長出來以釐清雙方的肇事責任，看到姍姍來遲的船長龍馬內心不覺有氣。

「御三家的付家老、家臣以及幕府旗本都是一個樣。」

明光丸船長為高柳楠之助(名致知),是御三家之一的紀州藩付家老,早年跟隨佐賀藩出身的蘭學者伊東玄朴(曾任幕府奧醫師)學習蘭學和醫學,之後轉往箱館學習洋學及航海術,專精與否且先不管,光是這樣的經歷在幕末時期很難不出人頭地。

龍馬和高柳互報名號後,龍馬除要求高柳救人外,還要求明光丸拋出纜繩綁住即將沉沒的伊呂波丸,但被高柳拒絕,於是得來不易的伊呂波丸在其處女航一半航程都不到的情況下永眠於瀨戶內海海底。

「先是懷爾韋夫號遇上暴風沉沒,接著四境戰爭結束後聯合號成為長州藩的乙丑丸,現在連伊呂波丸也……難道我命中注定無法擁有自己的船隻嗎?」

既然伊呂波丸已經沉沒,龍馬希望跟高柳談索賠的問題,但高柳卻以明光丸前往長崎為由要龍馬等人坐上明光丸前往長崎協議。高柳內心的盤或許是:

「到了長崎我就逕自返回紀州，堂堂紀州藩付家老豈能與一介藩士坐下來協議？」

明光丸此次前往長崎其實是要解決與外國商人之間的貿易糾紛，因此隨行在船上有御勘定奉行茂田一次郎、奧御祐筆（相當於書記）山本弘太郎、御勝手組頭（相當於會計）清水伴右衛門、御仕入頭（相當於採買）速水秀十郎等紀州藩官員。這些官員以及高柳都堅決不向龍馬低頭，自小倉口海戰結束到改組海援隊這段期間，龍馬在海援隊英語最流利的隊士長岡謙吉的協助下幾乎讀完整本《萬國公法》，知道發生海難時在事故現場解決問題乃是常識。眼見紀州官員如此傲慢，拔出刀來恫嚇說若不遵守《萬國公法》，自己會在明光丸上殺死他們，然後自己再切腹。

紀州藩官員只好向龍馬低頭，把明光丸駛向最近的港口鞆之浦（廣島縣福山市）。鞆之浦約位於瀨戶內海的中央位置，自古以來即是瀨戶內海知名的待潮之港（潮起時東起紀伊水道、西從豐後水道的海水流向鞆之浦；潮落時則從鞆之浦流向各方），幕府時代鞆之浦隸屬備後福山藩的領地。

龍馬一行三十餘人憑藉隊士之一小曾根英四郎的私交，暫時在鞆之浦經營迴船問屋的　屋清左衛門的宅邸（廣島縣福山市鞆町，現為伊呂波丸展示館）住下。翌日前往江戶中期（六代到八代將軍在位期間）作為招待朝鮮通信使迎賓館的對潮樓（福山市鞆町），與茂田一次郎等紀州官員進行賠償事宜的談判。紀州官員原本以為才谷梅太郎（龍馬報上假名）是西國某個藩的藩士而有所顧忌，然而等到確定登記的船籍只是一浪人結社的團體後態度立即轉趨強硬，堅決不對龍馬做任何賠償。

在對潮樓一連進行四天談判，龍馬認為錯在紀州藩這邊，堅持不僅要賠償伊呂波丸的費用，還要連帶賠償船上貨物的損失，粗略估計大概是八、九萬兩。如此鉅額的賠償堂堂御三家之一的紀州藩無法接受，不願再與龍馬耗下去的他們於四月廿七日夜晚悄悄登上明光丸前往長崎。

龍馬等待數日才登上一艘暫停在鞆之浦的薩摩藩船隻，由於目的地不同，因此龍馬在下關下船找上木戶準一郎，希望他在能力範圍內於京坂一帶製造紀州藩以權勢欺壓海援隊的輿論。同樣的事龍馬在薩摩藩船上亦寫信通知西鄉，事情交代完後龍馬再搭乘船隻於五月十三日抵達長崎。

十五日，龍馬與紀州藩官員在長崎奉行所主持下於聖福寺（長崎縣長崎市玉園町）針對賠償問題進行論戰。長崎奉行所是幕府在九州設置的最高機構，相當於鎌倉幕府的鎮西探題、室町幕府的九州探題，一旦有事可以指揮九州諸藩（實際上從未發生過）。在龍馬到來前，茂田一次郎早已照會長崎奉行，要他們在判決上做出對紀州藩有利的判決。不過長崎奉行所的官差在龍馬、長岡謙吉以及土佐商會的彌太郎三人滔滔不絕的答辯下失去氣焰，並未做出有利於紀州藩的判決。

不久傳出紀州藩派出刺客暗殺龍馬的傳聞，以台灣閩南語來說是紀州藩「見笑轉生氣」（惱羞成怒）。這個傳聞最初從長崎的遊廓地丸山（長崎市丸山町、寄合町）傳開，龍馬聽到傳聞後神態自若，反過來利用遊廓對外宣傳紀州藩的跋扈。長崎二百多年來是幕府唯一可以對外貿易的城市（換言之亦即獨佔對外貿易），不少居民因地利之便而富有，這裡也是蘭學的發軔之地，即便販夫走卒見識也較其他地方不凡。加上此地屬於幕府天領地，幕府雖設長崎奉行所管理此地，長崎奉行[4]的主要職責為當地民政、司法、船舶，並監視長崎會所及與荷蘭、清國的貿易，走私、偷渡及海防警備，此外對基督徒的彈壓也在長崎奉行職責之內。從以上敘述可知長崎奉行職責之繁雜居遠國奉行[5]之冠，因此長崎奉行心力幾乎都專注在對外貿易、海防警備及基督徒的彈壓上。使得長崎人與日本其他各地相比，有著較為富裕的環境、不凡的見識以及較為自由的氛圍。

由於有上述的特點，因此長崎人普遍傾向龍馬及其海援隊，然而這樣頂多只能對紀州藩帶來壓力，並不足以影響最後的判決結果。適逢當時英國東洋艦隊停泊在長崎港內，龍馬建議當時人在長崎的後藤象二郎透過熟識的哥拉巴，請來東洋艦隊司令官海軍上將亨利．克貝爾爵士(Sir Henry Keppel)做仲裁，讓海援隊與紀州藩的紛爭擴大為土佐藩和紀州藩。

「和象二郎和解還是有其必要。」

當克貝爾爵士同意擔任仲裁的消息傳來，龍馬已有必勝的把握，克貝爾在英國皇家海軍已服務超過四十年，想必遇過不只一次的海難事件，克貝爾多半也是憑藉《萬國公法》解決，若是如此那克貝爾一定也會做出與龍馬一樣的裁決。果不其然，貝克爾於五月廿七日在聖福寺做出紀州藩應賠償伊呂波丸及船上貨物損失的仲裁。

4 長崎奉行：定員二名，由一千石到二千石之間的旗本擔任。

5 遠國奉行：管理江戶以外的幕府天領，以長崎奉行為首，計有長崎、伏見、日光、京都、大坂、堺、山田、佐渡、浦賀、下田、箱館、奈良、神奈川等地。

「贏了！」

不過克貝爾只做出紀州藩應該賠償損失的判決，卻未明確說出賠償金額，對龍馬而言還不算真正的獲勝。紀州藩於次日找來薩摩藩曾留學英國的藩士五代才助，請他估算紀州藩應該賠償的金額，五代才助要求紀州藩不得對他估價的金額有異議，得到茂田一次郎的承諾後才接下這一工作。由於龍馬與五代才助也有私交，因此同意由紀州藩支付八萬三千兩作為和解的金額，伊呂波丸事件終於在六月三日告一段落，事件的判決此後成為日本船隻意外相撞時責任釐清的判例。

慶應三年十一月初，紀州藩和龍馬達成和解，將賠償金額減至七萬兩。

四、高杉晉作去世

龜山社中改組為海援隊前後，長州傳來一件令人哀傷的消息：奇兵隊創辦人高杉晉作在四月十四日病逝。高杉在功山寺舉兵之前已罹患肺癆，長年的酗酒及狎妓加重其病勢，為準備四境戰爭更是讓高杉油盡燈枯，四境戰爭結束後高杉屢屢咳出血痰，到這等程度高杉依舊大口喝酒、四處奔波，該年十二月高杉終於不支倒下。

病倒的高杉前往下關櫻山一個只有四疊半和三疊榻榻米大小兩間房間的居處療養，高杉也知道自己已無病癒的希望，不過他並不坐以待斃，而是試著讓餘生更為精彩。高杉在恩師吉田松陰遭處斬後不久，與家格高過己家的藩士井上平右衛門次女雅結婚，可是高杉和元配聚少離多，生性風流倜儻的高杉到處都有愛上他的女人，其中最受高杉寵愛的是一名出身下關、名為宇野（おうの）的藝妓。高杉在櫻山療養時，身邊只有這位對他愛到近乎崇拜的女人，平時的訪客也只有陸援隊副隊長田中顯助、奇兵隊軍監山縣狂介以及被高杉派人救出的野村望東尼。

病中的高杉經常彈著三味線[6]排遣死亡將至的恐懼。高杉似乎有學習樂器的天分，武家社會嚴禁武士學習三味線，高杉在遊廓與妓女狎戲遊宴之間竟就學會彈奏三味線，不僅學會都都逸[7]，也學會其他低俗的曲調。在櫻山等待死亡降臨到來，經常由高杉彈著、宇野主唱的這首

6 三味線：由琉球傳至日本的弦樂器，是藝妓必學的樂器。

7 都都逸：藝妓在遊宴時以三味線彈唱的曲目，多半以男女戀愛為主題。

都都逸：

三千世界の鴉を殺し、主と朝寝がしてみたい

（真想殺盡三千世界的烏鴉，和您一起睡到日上三竿）

三月，野村望東尼從白石正一郎宅邸前來探視，高杉素來與這位忘年之交的女尼有和歌贈答的往來，得知女尼到來高杉在宇野的攙扶下從床上起身，要宇野備好筆墨在紙上寫下辭世：

面白きこともなき世に面白く

（讓無趣的世界變得有趣）

高杉寫完此句擱筆沉思，與其說想不出字句倒不如說他心力交瘁，再也沒有氣力可以提筆。野村望東尼見狀接過高杉手中的筆，在高杉的句子旁寫下：

住みなすものは心なりけり

（所在之處皆由心）

高杉看完後滿意地點點頭，內心已認可這二句作為他的辭世」。

四月十四日，高杉在正室雅、長男東一、愛妾宇野、野村望東尼、田中顯助、山縣狂介的照看下嚥下最後一口氣，得年廿九歲。十六日高杉葬於下關吉田村清水山（山口縣下關市吉田）奇兵隊本陣，即現今東行庵。靈位則迎回櫻山招魂場（下關市上新地町二丁目），該地現為櫻山神社。宇野當日立即落飾，在高杉養病的櫻山居所種滿高杉生前最愛的梅花，自稱梅處尼，終其一生為高杉守墓，直到明治四十二（一九〇九）年病逝。

《龍馬行》中提到一則高杉晉作與龍馬的逸話，從這則逸話裡不難看出兩人的性格及志向：

某次，龍馬與長州一夥人在下關宿屋裡喝酒。酒酣時有人提起：「如果天下太平了，要如何過日子？」的話題。席間有桂小五郎、井上聞多等人，稍遠之處還有伊藤俊輔、山縣狂介等人，這些人都是日後維新政府的達官顯貴。

龍馬當場說道：「我的話，放下雙刀遠離日本，過著乘船漂洋的日子。」

「那我要怎麼過呢？」高杉搔搔脖子，向龍馬問道。

龍馬隨即說道：「你就靠創作民謠過日子。」

之後，龍馬彈著三味線，高杉唱著自己即興創作的民謠，一片喧鬧。

元治元年晚秋，結婚四年的高杉終於迎來長男東一的誕生，新生命的到來理應是夫妻最感到高興之事，不過高杉因為長男的降臨而對即將發起的功山寺舉兵有所動搖，換成其他人應該也會如此。但是高杉是與眾不同的人物，是個要做大事的人，豈能因為私人情感而動搖信念以致貽誤大事？為了摒除雜念，高杉寫下一首名為〈題焦心錄後〉的漢詩以明心志：

內憂外患破吾州，正是存亡危急秋。

唯為邦君為家國，焦心碎骨又何愁？

中岡慎太郎對高杉的死惋惜地說道：

「高杉東行(晉作)有膽略，臨兵不惑，見機以動，以出奇勝人，亦是洛西一奇才。」

明治四十二年，已當過四任內閣總理大臣並擁有包括公爵、元老、樞密院議長、貴族院議長、韓國統監、立憲政友會總裁等無數頭銜於一身的伊藤博文，先是在同年五月廿六日前往京都靈山護國神社祭拜木戶的墓。接著在九月辭去韓國統監準備前往滿州的空檔中，特地撥冗到東行庵撰寫高杉的顯彰碑。身為明治聖上最信任的人臣，想起四十餘年前尊木戶、高杉為老大哥的那段日子裡，伊藤內心想必有著極大的感觸，於是在彰顯碑碑文開頭寫下：

動けば雷電の如く、発すれば風雨の如し。衆目駭然として敢えて正視するものなし、これ我が東行高杉君に否ずや。……

(動如雷電，發如風雨，眾目駭然莫敢逼視，此非我高杉東行君乎？……)

平成十(一九九八)年二月，下關市政府亦在東行庵立起已故作家司馬遼太郎在《街道紀行》寫下的文句作為文學碑：

長州は奇兵隊の国である

（長州是奇兵隊之國）

龍馬在長崎與紀州藩正與伊呂波丸事件進行賠償談判時，才從長州人口中聽到高杉病逝的消息，不覺難過地落下淚來。

五、提出《船中八策》

伊呂波丸事件直到六月初才算告一段落，龍馬和象二郎正想好好休息一番，紓解這一個半月來圍繞在紀州藩賠償的攻防壓力，此時象二郎收到土佐老公山内容堂從京都寄來的信件，要他急速上洛以商對策。

當伊呂波丸事件談判的舞台從鞆之浦轉移到長崎的同時，京都也在進行四侯會議（將於下一章介紹）。會議甫開始進行，島津久光便處處和德川慶喜對立，四侯會議的召開目的立即失焦，與會的其他三人山內容堂、松平春嶽、伊達宗城受到冷落。象二郎在這種局面下收到容堂寄來的信件，要他上洛想個方法打開眼前的困境。成為土佐參政的象二郎有其政治上的野心，不甘終其一生只是個四國一隅的家老，因此邀約龍馬跟他一起上洛，其目的不言而喻，正是要借用龍馬的智慧解決容堂面臨的困境。

龍馬在象二郎的再三要求下終於同意與他前往京都，六月九日曉七時龍馬帶著陸奧陽之助及長岡謙吉兩位得力助手登上夕顏丸，其他海援隊士則留在長崎。

夕顏丸一離開長崎，象二郎對龍馬開誠布公邀他上洛的真正目的：

「薩、長攜手武力討幕已是路人皆知之事，如果薩、長果真達成武力討幕，那我土佐將無立足之地。龍馬，想個辦法讓土佐加入薩、長的陣營吧！」

龍馬在象二郎找他上洛時腦海中已閃過一個想法，是他幾年來從接觸過的學者口中凝聚而成的想法，此即「大政奉還論」。大政奉還亦即由將軍德川慶喜親自交出德川宗家二百六十多年來的政權，把政權奉還給朝廷，在京都建立一個以天皇為中心的新政府，幕府消滅，德川宗家降格為與薩、長，甚至其他大名並列的諸侯。由於政權奉還給朝廷，德川宗家成為與薩、長一樣的諸侯，薩、長也因而失去討幕的名分，如此一來即能免去腥風血雨的戰爭。不過問題出在慶喜是否願意甘冒被叱責為敗掉德川宗家江山的敗家子，也不願讓日本陷入內戰，讓在一旁虎視眈眈的英、法等國有機可乘。

龍馬將大政奉還的重要性告訴一起搭上夕顏丸的陸奧、長岡二人。

「要解決當下危機只有這個方法，如果順利就能一舉完成維新回天大業。」

不過，只是提出大政奉還要慶喜照辦還不夠，若慶喜同意大政奉還，奉還之後的新政府必須還要有建設的新藍圖才行，這是龍馬接下來的課題。如果沒有設想出新藍圖，任誰也不會接受大政奉還。

「有了！」

龍馬連忙叫來長岡，要他備好筆墨記下自己接下來所講的每一字句，此即構建明治政府框架的《船中八策》：

一、天下政權奉還朝廷，政令應出自朝廷。

一、設上下議政局，置議員參贊萬機，萬機宜由公議決定。
一、備有才之公卿諸侯及天下的人才為顧問，賜以官爵，宜除去向來有名無實之官。
一、與外國交際廣採公議，重新訂定適當的規約。
一、折衷古來的律令，重新制定無窮之大典。
一、宜擴張海軍。
一、置御親兵，命其守衛帝都。
一、金銀貨物宜設與外國平均之法。

當時薩摩、長州的志士們都在摩拳擦掌、準備即將到來的倒幕，他們所想的都只有如何在倒幕戰爭中狠狠地擊垮幕府，至於完成倒幕後該如何建立新政府的施政方針，並不在他們的構想範圍。即便日後被稱為「維新三傑」的西鄉隆盛、木戶孝允、大久保利通亦不例外，此時在他們的眼裡「倒幕」比新政府的方針重要得多。

象二郎看完《船中八策》後驚嘆得合不攏嘴，以他的格局可能無法體會龍馬自首次脫藩後五年多來的經歷，船中八策的每一條內容都是龍馬從與當代第一流學者的談話中得來的靈感。

這些見識不凡的學者包括大久保一翁、橫井小楠、吉田東洋、佐久間象山、勝海舟、河田小龍、中濱萬次郎、久坂玄瑞、武市半平太等人。龍馬本人並不常看書（當時一部分的志士亦是如此），但是透過與有識者的交談，龍馬快速掌握西方學問的核心，並運用到實際的生活上。把《萬國公法》運用到伊呂波丸事件的賠償上即是一例，《船中八策》亦是一例。

慶應四年三月十四日當時擔任議定兼副總裁的三條實美，在京都御所正殿紫宸殿代替祐宮在神前宣讀的《五條御誓文》，有不少內容可說來自於《船中八策》。

夕顏丸於六月十日通過下關海峽繼續往東前進，十二日抵達兵庫港。龍馬的《船中八策》是否能為陷入困境的土佐藩帶來生機？在京都舉行的四侯會議會做出怎樣的結論？大政奉還與武力討幕的角力會由哪方面獲勝？除大政奉還和武力討幕外，是否還有其他可行的路線？已到山窮水盡的幕府又該何去何從？這些都是筆者將在下一章提及的內容。

船中八策與維新後改革對照

船中八策	維新後的改革內容
一、天下政權奉還朝廷，政令應出自朝廷。	大政奉還（1867年）
一、設上下議政局，置議員參贊萬機，萬機宜由公議決定。	召開第一屆帝國議會（1890年）
一、備有才之公卿諸侯及天下的人才為顧問，賜以官爵，宜除去向來有名無實之官。	制定內閣制度（1885年）
一、與外國交際廣採公議，重新訂定適當的規約。	廢除治外法權（1899年）
一、折衷古來的律令，重新制定無窮之大典。	頒布大日本帝國憲法（1889年）
一、宜擴張海軍。	設置陸海軍省（1872年）
一、置御親兵，命其守衛帝都。	設立近衛師團（1888年）
一、金銀貨物宜設與外國平均之法。	恢復關稅自主權（1911年）

第十八章

大政奉還

一、慶應改革

德川慶喜於慶應二(一八六七)年十二月五日繼任將軍後著手進行改革，此即幕末三大改革中的最後一次——慶應改革。

自文久三(一八六三)年一月五日慶喜上洛以來，慶喜人都在京都——確切說來是從文久三年九月起定居於二條城南、御池通和神泉苑通交界的若狹小濱藩邸(也稱若州屋敷，京都市中京區西京池內町)，當上將軍後也未曾改變，他是唯一一個不曾住在江戶城的將軍。不僅如此，慶喜的御台所一條美賀子也隨著慶喜住在京都，即便將軍換人，大奧的主人依舊是天璋院。

因為慶喜人都在京都，是以他與江戶的幕閣格格不入，繼任將軍後當時的七位老中之中，慶喜最信任老中首座板倉勝靜和稻葉正邦。板倉老中首座歷經奏者番、寺社奉行、外國御用取扱等職務，普遍獲得不差的評價。慶喜信任板倉老中首座固然和他的能力有關，不過板倉老中首座為人和善、處事圓滑不輕易與人起衝突應該是更主要的原因。而稻葉正邦在成為老中之前曾任二年京都所司代，與慶喜被任命為將軍後見職的時間重疊，算是慶喜的舊部屬，因為這層關係而得到慶喜的信任。

除兩位老中外，慶喜信任的人還有大目付永井尚志、海軍奉行並小栗忠順、外國奉行栗本鯤，以及慶喜從水戶藩帶到一橋家的家臣原市之進、梅澤孫太郎等人。慶喜於慶應二年十二月廿八日將家茂在位時設置的陸軍奉行、海軍奉行之上增設陸軍總裁、海軍總裁，分別由新任老中第八代三河奧殿藩主松平縫殿頭乘謨、第四代安房館山藩主稻葉兵部大輔正巳擔任。慶應三年五月十二日，慶喜再增設會計總裁、國內事務總裁、外國事務總裁，亦分別由老中第四代陸奧棚倉藩主松平周防守康英、稻葉正邦、小笠原長行擔任。慶喜用這「五局體制」取代以往的老中、若年寄、三奉行(寺社、勘定、町)制度，藉以排除與他不睦的幕閣。事實上可以將五局視為近代內閣制底下的陸軍省、海軍省、大藏省、內務省、外務省，而統領五局的板倉老中首座猶如明治中期的內閣總理大臣。

當時在日本勢力最雄厚的歐美列強為英、法兩國，英國的立場偏向薩長，因此幕府自然親近與薩長保持距離的法國，與法國駐日公使侯許接觸。在侯許的建議下，慶喜於慶應三年一月十一日派出以清水家當主德川昭武為首的代表團參加在巴黎舉辦的萬國博覽會，隨行的有前述的栗本鯤以及日後被稱為「日本資本主義之父」的澀澤榮一等人，歷時近五十日抵達法國。德川昭武為水戶藩已故老公齊昭的十八男，是慶喜的異母弟，此次前來法國不只參觀巴黎萬博，還以代表慶喜的身分晉見法皇拿破崙三世，請求法皇派出陸軍將領前來日本為幕府訓練步、騎、砲等近代陸軍兵種。拿破崙三世同意派出十八名教官組成軍事顧問團前往日本，也同意給予財政上的支援，德川昭武之後留在法國留學深造，軍事顧問團及二百四十萬美金的財政支援很快來到日本。

軍事顧問團的教官於同年四月來到橫濱，開始著手訓練近代陸軍步、騎、砲三個兵種，之後遷移到江戶郊區的駒場野（東京都目黑區駒場町），到慶應三年底共訓練出步兵七個連隊、騎兵一隊、砲兵四隊共一萬餘人的近代陸軍。已故的小西四郎教授提到：

慶喜的這兩個舉動讓幕府形成「常備軍」和「官僚群」，此二支配要素對於統一政權而言是絕對必要。如此的支配形態是從封建性的支配朝近代統一國家進展的必經過程之一，歷史家多以「絕對主義支配」或「絕對主義政權」之類的詞語表現。

雖說德川昭武和法國談好二百四十萬美金的金援，事實上這筆款項根本不足以實現軍隊的近代化，因此慶喜提拔小栗忠順為幕府財政擔當，進一步和法國建立經濟提攜的關係。小栗當時雖是海軍奉行並，但是海軍並非他的專長，擔任此職純粹是慶喜要打壓勝海舟，小栗曾於文久二年十二月短暫擔任勘定奉行，財政擔當顯然更適合小栗。不過，和當時清國向歐美列強借款一樣，與法國建立經濟提攜自然也不例外地必須付出代價(代價經常比借款的金額還要龐大)，具體辦法為法國在日本境內成立商社，商社獨佔對日貿易——特別是獨占生絲貿易。

慶喜為強化幕政而犧牲部分幕府甚至是日本的利益，以現代的角度來看有損國計民生，但對十九世紀的後進國家而言，這是沒辦法中的辦法。亞洲的國家大致上都步上慶喜的後塵，因此不能以這點來苛責慶喜。重點在於犧牲部分國家利益而換取的金援有沒有花在讓國家進步的正確道路上，這點才是不少後進國家令人詬病之處。慶喜推動的慶應改革到慶應三年六、七月時已初具強化幕府權力的成果，四境戰爭失敗後導致幕府威望不振的陰霾似乎已一掃而空。當時蟄居的岩倉具視從來訪的薩摩志士口中聽聞慶喜的改革成果，嘆道：

「觀近時將軍慶喜的行動，可知其果斷勇決，志向不小，是個不可輕視的強敵。」

木戶準一郎更是感到危機：

「現今關東政令一新，兵馬制度頗為可觀，一橋的膽略及行動力決不可小覷，實為家康再生！」

只是幕府的積重難返不是慶喜半年多的改革便能改變的，神經質的木戶經常會過重或過輕地看待發生的事情，因而有時會造成事情判斷上的誤差。把慶喜比喻為家康相信很多讀者不會同意，說關東政令一新更與實際情況有所悖離。大致說來，安政改革是確定開國的路線，文久改革是讓幕府朝廷化，慶應改革則是取法歐美的政治制度，削減朝廷及諸藩的權限，朝向以幕府為中心的中央集權政府邁進。若從這點來看，木戶的擔憂未必沒有道理。也由於慶應改革是從制度面著手，讓木戶等薩長志士感到危機，因此在慶應三年五、六月進行的四侯會議期間，討幕派也在加快討幕的步伐。

二、四侯會議

慶應三年二月六日，侯許在大坂城與慶喜會面，強行要求慶喜履行兵庫開港的承諾。筆者在第十五章第二節提過兵庫開港之事，根據《倫敦備忘錄》的內容，兵庫及新潟的開港和大坂、江戶的開市都定於格列高里曆1月1日（相當於日本曆法慶應三年十二月七日），距此時還有十個月的時間，為求慎重起見提前徵求敕許還算是合理。但是侯許不與其他三國公使一同行動，獨自要求慶喜徵求敕許，此舉明顯已違背《倫敦備忘錄》。

慶喜明知侯許違背《倫敦備忘錄》，但是因為已接受法國的軍事顧問團及二百四十萬美金的金援，慶喜推辭不得下只得於三月五日硬著頭皮向朝廷奏請兵庫開港的敕許，三月十九日朝議的結果為拒絕敕許。其他三國公使雖對侯許的行為感到憤怒，但是在利益一致的前提下，巴夏禮聯合美、荷兩國公使，再加上侯許以四國公使名義，透過慶喜於三月廿二日再度奏請，廿九日朝議的結果再度拒絕慶喜。由於孝明天皇生前極力反對兵庫開港及大坂開市（兩地都在京都附近），因此慶喜的兵庫開港敕許遭拒一事，可視為朝廷公卿——祐宮一月九日踐祚時赦免五卿及四奸外的所有公卿，他們幾乎都站在支持天皇的立場——貫徹天皇生前的意志。

早在慶喜向朝廷奏請兵庫開港敕許之前，人在京都的小松帶刀、西鄉、大久保等人修書力勸島津久光上洛，西鄉本人還專程返回薩摩對島津久光．忠義父子說道：

「要將以往以將軍為中心的政治形態，轉變成由朝廷召集之四侯會議，當下是絕佳時機。如果錯失此刻，讓幕府擁立幼帝就失去先機。」

久光對西鄉這番話頗為贊同，特別是二條攝政本身也是佐幕派，慶喜一定會透過他操縱祐宮。久光不僅同意上洛，還要率領藩兵作為後盾，並命西鄉搭船前往四國，通知山內容堂和伊達宗城上洛，另外也通知人在京都的小松帶刀拜謁松平春嶽。西鄉先到土佐的浦戶灣，下船後直奔高知城下的散田屋敷(高知縣高知市鷹匠町二町目)，這是老公容堂的居所。容堂雖同意久光上洛的邀請，但還是不忘提醒西鄉：

「我上洛是出於對薩州侯努力的敬意，我們土佐山內家是蒙受德川家的恩惠才有今日，這點與薩摩島津家是不同的，務必請你們體諒。」

對每一任土佐藩主而言，感念德川家的恩惠並擁護德川家政權是最重要的事。西鄉得到容堂的同意後再度搭船出浦戶灣，沿著偌大的土佐灣朝西南航行，到了土佐最南端的足摺岬掉轉向西，然後再往北，之後轉進宇和島灣。這位被司馬遼太郎形容為「伊達的黑船」的宇和島藩主，對西鄉的提議倒不像容堂那樣爽快答應，而是有所盤算。

「薩摩內心打的是什麼主意？容堂為何會同意上洛？難不成意有所圖？」

伊達宗城雖是外樣宇和島藩藩主（仙台藩伊達家庶流），他本身卻出自幕府大身旗本，骨子裡流的是佐幕的血液，對幕府抱持的態度不同於薩摩藩。儘管宗城最後也同意上洛，但是西鄉在過程中感受到與說服容堂截然不同的感受。

「宗城公有著與容貌不相稱的聰明才智，深不可測。」

準備就緒後久光於三月廿五日率領七百藩兵搭乘三邦丸從鹿兒島出發，廿八日途經佐賀關，四月一日停泊位在瀨戶內海的小豆島，翌日於大坂上岸，駐足近十日才於四月十二日進入京都二本松藩邸。伊達宗城於四月十五日、松平春嶽在十六日、山內容堂於五月一日也先後進入京都。

在久光上洛之前的三月廿九日，於「廷臣廿二卿列參事件」（請參照第十六章第二節）被處以追放、閉門處分的正親町三條實愛，還有中御門經之、大原重德以及山階宮晃親王得到赦免。

至於岩倉、久我建通、千種有文、富小路敬直等四奸依舊未被赦免，只是獲許可進入京都。

約略同時朝廷內的議奏及武家傳奏也做出人事異動，廣橋胤保、六條有容、久世通熙三位議奏及武家傳奏野宮定功於四月十七日遭到免職。在整個江戶時代除八．一八政變外，只有此次是同時罷免三位議奏，背後代表的是討幕派與佐幕派的政治角力，久光以「改革朝政」的名義邀請容堂等三位大名上洛，同時也以此名義排除立場傾向幕府的議奏及武家傳奏，四人被免職的理由為阿諛幕府（在幕府權勢極盛的時期這根本不成為異動的理由）。

接著是安插自己希望的人選為議奏，五月六日久光和伊達宗城與二條攝政會談，久光不提議奏應具備的條件，而是直接提出赦免正親町三條實愛、烏丸光德、萬里小路博房、中御門經之、大原重德、中山忠能等人，希望二條攝政能予以同意。二條攝政面有難色，以種種說詞婉拒久光。之後久光找來松平春嶽助拳，但春嶽對於大原重德復職頗有意見，結果數日交涉下來，久光希望的人選中只有正親町三條實愛復職。議奏的其他人選為柳原光愛、葉室長順、長谷信篤（再任），武家傳奏的人選也決定為日野資宗。

決定議奏及武家傳奏的人選後，久光接著的目標為向朝廷和幕府（慶喜）交涉對長州從寬處分，實現薩長同盟第四條條文。五月十七日，四侯聚集京都的土佐藩邸（位於河原町），提出毛利敬親・廣封父子官位的恢復、毛利敬親隱居由廣封繼位、取消對長州藩領地削減等對長州從寬處分的決議。處分長州之外的另一議題為兵庫開港問題，隨著開港日期的迫近，不僅慶喜，連四侯也對兵庫開港投以關注的眼神。

五月十九日，久光、春嶽、宗城三人在朝議舉行之前先行前往二條城與慶喜會談，此即四侯會議（說是四侯並不恰當，因為容堂缺席）。三人向慶喜提議，進行朝議時先決定對長州從寬處置，然後再針對兵庫開港問題進行議論。慶喜反而以兵庫開港公告期限迫在眉睫（開港的半年前，亦即六月七日）為由，主張應把兵庫開港問題置於朝議的首要。久光反嗆若不先解決對長州的處置而公告兵庫開港，將會失去人心，春嶽和宗城也同意久光的看法。

對長州的寬大處分固然重要，然而事情總該分輕重緩急，正如慶喜所言兵庫開港公告期限迫在眉睫，四侯會議照理應將兵庫開港公告期限的先後置於對長州寬大處分之前才是，為何久光堅持對長州寬大處置要擺在兵庫開港之前呢？其實久光並不反對兵庫開港，薩摩本身即在琉球進行走私貿易獲取極大利潤，才能還清自第八代藩主島津重豪以來欠下的龐大債務。久光反對的是由幕府主導的兵庫開港，由幕府主導的話，賺取的利潤悉數進入幕府手中，諸藩得不到任何好處，幕府一旦經由兵庫開港而壯大，即便薩長聯手也不易倒幕。出於這層認知久光才在四侯會議上處處針對慶喜，期以利用對長州從寬處置，使兵庫開港無法在公告期限前完成，進而把幕府逼向窮途末路。

廿一日久光、春嶽、宗城三人（容堂缺席）再次前往二條城，此次與板倉老中首座會談，三人依舊堅持要先針對長州藩的處置做處理。板倉老中首座正如筆者前文所提，為人和善、處事圓滑不輕易與人起衝突，不過他也不便附和久光的主張，因此這一天在二條城的會談無疾而終。

五月廿三日宵五時，朝議成員參內在御所虎之間舉行，依越前藩士村田氏壽撰述的《續再夢紀事》記載，出席朝議的成員如下：

南面：攝政二條齊敬、中川宮朝彥親王、山階宮晃親王。

東面：近衛忠熙、鷹司輔熙、內大臣近衛忠房、一條實良、九條道孝、鷹司輔政、議奏正親町三條實愛。

北面：武家傳奏日野資宗、議奏柳原光愛、議奏葉室長順、議奏長谷信篤。

西面：老中稻葉正邦、老中板倉勝靜、京都所司代松平定敬、松平春嶽、將軍德川慶喜。

朝議由將軍率先發言，說明此次朝議的目的為長州藩處置和兵庫開港，關於長州藩的處置，四藩（薩摩、土佐、越前、宇和島）決定從寬，而慶喜自己也希望此次朝議能從寬處置，不過他並未具體說明如何從寬。接著慶喜話鋒轉到兵庫開港方面，強調四藩對於兵庫開港亦持認同的看法（這點與事實有所出入），希望在朝議能取得同意開港的敕命。最後一段才是慶喜的由衷之言，慶喜不惜扭曲前面部分的內容，其目的在於順理成章地鋪陳同意開港的敕命。

接著輪到春嶽的發言，他補充長州藩從寬處置的具體內容，並說明內容已經過四藩的同意，可在朝議提出討論。至於兵庫開港的議題未經四藩同意，順序應置於長州藩處置之後。以慶喜的個性聽到春嶽這番發言應該會與之爭吵，如同三年前的參預會議一樣，不過《續再夢紀事》並無慶喜和春嶽爭吵的記載，可能是在撰述過程中刻意省略。春嶽發言後到夜九時，親王和公卿間幾乎一片靜寂，固然可以視為親王和公卿對於這兩個議題並不了解，因此插不上話，但是似乎也可以理解為慶喜和春嶽爭吵時間過久，使其他公卿失去發言的機會。

夜九時伊達宗城參內，由於時間已晚，不少成員精神不濟，朝議形同中止。廿四日晝四時公卿請託小松帶刀傳喚久光、以打破朝議的僵局，晝八時小松回報，說久光因病無法參內。中午過後中御門經之、大原重德、中山忠能等多位公卿參內加入朝議，但他們除反覆強調攘夷論外並未能提出新見解，慶喜在咄咄逼人的威嚇下最後取得兵庫開港的敕許。

宗城雖是後來才參內加入朝議，但他親眼目睹朝議進行的情形，只是他缺乏久光敢當面與慶喜爭辯的氣魄。久光缺席兩天的朝議正好讓慶喜以話術及氣勢控制全場，厭惡慶喜發言態度的宗城在日記這麼寫著：

大樹公今日之舉動，實乃輕蔑朝廷甚矣！

此時的慶喜在慶應改革已見到成效，在四侯會議及朝議上又力抗諸藩及朝廷，也難怪他顧盼自雄，不過也誠如宗城日記記載所言，慶喜太過志得意滿而在舉手投足間表現出目空一切。兩天的朝議下來，暴露出幾個令人擔憂的問題。首先是決定國家最高意志的朝議幾乎毫無自主性的決議能力，此為最根本最致命的缺點；其次是朝廷最高指導者二條攝政政治能力有限，不只如此，連包含二條攝政在內的公家集團人才枯竭，而公卿中能力最強的岩倉遲遲未能得到赦免，不然多少能彌補這個集團的不足；第三是慶喜的政治力量及政治技術——在評定中操控全場的話術——不僅技壓公卿，甚至也凌駕在武家之上。

表面上慶喜以高超的政治手腕為自己，也為幕府再次化解危機，然而慶喜的態度也為他招來眾多的敵人。朝議結束後久光、小松、西鄉、大久保等薩摩決策首腦達成共識，決定以討幕作為藩論，並且公然展開行動。不過只有薩長進行討幕過於勢單力薄，因此他們決定吸收土佐成為第三股討幕勢力，筆者在下一節提及的薩土討幕密約即是吸收土佐的過程。

三、薩土討幕密約

慶應二年底孝明天皇崩御時中岡正頻繁進出二本松薩摩藩邸，聽到天皇崩御的消息他立即和西鄉照面，搭乘薩摩的蒸汽船前往九州太宰府，將此消息傳達給三條等五位公卿，並商議今後之事。

來到太宰府延壽王院的中岡向三條等五卿傳達天皇崩御的消息，五卿紛紛面向京都下跪，痛哭失聲。中岡等三條哭完後才說明來意，他說當今之計要在朝廷裡安插一位討幕派人士，由他引導讓朝廷走向討幕的路線，因為是在朝廷裡，非得是公卿不可。公卿向來都是看著風向行事，一有任何風吹草動馬上放棄自己的政治主張。三條悲觀地說道：

「公卿都是靠不住的人，哪有引導朝廷走向的才能？」

中岡思索一下，說道：

「前左近衛權中將岩倉卿如何？」

聽到岩倉的名字，三條懷恨地說道：

「是那位將皇妹賣給幕府的大奸賊嗎？」

中岡接道：

「曾經是，但現在岩倉卿已後悔當初自己的行為，而且他具有公卿不具備的謀略，其謀略之深，世所罕見。」

看來中岡似乎對這位未曾謀面過的公卿推崇有加，三條被中岡說動，拿出自己從小配戴在身的錦囊交給中岡作為信物，要中岡當自己的代理人，代替自己前往洛北與岩倉見面，將岩倉拉攏進討幕陣營。

「這都是為了維新回天大業！」

接受三條委託的中岡在馬不停蹄趕往京都的途中於下關下船，前去探望已病入膏肓的高杉。抵達京都後中岡耗費一番功夫來到洛北岩倉村，又花不少時間才找到岩倉隱居的住家。岩倉具視出身堀河家，是堀河康親次男，具視下有兩個妹妹，一個嫁給好友中御門經之，最小的妹妹紀子為天皇的典侍，在和宮降嫁時與具視一同被攘夷人士蔑稱為「四奸二嬪」。具視幼年即展現聰明才智，業師伏原宣明向好友岩倉具慶推薦，因此具視娶具慶之女誠子為妻、成為具慶的婿養子。

堀河家和岩倉家家格同屬羽林家，堀河家家祿為一百八十石，岩倉家則為一百五十石，俱無其他賴以為生的家學，因此具視不管在堀河家或是岩倉家都過得苦哈哈。以上的敘述或許有讀者不太清楚，筆者略做一簡單說明。公卿的家格與其家祿未必相關，如羽林家家祿最高的是以和歌、蹴鞠為家業的飛鳥井家，共九百二十八石，比家格高一階的大臣家任何一家都要多，拿到清華家相比僅輸菊亭家。至於羽林家家祿最低僅有三十石，共有大原、東久世等十四家。

由於岩倉家家祿微薄，又沒有世代相傳的家業，因此岩倉一直過著貧困的日子，加上子女眾多（四男六女），且除四男外都在幕末出生，所以傳出岩倉將自己的宅邸租給組頭開賭場，藉此收取租金謀生的傳聞。

「房間有點窄，而且我又是被流放的人，所以無需分上下座了。」

難得有人造訪遭流放的自己，岩倉因而心情大好。中岡和岩倉在此之前並未謀面，而且因為彼此主張不同而互相仇視。但是見面坐下來談後發現兩人在當前局勢以及對幕府的態度等方面幾乎不謀而合，中岡在言談中發現岩倉並未因為隱居洛北近五年而消磨其志氣，他無時不刻都在關注天下大勢，公卿中——包含在太宰府的五卿——何曾有過這樣的人？兩人愈談愈投機，頗有相見恨晚之感。

中岡和岩倉見面的時間約在慶應三年四月下旬，山內容堂率領藩兵上洛參加四侯會議的風聞也傳進中岡耳裡。中岡能言善道，容堂身邊的上士如乾退助、谷守部在慶應年間因政治局勢的轉變，逐漸折服於中岡。一向篤信武力討幕的中岡想藉容堂上洛的機會，拉攏容堂身邊的乾退助等人，藉由他們勸說容堂加入薩長的討幕陣營。

在等待容堂（其實是中岡在等乾退助等人）期間，中岡先到二本松藩邸與小松、西鄉、大久保等人見面，把先前與岩倉見面的印象告訴小松等人。薩摩之前已在經濟上援助岩倉，但也僅只如此，對於岩倉並未有深入的認識。經過中岡推薦後，薩摩——尤其是大久保利通——開始與岩倉接觸。中岡此行第二個目的是向薩摩介紹乾退助，既然要土佐加入討幕陣營，當然要認識土佐的上士，特別是能夠影響容堂的上士。能夠影響容堂的上士並非只有乾退助一人，不過在中岡心目中上得了檯面的只有乾退助，於是乾退助便從土佐一隅登上歷史舞台。

進入明治時代後以立憲自由黨總理的身分、領導自由民權運動的板垣退助，有時會在演說時說道：

「我能夠有今天的身分與地位，都要感謝土佐的坂本與中岡兩位先生。」

其實乾退助與龍馬的關係並不密切，一如中岡與後藤象二郎的關係也不若龍馬來得密切。

五月十八日，中岡與乾退助、福岡藤次等土佐上士在京都的料亭會面，雙方針對武力討幕的細節會談。廿一日在小松帶刀的宅邸——亦即訂定薩長同盟之地——簽訂薩土討幕密約，雙方出席人員如下：

薩摩：小松帶刀、西鄉吉之助、吉井幸輔。

土佐：中岡愼太郎、乾退助、谷守部、毛利恭助（維新回天後改名吉盛）。

乾退助在締結討幕密約時說道：

「一旦開戰，不管藩論為何，我必率領土佐藩兵前來與薩摩會合，一同消滅幕府！」

綜觀日後戊辰戰爭（特別是會津戰爭）乾退助的表現，他的確有擔任野戰軍司令官的才能，這項特殊才能是當時薩長志士中普遍缺乏的長才。

五月廿七日容堂返回土佐，說來很諷刺，當初西鄉前往土佐勸他上洛，容堂還豪情萬丈地說道：

「此次上洛是抱著化為東山（京都盆地東側群山的總稱，也稱為「東山三十六峰」）之土的心情。」

結果宿疾牙痛擊垮容堂的承諾。

也在五月廿七日這天，乾退助透過薩摩的關係購買三百挺米尼葉槍，打算在討幕戰爭中派上用場。

四、薩土盟約及薩土藝盟約

五月一日上洛的山內容堂因為牙痛宿疾而缺席五月十九日的四侯會議，連帶缺席之後兩日的朝議。容堂一方面為牙痛錯過四侯會議及朝議感到懊惱，一方面也因無法為土佐找到新出路而內心焦急。於是容堂寫信速召此刻人在長崎的象二郎入京，希能藉重象二郎的智慧為當前的土佐突破困境。

容堂的信件寄到長崎時，如前章所述象二郎正與龍馬為著伊呂波丸的賠償焦頭爛額。象二郎雖想立即上京，可是與紀州藩的官司不能放任不管。待紀州藩認輸談妥賠償金額後，象二郎便拉著龍馬坐上夕顏丸朝京都而去。龍馬在夕顏丸裡寫下構建明治政府框架的《船中八策》，在前章已提到過。在象二郎還未收到容堂的信件時，容堂已難忍牙痛率領藩兵返回土佐，容堂倉促離去的另一原因是他不願在久光的操縱下莫名加入討幕陣營（若以此觀點來看，容堂是巧妙的退場)。可如此一來就落得與參預會議如出一轍的結果,陣仗弄得很大結果幾乎從頭到尾缺席,來時匆匆去也匆匆,一事無成。

前章最後龍馬提出《船中八策》,打算讓象二郎以大政奉還論說服容堂作為土佐的藩論。然而前節乾退助等人已與薩摩締結薩土討幕密約,打算以此說服容堂加入討幕陣營。二百多年來一貫主張佐幕立場的土佐藩,即將面對大政奉還及武力討幕兩種南轅北轍的主張,不管容堂採取哪一個都會悖離土佐一貫的立場,在這種情況下,容堂會做出怎樣的選擇?他是否還能堅守住佐幕的立場呢?

六月十二日夕顏丸抵達兵庫港,象二郎和龍馬在此改採陸路前往大坂,一到土佐藩邸得知容堂已在半個月前返回土佐。

「還是那麼任性,一遇挫折就逃之夭夭。」

當下龍馬和象二郎商量,為宣傳大政奉還必須兵分兩路,龍馬前往京都遊說薩摩,象二郎則返回土佐遊說容堂,雙管齊下希望都能達成目標。象二郎於六月十五、六日間回到土佐,一下船立刻驅馬趕往散田屋敷要求晉見容堂,然後向容堂推銷大政奉還論。若是在幾年前,容堂不可能同意由自己上奏請將軍主動歸還政權，但如今形勢已不在德川這邊，由二百多年來深受德川家恩澤的山內家勸告大政奉還，似乎是最好的選擇（尤其和武力討幕相比）。

容堂聽完頻頻點頭。

「讓德川家有尊嚴的退場恐怕只有這個方法，以此為土佐的藩論吧！」

容堂不曾問過象二郎大政奉還是出自誰的構思，恐怕他一直都以為是象二郎想出來的。其實一如筆者在前文提過，在此之前容堂已聽過數次龍馬的名字，只是他從來未牢記在心裡。

象二郎這邊已經達成目標，接著再回過頭來談前往京都的龍馬。

龍馬在伏見寺田屋休息一晚後（慶應二年寺田屋遇襲後，經過近一年五個月再度投宿此地）立刻前往二本松薩摩藩邸與西鄉等人會面，中岡剛好也在該地。龍馬把構思已久的大政奉還論當面對著西鄉和中岡說出，兩人聽完後與當初象二郎的反應相去無幾：

「要慶喜主動交出政權，有可能嗎？」

薩摩受到中岡的影響頻頻與岩倉接觸，加上在四侯會議後逐漸對喧騰一時的公議政體論[1]

死心，改由武力討幕論代之而起，逐漸與重新奪回政權的長州強硬派同調。要武力討幕必須取得天皇下達的討幕密敕，由於長州目前還是朝敵的身分，取得討幕密敕的工作只能由薩摩承擔。已成為武力討幕信徒的西鄉對龍馬說道：

「龍馬，做不到的。」

不過龍馬並不這麼想，的確在目前這種氛圍下，順理成章地會走向武力討幕之路，然而如此一來日本各地將會血流成河，薩長武力討幕果真有必勝的勝算嗎？在不流血的情況下讓將軍知難而退，主動交出政權，成為和諸藩一樣的普通大名，如此一來可避免武力討幕的發生，但武力討幕派也將因此無法立功。

對熱衷武力討幕的薩長及中岡而言，昨日以前還與他們站在武力討幕路線的龍馬如今卻背叛了他們。中岡聽完大政奉還論後對龍馬說道：

「龍馬，你會成為眾人的敵人。」

這裡的「眾人」，不光是武力討幕派，也包含出仕幕府的幕臣、旗本、御家人以及佐幕諸藩。

武力討幕派會因為失去討幕立功的機會而怨恨龍馬，幕臣、旗本、御家人以及佐幕諸藩也會因為將軍奉還政權而失去歷代傳承的家祿，等於把他們逼上絕路。不過話說回來，即便當下小松、西鄉等人取得討幕密敕，由於長州朝敵的身分尚未解除、在京都完全沒有兵力，能夠仰仗的只有薩摩的將近一千藩兵。雖說上個月薩摩與土佐簽訂討幕密約，一旦薩摩起兵，乾退助會立即率兵上京奧援，但是容堂會同意嗎？容堂如果不同意乾退助還能一意孤行率兵上京嗎？

光是松平容保擔任京都守護職的會津藩兵已超過一千人，若再加上京都所司代、京都町奉行、伏見奉行所、新選組、京都見廻組以及畿內佐幕諸藩的藩兵則有數千，還不包含在大坂隸屬於慶喜的幕府步兵一萬人，薩摩的一千藩兵能夠與如此多的部隊作戰嗎？龍馬的分析頓時讓中岡啞口無言，龍馬接著說道：

「如果將軍不同意大政奉還，那麼薩長的武力討幕便師出有名，何況還有土佐的奧援。再者，抱持觀望的其他諸藩也有可能加入，如此一來討幕派的力量勢必會比一開始貿然武力討幕

1 公議政體論：幕末引進議會制度取代幕閣輔佐幕府的政治構想，在阿部正弘及井伊大老死後曾盛行一時，隨著參預會議、四侯會議的不歡而散而逐漸沒落。

還要強大，因此大政奉還其實也是在逼將軍看清時勢！」

從龍馬口中說出的話彷彿有魔力一般，連以雄辯見長的中岡也對龍馬感到折服。龍馬的下一個考驗要說服小松、西鄉、大久保的薩摩鐵三角，讓他們也支持大政奉還論，另外還要說服岩倉具視。

十六日久光在二本松藩邸先後接見長州藩士山縣狂介、伊藤俊輔、品川彌二郎等人以及中岡，長州提出的是「薩長二藩聯合同心戮力」，中岡則提出大政奉還。基於薩長同盟的條文，薩摩當然選擇長州的主張，不過聽完中岡的分析後，西鄉似乎有所動搖。六月廿日，再度上洛的象二郎偕同土佐藩上士寺村左膳與小松帶刀等薩摩藩士見面，象二郎以幕府政權歸還為主旨勸說薩摩藩士，據寺村的日記記載，小松對後藤的見解頗為同意，換言之意即小松同意龍馬的大政奉還論。

六月廿二日，土佐上士後藤象二郎、福岡藤次、寺村左膳、真邊榮三郎（維新回天後改名正心），和薩摩鐵三角在京都三本木通的料亭吉田屋（京都市上京區中之町東三本木通）會面，龍馬和中岡與雙方陣營同席。小松和西鄉與龍馬已是舊識，對於龍馬提出的大政奉還多少還能接受，不過他們的同意是有但書的：

「一旦慶喜不接受大政奉還，就不能再阻撓武力討幕。」

小松和西鄉乍看之下與龍馬有相同的觀點，但他們內心依舊強烈地認為：

「慶喜哪有可能同意大政奉還？終究還是要武力討幕。」

換言之，小松和西鄉之所以同意大政奉還是站在「慶喜不可能會同意」的前提上。至於與龍馬不熟稔的大久保利通則未明顯表態，因為當時他正與岩倉致力於取得討幕密敕。一旦大政奉還實現，不僅武力討幕落空，大久保和岩倉在討幕密敕上的努力也將成為泡影。

這一天雙方簽訂內容共七條的約定書（俗稱《薩土盟約》），內容如下：

一、議定天下大政的全權是朝廷，我皇國的制度法則及一切的萬機，出於京都的議事堂。

一、建立議事院應由諸藩出資貢獻。

一、議事院分為上下，議事官上起公卿、下至陪臣庶民，選出正義者，諸侯也根據其職掌任職於上院。

一、將軍職並非掌握天下萬機，從今起應辭其職，成為一般諸侯，政權應歸於朝廷。

一、各港簽訂的外國條約，兵庫港應由新朝廷之大臣、諸侯、士大夫合議，重新訂定新約，進行通商。

一、朝廷的制度法則，如出自往昔的律例，應參照當今時務改革其弊以煥然一新，建立為無愧於地球上的國體。

一、與皇國振興之議事相關之士大夫，應去除私心基於公平，不問既往是非曲直，制定人心一和的議論。

以上之盟約，乃方今之急務、天下之大事，故一旦盟約決議，無視其他事務之成敗得失，唯有一心協力貫徹此事。

慶應丁卯六月

《薩土盟約》的簽訂等於宣告先前的薩土討幕密約無效，對於乾退助、谷守部等人無異是背叛的行為。

翌日，龍馬和中岡趕著前往位於東山的料亭店噲噲堂（京都市東山區八坂下河原）與土佐藩大監察佐佐木三四郎會面，因為佐佐木負責管理土佐在京都的藩邸。筆者在前一章曾提到佐佐木之名，此時他在土佐的地位可說僅次於老公容堂、藩主豐範以及參政象二郎之下，尚在乾退助、谷守部、福岡藤次、寺村左膳等人之上。

如果說後藤象二郎是鄉下家老，那麼佐佐木更是井底之蛙，在慶應三年以前不曾離開土佐，這樣的資歷在幕末志士看來，實在乏善可陳。不過進入明治時代佐佐木高行開始官運亨通，戊辰戰爭結束後以刑法官副知事在維新政府任職，中間經歷明治六年政變，他沒有與板垣退助、後藤象二郎同進退，之後作為明治天皇的侍補[2]，成為天皇最信任的人之一，佐佐木死後不久出版成書的《明治聖上與人臣高行》（明治聖上と臣高行）收錄不少明治天皇與人臣之間的談話內容。此外，佐佐木還是土佐除藩主外唯一的侯爵，爵位尚在板垣、後藤、福岡藤次、谷守部、田中顯助等人之上，佐佐木處事之高明、身段之俐落，恐怕是此時的龍馬、中岡，甚至

2　侍補：明治初年在宮內省設置的官職，職務為輔佐、指導天皇。

任何人都無法預料得到的。

廿五日，龍馬又和中岡一同前往岩倉村拜訪岩倉。經由先前與中岡的談話，岩倉多少對促成薩長同盟、提出大政奉還的龍馬有所認識，而龍馬對這位以謀略聞名的謀略家公卿亦時有所聞。得知薩摩也在幾日前贊同大政奉還，岩倉不得不審慎看待眼前的龍馬。

「當下不宜與之做口舌之爭，暫時順從，待日後有變再做打算。」

以今日廣島市為城下町的藝州藩，其駐京家老辻將曹因經常與薩摩、土佐二藩有所往來，因此也搭上薩土盟約的順風車，讓薩土盟約擴展成為薩土藝盟約。藝州藩是石高四十二萬六千石的大藩，在江戶時代僅次於加賀、薩摩、仙台、尾張、紀伊、熊本、福岡等藩。如此的大藩卻在幕末時期默默無聞，只有少數藩士與攘夷急先鋒長州有所往來，藩主以至家老對於開國或攘夷、討幕或佐幕幾乎都不表示立場，這樣一個在政治上不求表現的藩，如今也加入薩摩和土佐的陣營。

藝州藩的加入想必對龍馬有提振士氣的作用，然而這可否視為大政奉還已是民心的歸向呢？從薩摩藩和岩倉具視接受大政奉還的理由看來，恐怕不能如此樂觀看待，到慶喜接受大政奉還為止的幾個月內，武力討幕和大政奉還兩派主張還得再經歷一番的角力。

五、德川慶喜接受大政奉還

短短的一個多月從薩土討幕密約轉變為薩土盟約，又再從薩土盟約擴充為薩土藝盟約。如此密集、頻繁的轉變，代表著武力討幕和大政奉還都要為己方找盟友以厚植實力，繼而達到各自的政治目的。

薩土藝盟約簽訂後，西鄉於七月七日修書一封交由同藩的村田經滿，送到長州山口給木戶過目，為違背薩長同盟致歉。村田於十五日見到木戶，而木戶的反應與當初締結薩長同盟遭到挫折時如出一轍：

「薩摩人真是毫無信用，恪守約定有這麼難嗎？」

然而在聽到薩摩違約的原因是因為龍馬提出大政奉還之故後，木戶陷入長考。除關原敗戰的歷史因素外，為解除朝敵之名也讓長州不得不堅定地站在武力討幕立場。

「一旦取得討幕密敕，我長州就能一躍成為官軍，藩主父子也能得到赦免。」

長州還有一個必須堅持武力討幕的理由，讓長州淪為朝敵的元兇是幕府、會津藩這些奸賊，而大政奉還對幕府過於寬大，怎對得起這些年送命的長州人？非要幕府、會津血債血償不可！

木戶找來長州藩士連夜開會，幾乎所有長州藩士都與木戶持相同看法，薩摩雖違背薩長同盟，然而當下之務並非譴責薩摩，長州要解除朝敵之名還是得要借重薩摩之力。於是，木戶在廿七日派出藩的直目付柏村數馬（維新回天後改名信，廣澤兵部之兄）、御堀耕助從山口出發，一路上躲躲藏藏，於八月十一日進京，十四日進入小松帶刀宅邸，重申維持薩長同盟的必要性。

薩長代表一致認為以慶喜的個性不可能接受大政奉還，既然不可能實現，也就沒有支持的必要。如果大政奉還真的實現，武力討幕將成為鏡花水月，而且德川將軍家勢必會在新政府保有一席之地，薩長依舊屈居其下，和幕府時代並無兩樣。適逢七月六日晚上在長崎發生英國船隻伊卡魯斯號事件[3]，英國公使館及長崎奉行所一口咬定是海援隊所為，龍馬為調查事件真相前往長崎，薩摩以此為由於九月九日與土佐解除薩土藝盟約，十八日簽訂薩長藝盟約。

然而伊卡魯斯號事件並非薩土盟約解除的元兇，八月至九月初期間，象二郎和西鄉等人在大政奉還建白（對政府或上級提出自己的見解）的提出上出現衝突，已對大政奉還毫無眷戀的薩摩順勢指謫土佐藩對於伊卡魯斯號事件須負一定程度的責任，以此作為藉機脫離大政奉還、重回武力討幕的遁詞。

薩土盟約解除讓土佐陷入孑然無依的困境（土佐藩還有對武力討幕躍躍欲試的乾退助），象二郎依然認為大政奉是土佐唯一的選擇。他不斷勸說容堂，要容堂接受大政奉還，並以他的名義向將軍提出建白，這不僅是對土佐，也是對幕府最好的出路。容堂雖認同大政奉還，但是說到要以自己的名義向將軍建言則抱持抗拒的態度，後來發現政局似乎真如象二郎所言，抗拒的態度才逐漸軟化，九月下旬容堂主動提筆寫下《土佐藩大政奉還建白書》：

3　伊卡魯斯號事件：英國船隻伊卡魯斯號的水手在長崎被疑似遭浪人砍死，這一事件至今仍未能解決。

謹以誠惶誠恐之心建言，天下憂世之士，已至噤口不敢暢言，誠為可懼之時。朝廷、幕府、公卿、諸侯旨趣相似，誠為可懼之事。此二懼乃我之大患，……唯願以大活眼大英斷，與天下萬民同心協力，回歸公明正大之道理，應建立一亙於萬世而不愧、萬國臨之而不恥之大根柢。……唯願回歸公明正大的道理，與天下萬民一變皇國數百年之國體，出以至誠接納萬國，實為建王政復古之業的一大時機。另有別紙以供細覽，拳拳之情難以遏止，涕血流泣至矣！

慶應三年丁卯九月　　松平容堂

建白書附件的內容如下：

鑑於宇內之形勢、古今之得失，誠惶誠恐敬首再拜：伏惟欲皇國興復之基業，必國體不變、制度一新，以王制復古不恥於萬國萬世為本旨。方今急務為除奸舉良、施行寬恕之政、朝·幕·諸侯齊聚此乃大根本。前月四藩已上京次第獻言一二，自容堂患病歸國以來，愈益熟慮，深有時態不易、安危決於今日之感，故早速再上如右之建言，希能為難症至今的時局提供愚見。

一、議定天下大政的全權是朝廷，我皇國的制度法則及一切的萬機，出於京都的議政所。

一、議政所分為上下，議事官上起公卿、下至陪臣庶民，選出正明純良之士。

一、庠序學校設於都會之地，應分長幼之序教導學術技藝。

一、一切與外蕃之規約，兵庫港應由新朝廷之大臣與諸藩協商，主要內容以重新訂定明確新約、進行通商、不失信義於外蕃。

一、海陸軍備乃一大至要，京攝之間建造軍局，置守護朝廷之親兵，與世界相同之兵隊為要。

一、中古以來政刑出於武門，洋艦來港以後天下紛擾、國家多難，於是政權稍動，乃自然之勢。今日宜以改革古來之舊弊、構建大根基為主。

一、朝廷的制度法則，出自從昔的律例，應參照當今時務改革其弊以煥然一新，建立為獨立於地球上的國體。

一、議事之士大夫，應秉持去除私心制定基於正直之方策，不問既往是非曲直，一心更始視今後之事，掃除言論多、實效少之通弊。

慶應三年丁卯九月

寺村左膳、後藤象二郎、福岡藤次、神山左多衛

以上即為撼動幕末歷史的《大政奉還建白書》內容，可看出別紙的八條建言多與前節提及的薩土盟約類似。象二郎手捧建白書於九月廿三日隻身趕往京都進行遊說。

九月十八日龍馬帶著新購入的一千二百挺米尼葉槍、搭乘藝州藩的船隻震天丸離開長崎，廿日在下關與海援隊士陸奧陽之助、萱野覺兵衛分手，他們兩人帶著其中二百挺米尼葉槍在此等待前往大坂的船隻，最終目的地是前往京都為大政奉還做準備。龍馬也在下關下船，他找來高杉生前安排給他的保鑣三吉慎藏，像是交代後事般地對三吉說，如果自己有萬一請務必照顧阿龍。

廿三日龍馬搭乘震天丸離開下關，此次出航的目的地是故鄉土佐，這是龍馬自文久二年三月廿四日脫藩以來，相隔約五年半後再度踏上土佐。九月廿四日龍馬下了震天丸，獨自在浦戶灣的出海口桂濱登陸，昔日龍馬在此與武市半平太等眾多鄉士喝酒、嬉戲、賞月、唱歌。是一個龍馬充滿無限回憶的地方，同時也是無盡傷感之地，因為昔日一起嬉鬧的鄉士多半已不在人世。

「武市兄，就要變天了。我一定會完成你的遺願，建立一個沒有上士與鄉士之分的國家。」

龍馬回到土佐主要的目的是勸說藩內的頑固派，讓他們放棄佐幕的立場，改為支持大政奉還。在震天丸上的一千二百挺米尼葉槍是準備好萬一大政奉還不被接受，土佐將馬上變身武裝部隊，配合薩長進軍京都。

有藩內上士前兩把交椅後藤象二郎和佐佐木三四郎的交代，龍馬受到眾上士的款待，在龍馬生動的勸說下，這些冥頑不靈的上士似乎頑石點頭。龍馬接著的行程是要趕往京都支援象二郎的大政奉還論，而在此之前，土佐的上士准許他返回離開五年半的老家。

龍馬的老家位於高知城下本町筋一丁目（高知市上町一丁目上町病院前），龍馬家的人口眾多，儘管龍馬生父八平已在安政二年病逝，之後龍馬擅自脫藩，而龍馬的繼母伊與也在慶應元年病逝，家中成員還有龍馬的長兄，同時也是坂本家戶長權平，年紀足足大龍馬廿一歲。權平和龍馬之間還有千鶴、榮、乙女三個妹妹，除榮早死外，出嫁的千鶴不時返回娘家，千鶴的長男高松太郎加入龍馬的海援隊，之後成為龍馬的養子坂本直。至於權平最小的妹妹乙女，和夫婿離異後一直都住在坂本家。權平只有一個女兒名叫春猪，和龍馬年紀相當，因為是獨生女，因此入贅夫婿，生下兩個女兒。

除坂本家外，還有坂本家經營的商店才谷屋的掌櫃及其家人、僕役、小廝都來歡迎坂本家二少爺的歸來，在歡愉的氣氛中龍馬度過他在土佐的最後一個夜晚。

十月一日龍馬搭乘震天丸啟程前往兵庫，在土佐灣東側的室戶岬遇到暴風，龍馬下令折回，於土佐灣中的須崎港（高知縣須崎市）躲避暴風，但震天丸在此次暴風中受損，龍馬只好請藩廳另派船隻支援。龍馬因這次暴風拖到八日才抵達兵庫，隔日進入京都。六月完成《船中八策》而上京選定的住所木材商酢屋（京都市中京區河原町三條），因鄰近京都土佐藩邸，長久以來與土佐有生意上的往來而受到龍馬喜愛。可是據先進京的海援隊士所探得的情報指出，酢屋已被幕府捕吏盯上，因而臨時為龍馬另覓新住所，選定位於河原町通和蛸藥師通交界處的土佐藩御用醬油商，店名近江屋（京都市中京區河原町通蛸藥師下行塩屋町）。

龍馬躲避暴風期間，象二郎在十月三日以藩主山內豐範的名義於二條城向板倉老中首座遞交《大政奉還建白書》，請他轉交慶喜，而慶喜陷入深思，他的選擇不僅將決定大政奉還和武力討幕的勝負，更將決定未來日本的命運。

接著，再回過頭來看看武力討幕派在這段時間的進展。

慶應三年一月九日踐祚的祐宮是一個不滿十五歲的幼帝，為此二條齊敬從關白轉為攝政以輔佐幼帝，此事已於前文提及。然而，真正發揮攝政功能的是祐宮外祖父中山忠能，因此中山忠能的政治立場將決定倒幕派是否能取得倒幕密敕。對岩倉和大久保而言，只要能讓中山忠能認同倒幕主張，並以祐宮名義頒布倒幕密敕，便有可能以武力討幕取代大政奉還。

中山忠能早先是公武合體派，後來向攘夷派靠攏，文久年間被任命為國事御用掛，在元治元年受到孝明天皇斥責罷官，慶應三年祐宮踐祚才復官。儘管中山忠能曾在公武合體與攘夷主張間穿梭，卻不曾有過倒幕的念頭，加上剛正不阿的性格，要說服這樣的人點頭倒幕的確是頗為棘手。

岩倉除積極與大久保、西鄉聯繫並說服中山忠能外，也命他的友人國學[4]者玉松真弘（俗稱操）製作象徵官軍的討幕旗幟「錦之御旗」。錦之御旗在歷史上曾於承久三（一二二一）年承久之亂及元弘元（一三三一）年元弘之亂作為象徵官軍的旗幟，岩倉和玉松操相中的正是其悠久的歷史。只是岩倉和玉松操可能沒想到，歷史上兩次舉起錦之御旗的官軍最後都以慘敗坐收，兩位官軍的最高指揮官後鳥羽上皇和後醍醐天皇均遭受流放隱岐島的命運。錦之御旗雖於歷史記載中出現過兩次，但卻未具體記載其圖形，玉松操在設計圖案時參酌岩倉和大久保的意見。

依照薩長藝盟約內容，九月廿五、六日兩艘裝滿薩摩藩兵的軍艦停泊在長州軍港三田尻，其中一艘軍艦先趕往攝海，另一艘隨後也從三田尻出發，接著折往廣島搭載藝州藩兵，然後再趕赴攝海。兩艘船運送的三藩藩兵與在京都的薩、藝二藩駐兵會合，共約四千人，這四千藩兵要先保住「玉」（幕末志士對天皇的代稱），接著等待討幕密敕下來，薩、長、藝四千藩兵立即變成官軍，進行討幕。

岩倉讓玉松操製作錦之御旗的同時，他自己也完成討幕密敕的草稿，只要中山忠能同意討幕，拉著祐宮的手蓋上天皇御璽，錦之御旗和討幕密敕便能立即發揮效用。

十月十二日夜，眾多使者不斷從二條城出來，他們前往各藩在京都的藩邸通報：

「明天十三日，因特殊之事件，將軍在二條城召見諸藩重臣或留守居役，諮詢重大事情。」

江戶幕府二百多年以來，召集各藩重臣諮詢重大問題是前所未有之事，使者雖未明說，然而土佐、薩摩等少數藩已經猜出諮詢重大事情即是大政奉還。土佐藩邸裡的象二郎見完來自二條城的使者後，立即寫信通知人在近江屋的龍馬。

「這一天終於到來！」

十三日天亮後，諸藩重臣相繼前往二條城，土佐的人選當然是參政後藤象二郎，薩摩則為小松帶刀。除土佐、薩摩二藩外，二條城聚集加賀、仙台、尾張、熊本、福岡、藝州、佐賀、彥根、鳥取、越前、岡山、德島、久留米、秋田、盛岡、松江、米澤、大和郡山、伊予松山、姬路、備後福山、柳河、宇和島、弘前、二本松、中津、大垣、松代、新發田……共四十餘藩，三十萬石以上的大藩派出二名重臣，因此共有將近七十人擠在二條城二丸御殿的大廣間一之間和二之間。

4 國學：江戶時代盛行的學問，鑽研佛教、儒教傳入前的古代日本，強調復古，推崇神道、《古事記》和《萬葉集》，是尊王攘夷派的思想來源。

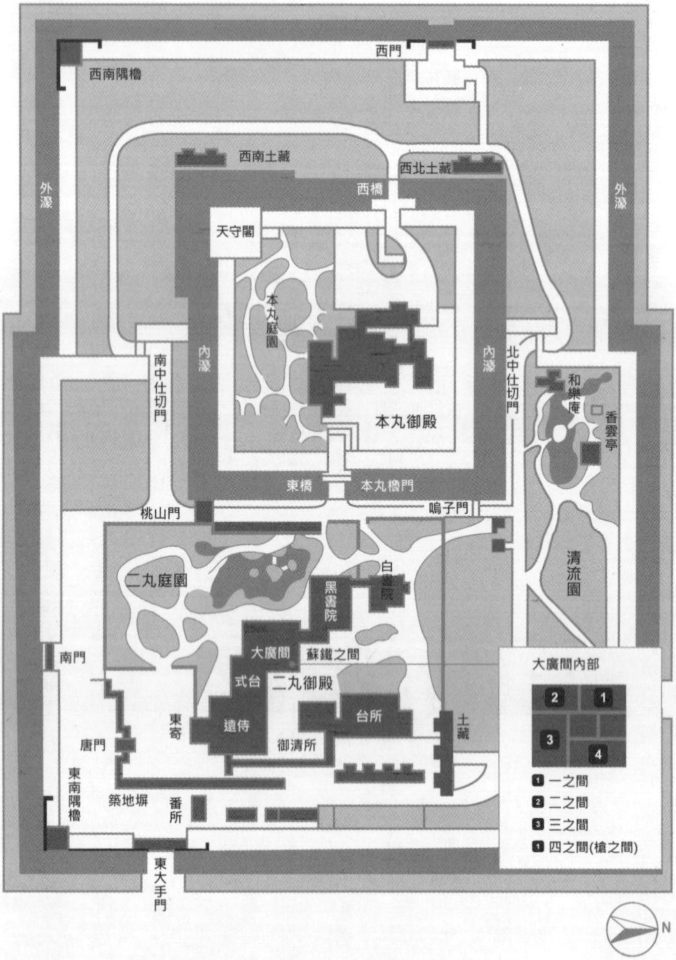
西門
西南隅櫓
西南土藏
西北土藏
外濠
西橋
天守閣
本丸庭園
內濠
南中仕切門
北中仕切門
和樂庵
香雲亭
本丸御殿
東橋
本丸櫓門
桃山門
鳴子門
二丸庭園
白書院
黑書院
清流園
大廣間
蘇鐵之間
南門
式台
二丸御殿
大廣間內部
東寄
遠侍
台所
土藏
唐門
御清所
東南隅櫓
築地塀
番所
東大手門
一之間
二之間
三之間
四之間(槍之間)
N

二條城平面圖

當日晝八時板倉老中首座現身，先以沉痛的口氣做開場白，然後傳閱預先寫好的文件，並說道如有意見想請求拜謁將軍者，請寫上自己的姓名。各藩重臣均受過武家禮儀，因此幾乎沒有人要求拜謁將軍，當文件傳到象二郎面前，文件上清楚地寫著「政權歸還朝廷……」等字樣，象二郎內心無比振奮。

「龍馬，真有你的，區區一介浪人竟能改變日本的歷史！」

當下象二郎和小松交換眼神，兩人心有靈犀地在文件上寫下自己的名字，在小松的提醒下，在場的藝州藩家老辻將曹也寫上自己的名字，象二郎又拉著同藩上士福岡藤次，四人一同前去拜謁將軍。小松等四人跪伏在地（藩的家老不能直視將軍）對將軍說道：

「即便現在大政奉還，朝廷也無法立刻執政，在以朝廷為主的新政府成立之前，外國事務與國內事務委由朝議決定，其他事務還是暫由朝廷委任來進行。」

慶喜內心想必百感交集，不到一個月前的九月廿一日，朝廷才派出武家傳奏日野資宗、飛鳥井雅典為慶喜敘任內大臣（江戶幕府將軍無一例外不是先當上內大臣再成為將軍，不然便是同時成為內大臣與將軍。只有慶喜是先成為將軍，再當上內大臣），成為將軍近九個月後的慶喜，終於取得「公方樣」的稱謂，正式搬進二條城。然而此刻遷入二條城都還不滿一個月，就得面臨大政奉還、親自交出政權的尷尬局面。自十月三日從板倉老中首座手中接過後藤象二郎遞交的《大政奉還建白書》以來，慶喜一直在思考接受與否，若是接受必然會受到來自江戶——尤其是大奧——的責難，特別是前前任將軍的御台所天璋院，慶喜光是聽到她的聲音不由得感到反胃。

「那個女人對我充滿偏見，現實政治和在大奧扮家家酒是不一樣的。」

若不接受的話勢必引發內戰，岩倉和薩摩近來接觸頻頻，似乎在求討幕密敕。一旦朝廷同意討幕，幕府將成為賊軍，自己也會落得朝敵的下場，如此一來有違自幼以來所受到的、以大義名分為內涵的水戶學教育。

兩害相權取其輕，慶喜最後做出大政奉還的決定。

這一日近七十名各藩重臣在二條城二丸御殿大廣間聚集的場景，在昭和十（一九三五）年成為明治時代出生的畫家邨田丹陵筆下的〈大政奉還圖〉，只要一提及大政奉還，大家的腦中就會浮現這幅畫。不過久住真也撰述的《幕末的將軍》（幕末の将軍）一書指出，這幅珍藏於明治神宮

〈大政奉還圖〉——引自《維新の史蹟》，日本國立國會圖書館所藏，原畫現收藏於明治神宮聖德紀念繪畫館

外苑聖德繪畫紀念館（東京都新宿區霞丘町）的壁畫將背景地誤植為二條城黑書院。

小松四人退出二條城已是當日宵五時半，預定再去拜訪二條攝政，象二郎先折回土佐藩邸，他已等不及要將慶喜同意大政奉還的消息通知龍馬。話說這一日從下午起，近江屋便聚集眾多海援隊士及其他土佐藩志士，他們都在等待今日二條城諮詢的結果。等到晚上依然沒有傳來消息，不僅土佐藩志士焦急，就連向來神情自若的龍馬看來也坐不太住，不斷要海援隊士前去土佐藩邸確認象二郎是否歸來。龍馬內心閃過幾個念頭，如果象二郎因將軍拒絕而切腹該如何是好？如果慶喜拒絕大政奉還，海援隊勢必加入討幕行列，日本無可避免會進入長期內戰，到時該如何防範英法等國趁火打劫？

宵五時半過後，象二郎派人來到近江屋遞交一張紙條，中島作太郎連忙將紙條拿到二樓給龍馬看。紙條上簡短但潦草地寫道：

「大樹公出示將政權返還朝廷之號令。」

讀完龍馬全身顫抖，久久難以自已。

「終於……」

良久之後，龍馬說道：

「大樹公今日之心，可給予極高之評價！余，誓為此公獻上一命。」

龍馬對於慶喜甘願犧牲自已成全大局深感無比佩服，不斷重複念著「余，誓為此公獻上一命。」如此一來，即便倒幕密敕下來也無法發動討幕戰爭。

大政奉還和武力討幕的角力到此時看來暫由大政奉還佔上風，武力討幕派是否能認同大政奉還？或是會再起風雲？德川慶喜主動歸還政權，他要如何面對來自江戶的責難？

大政奉還後，容筆者套用NHK大河劇《龍馬傳》第四季每回最後岩崎彌太郎的死亡預告：

距離龍馬暗殺的日子，只剩最後的××天。

下一章筆者將介紹龍馬生涯的最後三十日。

第十九章

龍馬暗殺

一、世界的海援隊

慶喜決定大政奉還的慶應三（一八六七）年十月十三日夜，武力討幕派企求已久的討幕密敕已經完成。翌日，薩摩的大久保與長州的廣澤兵助前往公卿正親町三條實愛的宅邸，拜領下達給薩摩藩島津久光・忠義父子及長州藩毛利敬親・廣封父子的討幕密敕。可是德川慶喜也在這一天正式對朝廷提出大政奉還的上表，既然慶喜已大政奉還，討幕密敕便因此失去意義。

「可惡！讓大政奉還捷足先登。」

熱衷武力討幕的西鄉、大久保不免感到義憤填膺。

慶喜接受大政奉還並未讓龍馬樂昏頭，他當晚連夜趕工，在公卿侍者戶田雅樂（維新回天後改名尾崎三良）的協助下起草新政府成員名單。當時西洋官職在日本尚未有適當的譯名，而且志士們也都對此感到陌生，因此龍馬決定沿用平安時代的名稱，如此一來既可讓志士們感到熟悉，也可爭取國學者及攘夷勤王者的支持。

十四日龍馬帶著陸奧陽之助前往薩摩位在二本松的藩邸，把他一整晚辛苦擬定的新政府官員名單交給薩摩小松帶刀、西鄉、大久保三人傳閱。龍馬擬定的新政府成員名單如下：

關白一人，以公卿中德望智識最佳者任之。職責為輔弼天皇，輔佐萬機，總裁大政。

三條實美。

議奏若干人，由親王、公卿、諸侯中德望智識最佳者任之。職責為獻替萬機、議定上奏大政，兼分掌諸職之長。

島津久光（薩）、毛利敬親（長）、松平春嶽（越前）、鍋島齊正（肥前）、蜂須賀茂韶（德島）、伊達宗城（宇和島）、岩倉具視、正親町三條實愛、東久世通禧（以上皆為公卿）。

參議若干人，以公卿、諸侯、庶人任之。職責為參與大政，兼分掌諸職之次長。

小松帶刀、西鄉吉之助、大久保利通（以上薩摩）、木戶準一郎、廣澤兵助（以上長州）、後藤象二郎（土佐）、橫井平四郎（號小楠）、長岡護美（以上熊本）、三岡八郎（越前）。

小松、西鄉、大久保三人將名單反覆看過幾次，他們懷疑自己是否看漏什麼。

「名單上沒有龍馬的名字。」

不僅如此，土佐的成員也被壓縮到只有後藤象二郎一人，連對大政奉還或武力討幕皆無表態的熊本藩都有兩個名額。其實龍馬在新政府名單中最想填入的名字是武市半平太，只可惜他已死在土佐藩的內鬥中。

「武市兄如果還在，憑他的才能參議之首當之無愧！」

由於土佐內鬥消耗掉太多人才，倖存下來的土佐殘缺不全，像乾退助在野戰指揮方面極具天分之人，進入明治時代後卻與象二郎一起登上他不擅長的政治舞台，讓如此陣容的土佐在新政府佔有過多位置並非好事。這麼一想，似乎也能理解為何議定名單遺漏山內容堂名字的理由。筆者在參預會議及四侯會議用不少文字介紹容堂，讀者對於他虎頭蛇尾、半途而廢的個性應該不陌生，加上他始終固守於佐幕立場，且缺乏變通與妥協的性格，若將他安置於廟堂恐怕會成為議程的破壞者。

西鄉提出疑問：

「你是新政府名單的草擬者，為何名單上沒有你的名字？」

對武力討幕派而言，立下大功者理應成為新政府成員，因為他們就是抱持這種想法才投入武力討幕。

「我啊！我不想當不自由的官員。」

龍馬果斷說出他不願當官的心志。

西鄉恐怕很難理解龍馬的志向，於是又追問：

「不當官的話你想做什麼？」

龍馬不慌不忙地說道：

「想當世界的海援隊！」

龍馬與西鄉的這番對答，隨侍在旁的海援隊秘書陸奥陽之助都聽進耳裡。維新回天後陽之助改名宗光，在第二次伊藤內閣被任命為外務大臣的陸奥宗光回憶此時的情景說道：

「當時的龍馬可是比西鄉還要偉大的人物！」

擬定新政府成員名單後，龍馬和西鄉等人還討論管理新政府財政的人選問題。親王、公卿、各藩藩主都不具備財政能力，薩、長、土不乏視死如歸之士，但說到管理財政倒是他們普遍欠缺的能力。進入明治時代薩摩的五代友厚及長州的井上馨分別以實業家和財政官僚聞名，不過兩人也不約而同地留下某種程度的惡名。尤其是明治時代擔任大藏大輔的井上馨經常被西鄉抨擊為「三井的大掌櫃」，後來因瀆職問題去職，不過與井上一起下台的大藏省官僚澀澤榮一倒是個優秀的財政人才，只是他此時已隨德川昭武前往法國出席巴黎萬國博覽會，龍馬當然不會知道這號人物。即便澀澤人在國內，幕臣身分的他也難以成為新政府成員。

於是龍馬向西鄉等人推薦數年前前往越前認識的該藩志士，名為三岡八郎，自文久三（一八六三）年秋以來，由於越前藩彈壓勤王派，三岡八郎因而受到謹慎處分。三岡八郎即是維新回天後的由利公正，是揭示新政府國是方針《五條御誓文》的起草人（之後由福岡藤次修改，再由木戶準一郎潤飾）。

龍馬決定親自前往越前與謹慎中的三岡八郎會面，談談他對新政府財政的看法。

十五日龍馬和中岡前往洛北岩倉村拜訪岩倉具視，前章已提到中岡在慶應三年四、五月間曾隻身拜訪岩倉，而龍馬此時才首度與岩倉會面。因為大政奉還導致武力討幕化為泡影，如今大政奉還論的提倡者站在自己面前，岩倉即便沒有當面斥責龍馬，也不免擺出責難的臉色給龍馬看才是。但是岩倉見到龍馬卻只是沉默不語，全神貫注聽著龍馬陳述意見，並不時出聲說道：

「原來如此！」

看在中岡的眼裡，認為能夠控制自己情緒的岩倉正是其魅力所在。

十九日，小松、西鄉、大久保三人帶著已失去效用的討幕密敕從大坂搭乘藝州藩船隻前往三田尻，廿一日抵達三田尻將其中一份討幕密敕遞給長州藩主父子並商討對策。廿三日夜又搭上船隻趕回薩摩，廿七日與薩摩藩家老、重臣討論，於翌日向久光・忠義父子報告眾議結果，廿九日藩主島津忠義決定親率大軍上洛（實際出發在十一月十三日）。

十月廿四日，龍馬從京都啟程前往已寒意甚深的北國越前。同日，德川慶喜向朝廷辭去征夷大將軍。

二、前往越前

龍馬與同藩的岡本健三郎及海援隊為龍馬在近江屋安排的僕役山田藤吉一同前往越前，岡本健三郎維新後歷任太政官權判事、大藏大丞，明治六（一八七三）年與參議[1]板垣退助、後藤象二郎一起下野，聯名發表《民選議院設立建白書》，和板垣一起投身自由民權運動。

龍馬與岡本從京都出發，進入近江草津後沿琵琶湖岸往東北方而去，到彥根城東北方約五公里的鳥居本（滋賀縣彥根市鳥居本町，中山道第六十三宿）接北國街道（也稱北陸街道），然後朝北經米原（滋賀縣米原市）、長濱、木之本、塩津（以上皆位在滋賀縣長濱市），再經愛發關進入越前疋田（福井縣敦賀市）。

龍馬一路走得很急，只要與越前老公松平春嶽談好解除三岡八郎的謹慎之罪，讓三岡出馬負責新政府的財政，不戀棧名利權位的龍馬便能功成身退，履行自己「當世界的海援隊」的心願。

經過越前疋田，龍馬繼續朝敦賀（福井縣敦賀市）、今庄、湯尾、鯖波、脇本（以上均位於福井縣南條郡南越前町）、武生（福井縣越前市天王町）、上鯖江、鯖江（以上均位於福井縣鯖江市）、淺水（福井市今市町），渡過九頭龍川支流足羽川，三十二萬石福井城城下町出現在眼前，

1 參議：維新回天後新政府權力的核心，由薩長土肥四藩壟斷，內閣制實施後廢止。

此時已是十月廿八日。

松平春嶽自文久三年五月透過勝海舟認識龍馬，他只大龍馬七歲，初次與龍馬見面時便為龍馬個人魅力吸引。當龍馬因神戶海軍操練所而向春嶽募款，春嶽以贊助者身分捐款五千兩，給足龍馬很大的面子，撇開階級身分不看，他們倆算得上是知交好友。

十一月一日，松平春嶽和重臣中根雪江接見龍馬，對一個在藩內幾乎毫無地位的鄉士而言，春嶽的作為在當時相當罕見。龍馬先對春嶽提及大政奉還以來的京都形勢，然後回覆春嶽與中根的提問，並對於越前藩今後應採的姿態給出建議。

龍馬報告完畢後，他向春嶽指名讓三岡八郎加入新政府，原本還笑容滿面的春嶽頓時臉色一沉。以春嶽的性格，會讓他改變臉色的人事物想來必是非同小可，由此不難看出當初在處理三岡八郎時必然讓春嶽心神不寧。身為親藩且又是御三卿出身的春嶽，要他捨棄佐幕立場投向尊王的懷抱想必過於強人所難。

龍馬多少看出端倪，說道：

「三岡雖是貴藩的罪人，卻不是新政府的罪人。」

春嶽其實對自家家臣能被龍馬的慧眼看上也感到安慰，因此嘴上雖說他是越前的罪人，最終也認同龍馬的說詞決定赦免三岡八郎。然而赦免要按照一定程序，會耗上好幾天，龍馬等不及這麼多天，他希望明日就能見到三岡。春嶽聽罷微微一笑，轉身交代中根雪江明日讓三岡自由外出一天。

十一月二日一早，龍馬在莨屋旅館（福井縣福井市照手一丁目）等待三岡到來，三岡由於在自宅謹慎長達四年多，對於佐幕派、公武合體派、武力討幕派、大政奉還派等勢力的消長不甚明瞭，龍馬極有耐性地為三岡講解。之後話鋒一轉說到朝廷雖有薩長等藩的藩兵為後盾，但是新政府面臨的最大困境是沒有錢，沒有錢什麼事也無法完成。

三岡對於龍馬提到關於錢的問題胸有成足，他提出的解決方案即是慶應四（一八六八）年五月廿八日——鳥羽．伏見之戰結束後——以徵士參與身分推動的金融財政政策，發行「太政官札」。「太政官札」類似今日的公債，開放商人購買而且還支付一定利率的利息。新政府靠三岡發行太政官札在財政方面有所著落，不僅讓民心安定，也成為戊辰戰爭的經費之一。

當然太政官札也因難以流通而遭致非議，維新後改名為由利公正的三岡在明治二（一八六九）年因此辭職，人雖辭職，但太政官札仍持續發行到明治十年的西南戰爭結束後。之後由利公正曾跟隨岩倉使節團前往歐美考察，明治七年與板垣退助、後藤象二郎、江藤新平、副島種臣（後二人為佐賀藩）四名下野的前參議聯名向左院[2]遞交《民選議院設立建白書》。

不過明治八年由利公正被任命為元老院議官，重返政壇任官，《華族令》頒布後以維新回天之功敘為子爵，之後被選為貴族院議員及麝香間祇候[3]，明治四十二（一九〇九）年以八十一歲高齡病逝。

從以上三岡的簡歷來看，三岡一生最值得一書的，當數幕末龍馬在寒冬時前往越前藩請求松平春嶽赦免他，讓他以自由之身在新政府任官的這一刻！

三日天未明，龍馬和岡本健三郎、山田藤吉離開越前。為新政府覓得財政專員，龍馬一路上的心情想必極為喜悅，於十一月五日回到京都。然而龍馬沒料到的是，他的性命僅剩最後的十日。

三、新政府綱領八策

龍馬前往越前之前寫下《新政府綱領八策》寄給岩倉村的岩倉具視，《新政府綱領八策》條文內容幾乎與船中八策如出一轍，但多出以下這樣的句子：

上述內容宜與二三開明之士議定以待諸侯會盟之日，〇〇〇自為盟主以此奉戴朝廷向天下萬民公布，強抗非禮公議違者斷然征討，權門貴族亦在其內。

在《龍馬傳》裡，西鄉、小松、大久保、木戶、伊藤、井上……甚至連中岡都在追問龍馬，《新政府綱領八策》的〇〇〇所指何人？按照龍馬的解釋「只要是有志讓日本成為更好的國家的人，不管是上士還是下士，是商人還是農人，誰都可以成為〇〇〇裡的那個人。」龍馬的立意

2 左院：明治初年新政府的立法機構，與正院、右院合稱太政官。

3 麝香間祇候：對於維新回天立下功動的志士或華族給予禮遇的名譽職。

崇高無私，但是旁人並不這麼解讀，西鄉、大久保等人認為龍馬會在○○○填上慶喜的名字，認為《新政府綱領八策》其實是在為德川家解套。

西鄉的解讀顯然與他日後經常掛在嘴邊的「敬天愛人」之精神相違，連在日本近代史上享有極高聲望的西鄉尚且如此，其他的薩長志士可想而知，他們之所以非要進行武力討幕，說穿了就是想踩在德川家之上、取代德川家現有的權力地位，把個人的飛黃騰達置於國家利益之上。

正因為出於私心，所以他們對○○○到底是誰異常敏感，近乎於執拗地追問龍馬○○○是否即為慶喜？司馬遼太郎在《龍馬行》後記寫下這一段話：

> 要是不先去除私心，讓自己保持心靈的空白，那就不能吸引他人到自己的身邊來。只要能吸引他人聚集過來就

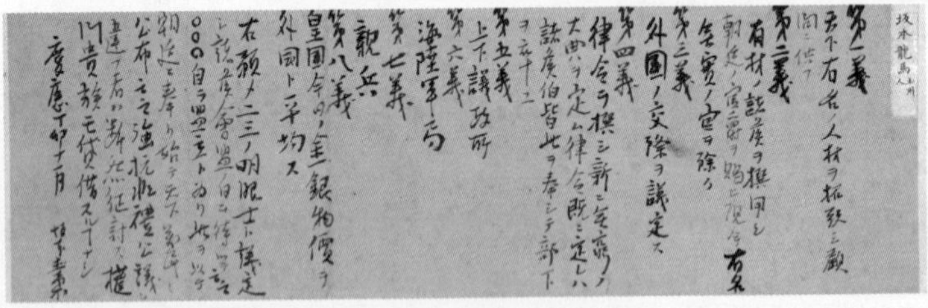

《新政府綱領八策》，圖中的最左邊即為龍馬補充在條文後的內容——出自《亡友帖》，日本國立國會圖書館所藏

可以產生智慧與力量。這是成就事業的人所應具備的條件之一……

以這段話檢視當時討幕派志士，可以發現他們幾乎沉醉在武力討幕後的功名富貴，幾乎都不具備這樣的高度與器度。

自提出大政奉還後，龍馬促成的薩長同盟成員幾乎都不支持他，《新政府綱領八策》更是讓薩長站在與他對立的立場。《龍馬傳》中透過岩崎彌太郎與京都見廻組的對話，反映出人生最後時期的龍馬是多麼的孤立！

二〇一七年高知城歷史博物館為迎接大政奉還一百五十周年舉辦特展「志國高知　幕末維新博」，展出一封據說是龍馬在十一月十日寄給越前藩重臣中根雪江的信件，龍馬在這封信件裡首度使用「新國家」的字眼，而非當時多數志士使用的「藩」或「國」。這封信的主要內容是透過中根雪江向松平春嶽要求早日讓三岡八郎上洛，「三岡兄遲一日上京，新國家的財政就遲一日成立。」

這封信在信封上寫的是龍馬的變名才谷梅太郎，而信紙的署名為龍馬，不管是格式或筆跡都與龍馬其他信件一致，參與鑑定的專家認為這封信幾乎可以確定是龍馬書寫的信件。

四、命運的十一月十五日夜

從越前返回京都當日，龍馬和福岡藤次前去拜訪幕府大目付永井尚志，翌日又單獨拜訪永井，與福岡藤次前去的那次有《神山左多衛雜記》的記載可供佐證，只是不清楚談話內容為何。十一日拜訪永井返回後龍馬似乎罹患感冒，住處從原本近江屋的土藏轉移至近江屋主人井口新助夫婦的住處二樓，要與龍馬談事情的人得親自到近江屋登門造訪。

不過，十五日晝八時半和夕七時半龍馬兩次離開近江屋，到南邊福岡藤次下榻地大和屋拜訪，可惜都沒遇到福岡，龍馬第二次造訪時留下「如果福岡回來，請他來我的住處」的留言。龍馬為何在這一天找福岡找得那麼急？可以想見應該與十一月十日和福岡去拜訪永井尚志不無關係，可惜並不清楚那天三人談話的內容，不然應有助於了解龍馬兩度去找福岡的原因。

陸援隊隊長中岡慎太郎在這一日晝八時離開陸援隊屯所白川土佐藩邸（京都市左京區，京都大學校地內），途中折往四條河原町土佐藩小目付役谷守部的住處登門拜訪。結束後順道前往谷守部家附近的書店菊屋，菊屋為土佐藩的御用書店，多年來經常進出河原町的土佐藩邸，與土佐藩士大多熟識，喜愛閱讀的中岡也經常在菊屋走動。將近暮六時，中岡與菊屋主人之子菊屋峰吉（維新回天後改名鹿野安兵衛）一同前往近江屋，此時近江屋內已有岡本健三郎以及土佐藩士宮川助五郎前來拜訪龍馬。

宮川於去年九月十二日在三條大橋和七名土佐藩士因與三十餘名新選組爭吵被捕（三條制札事件），由於宮川是上士出身，新選組不便將其殺害，而關押在六角獄中。期間土佐也多次和會津交涉要求引渡宮川，到慶應三年十一月終於得出結果，福岡藤次寫信給中岡說會津同意引渡宮川，不過宮川先由陸援隊接收，日後再恢復土佐藩士的身分。中岡收到信件後便來河原町的土佐藩邸與福岡商量，但是在河原町的藩邸找不到福岡，他認為福岡可能在龍馬這裡，於是折往近江屋的方向，結果意外與龍馬成為命運之十一月十五日夜的主角。

中岡和峰吉到近江屋後並未發現福岡藤次，倒是意外看到宮川助五郎，當時宮川已談完事情準備離去。不一會兒海援隊士長岡謙吉和宮地彥三郎到來，之後畫家淡海槐堂（變名為板倉筑前介）攜帶作品〈白梅寒椿〉畫軸造訪，為當天生日的龍馬慶生。龍馬將眾多訪客帶往二樓，讓僕役山田藤吉待在一樓，若有其他訪客登門再上樓通報。

淡海槐堂雖是一介畫家，本身也是勤王志士，曾多次金援七卿落的諸位攘夷公卿，天誅組舉兵起義前也曾大量金援。目前發現一張慶應三年十月十一日資助中岡的借據，上面寫道：

覺　金參百兩也　土州石川清之助（花押）

板倉筑前介殿

石川清之助即中岡的化名，一次出借三百兩金也證實兩人之間深厚的友誼。

淡海槐堂進入近江屋二樓龍馬的房間後，將其作品〈白梅寒椿〉畫軸掛在床之間[4]，為龍馬解說畫作的意境後即告辭離去，宵五時過後長岡、宮地二人與龍馬的會談結束，他們婉拒了龍馬留下一同吃晚餐的提議後便離去。

訪客已逐一離去，飢腸轆轆的龍馬要岡本健三郎和菊屋峰吉去買他愛吃的軍雞（鬥雞），岡本和峰吉出近江屋朝南直走到四條通再左轉到木屋町通，那裡的店鋪「鳥新」是龍馬愛吃的軍雞專賣店。此時近江屋只剩下龍馬、中岡、山田藤吉以及近江屋主人新助夫婦共五人，在岡本和峰吉離去後彷彿算好時間似的，從黑暗中跳出七名人影朝近江屋而去。

其中一人在玄關敲門，藤吉開門後，為首一人問道：

「請問才谷梅太郎先生在嗎？」

說完遞出名片，上面寫著：「十津川鄉士。」

筆者在第十章第五節曾提及十津川鄉士的由來，文久三年八、九月間在大和襲擊五條代官所的主力即是十津川鄉士。即便後來大和天誅組起義被幕府殘酷鎮壓，龍馬和中岡仍與十津川鄉士多有往來，因此藤吉見到遞來的名片上寫著十津川鄉士後不疑有他，轉身進去欲登上二樓通報龍馬。

藤吉本是相撲力士（相撲界的名字為雲井龍），身材壯碩的他動作顯得緩慢，當他緩緩走上二樓時，七名刺客魚貫而入。三名刺客以為龍馬在一樓，因而拉開拉門而入，驚醒已入睡的井口新助夫婦，刺客從新助夫婦口中證實龍馬人在近江屋二樓奧之間。於是四名刺客上去二樓進行暗殺任務，三名刺客則守在玄關把風。

藤吉手持刺客遞出的十津川鄉士名片走進奧之間拿給龍馬看，龍馬看過名片上的名字後不發一語，照理而言他應該要對訪客的身分感到懷疑才是。藤吉離開奧之間緩緩拉上拉門，突然被兩名刺客拔刀砍中（這段出自中岡的證詞）從樓梯滾落到一樓，龍馬以為藤吉與買完軍雞回來

4　床之間：在和室房間的一個角落做出內凹的小空間，通常會以掛軸、插花或盆景做裝飾。

的岡本健三郎和峰吉在嬉鬧，於是出聲喊道：「ほたえな！」（Hotaena，土佐方言，別吵了之意）

龍馬的聲音讓四名刺客鎖定目標，於是由擅長小太刀[5]的刺客拉開拉門，龍馬拿起藤吉剛剛拿進來的名片，瞧瞧名片上的名字，同時仔細端詳眼前的訪客。突然間龍馬像是發現了什麼，而擅長小太刀的刺客並沒遺漏龍馬的眼神，兔起鶻落地拔出小太刀往龍馬前額橫砍一刀，龍馬前額被劃出一道傷口，鮮血飛濺出去，濺在淡海槐堂剛送給他的畫作〈白梅寒椿〉掛軸上。

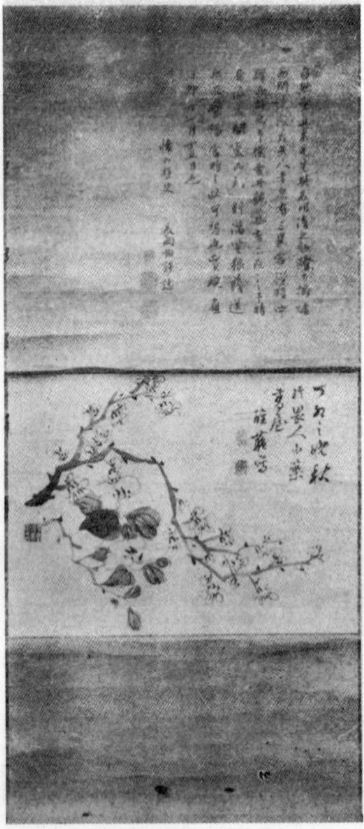

事件中濺血的〈白梅寒椿〉——出自《雋傑坂本竜馬》，日本國立國會圖書館所藏

龍馬被砍一刀後馬上知道是怎麼回事，立刻轉身拿起愛刀「陸奧守吉行」欲拔刀對抗。可是奧之間只有八疊大小（約四坪大），要拔出超過六十六公分的陸奧守吉行並不容易。龍馬愛刀才拔出一半，便遭到持小太刀的刺客從右肩砍到左背的袈裟斬。此時另三名刺客一起衝進奧之間，砍中中岡的後腦勺，中岡不支倒地，前後總共被砍十一刀。

刺客又朝龍馬砍來第三刀，龍馬拿著未出鞘的陸奧守吉行接招，結果陸奧守吉行的刀鞘裂開，刀身亦被削去部分，龍馬前額再次被砍中，流出白色腦漿緩緩倒下。四名刺客眼見偷襲得手，龍馬和中岡均已身受重傷，要撐過今晚恐怕都是問題，紛紛收刀向樓下把風的三名打暗號指示撤退，此時大概是宵五時半前後，龍馬暗殺歷時不到半小時。

龍馬看著倒在榻榻米上的中岡，惋惜般地說道：

「真是遺憾。」

對劍術造詣平凡的中岡而言，死於刺客襲擊或許還能釋懷，但對千葉定吉的高足弟子、年僅十九歲便取得北辰一刀流免許皆傳的龍馬，受到刺客襲擊而死想必難以接受。龍馬已無法起

5 小太刀：太刀的一種，長度介於脇差和太刀之間，適用於狹窄的室內空間。

身，勉強爬出奧之間對樓下喊道：

「新助，叫醫生！」

喊的對象是井口新助，而非藤吉。龍馬想到既然刺客都能襲擊自己，藤吉必然已被刺客擊倒，由此看來龍馬雖命在垂危，意識應該還是很清楚。

龍馬按住自己的額頭，手上盡是紅色血跡及白色腦漿，對著中岡笑道：

「愼太，我的腦袋被砍中，已經不行了。」

說完倒在榻榻米上，龍馬在三十三歲生日這天死去，生日也成為其忌日。

司馬遼太郎在《龍馬行》以下面這段話作為全書的結束：

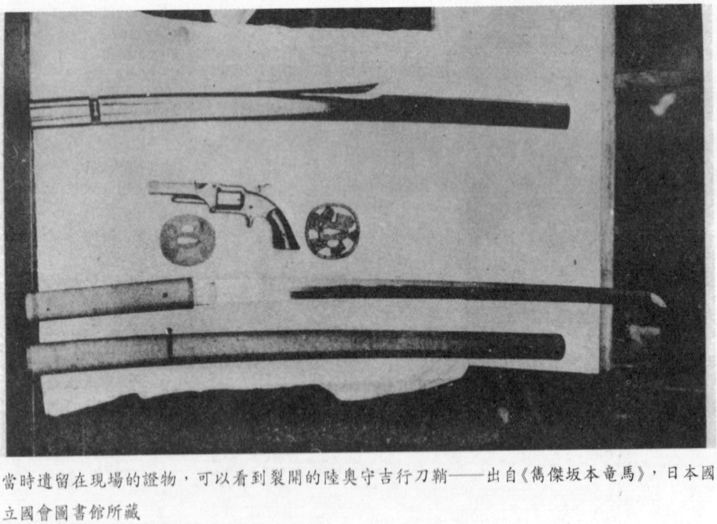

當時遺留在現場的證物，可以看到裂開的陸奧守吉行刀鞘——出自《雋傑坂本竜馬》，日本國立國會圖書館所藏

上天為了要收拾這個國家的歷史混亂局面而讓這個年輕人降臨到地上，當他的使命結束時，就毫無遺憾地回到天上去。

是夜，京都的天氣陰濕，沒有星星。

但是，時代已經扭轉了。年輕人用手推開這扇歷史的門，然後推向未來。

身中六刀（一說是七刀）的藤吉於十六日夕七時去世。被砍十一刀（一說是廿八刀）的中岡在十六日迴光返照，一度好轉，然而十七日傷勢加劇，中午過後去世。

五、龍馬暗殺之謎

如果說本能寺之變是戰國時代最大的謎，那麼毫無疑問，龍馬暗殺即是幕末時期最大的謎。拜戰後學術自由風氣及現代科技進步之賜，本能寺之變和龍馬暗殺不解的部分都得到部分的解答，後者已解開的部分甚至多過前者。

龍馬暗殺前兩日，亦即十一月十三日中午，有二位身著仙台平[6]袴的武士穿著來到近江屋說要找龍馬。藤吉問他們的名字，一位自稱是：

「伊東甲子太郎。」

另一位則自稱是：

「藤堂平助。」

藤吉雖是一介相撲力士，也知道這兩個名字及其背後的組織，正因為如此他聽到時才會感到訝異，心想：

「是要來行刺嗎？」

不過伊東、藤堂卻說來近江屋是有要事相告，伊東對龍馬說道：

「新選組正竭盡全力要狙殺足下，此一消息千真萬確，勿視為兒戲，請遷進土佐藩邸方為上策。」

伊東甲子太郎早年在江戶曾學過神道無念流和北辰一刀流（並非直接拜在千葉周作或千葉

定吉門下），勉強說來和龍馬有點淵源。伊東除劍術高超外，他的國學素養也極為深厚，加上玉樹臨風的外型，吸引不少人拜他為師加入門下。元治元年歷經池田屋事件和禁門之變，新選組名震天下，局長近藤勇和副長土方歲三也趁此機會大肆招募組員，伊東甲子太郎成為他們鎖定招募的對象之一。

近藤透過組員藤堂平助勸伊東加入，因為藤堂的劍術流派也是北辰一刀流，而且是學自神田於玉池（東京都千代田區岩本町二丁目）玄武館，是由北辰一刀流創始人千葉周作親自授業的道場。在藤堂的勸誘下，伊東於元治元年十月底率領部分門人加入新選組，讓新選組的成員一舉突破二百人，聲望達到空前之境。近藤對於伊東的加入大喜過望，讓伊東擔任新選組參謀，參謀這一職務在新選組裡僅次於局長，還在副長土方歲三之上，不難看出近藤對伊東器重的程度。

不過伊東骨子裡是死忠的勤王派，他與新選組的佐幕思想原本難以契合，隨著薩長同盟締結、四境戰爭幕府戰敗等事件讓幕府聲望筆直下墜，敏銳觀察時局的伊東已嗅出時勢將會有所

6　仙台平：仙台製作的絹織物，是江戶時代袴的最高級織物。

轉變。慶應三年三月十日伊東甲子太郎宣布脫離新選組，伊東不只帶走當初與他一同加入新選組的門人，還帶走原為新選組班底的齋藤一及藤堂平助（齋藤一旋即重返新選組）。伊東透過認識的朝廷公卿將出走的十三名原新選組成員命名為御陵衛士（參見第三部之介紹），屯駐於東山高台寺（京都市東山區高台寺下河原町）一角，實際上已轉變為討幕團體，並接受薩摩藩的支助。

伊東的行為明顯已違反新選組局中法度（隊規）第二條：

不許脫離新選組。

新選組局中法度是由有「鬼副長」之稱的土方歲三制定，全部共五條，只要違反其中一條必須受到切腹的處分，自制定以來已有山南敬助、河合耆三郎、谷三十郎等多名隊士因違反局中法度而切腹。

上述隊士的切腹多半在伊東加入新選組之後，他一定知道脫離新選組、另組御陵衛士必不見容於近藤、土方等人，但從他來勸告龍馬有遭暗殺危險來看，似乎他關心龍馬的安危更甚於自己。當然也可以解釋為他想聯合龍馬來對抗新選組，更可以這麼解釋——伊東甫從佐幕陣營跳槽到倒幕陣營來，此時若能向龍馬和中岡施恩，將有助於提高伊東在倒幕陣營的地位。

姑且不論伊東是否有上述意圖，至少提供新選組已在計畫殺害龍馬的情報，因此當峰吉和岡本健三郎買完軍雞返回近江屋看到倒在血泊中的龍馬和中岡，他馬上斷定是新選組所為。峰吉跑到附近的土佐藩邸告知龍馬遭到暗殺並身亡的消息，待谷守部來到近江屋現場後，峰吉趕忙騎上一匹未置馬鞍的馬，趕往白川陸援隊屯所通知田中顯助。

不久，伊東甲子太郎聞訊也趕到現場，他看到現場遺留的一支蠟色刀鞘說道：

「這把刀鞘應該是原田左之助的。」

原田左之助正是新選組十番組組長，在場的谷守部認定是新選組執行了暗殺龍馬的計畫。慶應四年四月三日，屯駐在下總國流山（千葉縣流山市）的近藤勇向官軍東山道鎮撫軍總司令官板垣退助投降。板垣以龍馬暗殺一事質問近藤，近藤否認自己及新選組參與龍馬暗殺計畫，儘管近藤否認，仍於同月廿五日在中山道板橋宿（東京都板橋區本町，為中山道六十九次之一）附近的板橋刑場（東京都板橋區板橋一丁目，現JR板橋站附近）遭到斬首。近藤當時已取得武士身分，對待敗軍的武士照理應該處以切腹，結果近藤卻落得斬首的下場，理由應與龍馬暗殺不無關係。

光是新選組在元治元年池田屋事件和禁門之變殺害不少攘夷派志士這點，便足以讓官軍判近藤死刑，對近藤而言有沒有殺害龍馬都不會改變被判處死刑的事實，在這種情形下筆者不認為近藤有說謊的必要，他否認殺害龍馬應該是沒有參與龍馬暗殺（也代表新選組沒有參與）。

龍馬暗殺消息剛傳出，包括土佐藩的寺村左膳、谷守部、田中顯助和薩摩藩的大久保利通在內都認為是新選組下手，這可從他們的日記、相關信件得到證實。

近藤勇斬首後被捕的新選組隊士大石鍬次郎素有「人斬」的稱號，當他被捕時一度也被認為是龍馬暗殺的下手者之一。不過大石卻說出令人震驚之詞：

「龍馬暗殺並非新選組所為，而是京都見廻組，事件第二天就有聽到近藤說今井信郎、高橋安次郎殺死龍馬，其行動應受到獎勵。」

從大石的口中首次披露出新選組以外進行龍馬暗殺的對象，這個訊息成為此後追查龍馬暗殺的線索。現代讀者對京都見廻組的認識可能遠不如新選組，不論成立的時間、立下的功勳以及組織的規模都不能與新選組相比，不過這並不代表京都見廻組能力遜於新選組。京都見廻組的成員均來自旗本、御家人的次男或三男，對幕府的忠心自然非成員來自浪人、町人及農民的新選組可相提並論。儘管名氣上有所不如，京都見廻組有不少成員在幕府成立的武藝訓練機構講武所（請參照第二章第五節）擔任劍術師範，其整體戰力未必輸給新選組。

京都見廻組首領是佐佐木只三郎，他在慶應四年年初的鳥羽・伏見之戰擔任先鋒軍，率領京都見廻組成員與官軍作戰，中彈而死，不少京都見廻組成員（包括龍馬暗殺的刺客）也在鳥羽・伏見之戰犧牲。

明治二（一八六九）年五月十八日，在箱館五稜郭做困獸之鬥的幕府軍投降，兵部省發現投降的幕府軍裡有一名為今井信郎的京都見廻組組員，他在蝦夷共和國[7]擔任陸海裁判官。得知這一消息後審訊今井的工作由軍務官轉移至刑法官，由刑法官副知事佐佐木高行負責。

在佐佐木的審問下，今井信郎承認自己即是龍馬暗殺的兇手之一，不過他供認自己只是在一樓把風的三名刺客之一，並沒有參與實際的行動。由於其他六人都已不在人世（實際上並非

7 蝦夷共和國：幕府軍在箱館五稜郭成立的政權，亦稱為箱館政權。

如此），因此無法證明今井證詞的真偽，也因為今井供認自己只負責把風，最終只被判處監禁，於明治五年獲釋。

今井的審訊是在明治三年九月廿日進行，距離龍馬暗殺尚未三年，他陳述的內容雖與筆者在前節的敘述有部分落差（如向藤吉遞出名片的是今井，名片上寫的身分是松代藩士），但仍有相當的可信度，如行兇的兇手共有七名，姓名分別為：

佐佐木只三郎、今井信郎、渡邊吉太郎、高橋安次郎、桂隼（早）之助、土肥仲藏、櫻井大三郎。

另有一說是：

佐佐木只三郎、今井信郎、渡邊吉太郎、渡邊篤、桂早之助、世良敏郎、高橋安次郎。

人數同樣是七人，只是把土肥仲藏和櫻井大三郎換成渡邊篤和世良敏郎，其餘條件並未變動。今井信郎於大正七（一九一八）年六月病逝，該年三月長孫幸彥誕生，今井幸彥於東京帝國大學文學部畢業後進入共同通信社，就職期間陸續寫出介紹祖父的文章，一九七一年出版《斬殺龍馬的男人》（坂本龍馬を斬った男），司馬遼太郎在《龍馬行》後序五的部分內文應該參考過該書。

新選組到慶應三年十、十一月間已面臨眾多隊士脫離組織的局面（沖田總司在池田屋事件後因罹患肺癆而去養病，實際上已形同退出），要排出最強陣容去執行龍馬暗殺的任務有實行上的困難，由京都見廻組執行龍馬暗殺這點至今已被學術界所接受。

前節筆者敘述龍馬暗殺採用四人進入奧之間行刺、三人在一樓把風的說法即是採信今井信郎的陳述，這是因為奧之間只有四坪大，若七名刺客全部進入，應該無法同時在奧之間拔刀生死相搏。那麼，究竟是哪四人行刺？哪三人在一樓把風呢？這一點恐怕是永遠也解不開的謎。

筆者敘述龍馬暗殺過程中特別強調有一位擅長使用小太刀的刺客，由於他的出手讓淡海槐堂致贈的〈白梅寒椿〉畫軸留下龍馬的血跡，同時也因為那一刀造成龍馬的致命傷，可見七名刺客中擅使小太刀的那位必定是行刺的四名之一，依現在的研究證實七人中最擅長小太刀的是桂隼之助。

桂隼之助於天保十二（一八四一）年出生在京都所司代組屋敷，父親是京都所司代組同心桂利重，通稱清助。隼之助十一歲成為京都所司代組同心，為能成為優秀的同心，隼之助勤練劍術，經過數年苦練，京都所司代同心組幾乎無人可敵，取得是心流兵法免許皆傳資格，成為小太刀名手。

元治元年三月三日，二條城內舉辦劍術比試，當時正值將軍二度上洛參加參預會議，對劍術感興趣的家茂便趁參預會議空檔前來觀看。原本只是所司代與力和同心間的劍術切磋，卻因為將軍的到場讓江戶講武所的劍術師範也加入比試行列。結果隼之助以精湛的劍術技壓講武所劍術師範，得到家茂親自賞賜白銀五枚。

同年的池田屋事件及禁門之變，隼之助以京都所司代同心組身分與新選組一同圍捕鬧事的攘夷志士，因此得到五兩黃金的賞賜。慶應三年二月三日，隼之助受到同心組成員的推舉晉升為京都見廻組成員，十一月更得佐佐木只三郎力邀，成為龍馬暗殺的成員之一。佐佐木會找隼之助加入並不光是劍術精湛，主要還是在於桂擅長小太刀。在狹窄的室內近身比試，刀身過長的太刀反而不如小太刀來得靈巧，隼之助正是憑藉著小太刀才能砍下令龍馬致命的一刀。

慶應四年一月三日的鳥羽．伏見之戰，松平容保麾下的會津藩、京都所司代、京都町奉行、伏見奉行所、京都見廻組與新選組紛紛站在幕軍的最前線與官軍作戰。但隼之助擅長的小太刀在廣大空間的戰場上似乎未能發揮太大作用，隼之助在隔日作戰中彈而亡，得年廿八歲。死後安葬於大坂心眼寺（大阪府大阪市天王寺區餌差町），這也是眾多京都見廻組成員的埋骨之地，當中即有龍馬暗殺另一成員高橋安次郎的墓碑。

《龍馬行》後序五提到大正四年八月，有位名叫渡邊一郎的老者把家人、友人叫到病榻邊，向他們坦承道：

「我就是昔日龍馬暗殺的行兇者。」

並將龍馬暗殺的經過寫下來。渡邊老者原名為篤，似乎又叫做吉太郎（亦即渡邊篤與渡邊吉太郎似乎是同一人），他的回憶錄距離龍馬暗殺將近半世紀，記憶失真之處頗多，不僅與今井信郎的陳述大異其趣，就連回憶錄前後內容亦有多處矛盾，很難視為一份值得信賴的資料。

一如作者所言，由京都見廻組執行龍馬暗殺這點應該可信。

不過，京都見廻組應該只是執行者，畢竟很難將這群刺客與主使者聯想在一起，既然京都見廻者是執行者，在他們背後必然有主使者。作者認為龍馬暗殺的主使者才是龍馬暗殺被稱為幕末最大謎團的原因，這一事件的主使者目前仍有尚待釐清的部分。最初雖不確定是新選組或京都見廻組，但能夠指使這兩單位的都是幕府高層，只是不曉得是幕府高層中的哪一位。

龍馬暗殺與本能寺之變除分別是兩個不同時期最大謎團的這一共通點外，還有一點是隨著時間的流逝逐漸出現種種不同的黑幕說。本能寺之變距今超過四百年，中間經歷善於扭曲事件原貌的江戶時代，因此到明治初年出現種種黑幕說。相比之下，龍馬暗殺迄今不過一百五十年，也不曾經歷善於扭曲事件原貌的江戶時代，而且在明治三年便已從今井信郎口中得知下手的是京都見廻組，照理而言研究方向應該朝檢視今井信郎證詞的真實性才是，可是卻也步上本能寺之變的後塵出現種種黑幕說。

至今為止龍馬暗殺的黑幕說大概有以下數種：

1 紀州藩說

2 新選組說

3長州藩說
4薩摩藩說
5土佐藩說
6哥拉巴說

以下簡單介紹上述六種說法。

1 紀州藩說

這一說法主要起源於伊呂波丸事件，紀州藩被龍馬以《萬國公法》成功索求八萬三千兩的賠償後懷恨在心（請參照第十七章第三節），但筆者也在該節最後寫道「慶應三年十一月初，紀州藩和龍馬達成和解，將賠償金額減至七萬兩。」亦即在龍馬暗殺前夕，紀州藩的賠償金額略減至七萬兩並達成和解。不過，畢竟還是得賠償七萬兩，雖然達成和解，對龍馬的怨恨還是存在，怨恨轉成殺意在邏輯上可以說得通。

因此，海援隊士陸奧陽之助找來陸援隊士（包括明治時代自由民權運動的思想家大江卓）以及十津川鄉士共十六人，探聽到紀州藩管家三浦休太郎（伊呂波丸事件中遭到龍馬斥責）在十二月七日將於油小路通和花屋町通交界附近的旅籠（旅館）天滿屋（京都市下京區佛具屋町）與新選組進行酒宴。宵五時半三浦與新選組成員齋藤一、大石鍬次郎等十人在天滿屋二樓酒宴方酣時，陸奧一行十六人突然衝上來拔刀砍殺，於是展開一場亂鬥（關於這場亂鬥筆者將在第三部詳細介紹）。

在天滿屋事件之前普遍認為新選組才是龍馬暗殺的執行者，陸奧經過一番明查暗訪認為三浦休太郎涉有重嫌，加上目擊三浦接受新選組的保護在天滿屋舉辦酒宴，才讓陸奧更加相信龍馬暗殺出於三浦策畫、由新選組下手執行。不過天滿屋事件過後陸奧才知道原來三浦與龍馬暗殺一事毫無關係，因此紀州藩黑幕說可以說在形成之前就已被陸奧自行排除在外。

2 新選組說

這一說法其實已在前文提及，在龍馬暗殺後普遍認為新選組是執行者，其證據有三：一是現場留下一支刀鞘，有伊東甲子太郎作證說是原田左之助之物；其二是中岡慎太郎作證說刺客之一帶有四國腔，而原田左之助正是四國伊予人；其三是現場留下一隻木屐，木屐上有葫蘆形圖案，圖案有一「亭」字烙印，經證實為先斗町瓢亭之物，新選組經常出入該店。以現代的科學辦案方式來看，大概只有第一點是比較有力的證據，後兩點都不足以為恃。不過只有伊東說那把刀鞘是原田之物，憑一人的證詞便斷定是新選組所為可說是太過草率。如果考慮到伊東當時已脫離新選組成立御陵衛士，多少可以理解他為何會說出遺留的刀鞘是原田之物。

另外也可以從當時新選組的實際情況來看。當時新選組面臨不少成員脫隊的情形（如伊東甲子太郎的脫隊），亦有部分成員如沖田總司在池田屋事件後因罹患肺結核而長期靜養，還有一部分成員因理念不和脫隊而被處以切腹（如山南敬助），幾次事件的衝擊造成全隊人心惶惶，整體戰力遠不能與元治元年全盛時期相比。扣除掉其他隊務所需要的人力，筆者質疑慶應三年十一月時的新選組，是否還有餘力可以調派人手進行龍馬暗殺？

從這兩方面來看新選組，是否還能堅持新選組是龍馬暗殺的執行者呢？

3 長州藩說

比起前兩種說法，此說的可能性更低，慶應三年十一月長州依舊是朝敵的身分，只要一進入京都便將招致維持京都治安的京都所司代、京都町奉行、伏見奉行所、京都見廻組、新選組格殺勿論。即便能偷偷摸摸混入京都，難道能夠指使京都見廻組或新選組去暗殺龍馬嗎？長州藩黑幕說的動機不出龍馬執意以大政奉還取代武力討幕，背叛慶應二年一月龍馬親自促成的薩長同盟，因而招來包括木戶準一郎在內的長州藩士的怨恨。只針對動機來看是說得通，實際上卻是做不到。

4 薩摩藩說

這一說法可以再細分為(a)西鄉隆盛說以及(b)大久保利通·岩倉說。這兩種說法的區別只在於幕後指使人的不同，其動機應該是一樣的，而且也與長州藩說相同，亦即龍馬背叛慶應二年一月由他親自促成的薩長同盟，讓薩摩、長州失去武力討幕的理由。

先來看(a)西鄉隆盛說，西鄉隆盛真的會因為無法武力討幕，就唆使其他人去暗殺龍馬嗎？在此且先擱置西鄉的人格，探究歷史事件不能有只憑人格高尚便優先排除這種先入為主的主觀意識。西鄉如果真是龍馬暗殺的幕後主使者，他會去找京都見廻組或是新選組來下手嗎？或者應該說西鄉有辦法指使京都見廻組或是新選組動手嗎？不是應該找薩摩人動手更為可靠嗎？何況薩摩藩有薩摩示現流、藥丸自顯流等薩摩獨有的劍術流派，薩摩藩士幾乎都是師承這兩個流派或從這兩流派中衍生出的劍術。如果西鄉是幕後主使者，根本不需要借助京都見廻組或其他外力，大可交由諸如中村半次郎、大山格之助、篠原冬一郎（維新回天後改名國幹）、有馬藤太（維新回天後改名純雄）等薩摩出身的刺客進行暗殺，西鄉何必捨近求遠、捨棄更為可靠且能力不見得輸給京都見廻組的薩摩人不用？這在邏輯上很難說得過去。

(b)大久保利通・岩倉說亦是如此。大久保與龍馬幾乎沒有私交，岩倉在慶應三年六月廿五日才首次與龍馬會面，而且兩人的政治理念並不相同，因此大久保、岩倉兩人同謀暗殺龍馬在動機上說得通，不過也和(a)的說法一樣，薩摩若要暗殺龍馬，何必假手京都見廻組？岩倉或許和龍馬在政治理念有所齟齬，相較之下岩倉和中岡較為契合，岩倉若真是龍馬暗殺的幕後指使人，有必要一併除去對他無比景仰的中岡嗎？

5 土佐藩說

龍馬在六月九日於夕顏丸上寫下《船中八策》、向象二郎提出大政奉還論，並要象二郎向容堂推薦大政奉還論以此作為土佐藩的藩論，這點筆者在第十七、十八兩章提到過。土佐藩黑幕說的動機為象二郎擔心龍馬會向容堂揭穿大政奉還論真正的提倡者，象二郎會因此失寵於容堂，於是興起殺念殺害龍馬滅口。

從本書有關容堂的敘述可以看出容堂是個看重家世出身的藩主，出身比龍馬還高的武市半平太尚且不能為容堂重用，何況是龍馬？即便讓容堂知道大政奉還是龍馬提出的，難道容堂會捨棄象二郎改而重用龍馬嗎？

龍馬在草擬新政府成員名單時都可以把自己排除在外，不願當新政府官員的龍馬難道會屈從當土佐藩的官員嗎？筆者在第十七章第一節有提到薩道義形容象二郎「……是我們見過的日本人中最為聰明的人物之一，巴夏禮公使相當讚賞他，……」如此聰明的象二郎會不了解容堂和龍馬的性格差異嗎？主張這種說法的人可能對龍馬和象二郎的個性還不夠了解。

6 哥拉巴說

筆者手上有一本名為《龍馬的黑幕》（龍馬の黒幕）的書，該書認為龍馬暗殺的真正幕後主使者是當時的英國武器商哥拉巴及哥拉巴所屬的共濟會（Freemasonry）。根據資料，共濟會並非基督教、天主教或其他新教的教會組織，基本宗旨為倡導博愛、自由、慈善，追求提升個人精神內在美德以促進人類社會完善。它出現在十八世紀的西歐，屬於秘密結社性質，必須有兩位以上共濟會兄弟推薦、至少經過半年的考核才能入會，會員間互以兄弟相稱，一七一七年在英國成立第一個總會所（共濟會的最高組織）。

《龍馬的黑幕》這本書的賣點在於將龍馬設定為共濟會會員，龍馬在文久二年三月脫藩後受到共濟會的吸引而加入，而讓龍馬加入共濟會的關鍵人物即是哥拉巴，他的上司是當時英國的日本通薩道義。龍馬因主張大政奉還，而成為英國、薩摩、長州及岩倉等勢力及人物的妨礙者，因此薩道義和哥拉巴決議除去龍馬。

作者的敘述到此還算中肯（不過中間一些細節仍有難以交代之處），接下來提到龍馬暗殺的執行者非常令人傻眼，是中岡慎太郎、谷守部、毛利恭介、田中顯助、白峰駿馬。這五人中除白峰（越後長岡藩）外都是土佐藩士，令人想不通的是這五人為何要暗殺龍馬？而這五人何以又會聽命共濟會？

五人中扣除事蹟不明的毛利恭介外，只有谷守部的劍術比較精湛，當然其他四人也並非完全不會，只是沒有到在行的程度，而龍馬竟然會被這種程度的暗殺團給暗殺。龍馬暗殺當晚，除下落不明的毛利恭介外，其他四人第一時間都在現場，可是除中岡外其他三人身上並未有明顯的傷勢，莫非龍馬的攻勢都集中在中岡身上嗎？

在當時社會風氣普遍敵視外國人的幕末，一個傳入日本不到十年的外國祕密結社（共濟會大概在一八六〇年傳入日本）竟能讓攘夷風氣熾盛的日本人甘願為它效命、進而去行刺自己的同胞，很難令人相信這種事情會發生在幕末時期的日本。共濟會派出一個東拼西湊的五人暗殺團，竟能在至少三人毫髮無傷的情況下成功殺害一個擁有免許皆傳的劍士，而且被暗殺的劍士只將攻勢集中在一個人身上，怎樣也讓人難以置信！

在目前幾乎可以確定是由京都見廻組執行暗殺任務的情況下，上述六種黑幕說幾乎都可以排除在外，紀州藩還勉強可以御三家之尊透過會津藩向京都見廻組下達命令，不過這一可能性較高的黑幕說卻是最早被排除在外。

在上述六種黑幕說（嚴格來說是七種）之外其實還盛行一種說法，此說內容為幕府要暗殺的對象其實是中岡，不過那天中岡碰巧前往近江屋找龍馬，於是龍馬也連帶遭到狙擊。這種說法並沒有否定由京都見廻組執行暗殺，也沒有提出其他光怪陸離的黑幕新說，只是單純主張幕府想暗殺的對象其實是中岡，而非龍馬。

如同筆者在哥拉巴說中提到中岡不以劍術見長，但並非完全不會的程度，只是一般提到中岡，最先想到的不會是劍術。對京都見廻組而言，只要挑中岡不在白川土佐藩邸的獨處時間，要暗殺劍術不強的中岡應該不是太困難之事。其他時間不下手，卻偏偏選在中岡和龍馬聚會時下手，時間點未免過於巧合。有此一說是中岡被砍二十八刀，龍馬被砍三十四刀，被砍的刀數或許不能證明誰才是主要的狙擊對象，但是從龍馬的身手來看，兇手與他纏鬥的時間應該明顯比中岡要來得多，此說若正確的話，誰才是真正被狙擊的對象應該已很明確。

由於這一說法只是對調暗殺的優先順序而已，並未動到此說的根本架構，大致上還算是個令人接受的說法。

既然以上諸說不盡可信，那麼目前普遍為各界接受的龍馬暗殺真相又是如何呢？

誠如前文所言，目前幾乎可以確定龍馬暗殺的執行者是京都見廻組，所以薩摩、長州、土佐、共濟會是背後主使者的可能性幾乎微乎其微，紀州藩雖也有嫌疑，不過陸奥陽之助已經幫後人排除掉涉案的可能性。

因此背後主使者很有可能即是幕府。雖說如此，江戶那邊的幕臣應該也可以排除在外，正確說來龍馬暗殺的背後主使者應該是位在京都的幕府高層。

說到位在京都的幕府高層可能很多人第一時間會想到德川慶喜，他既符合幕府高層，而且長期在京都，若由他下令京都見廻組也不可能不照辦，的確是個可能性頗高的人選。不過，將軍不太可能直接向京都見廻組下達暗殺命令，而且慶喜是否知道坂本龍馬這一號人物也頗令人懷疑，如果慶喜不知道龍馬的存在，事實上無從下達暗殺命令。

專攻日本近世史、已有多部著作譯為繁體中文版（《江戶時代那些人和那些事》、《在這裡與歷史相遇》、《課本沒教的天災日本史》）的史學家磯田道史教授，在二〇一〇年九月出版的單行本《龍馬史》中提到龍馬暗殺的幕後主使者是京都守護職松平容保。磯田教授的答案其實並不令人意外，因為松平容保本人是京都所司代、京都町奉行、伏見奉行所、京都見廻組、新選組這些負責維持京都治安組織的直屬上司，由他對京都見廻組下令是最直接、也最天經地義的。身為維持京都治安總負責人的容保，透過底下的組織隨時掌握有可能危及京都治安的人物，也許很早以前便已透過京都所司代、京都町奉行、伏見奉行所、京都見廻組、新選組等組織知道龍馬的名字。

龍馬提出大政奉還讓將軍歸還政權，將軍歸還政權意味幕府將從此消失。幕府消失代表京都所司代、京都町奉行、會津藩，甚至連京都見廻組、新選組都失去長久以來的俸祿，失去俸祿的人視提出大政奉還的龍馬為仇敵並不令人意外，個性偏激者萌生暗殺龍馬的想法也在情理之中。磯田教授在《龍馬史》提到提出龍馬暗殺計畫的人是會津藩公用人[8]手代木直右衛門（維新回天後改名勝任），手代木是會津藩士佐佐木源八的長男，過繼給同藩藩士手代木勝富為養子。而佐佐木源八的三男於廿七歲時過繼成為親戚旗本佐佐木彌太夫的養子，也就是說手代木直右衛門之弟即是京都見廻組首領佐佐木只三郎！

從上述的關係來看，可知松平容保是手代木直右衛門及佐佐木只三郎的頂頭上司，而手代木和佐佐木之間是手足關係，因此由手代木直右衛門提議、松平容保下令、佐佐木只三郎等人執行的龍馬暗殺計畫並不令人感到意外。

不過龍馬暗殺還有部分細節目前還無法解釋，這有待於日後更多史料的發現釐清。磯田教授的敘述可說是目前眾多說法中比較能令人信服的一種，若能解開某些不自然的疑點磯田教授的主張會更為完整，以目前的進度來看龍馬暗殺有機會比本能寺之變先解開。

8　公用人：容保上洛後新設置的機構，負責對外與朝廷、幕府、諸藩進行交涉以及情報蒐集。

六、龍馬暗殺之後

龍馬在十一月十五日暗殺當天，兇手撤退後不久即當場死去，僕人山田藤吉則於十六日下午去世。而中岡在十六日曾一度好轉，十七日早上傷勢急轉直下，中午過後死去。據《海援隊日記》記載，當日晚上從近江屋運出三具棺木，人在京都的海援隊及陸援隊士跟在後面送葬，在京都的薩摩、土佐二藩藩士也來到近江屋送龍馬、中岡最後一程。當時有傳言說幕府打算在送葬中途襲擊，因此薩土二藩藩士風聲鶴唳，人人和服底下藏著手槍或刀劍不離身，好在最後並沒有發生大亂鬥。當夜，龍馬、中岡、藤吉三人埋骨於京都靈山。

進入明治時代，所有在幕末期間死於京都的攘夷、討幕志士均改葬此地，命名為「靈山官祭招魂社」，到日中戰爭期間的昭和十四（一九三九）年改名「靈山護國神社」（京都市東山區清閑寺靈山町），沿用至今。兩人的墓碑由木戶準一郎揮毫，明治十四（一八八一）年入祀靖國神社，明治廿四年政府追諡二人為正四位。

事發不久，龍馬的死訊傳到京都以外之地。在越前，謹慎中的三岡八郎（由於他即將成為新政府官員，雖還在謹慎中但執行已沒有那麼嚴格）與中根雪江及少數幾位志士在福井遙祭龍馬，在太宰府的五位公卿也由三條實美寫下悼歌。

同月廿七日，長崎海援隊本部接到龍馬死去的消息。十二月二日，在下關海援隊資助者伊藤助大夫住處的龍馬之妻阿龍接到龍馬的死訊，先是前往京都拜祭龍馬的墓，然後由海援隊士協助送她到土佐龍馬的故鄉。慶應四年一月，土佐老家收到龍馬已死的訊息，哭得最傷心的當數和龍馬年紀最接近、感情最深刻的姊姊乙女。

大正十五（一九二六）年，當時就讀早稻田大學的入交好保、就讀京都大學的信清號南、土居清美、朝田盛等青年學子，從全國各地募款約二萬五千圓，募款期間曾拒絕岩崎久彌男爵（彌太郎長男，第三代三菱總帥）的大額捐款。最後總算如願以償達成募款的目標，由出身土佐的雕刻家本山白雲選在龍馬生前最愛的桂濱製作銅像。

昭和三（一九二八）年春，龍馬銅像完成，在銅像底座背面只刻上「高知縣青年建立」的字樣。選在五月廿七日海軍紀念日[9]這天進行揭幕式，銅像的造型仿照龍馬流傳最廣的照片右手

9　海軍紀念日：紀念日俄戰爭時日本海軍在對馬海峽大破俄國波羅的海艦隊。

伸入懷中、雙目平視遠方的姿態。銅像高五・三公尺，若含底座在內則高達十三・五公尺，這尊龍馬銅像眼神正在凝視前方的太平洋，頗能對應龍馬不願當官、願當世界的海援隊的心願，龍馬一定想不到在最喜愛的桂濱竟然會豎立自己的銅像。

大約與本山白雲雕刻龍馬銅像的同時，舊自由黨員今幡西衛也在京都組織「坂本中岡兩先生銅像建設會」，今幡同時執筆寫作《雋傑坂本先生傳》，以該書的版稅收入投入銅像資金。如此辛苦的募款終於在昭和九年一月，在京都圓山公園（京都市東山區圓山町、祇園町、鷲

豎立於桂濱的龍馬銅像—— PIXTA

尾町）豎立坂本龍馬和中岡慎太郎的銅像。

七、坂崎紫瀾及《汗血千里駒》二三事

二〇一〇年的ＮＨＫ大河劇《龍馬傳》分成四季，每季片頭都以坂崎紫瀾採訪岩崎彌太郎作為開頭，藉由片頭的敘述讓觀眾知道坂崎紫瀾是最早以龍馬為主人公撰寫傳記的作者。

坂崎本名為斌，在黑船造訪那年生於江戶鍛冶橋的土佐藩邸（東京都千代田區丸之內三丁目），這年龍馬來到江戶桶町千葉道場進行劍術修練，兩年後江戶發生安政大地震（請參照第二章第六節），坂崎舉家遷回土佐。

慶應三年坂崎紫瀾進入土佐藩校致道館就讀，明治六年坂崎上京（東京），翌年一月基於同鄉之誼參與板垣退助在東京成立的「愛國公黨」，這是坂崎接觸政治活動的開始。

明治十一年坂崎返回高知，十三年七月創刊《高知新聞》擔任主筆，開始連載土佐志士活躍幕末期間的歷史小說《南之海血汐之曙》（南の海血汐の曙），雖然這篇小說最後因某些因素未能

繼續連載，卻也奠定日後創作以土佐藩為中心的幕末．維新史題材。

此時整個日本列島正如火如荼地展開以開設民選議院及憲法為訴求的「自由民權運動」，當時訴求開設民選議院聲勢最大的團體「國會期成同盟」，即是板垣退助將原本只侷限於土佐一隅的團體「愛國社」擴大而成，不僅以土佐勢力最為強大，連該同盟主要幹部也幾乎都由土佐人包辦。身為土佐人的坂崎支持自由民權運動而在高知進行政治演說，此舉違反《集會條例》而從明治十四年十二月十五起遭到一年內禁止在高知縣境內進行演說的處分。

不服氣的坂崎改以寄席[10]藝人的方式，以馬鹿林鈍翁為藝名取得遊藝稼人的資格加入民權一座[11]，以說書的方式從事民權演說。明治十五年一月廿二日以觸犯不敬罪及《集會條例》遭到逮捕，二月七日做出禁錮三個月、罰金二十圓以及出獄後監視六個月的判決。坂崎不服判決當日即進行上訴，翌年三月十六日上訴被駁回維持原判，三月三十一日坂崎入獄服刑，同年六月廿九日出獄。當時連載到第五十三回的《汗血千里駒》（汗血千里の駒）也只得暫時休刊，七月十日起繼續連載第五十四回。

《汗血千里駒》即《龍馬傳》裡坂崎紫瀾向岩崎彌太郎採訪以坂本龍馬為主角的龍馬傳記，於明治十六年一月廿四日到同年九月廿七日於土佐政治團體立志社的機關誌《土陽新聞》進行連載。《汗血千里駒》一書是坂崎紫瀾對被封鎖的表現欲望及受到政府言論箝制對待的投影，表面上是坂本龍馬的傳記，其實坂崎在該傳記中透過坂本龍馬的言行，表現身為自由黨員的自己及自由民權運動的歷史意識和政治理念，與其說是歷史傳記，不如歸類為政治小說更合適。

政治小說是自由民權運動期間（明治七年～廿年）的產物，以政治為主題或鼓吹特定政治思想的文字創作，為避免觸犯《出版條例》、《新聞紙條例》、《讒謗律》（上述三法及《集會條例》都是明治政府為箝制自由民權運動而制定的條文）等條例而以小說方式寫作，並披上才子佳人的戀愛情節，把真正想要表達的思想以人物間的對話呈現，像東海散士的《佳人之奇遇》（佳人の奇遇）、戶田欽堂的《情海波瀾》、矢野龍溪的《經國美談》、末廣鐵腸的《雪中梅》都是政治小說的經典作品。

然而，這樣程度的偽裝還是有可能觸犯上述條例，政治小說多半以外國為舞台，以談論外國政體的方式避免觸法。像被公認為政治小說的翹楚《佳人之奇遇》是以西班牙革命失敗的將軍

10 寄席：江戶時代表演大眾藝能、聚集觀眾的場所。

11 座：近世以來，從事演劇、演藝等藝能工作的表演者組成的團體或集團。

之女、投入愛爾蘭獨立運動的女青年、明朝遺臣後裔以及主人公——戊辰戰爭敗北的幕臣——四人之間的愛情故事，作者真正想表達的是男女情愛關係以外的弦外之音。

《佳人之奇遇》全書共八篇十六卷，在明治時代總共有十餘萬冊的銷售量，不僅銷售成績亮眼，還成功地規避了政治責任。《佳人之奇遇》的成功引起其他民權家的效尤，坂崎紫瀾的《汗血千里駒》也是在仿照《佳人之奇遇》的成功模式。

雖然《汗血千里駒》是政治小說的模仿作，不過在《土陽新聞》連載時因為附

《汗血千里駒》書中的插畫，描繪龍馬在近江屋遭暗殺的場景——日本國立國會圖書館所藏

有插畫而深獲好評，連載結束後由春陽堂（明治十一年由和田篤太郎創辦，位於東京都中央區日本橋）發行單行本，副標題為「天下無雙人傑　海南第一傳奇」。必須說明的是，在坂崎紫瀾寫作本書的年代普遍認為新選組是龍馬暗殺的兇手，不過有若干疑點未能解決，因此在《汗血千里駒》第六十一回龍馬暗殺的場景只以暴徒三人交代，而未確切點出行兇的兇手。

《龍馬傳》第二季一開頭背景是明治十五年的橫濱，岩崎彌太郎在宴客的同時也不忘欣賞藝伎的舞藝。有一位中年人趁著彌太郎宴客的同時，向他懇求贊助板垣退助及後藤象二郎在歐洲一年的旅費，這個人即是第二節提及與龍馬一起前往越前請求松平春嶽赦免三岡八郎、讓他加入新政府的岡本健三郎。

其實這段不到二分鐘的開頭蘊藏著真真假假的史實，板垣和後藤前往歐洲一年一事是真的，請求彌太郎贊助的部分則是假的。事情可追溯到明治十五年四月六日，當日下午一時，自由黨總理板垣退助來到岐阜金華山下中教院（岐阜市岐阜公園內板垣退助銅像處），進行自由黨懇親會演說。二小時的演說結束後，突有一壯漢直指板垣為國賊亮出短刃（《龍馬傳》第一季開頭刺客亮刀行刺彌太郎似乎即取自此景）刺向板垣胸口，板垣雖避開心臟，右臂遭到刺傷，傷口深及見骨。中刀的板垣睥睨著刺客，大喊：

「板垣雖死，自由不死！」（板垣死すとも自由は死せず！）

由於自由民權運動自始至終都被明治政府以亂黨視之，且岐阜縣令下令禁止當地醫生救治板垣，因此自由黨員內藤魯一電召當地醫生時到處碰壁，只有一位在愛知縣開業的醫生無視禁令前往岐阜為板垣療傷。他以精湛的醫術治癒板垣的刀傷，並被板垣讚許為國手，鼓勵他棄醫從政，這位醫生即是後來在台灣擔任多年民政長官的後藤新平。

「板垣雖死，自由不死」在岐阜事件後成為自由民權運動最響亮的口號，大大振奮在明治政府統治下失去言論自由的民眾。板垣於四月十五日傷癒出院前往大阪，為避免類似行刺事件再次發生，自由黨副總理中島信行（即前海援隊隊士中島作太郎）、自由黨常議員竹內綱（戰後的首相吉田茂生父）隨侍在旁，沿路夾道歡迎者眾多。板垣在關西進行多場演說，每到一地都造成萬人空巷的熱潮，當時政府要員無不相形失色，板垣的聲望在此時達到前所未有的巔峰。

結束關西一系列演說，板垣於六月回到東京，象二郎於七月提出欲與板垣前往歐洲考察的計畫，《龍馬傳》中岡本健三郎向岩崎彌太郎提出贊助板垣、後藤赴歐旅費當在此時。彌太郎以在商言商的態度拒絕資助兩人赴歐考察計畫，不過他們還是在該年十一月啟程前往歐洲。

板垣、後藤二人的赴歐考察計畫在自由黨內受到重要黨員幾乎一致的反對，常議員之一的馬場辰猪如此抨擊：

「……一個從沒讀過羅馬字的人，要在有限的一年期間內，研究歐洲諸國的各種制度，要和歐洲的政治家思想家交往，這種愚蠢是超乎我想像的。」

馬場聯合末廣重恭（即前述的末廣鐵腸）等幾位常議員，以解除板垣自由黨總理職務向板垣下達最後通牒，最後馬場等人反而被板垣開除黨籍。

原本象二郎是向他認識的前德島藩主蜂須賀茂韶（明治中期貴族院議長）商借，但是後來被爆出象二郎透過井上馨接受三井提供的資金前去歐洲。由於三井已經透過井上馨成為明治政府的御用商人，因此象二郎接受三井的資金也就等於向政府妥協，如此一來自由黨失去一貫反對政府專制的立場。

與自由黨同為自由民權運動雙翼的立憲改進黨系的報紙《東京横濱每日新聞》、《郵便報知新聞》，率先在報紙上以「廉潔之士未必以廉潔而終」的標題揭露板垣外遊的資金來源。同為自由民權運動的立憲改進黨為何要揭露同屬自由民權運動陣營的瘡疤？因為不管《東京横濱每日新聞》、《郵便報知新聞》也好，或是立憲改進黨也好，其背後最主要的資金來源即是岩崎彌太郎的三菱。

三菱自明治初年以來即受到前後任大藏卿大久保利通與大隈重信的關照，特別是後者對三菱的提攜不遺於力，岩崎彌太郎時期三菱能在海運界稱霸可說是大隈一手促成。因此大隈因明治十四年政變下台，三菱提供一部分資金供這位大恩人成立政黨（立憲改進黨）及學校（東京專門學校，今日的早稻田大學）。

彌太郎成立的「郵便汽船三菱會社」（《龍馬傳》片頭彌太郎的頭銜）在獨霸海運界面臨最大的對手即是由長州系官員與三井成立的「共同運輸會社」，因此當三菱得知板垣前往歐洲的資金來自於三井，便把這一內幕提供給《東京橫濱每日新聞》和《郵便報知新聞》，讓三菱和三井的對立轉換成自由黨和立憲改進黨的衝突。

自由黨當然不甘示弱，機關報《自由新聞》立刻發表二十多篇「海坊主（海怪之意，在此指三菱）退治」、「撲滅偽黨（指立憲改進黨）」的文章及演說，原本應該團結一致、炮口對準明治政府的自由民權運動，至此已淪為自由黨和立憲改進黨之間的互相攻訐。

這個時間點正好是明治十五、六年間，也是《龍馬傳》片頭坂崎紫瀾為寫作《汗血千里駒》

而去採訪岩崎彌太郎之時，身為自由黨員的坂崎豈會在這個敏感的時間點去採訪彌太郎呢？

明治十七年自由黨解散後，坂崎的政治生命也隨之結束，之後埋首於撰述土佐志士如後藤象二郎、林有造等人的傳記。大正元（一九一二）年十一月完成的《維新土佐勤王史》是其生涯最後的作品，與《汗血千里駒》並稱為生涯的代表作。

大正二年二月十七日，坂崎病逝於東京，享壽六十一歲。

坂崎紫瀾後，進入二十世紀有更多以龍馬為主人公的傳記問世，如土佐藩士後裔千頭清臣、社會評論家白柳秀湖、土佐出身的鄉土史學家平尾道雄．山本大．宮地佐一郎、專攻明治維新的文學博士池田敬正．松浦玲、公卿後裔的史學家飛鳥井雅道、非學者出身的幕末維新研究家菊地明……都曾撰寫以龍馬為主人公的傳記或研究專書。

歷史小說方面也不遑多讓，以撰寫千萬字《德川家康》聞名的大眾小說作家山岡莊八率先於一九五三年撰寫以龍馬為主人公的歷史小說。然而，讓龍馬成為日本人家喻戶曉的國民英雄、成為日本青年立志效法的典範，不能不提一九六二年起在《產經新聞》晚報連載近四年的司馬遼太郎的作品《龍馬行》。《龍馬行》還在連載中的一九六五年已被MBS（每日放送）改編成連續劇，連載期間文藝春秋亦推出單行本，一九六七年NHK決定於隔年翻拍成大河劇，之後又於一九八二年、一九九七年、二〇〇四年三度改編成新春時代劇特別節目。

可以這麼說，一般日本人對於龍馬的認識和形象多半來自《龍馬行》，由此可見龍馬及《龍馬行》是多麼受日本人的喜愛！

第二十章

王政復古

一、政變前夕

在前一章第一節最末，筆者交代小松、西鄉、大久保三人在慶應三（一八六七）年十月十九日，帶著已失去效用的討幕密敕從大坂搭乘藝州藩船隻前往三田尻，廿三日趕回薩摩，廿七日與薩摩藩家老、重臣討論，翌日向久光・忠義父子報告眾議結果，廿九日藩主島津忠義決定親率大軍上洛。

換言之，即便沒有龍馬暗殺事件，薩摩也決定出兵進行武力討幕。

十一月十三日，薩摩藩主島津忠義率領三千藩兵（一說為一萬藩兵）分乘四艘船隻從薩摩出發，家老島津伊勢以及岩下左次右衛門、西鄉吉之助也一起出發。大久保已在十日啟程前往土佐和後藤象二郎會面（十二日抵達高知城下），另一位家老小松因為足部疼痛而未出發，事實上這是小松健康狀況的警訊。

十七日，島津忠義的船隻抵達三田尻，休息一晚於隔日與長州藩世子毛利廣封會面，岩下和西鄉則與長州藩士山田市之允（維新回天後改名顯義）、楫取素彥討論薩長藝三藩藩兵的部署。

大久保與象二郎見完面後逕自前往京都，島津忠義於廿三日率領三千抵達京都，連同先前駐京的藩兵號稱萬人（實則約為五千）；三百餘名藝州藩兵於廿八日進京；長州藩兵連同奇兵、遊擊等長州諸隊共約一千二百餘名於廿五日出發，廿九日在攝津國打出濱（兵庫縣蘆屋市東部）上岸，由於朝敵身分尚未解除暫時屯駐大坂附近觀望。不過，此時京都政局已有極大的變動，慶喜已在上個月廿四日主動辭去將軍之職。

「什麼！」

如此一來，武力討幕已非當前之急，如何成立接替幕府的新政府才是現階段最重要的事，要想同時既成立新政府又能兼顧武力討幕，西鄉、大久保及岩倉討論後認為只有發動政變才是唯一解決之道。

此時發生一個小插曲，長州藩兵在打出濱登陸的那天（格列高里曆12月24日）英國公使巴夏禮搭船抵達大坂，距離1月1日兵庫開港日只剩數日，巴夏禮搭乘船艦在大坂灣視察。當他此行視察發現大坂灣一帶集結長州軍隊，身為英國公使的巴夏禮知道不管是幕府或反幕府勢力都在爭取英國的支持，因此他公然下令所有軍隊——不管是幕府軍或討幕軍——全部撤出大坂，否則他將下令二個英國步兵團進駐大坂。在巴夏禮的斥責下，長州只得撤走一千二百餘名藩兵及諸隊兵，往北進駐西宮（兵庫縣西宮市）。從筆者列舉的這一小插曲可看出，儘管當時英國的立場傾向薩長，但是一旦涉及到英國的利益時，英國為維護自己的利益將不惜與長州翻臉。

此外，常看以幕末為時代背景的大河劇或時代劇的讀者，應該知道當時社會出現一種被稱為「這下可好了」（ええじゃないか）的奇怪現象。「這下可好了」從何處開始並不可考，只知從慶應三年八月下旬到十二月左右盛行於畿內、四國、東海等地方，似乎與伊勢神宮（三重縣伊勢市宇治館町）有所關連。

在前文已出現過數次的幕臣福地源一郎在他於明治時代完成的著作《懷往事談》，該書提到慶應三年十一月廿九日在西宮前往大坂的途中遇上「這下可好了」，相關記載如下：

早早搭乘駕籠，想連夜趕著前往大坂，在西宮遇上盡是在市區跳舞狂呼的人群，即便叱責旅宿人員，旅宿人員也只是認錯或跪地道歉，心力仍放在照顧往來的旅客，於是我在西宮住上一晚，隔日才前往大坂。此舞在當時以諸神御札（神符）從天而降的方式盛行各地，京都、大坂以及西宮是近日降下最盛的地區，市民皆視此為豐年的吉兆而唱出「這下可好了」的歌詞。之間還夾雜低俗猥褻的淫辭，以滑稽的曲調唱著，並配上太鼓、小鼓、笛子、三味線等樂器伴奏，不分男女老幼，穿上鮮豔華麗的衣服，在市區搔首弄姿而行。現在我等正欲前往大坂，御札從天而降，市民正賣力亂舞並唱著「這下可好了」。有人指出，從天而降的御札是京都人為擾亂人心而施展的計策。

如前文所述，十一月廿九日正是長州藩兵及諸隊約一千二百餘名在打出濱登陸並暫時屯駐在西宮的時候，福地源一郎即是受命前來西宮探聽虛實，結果遇上「這下可好了」，他將此現象解讀為京都方面（有可能是武力討幕派的公卿或薩摩）為擾亂人心而策劃的計謀。

武力討幕派公卿岩倉在《岩倉公實記》亦有對「這下可好了」的質疑，可見「這下可好了」應與佐幕或討幕等政治立場無關，而是偏向「世直」[1]形式，希望能讓世道重回到開國以前的狀態。

十一月廿五日，土佐藩後藤象二郎、福岡藤次、神山佐多衛三位上士在京都越前藩邸（京都市中京區油小路二條下行土橋町）與松平春嶽會談，會談內容為遵照大政奉還論、希望能盡早上京召開由有力諸侯為主的會議。象二郎等與春嶽會談結束後，前往別室與越前藩重臣中根雪江、酒井十之丞（維新回天後改名忠溫）、青山小三郎（維新回天後改名貞）提及他心目中的有力諸侯會議成員為越前藩、尾張藩、熊本藩、土佐藩、藝州藩、薩摩藩、鳥取藩以及岡山藩，當中除越前、尾張二藩外，都是位於西國的外樣大藩。

此時象二郎的構想仍不離平和、合法且有力的朝政改革，而非政變，武力討幕依舊不在他的選項裡。

1　世直（世直し）：發生在江戶時代後期，特別是締結安政五國條約後因物價飛漲導致幕府及各藩財政惡化而發生的一揆。

廿七日，松平春嶽召象二郎和大久保利通到他的藩邸會談。大久保聽完象二郎的構想後避開自己的答覆，只說朝廷目前欠缺人才，有力諸侯會議當然是未來的選項，不過目前要實現有所困難。大久保話說得委婉，其弦外之音已不言而喻。

廿九日大久保前往議奏正親町三條實愛的宅邸與他共商對策，正親町三條實愛和岩倉具視都是當時親薩摩的公卿，以謀略而言正親町三條遠遠不如岩倉，礙於目前岩倉還無法進入御所，具有議奏身分的正親町三條也突顯其重要性。因此與其說大久保前來與正親町三條共商對策，倒不如說是大久保將自己的計策說給正親町三條聽。大久保對正親町三條說道，薩摩藩的立場為反對二條攝政及慶喜成為新政府成員，打算在近日內發動政變，希望正親町三條能予以贊同並代為奔走、爭取其他公卿的支持。

正親町三條並未當場回覆，是夜，他前往中山忠能宅邸與中山忠能及前來造訪的岩倉討論此事。中山忠能提到至少能爭取到大原重德、萬里小路博房、長谷信篤等三人同意政變，不過即便再加上與岩倉友好的中御門經之也只七人而已，而七人中能夠出席朝議的更只有議奏正親町三條、長谷及中山三人。雖有薩摩、長州、藝州等藩的奧援，但是這三藩在朝議裡幫不上忙，中山因而露出躊躇的態度。

十一月三十日朝廷出現重大人事異動，左大臣近衛忠房、右大臣一條實良、內大臣大炊御門家信三人辭職，改由九條道孝任左大臣、大炊御門家信任右大臣、廣幡忠禮任內大臣。

二、王政復古大號令

幕末期間朝廷共出現二次政變，一次是文久三年八．一八政變，公武合體派推翻攘夷派；一次是慶應三年王政復古政變，武力討幕派推翻大政奉還派。

十二月二日，西鄉、大久保前往象二郎在京都的住所告知政變的具體計畫，象二郎似乎已有所動搖，對於政變計畫大致同意。另一方面公卿們也說服有栖川宮熾仁親王、山階宮晃親王與仁和寺宮嘉彰親王等皇族，增添在朝議的發言權，政變預定於十二月八日執行。

之後再經過數日的演練，確定政變將廢除攝關及朝議的組織，增設包含總裁、議定、參與在內的太政官。政變將以薩摩、土佐二藩以及中山忠能、中御門經之、正親町三條實愛和岩倉具視四卿為核心，越前、尾張、藝州三藩支援的形式在八日晚上進行，由於岩倉此時尚未恢復官職，他又是公卿中不能缺少的成員，因此要先恢復其官職才能論及政變。

松平春嶽於十二月六日派出重臣中根雪江前往二條城，向慶喜通知八日晚上的朝議，中根轉述春嶽的話要慶喜表現出恭順的態度以爭取親王和其他公卿的好感，慶喜接受春嶽的建議，向會津、桑名二藩下令不得行動。同日，象二郎向四位公卿提出容堂趕不上八日抵達京都，提議將政變日期延至九日。不過薩摩對於政變的日期相當堅持，堅決非得在八日不可，但是公卿們提出「玉」九日才能出席，後來只得妥協在八日只舉行朝議，政變留到九日進行。

「沒了『玉』，什麼也做不成，遑論政變。」

十二月八日中午過後進行朝議，出席者有以下數人：

公卿部分：

山階宮晃親王、中川宮朝彥親王、攝政二條齊敬、左大臣九條道孝、右大臣大炊御門家信、內大臣廣幡忠禮、近衛忠熙、鷹司輔熙、近衛忠房、一條實良、議奏正親町三條實愛、議奏長谷信篤、議奏葉室長順、議奏柳原光愛、武家傳奏飛鳥井雅典、武家傳奏日野資宗、中山忠能。

大名部分：

越前老公松平春嶽、尾張老公德川慶恕、藝州藩世子淺野茂勳。

朝議議題為取消長州藩主父子朝敵的罪名、恢復原本官位並准許上洛，以及赦免所有在祐宮踐祚時未遭赦免的公卿（詳見第十六章第四節），換言之，即八・一八政變後被處以逐出京都、褫奪官位並成為朝敵的長州藩主毛利敬親・廣封父子；以及同時出走京都、現在人在太宰府的五卿（三條實美、三條西季知、壬生基修、東久世通禧、四條隆謌），加上力主和宮降嫁已故將軍德川家茂的岩倉具視、久我建通、千種有文、富小路敬直四奸等，共九位公卿，以上全部赦免、還俗並恢復官職。

照理而言這兩個議題頂多到當日暮六時應該可以結束，但是由於慶喜聽從春嶽的話稱病不來，諸大名也顯得興趣缺缺，出席的三位武家有二位是老公，一位是世子，都沒有當下決定的權力。或許是這樣，讓原本應該短時間內即能結束的朝議拖到隔日朝五時過後才散會。參與朝議的眾公卿拖著疲憊的步伐退出御所，現場只剩正親町三條、長谷、中山、春嶽、慶恕以及茂勳六人。剛恢復官職的岩倉於晝四時穿著朝服進入御所，朝服顯然是事先已備好的，而早已在御所附近待命的薩摩、土佐、越前、尾張、藝州五藩藩兵迅速進入御所，在西鄉的指揮下封鎖九個大門，嚴禁任何人進入。

岩倉、正親町三條、中山再加上中御門經之四卿，以岩倉為首拿著事先擬好的《王政復古大號令》以及新政府成員名單（當然不是龍馬在大政奉還後擬定的那份）裝在文具箱裡抱著前往祐宮所在的御學問所。

據飛鳥井雅道引述《明治天皇紀》的內容來看，祐宮在慶應三年幾乎沒有政治上的活動，因此先前的倒幕密敕以及此次的政變，祐宮都被蒙在鼓裡。對朝廷而言，此刻祐宮最重要的大事是選妃，自平安時代以來除少數幾位天皇外，歷代天皇嫡妻（指皇后及中宮）都是出身皇族或五攝家（包含藤原氏在內），祐宮自然不能例外。當時年紀與祐宮相仿的的皇族之女及攝家之女計有：伏見宮邦家親王二位、有栖川宮幟仁親王二位、一條忠香之女一位。邦家親王之女都已論及婚嫁，能作為祐宮婚嫁對象的實際上只有三位，但不知是否顧慮到帥宮與和宮的婚姻遭到拆散，因而捨棄有栖川宮的女兒（皆為帥宮之妹），選擇一條忠香三女勝子，實際上勝子比祐宮還大三歲（在當時妻比夫大三歲是宮中禁忌，因此勝子的年紀被改成嘉永三年出生，只比祐宮大兩歲），原本預定慶應三年六月入宮成為祐宮的女御，結果因為時局動盪、幕府財政困窘遲遲付不出一萬五千兩賀禮，使得勝子的入宮延遲到隔年年底，當時已是改朝換代的明治元年。

再把話題回到抱著文具箱前往御學問所的岩倉身上。岩倉進入御學問所亮出由心腹玉松操起草的《王政復古大號令》（或稱為《大令》），寫道：

德川內府，返還天皇委任之大政、辭退將軍職兩事之提出，如今全盤接受。自癸丑（黑船事件）以來經歷前所未有之國難，先帝經年為異國列強及國內政治所苦，此乃眾所周知之事。如今叡慮決定王政復古，建立挽回國威之根基，自今廢除攝關幕府，暫設總裁、議定、參與三職。為行萬機，諸事基於神武創業之始，無縉紳（公卿）、武弁、堂上、地下之別，均須盡至當之公論，與天下休戚與共，除去舊來驕奢怠惰之陋習，以盡忠報國之熱誠奉公。

被廢除的除攝關幕府外，還包含內覽、敕問御人數、國事御用掛、議奏、武家傳奏、守護職、所司代等職務，卻保留左、右、內三大臣及參議，明治四年以後成為太政官的核心。另外，《王政復古大號令》的下半部為總裁、議定、參與三職的名單，內容如下：

總裁：有栖川宮熾仁親王。

議定：山階宮晃親王、仁和寺宮嘉彰親王、中山忠能、正親町三條實愛、中御門經之、德川慶恕、松平春嶽、山內容堂、島津忠義、淺野茂勳。

參與：大原重德、萬里小路博房、長谷信篤、岩倉具視、橋本實梁。

原本三職名單只有這些，盡為皇族、公卿、大名包辦，這些人除岩倉和春嶽、慶恕外，幾為無法處理政事之輩。到十二月十二日再從五藩中每藩挑選三名藩士才能對應政局。

最初中山忠能、正親町三條實愛二卿對於王政復古的理念認為是承接十三世紀的建武中興，岩倉在聽從心腹玉松操的建言後，認為建武中興只曇花一現地存在三年而已，不應成為王政復古的理念來源。改以「基於神武帝之肇基，圖寰宇統一，從萬機維新。」雖說玉松操的建言多少有討好當時已蔚為一大勢力的國學者之嫌，終究讓王政復古上溯至神武，或許較討好國學者而言，這才是王政復古最主要的目的。

岩倉給祐宮看完《王政復古大號令》後，祐宮走出御學問所，在岩倉等公卿的指示下，於晝八時半在小御所召見親王及諸大名，賜以敕諭，五藩之藩士（每藩各三名，總計十五名）則在御三間[2]等候，至此完成政變。

三、暗潮洶湧的小御所會議

完成「王政復古大號令」政變後，一手主導的岩倉、大久保鬆懈不得。新政府成員立刻投入王政復古後召開的第一場會議，由於場所位在御學問所出來、經過蹴鞠之庭穿廊盡頭的小御所，在江戶時代這裡是幕府派來的使者、京都所司代及其他諸侯謁見天皇的處所，是棟書院造[3]

2 御三間：宮中舉行涅槃會、七夕、盂蘭盆等節日之場所，分為上段、中段、下段三個房間而稱之，位於御常御殿和御學問所之間。

3 書院造：以書院為建築物核心的武家住宅形式。

的建築物，因此接下來的這場會議，史稱「小御所會議」。

政變後的新政府成員（總裁、議定、參與）在中山忠能的主持下首次召開會議。至於不在新政府成員名單中的二條攝政、中川宮朝彥親王、九條・大炊御門・廣幡三大臣、近衛忠熙・忠房父子被阻擋在外，禁止參內。帥宮、山階宮、仁和寺宮以及島津忠義直接前往小御所見證政變，山內容堂到夕七時過後才參內。據坂崎紫瀾《鯨海醉侯》的記載，容堂從象二郎口中得知昨天未等他到逕自舉行朝議，內心不快，九日一早起開始喝酒，容堂雖有鯨海之酒量，然一早豪飲，待至參內已幾近爛醉的狀態。

會議以帥宮、山階宮、仁和寺宮、中山忠能為首，公卿在他們左邊，尾張、越前、土佐、藝州、薩摩五藩藩主在其右邊，五藩之藩士則列於會議末席，其成員如下：

尾張藩：

田中國之輔（維新回天後改名不二麿）、丹羽淳太郎（維新回天後改名賢）、荒川甚作（維新回天後改名尾崎良知）

越前藩：

中根雪江、酒井十之丞、毛受鹿之助（維新回天後改名洪）

薩摩藩：

西鄉吉之助、大久保利通、岩下左次右衛門

土佐藩：

後藤象二郎、神山左多衛、福岡藤次

藝州藩：

辻將曹、久保田平司（維新回天後改名秀雄）、櫻井與四郎（維新回天後改名元憲）

這是江戶時代二百多年來首度有藩士進入御所議政，西鄉負責部署守衛禁闕而未進入小御所。

當晚將近宵五時，在中山忠能簡短開場後展開歷史上有名的「小御所會議」。關於小御所會議的內容，有越前藩士中根雪江《丁卯日記》的記載，以及進入明治時代成為岩倉秘書的多田好問編纂的《岩倉公實記》可供參考，岩倉具視以及山內容堂、松平春嶽之間精彩的攻防，其他相關記載大抵不出此二書的範疇。《岩倉公實記》雖較為強調岩倉的功勞，但其所述應較《丁卯日記》真實，故以下節錄《岩倉公實記》中岩倉與容堂及春嶽間的對話內容：

容堂率先發言：「應速召德川內府參加朝議。」

大原重德反駁說：「內府雖奉還政權，然尚不知是否出自內心，姑且不令其參加朝議為佳。」

容堂不死心繼續抗辯：「今日之舉頗為陰險，諸藩武裝守衛禁闕甚是不祥，實行王政廟堂豈非應以公平無私之心措置百事？若非如此，天下眾心豈能歸服？元和偃武以來近三百年間，海內太平隆治全因德川氏之故。如今疏離有大功之德川氏，何以如此寡恩？今內府（德川慶喜）拋棄繼承祖先之霸業，奉還政權，使政令出於一途，謀國體能毫髮無傷的永久維持，其忠誠足令人嘆服。且內府英明之名，早已名聞天下，宜儘速召之參與朝議，使其陳述己見為宜。二三公卿，心懷何等意見，做出頗為陰險之舉。吾雖不完全理解，恐有擁幼沖天子，欲竊取權柄之意，成為天下禍亂之兆！」

也許是酒精在容堂體內發揮效用，容堂滔滔不絕，辯才無礙，神情逐漸流露出驕縱之氣，旁若無人。不過卻被岩倉抓住話柄。

具視叱責道：「此乃御前會議，卿之發言應慎重。聖上乃不世出之英才，具建立大政維新鴻業之才，今日之舉悉出自宸斷（天子的裁斷），妄出『擁幼沖天子，欲竊取權柄』之言，何其無禮！」

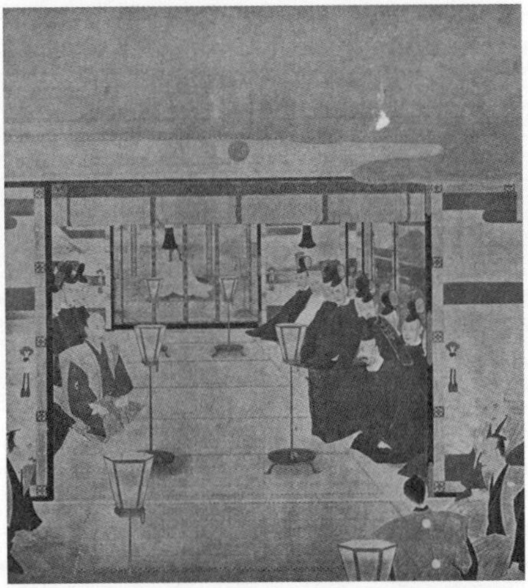

〈王政復古圖〉——出自《維新の史蹟》，日本國立國會圖書館所藏，原畫現收藏於明治神宮聖德紀念繪畫館

容堂聽到岩倉的指責驚覺自己失言，嚇出一身冷汗，連忙為自己的失言道歉。明治神宮外苑聖德繪畫紀念館珍藏了一幅名為〈王政復古〉的壁畫，該畫描繪的主題即是筆者引用《岩倉公實記》這一幕。該畫乃日本歷史人物畫家島田墨仙於昭和六年（一九三一）所繪，當然不可能親歷其境，因此該畫與真實歷史應難免有出入，留著鬍子指著容堂大罵的岩

倉可能與史實不符。

政治立場與容堂相近的松平春嶽接著發言：「王政施行之初，取刑名而棄道德，此舉甚為不智。德川氏開二百餘年之太平，過去之功足以償今日之罪，宜採容堂之言。」

岩倉對於春嶽這席話不為所動，他反駁道：「家康公稱霸天下，帶來天下太平，造福蒼生，其功德自然不小。然而其子孫憑藉祖先之餘蔭，怙其權勢，上凌皇室、下挾公卿諸侯，乖君臣之義、亂上下之分已久。且自嘉永癸丑以來，蔑視敕命，敗壞綱紀，對外專斷，與歐美諸邦簽訂通信貿易之約；對內興暴威，廢錮憂國之親王、公卿、諸侯，戕害勤王志士。繼之興無名之師，再征防長，致使百姓生怨，禍歸社稷，其罪亦大矣！內府若懷反省自責之心，應儘速辭退官位，還納土地、人民，以翼贊大政維新之鴻圖。今只擁奉還政權之空名，而保有土地、人民之實力，其心術之正邪，如掌紋般明澈，豈可遽召之以參與朝議邪？朝廷首要曉諭內府，辭退官位、還納土地與人民二事，以徵反省自責之實效。如是方可召之以參與朝議。」

岩倉的意見雖過於嚴苛，但也一針見血地指出上表奉還政權的慶喜，其實還保有相當實力，他的實力基礎來自於官位及土地、人民，必須辭官納地才能為朝廷接納(也才能為朝廷駕馭)。

大久保贊同岩倉的意見並予以實際的支持，小御所會議到此陷入岩倉、大久保與春嶽、容堂間的對立。眼見雙方僵持不下，中山轉頭向德川慶恕徵詢意見，慶恕回答與春嶽、容堂相同。中山再向島津忠義徵詢意見，忠義則回答：「若不照岩倉前中將(左近衛權中將)所言，不能鞏固王政的基礎。」

當下形成越前、土佐與岩倉、薩摩兩股對立之勢。

中山忠能從座位起身，與正親町三條實愛、萬里小路博房、長谷信篤三卿私語。具視見狀大聲喝止：「聖上親臨，傾聽群議，諸臣宜盡訴肺腑之言，何以擅自離席竊竊私語？」

中山忠能、正親町三條實愛是新政府裡的議定職，職位高過岩倉；至於萬里小路博房、長谷信篤雖與岩倉同為參與，席次應在岩倉之前（畢竟在數日前岩倉還是隱居之身），如今在小御所會議遭到岩倉的修理，內心必然不是滋味。

> 以上雙方論述未有結果，接下來稍作休息。具視退入休憩室，喃喃自語：「容堂若過於固執，吾唯有採取霹靂手段，一瞬之間解決問題。」乃命非藏人前去傳喚淺野茂勳，茂勳至，就坐。具視對他說道：「吾有要事與卿談論。命辻向後藤傳話，希望他能聽從，若後藤不從，吾再捨命與容堂抗辯。」

岩倉已厭倦再與容堂針對慶喜之事進行辯論，於是讓藝州藩世子淺野茂勳命同為參與的辻將曹傳話給象二郎，由他勸諫主君容堂。

> 將曹進入五藩重臣休憩室，勸說象二郎及利通，要容堂遵從朝議。利通不聽，將曹遂勸說象二郎，對具視之論抗辯於己不利，象二郎大悟。於是象二郎會見春嶽、容堂說道：「先前具視卿的針貶，皆為針對內府公的詐謀，今既已知悉，願勿再為其辯

解。」

休息片刻後再召親王諸臣繼續進行會議。

容堂有所讓步，不復爭論，朝議遂決，因眾人皆已遵從具視的論旨。總裁帥宮侯於御前，以仰宸斷。祐宮裁可，時已過三更。

以上節錄自《岩倉公實記》，大致過程可信，不過筆者對容堂因為象二郎的勸諫便「有所讓步，不復爭論」難以置信，中間可能省去若干細節。相較之下《大西鄉全集》第三卷《西鄉隆盛傳記》的記載，正能補上《岩倉公實記》略去的細節，筆者引述如下：

吉之助故意不參與朝議，把殊榮讓給大久保，自己在小御所外奔走於各地警戒、指揮諸軍、注意諸藩動靜等事項。岩下刻意將吉之助喚至非藏人口，向他徵求意見。吉之助泰然而言：「如今之勢，非口舌能決，唯有採取最後手段，請向岩倉轉達。」

岩下折回小御所，向岩倉轉達此事。岩倉聽畢頷首，揣短刀入懷，前往淺野長勳之休憩室，告知自己的決意。

補上這一略去的細節，應較能理解何以容堂會「有所讓步，不復爭論」。

如《岩倉公實記》所載，小御所會議結束後已過三更（十日），接連兩天進行馬拉松式的會議，想必多數成員體力難以負荷，會議最終通過慶喜必須辭官納地，由與幕府關係友好的德川慶恕、松平春嶽向慶喜傳達會議的結果。然而慶喜及在京都一萬數千名的佐幕派成員，會不做任何抵抗而束手就縛嗎？

四、開戰前夕

十二月八日朝議解除長州藩的朝敵罪名，長州藩兵在山田市之允、楫取素彥的領軍下於九日通過山城與攝津交界的關所山崎（京都府乙訓郡大山崎町）抵達楓葉名所光明寺（京都府長岡京市粟生西條），距離京都只有數小時的行軍路程。從西宮到光明寺光是直線距離已有七十餘公里，八日的朝議到九日才結束，長州竟能在數小時內行走如此長的距離，可見長州事先早已知道朝議結果而在七日先行偷跑。

十日晝四時，德川慶恕、松平春嶽兩人作為朝廷敕使前往二條城向慶喜傳達小御所會議的結論，亦即要慶喜接受辭官納地。慶恕、春嶽兩人傳達的訊息使整個二條城陷入混亂、恐慌、憤怒之中，中根雪江對二條城內的情況有如下記載：

> 今日御城中之形勢，旗本及會（會津）、桑（桑名）諸士，多穿戴甲胄、持槍上膛、腳穿草鞋四處走動，並不時發出強硬的措辭。二侯身著平服往來其中，甚是危殆。……

與其說旗本及會桑諸士無法接受朝廷提出辭官納地的勸告，倒不如說他們無法接受慶恕、春嶽兩人以朝廷敕使的身分傳達訊息。

「身為親藩卻投靠朝廷，成為薩長看門犬，成何體統！」

該如何回應兩位敕使讓慶喜陷入長長的思考，慶喜雖然表面上同意大政奉還，並且以辭去將軍職務作為回應。然而慶喜實際上還保有內大臣身分，儘管幕府在名義上已不存在，但是大量的土地和民眾都還掌控在德川家手上。

「虛名可以不用在意，只要牢牢掌控住土地和人民，朝廷能奈我何？」

慶喜在內心如此盤算之後拒絕兩位敕使，同時認為京都勤王氣息過於濃厚，對幕府不利，因此十二日當天毅然做出撤出京都轉而據守大坂的決定。曾擔任二年多禁裏御守衛總督的慶喜，竟一個人也不徵詢、一場仗也未打而自行棄守京都，聽到命令時不少幕府方面的要員及士兵都露出難以置信的神情。

數日前還在西宮的長州藩軍如今進入京都，而幕府軍（包含會津、桑名二藩及京都見廻組、新選組）則撤出京都轉而據守大坂。一來一往都讓雙方戰意的高漲，已到唯有決戰才能解決一切的問題。因此雙方不僅積極備戰，在備戰的同時也想盡一切方法拉攏包含外國勢力在內的種種援助。

筆者行文至此，以「王政復古大號令」頒布為幕末時期的歷史爬梳作結。幕府軍與新政府軍之間的戰爭究竟會在怎樣的情況下展開？戰爭會持續多久？戰線會如何蔓延？最後的勝負又會是如何呢？還請留待系列作《戊辰戰爭》分曉。

國家圖書館出版品預行編目(CIP)資料

幕末:日本近代化的黎明前/洪維揚著.—初版.—
新北市:遠足文化,2018.10
ISBN 978-957-8630-75-8(第1冊:平裝)
ISBN 978-957-8630-75-8(第2冊:平裝)
ISBN 978-957-8630-75-8(第3冊:平裝)
ISBN 978-957-8630-78-9(全套:平裝)
1. 江戶時代 2. 明治維新 3. 日本史

731.268　　107015413

大河 33
幕末:日本近代化的黎明前 第二部

作者——洪維揚
執行長——陳蕙慧
總編輯——郭昕詠
行銷總監——李逸文
資深通路行銷——張元慧
編輯——陳柔君、徐昉驊
封面設計——霧　室
製圖——林佳臻
排版——簡單瑛設

社長——郭重興
發行人兼
出版總監——曾大福
出版者——遠足文化事業股份有限公司
地址——231 新北市新店區民權路 108-2 號 9 樓
電話——(02)2218-1417
傳真——(02)2218-0727
郵撥帳號——19504465
客服專線——0800-221-029
網址——http://www.bookrep.com.tw
Facebook——日本文化觀察局(https://www.facebook.com/saikounippon/)
法律顧問——華洋法律事務所 蘇文生律師
印製——呈靖彩藝有限公司

初版一刷 2018 年 10 月
Printed in Taiwan